Der Text des Alten Testaments

Alexander Achilles Fischer

Der Text des Alten Testaments

Neubearbeitung der Einführung in die Biblia Hebraica
von Ernst Würthwein

Deutsche Bibelgesellschaft

Dem Andenken an den Marburger Lehrer
Ernst Würthwein (1909–1996)

Bibliografische Information der Deutschen Bibliothek
Die Deutsche Bibliothek verzeichnet diese Publikation in der Deutschen Nationalbibliografie; detaillierte bibliografische Daten sind im Internet über http://dnb.ddb.de abrufbar

ISBN 978-3-438-06048-8

Einband: Neil McBeath, Stuttgart
Gesamtherstellung: AZ Druck und Datentechnik GmbH, Kempten

Printed in Germany

www.scholarly-bibles.com

VORWORT

Ernst Würthwein hat mit seiner Einführung in die Biblia Hebraica ein Lehrbuch geschaffen, das Generationen von Theologiestudierenden in die Textgeschichte des Alten Testaments einführte und für die Textkritik und ihre Probleme interessierte. Selten konnte ein Lehrbuch über so lange Zeit und in bewährter Weise seinen Zweck erfüllen. Das lag nicht zuletzt daran, dass Ernst Würthwein seine Einführung seit ihrem ersten Erscheinen im Jahr 1952 bis zur fünften Auflage von 1988 jeweils auf den aktuellen Forschungsstand brachte und damit seine Leser an der Diskussion über die Funde von Qumran, die Textgeschichte der Bibel und ihre Überlieferung teilhaben ließ. Seit dem Erscheinen der letzten Auflage sind nunmehr über 20 Jahre vergangen. In der Zwischenzeit wurde nicht nur die Gesamtpublikation der Qumrantexte weitgehend abgeschlossen, sondern auch eine Neuausgabe der Biblia Hebraica begonnen, die den Namen Biblia Hebraica Quinta trägt. Außerdem erschienen neue Bände des Göttinger Septuaginta-Unternehmens, eine Ausgabe des antiochenischen Textes der Samuel-, Könige- und Chronikbücher, und vieles mehr. Vor diesem Hintergrund verstand es sich von selbst, dass auch der »Würthwein« nach einer weiteren Auflage verlangte. Dabei zeigte sich schnell, dass eine bloße Überarbeitung des Lehrbuchs dem Anspruch und der Konzeption seines Begründers nicht gerecht würde. Aus diesem Grund wurde der Textteil der Darstellung völlig neu geschrieben und ein eigenes Kapitel zu den Texten aus Qumran eingefügt. Gleichwohl konnte der bewährte Aufbau von Ernst Würthwein und der Charakter seines Lehrbuches weitgehend beibehalten werden. Auch sein Verfahren, wichtige Abschnitte und Absätze mit einem kursiv gesetzten Themenstichwort beginnen zu lassen, wurde aufgenommen und konsequent fortgeführt. Dadurch soll den Studierenden und interessierten Lesern das Zurückblättern und Auffinden einzelner Sachthemen – etwa zur Wiederholung des Lernstoffes – erleichtert werden. Jedem Kapitel sind an seinem Ende nunmehr Literaturangaben beigegeben, in denen die zuvor behandelten Textausgaben und Hilfsmittel nachgewiesen sowie Einführungen u. a. zur Weiterarbeit genannt werden. Um dem Zweck einer ersten Orientierung zu dienen, konnte nur eine Auswahl grundlegender Literatur berücksichtigt werden. Das in dieser Weise neu bearbeitete Lehrbuch möchte weiterhin Studierenden im Proseminar zur Einführung in die Textkritik dienen. Es versteht sich nicht in Konkurrenz zu dem von Emanuel Tov verfassten Handbuch der Textkritik. Vielmehr möchte es in seiner schlichteren Form zur Benutzung eben dieses Handbuchs hinführen, dessen umfangreichere Darstellung und Zusammenstellung anschaulicher Textbeispiele eine Vertiefung der Sachthemen ermöglicht.

Die Auswahl der Bildtafeln wurde in der Neubearbeitung beibehalten und bietet nach wie vor einen reichen Einblick in die Zeugnisse der Textgeschichte. Lediglich zwei Bildtafeln wurden ausgetauscht. Als Bildtafel 1 findet sich jetzt die 1996 entdeckte Tel Dan-Inschrift, die durch ihre Erwähnung des »Haus-David« zu den wichtigsten außerbiblischen Dokumenten der Geschichte Israels zählt. Als Bildtafel 15 wurde das Fragment einer Kohelet-Handschrift aus Qumran aufgenommen, an dem sich nachträgliche Korrekturen am Manuskript besonders gut beobachten lassen. Bei einigen Bildtafeln empfahl es sich zudem, die Vorlagen für die Reproduktion durch neuere Fotografien zu ersetzen.

Die Beschreibungstexte zu den Bildtafeln gehen auf Ernst Würthwein zurück und wurden behutsam bearbeitet, teilweise ergänzt und teilweise dem gegenwärtigen Forschungsstand angepasst, wo dies notwendig erschien. Unter den Bildtafeltiteln finden sich die Kurzinformationen zur dargestellten Handschrift oder Druckseite (Sigel, Alter, Aufbewahrungsort, Textausschnitt). Die Abbildungsnachweise, Textausgaben und ggf. weitere Literatur sind ans Ende der Begleittexte gestellt, auf Fußnoten wurde verzichtet.

Zu danken habe ich der Deutschen Bibelgesellschaft, ihrem Generalsekretär Dr. Jan-A. Bühner sowie Frau Dr. Hannelore Jahr, die das Unternehmen einer Neubearbeitung ermöglicht haben, Herrn Dr. Rolf Schäfer, der das Manuskript und die Bildtafeln betreute, und Frau Birgit Coconcelli, die alle Fragen zur Herstellung des Buches zu lösen hatte. Ebenfalls danke ich den Studierenden der Friedrich Schiller-Universität Jena, die im Wintersemester 2007/2008 an meinem Hauptseminar über den Text des Alten Testaments teilnahmen und mit mir grundlegende Fragen der Textkritik sowie der Darstellung der Textgeschichte diskutiert haben.

Ernst Würthwein, der die bisher erschienenen Auflagen verantwortet hat, habe ich noch während meiner Marburger Zeit im Doktoranden-Kolloquium persönlich kennengelernt. Darum ist es mir eine besondere Freude, dass sein Lehrbuch in dem Jahr, in dem Ernst Würthwein seinen 100. Geburtstag gefeiert hätte, weitergeführt wird. Seinem Andenken sei das Buch gewidmet, verbunden mit der Hoffnung und dem Wunsch, dass sich die Neuausgabe der Einführung in die Biblia Hebraica in die Reihe der Bearbeitungen seines Vorgängers gut einfügen möge.

Stuttgart, März 2009 ALEXANDER ACHILLES FISCHER

INHALT

EINLEITUNG

וַיִּקְרָא אַרְיֵה עַל־מִצְפֶּה אֲדֹנָי אָנֹכִי עֹמֵד
καὶ κάλεσον Ουριαν εἰς τὴν σκοπιὰν κυρίου καὶ εἶπεν

»Da rief ein Löwe: Auf dem Wachturm stehe ich, mein Herr!«, so heißt es im Buch Jesaja; denn Gott hatte dem Propheten befohlen, einen Wachposten aufzustellen, damit dieser den Untergang der babylonischen Herrschaft melden könne. Der Vers ist korrekt aus dem hebräischen Bibeltext übersetzt. Aber was soll er bedeuten? Und was hat ein Löwe auf einem Wachturm zu suchen? Dieses immer wieder gern angeführte Beispiel aus Jes 21,8 führt vor Augen, vor welchen Schwierigkeiten die Übersetzer stehen. Wie kann man diesem Vers einen halbwegs vernünftigen Sinn abgewinnen? Manche verleihen dem Sprecher eine Löwenstimme und lassen ihn »wie einen Löwen« rufen. Andere denken an einen der Hirtensprache entlehnten Alarmruf, den der Späher über den Mauerzinnen ausrufe: »Der Löwe (ist los)!« Aber auch das kann nicht richtig sein, weil er ja keinen Löwen sieht, sondern vielmehr eine Karawane von Eseln und Kamelen, die Lastträger des Orients, die das Beutegut aus Babylon wegtragen. Mit dem Löwen ist also nichts anzufangen, womit wir unversehens beim Problem der Textüberlieferung angekommen sind. Denn die Zweifel sind nie ganz verstummt, dass der Löwe auf dem Wachturm erst durch einen Schreibfehler zum Leben erweckt wurde und seitdem nicht zu bändigen gewesen ist.

Bis zur Mitte des letzten Jahrhunderts waren die mittelalterlichen Handschriften die ältesten Zeugen für den hebräischen Bibeltext. Freilich gingen auch diese auf Handschriften zurück, die immer und immer wieder abgeschrieben wurden. Die Originale der biblischen Bücher sind verloren, und ob es solche »Urschriften« gegeben hat, davon wird in dieser Einführung noch zu handeln sein. Jedenfalls kann man sich gut vorstellen, dass sich in einer solch langen Geschichte der Textweitergabe eine Menge von Schreibfehlern einschleichen konnten: Ein Wort wird vergessen, vertauscht, ersetzt oder verkehrt geschrieben. Müdigkeit, Unachtsamkeit, Schnelligkeit und dadurch bedingte Flüchtigkeit der Schreiber kommen hinzu. Vielleicht mangelte es manchem auch am eigentlichen Textverständnis. Wurden die Bibeltexte darüber hinaus nach Diktat aufgeschrieben, konnten zusätzliche Fehler und Missverständnisse durch ungenaues Hinhören entstehen. Aber nicht nur solche unabsichtlichen Seh- und Hörfehler lassen sich in den Texten beobachten. Vielmehr wurden auch absichtliche Änderungen vorgenommen, und zwar immer dort, wo man meinte, einen offensichtlichen Fehler verbessern, ein ungebräuchliches Wort austauschen oder eine schwierige Stelle verständlicher formulieren zu müssen. Andere Motive spielen gleichfalls eine Rolle: Ein Text erinnert an eine ähnliche Bibelstelle und wird ihr angeglichen, eine der Vielgötterei verdächtige Stelle wird umgedeutet oder eine als anstößig empfundene Formulierung abgemildert. Auch von erklärenden Zusätzen ist hier zu reden, die an geeigneter Stelle eingefügt oder an den Rand geschrieben wurden (Marginalglossen) und von dort später in den Text eingedrungen sind. All dies geschah natürlich in dem redlichen Bemühen, den Bibeltext so wiederzugeben, wie er ursprünglich gemeint gewesen sei.

Aber was macht ein Schreiber, wenn ihm bereits eine fehlerhafte Abschrift vorliegt, in der ein Löwe auf einem Wachtturm sitzt? Und wenn er ihren Sinn nicht zu erraten vermag? Was bleibt ihm da anderes übrig, als den Wortlaut des Textes so abzuschreiben, wie er dasteht? Damit sind wir wieder bei Jes 21,8 angelangt und dürfen vermuten, dass es sich tatsächlich um einen sehr alten Schreibfehler handelt; denn bereits die Septuaginta, die griechische Übersetzung des Alten Testaments, kannte den Löwen, ohne mit ihm etwas Rechtes anfangen zu können. Deshalb ließ sie das hebräische Wort für Löwe stehen und machte daraus den Eigennamen »Uria«, den sie kurzerhand dem unbekannten Turmwächter beilegte. Eine Verlegenheitslösung, wie man leicht erkennen kann. Die älteren Textkritiker haben deshalb den Textfehler auf unterschiedliche Weise zu bereinigen versucht. Unter anderem wurde vorgeschlagen, man solle anstelle des Löwen lesen: »Da rief <der Seher>: Auf dem Wachturm stehe ich, mein Herr!« Denn die Fehlschreibung könnte nur zu leicht durch Umstellung zweier Buchstaben aus dem hebräischen Wort für Seher entstanden sein. Aber darf man den Bibeltext ohne weiteres ändern, obwohl sich dafür kein einziger Textzeuge benennen lässt? Die Frage wird in unterschiedlichen Abstufungen und kontrovers diskutiert. Im Falle von Jes 21,8 braucht sie uns allerdings nicht mehr zu beschäftigen. Denn die Entdeckung der ersten Jesajarolle von Qumran, die ins 2. Jh. v. Chr. datiert, stürzte den Löwen endgültig vom Sockel. Sie liest tatsächlich »der Seher« und bestätigt damit eine Textänderung, die man allein durch die textkritische Analyse der Stelle erschlossen hat. Nun mag man vielleicht denken, dass man in dieser Weise doch recht kleinlich mit dem Bibeltext verfahre und es im Falle von Jes 21,8 doch ziemlich unerheblich sei, wer denn der Sprecher des Gotteswortes wirklich gewesen sei. Und doch entscheidet gerade diese Stelle über den Charakter des gesamten Stücks! Denn es heißt nicht »da rief der Wächter«,[1] wie man normalerweise erwarten würde, sondern »da rief der Seher«. Damit ist aber der Wächter gleichsam das *alter ego* des Sehers, d.h. des Propheten, der sich an dessen Stelle mit seiner Bereitschaftsmeldung »auf dem Wachturm stehe ich, Adonaj« bei Gott (!) zurückmeldet, um von ihm die entscheidende Vision vom Sturz Babels bzw. vom Gericht an der gegenwärtigen Weltmacht und seiner Götzen zu empfangen. Die textkritische »Kleinigkeit« untermauert danach die Interpretation, dass die Wächterrede eben nicht als Erfüllungsbericht des zuvor ergangenen Babel-Orakels in Jes 21,2+5 auszulegen ist, sondern selbst zur visionären Schau des Propheten gehört, die nunmehr den Untergang der babylonischen Herrschaft mit ihrem protoapokalyptischen Horizont verschmelzt.[2]

Die erwähnten versehentlichen Schreibfehler und absichtlichen Änderungen kennzeichnen grundsätzlich die Textgeschichte aller Schriften des Altertums. In dieser Hinsicht besitzen Altes und Neues Testament keine Sonderstellung, abgesehen von dem Umstand, dass die Zahl der verfügbaren Manuskripte beider Testamente den Bestand an Textzeugen antiker Schriften um ein Vielfaches übersteigt. Das macht die textkritische Arbeit zu einem lohnenden und zugleich höchst komplizierten Geschäft. Freilich ist die Ausgangslage für das alttestamentliche Textstudium eine vollkommen andere als beim Neuen Testament. Während nämlich die Herausgeber der wissenschaftlichen Ausgaben des Neuen Testaments bereits die am besten bezeugten Lesarten auswählten und in einem künstlichen Text zusammenführten, liegt den modernen wissenschaftlichen Editionen der hebräischen Bibel noch immer und sachlich angemessen eine mittelalterliche Handschrift zugrunde. Hier ist also die wesentliche textkritische Arbeit fallweise noch zu leisten und es reicht nicht aus, sich aus (falscher) Ehrfurcht vor dem Bibeltext allein der masoretischen Texttradition anzuvertrauen.

Zu diesem Zweck möchte die vorliegende Einführung in die Biblia Hebraica alle notwendigen Informationen zur Textgeschichte bereitstellen, die wichtigsten wissenschaftlichen Hilfsmittel vorstellen und in die

[1] Die modernen Übersetzungen Gute Nachricht Bibel (1977), Einheitsübersetzung (1980) oder The Holy Bible. New International Version (1973) übersetzen damit nicht textgemäß.

[2] Vgl. dazu A.A.Fischer, Der Edom-Spruch in Jesaja 21. Sein literaturgeschichtlicher und sein zeitgeschichtlicher Kontext, in: M.Witte (Hg.), Gott und Mensch im Dialog (FS O.Kaiser), BZAW 345/I, Berlin/New York 2004, 479–484.

Arbeit der Textkritik einführen. Teil A behandelt die Textzeugen der hebräischen Bibel, Teil B die griechische Textüberlieferung sowie die anderen alten Übersetzungen. Theorie und Praxis der Textkritik folgen in Teil C. Den Band beschließen in Teil D die bewährten Bildtafeln, die Ernst Würthwein im Vorgängerband ausgewählt hat.

A

DER HEBRÄISCHE TEXT DER BIBEL

1

SPRACHE, SCHRIFT UND SCHREIBMATERIAL

Das Althebräische gehört zur Gruppe der semitischen Sprachen und ist mit dem Ugaritischen, Kanaanäischen, Phönizisch-Punischen sowie dem Moabitischen, Ammonitischen, Edomitischen und Aramäischen eng verwandt. Zusammen bilden sie die nordwestsemitische Sprachfamilie. Aus dem Judäischen, das im 7./6. Jh. v. Chr. in Jerusalem gesprochen wurde, geht das *Biblische Hebräisch* hervor. Es bezeichnet die jüdische Literatur- und Bildungssprache der Perserzeit, in der das Alte Testament geschrieben ist. Zu dieser Zeit hatte sich das Reichsaramäische als Verkehrs- und Handelssprache bereits in der Provinz Jehuda durchgesetzt und begann mehr und mehr das Hebräische als Umgangssprache zu verdrängen. Vor diesem Hintergrund verwundert es nicht, dass ein paar wenige Abschnitte in den jüngeren Büchern des Alten Testaments tatsächlich aramäisch geschrieben sind. Es handelt sich um die Stücke Jer 10,11; Dan 2,4–7,28 und Esr 4,8–6,18; 7,12-26.

1.1 Das Biblische Hebräisch

Wie bei allen semitischen Sprachen haftet auch im Hebräischen die lexikalische Bedeutung eines Wortes an den Konsonanten, der sogenannten Wortwurzel. Durch Hinzutreten von Vokalen, Vor-, Zwischen- und Nachsilben werden Wortarten und grammatische Formen gebildet. Zum Beispiel bedeutet die Wurzel *k.t.b* »schreiben« und davon abgeleitet כתוב *katûb* »Geschriebenes« und ויכתב *w^e^jiktob* »er schrieb«. Die Vokale werden allerdings nur gesprochen, nicht geschrieben, so dass man von einem *Konsonantentext* spricht (siehe 2.1). Bei manchen Formen ergeben sich dadurch unterschiedliche Möglichkeiten der Aussprache und folglich auch der Interpretation. Um Abhilfe zu schaffen, entwickelte sich im Hebräischen die *plene-Schreibung* (Voll-Schreibweise), bei der bestimmte Konsonantenzeichen wie Waw und Jod, teilweise auch Aleph und He zur Andeutung von langen Vokalen verwendet werden können (*matres lectionis*). Trotzdem ließen sich Mehrdeutigkeiten bei der Überlieferung des biblischen Textes dadurch nicht ausschließen. Deshalb erfanden jüdische Gelehrte, die sogenannten Masoreten (Überlieferer), im frühen Mittelalter ein umfassendes System von Vokalzeichen. Diese bestehen aus Punkten und Strichen, die über oder unter den Konsonanten notiert werden. Man spricht dann von einem vokalisierten oder punktierten Text (siehe 2.3). Gelegentlich wird dafür auch die Bezeichnung Masoretentext (MT oder M) verwendet. Sie ist jedoch nicht eindeutig, weil damit entweder der durch die Masoreten punktierte Text oder der von ihnen überlieferte Konsonantentext gemeint sein kann.

Poesie. Auch das Biblische Hebräisch kennt die Unterscheidung zwischen Poesie und Prosa. Allerdings sind die meisten Texte des Alten Testaments, unter ihnen besonders die Erzählungen im Pentateuch und den Geschichtsbüchern, in Prosa geschrieben. Eine Mischung von Prosatexten und poetischen Stücken lässt sich dagegen in den Prophetenbüchern beobachten. Schließlich gibt es auch Bücher wie die Psalmen und die Sprüche, die insgesamt in dichterischer Sprache verfasst sind. Ein Blick in die Biblia Hebraica kann bei der Unterscheidung behilflich sein; denn in ihr sind die poetischen Abschnitte versweise gesetzt. Hinzu kommt ein von den Masoreten ausgeklügeltes Akzentsystem, das – gleichwohl interpretierend – die Sinneinheiten hervortreten lässt (siehe 2.4). Dennoch gehört die Abgrenzung von der Prosa, verbunden mit einer exakten Bestimmung der poetischen Struktur, noch immer zu den umstrittenen Problemen der hebräischen Sprachforschung, zumal der Reim als wichtigstes Merkmal europäischer Dichtung in der hebräischen Dichtung nicht bzw. nur selten und beiläufig als Assonanz vorkommt. Daher darf man sich auf die poetische Zeilengliederung der Biblia Hebraica nicht unbesehen verlassen. Für die Untersuchung der hebräischen Poesie steht vielmehr als einziges sicheres Kennzeichen der sogenannte *parallelismus membrorum* zur Verfügung. Man versteht darunter einen gewöhnlich zweigeteilten Vers, dessen Hälften inhaltlich aufeinander bezogen sind und eine poetische Sinneinheit bilden. Dabei unterscheidet man solche Fälle, in denen die zweite Vershälfte einen ähnlichen (synonym), einen weiterführenden (synthetisch) oder einen gegensätzlichen (antithetisch) Gedanken zum Ausdruck bringt: »Ein weiser Sohn erfreut den Vater / aber ein törichter Sohn ist der Kummer seiner Mutter« (Spr 10,1).

Kolometrie. Neben dem Parallelismus bietet die Methode der Kolometrie eine weitere Hilfe, um poetische Formulierungen in einem Text zu ermitteln. Man versteht darunter ein Verfahren, das über die Zählung von Konsonanten entsprechende Verse mit zwei oder drei Gliedern (Bikolon bzw. Trikolon) zu bestimmen versucht. Die Grundidee der kolometrischen Methode entwickelte sich aus dem Vergleich mit den ugaritischen Dichtungen; denn in ihnen ließ sich eine durch poetische Gesetze und Konventionen begründete, durchschnittliche Verslänge ermitteln.

Eine Übertragung auf die hebräische Poesie ergibt folgende Orientierungslängen für die gesuchten Sinneinheiten: Der asymmetrische Klagevers (Qina) zählt 14 + 9 Konsonanten (Klgl 2,21), der symmetrische Langvers zählt als Bikolon 14 + 14 (Ps 21,3) und als Trikolon 14 + 14 + 14 Konsonanten (Ps 77,17), wobei im Hebräischen die Länge der einzelnen Glieder (Kola) durch plene-Schreibung zwischen 12 und 18 Konsonanten schwanken kann.[1] Starke Abweichungen zeigen dagegen eine Störung der poetischen Struktur und lassen ggf. auf Bearbeitung, Glossierung oder Textverderbnis schließen. Wie sich inzwischen herausgestellt hat, bewährt sich die Kolometrie vor allem bei den Psalmen, Prophetenworten und Weisheitssprüchen, sofern die betreffenden Stücke nicht zu spät entstanden sind (nachexilisch).

1.2 Die Schrift

Hebräische Quadratschrift. Nicht nur die Biblia Hebraica ist in der hebräischen Quadratschrift gedruckt. Auch die mittelalterlichen Handschriften sowie die meisten Bibelhandschriften aus Qumran sind in der Quadratschrift geschrieben. Man nennt sie so, weil sich die Mehrzahl aller Konsonanten exakt in ein Quadrat einfügen lässt. Nach ihrer Herkunft wird sie gelegentlich auch als *assyrische Schrift* bezeichnet; denn es handelt sich bei ihr ursprünglich um die aramäische Schrift, die im Achämenidenreich besonders weit verbreitet gewesen ist. Die Übernahme der aramäischen Schrift durch die Juden hängt vermutlich mit dem bereits erwähnten Vorgang zusammen, dass sich das Reichsaramäische in der Perserzeit (5./4. Jh. v. Chr.) allmählich auch als Umgangssprache in der Provinz Jehuda durchzusetzen begann, obwohl das Hebräische weiterhin als Sprache der Heiligen Schrift in Gebrauch geblieben ist. Die zuvor in Israel und Juda verwendete althebräische Schrift scheint dennoch nicht ganz verdrängt worden zu sein. Ein schönes Beispiel für ihren Gebrauch liefern nicht nur Münzen aus der Zeit des Bar-Kochba-Aufstands, die noch die althebräische Schriftzeichen tragen (132–135 n. Chr.), sondern auch die Schriftrolle eines Habakuk-Kommentars aus Qumran. Sie bietet ihren Text zwar in Quadratschrift, aber der Gottesnamen Jahwe wird in ihr durch Schreibung mit althebräischen Buchstaben hervorgehoben (Bildtafel 13). Darüber hinaus bieten insgesamt 12 Bibelhandschriften, die in den Höhlen von Qumran gefunden wurden, einen durchgängig in althebräischer Schrift geschriebenen Text. Das lässt vermuten, dass man die archai-

[1] Vgl. O. Loretz, Kolometrie ugaritischer und hebräischer Poesie: Grundlagen, informationstheoretische und literaturwissenschaftliche Aspekte, ZAW 98 (1986), 248–258.

sierende Schreibweise als eine Referentialschrift benutzte, um dadurch den biblischen Texten eine besondere Würde beizulegen.[2]

Phönizisch-althebräische Alphabetschrift. Während die Hochkulturen in Ägypten und Mesopotamien eine Wort- und Silbenschrift entwickelt hatten und zu ihrer Darstellung über Hunderte verschiedener Keilschriftzeichen benötigten, bedeutete die Erfindung der Alphabetschrift im 2. Jahrtausend v. Chr. eine enorme Vereinfachung. Als Vorläufer gelten die protosinaitischen Inschriften, die bei den Bergwerken von Serabit el-Chadim auf der Sinaihalbinsel gefunden wurden und bereits eine Alphabetentwicklung zu erkennen geben. Aber erst im 13. Jh. v. Chr. wurde der Zeichenbestand durch die phönizische Alphabetschrift auf 22 Buchstaben reduziert. Die neue Schreibweise mit ihren Schriftzeichen setzte sich rasch in der gesamten Levante durch und gilt heute als Mutter der Schriftsysteme, die zum Kulturträger der arabischen wie auch der westlichen Zivilisation geworden sind. Aus dem phönizischen Alphabet ist auch die althebräische Schrift hervorgegangen, die im biblischen Israel und bei seinen Nachbarn ihre Verwendung fand. Die ältesten und die wichtigsten Schriftzeugnisse seien hier angeführt: Schülerübung mit phönizisch-althebräischen Schriftzeichen aus Izbet Sartah, 11. Jh. v. Chr.; Pfeilspitze des Abdlabit aus Betlehem, 11. Jh. v. Chr.; Bauernkalender von Geser, um 950 v. Chr.; Tel-Dan-Inschrift, um 820 v. Chr. (Bildtafel 1); Stele des Königs Mescha von Moab, um 820 v. Chr. (Bildtafel 2); Ostraka von Samaria, 8. Jh. v. Chr.; Schiloach-Inschrift, ca. 700 v. Chr. (Bildtafel 3); Lachisch-Briefe, um 600 v. Chr. (Bildtafel 4). Als ein spätes Zeugnis aus exilisch-nachexilischer Zeit dürfen die Silberamulette von Ketef Hinnom gelten, die den aaronitischen Segen aus Num 6,24-26 in althebräischer Schrift darbieten. Schließlich ist noch auf den samaritanischen Pentateuch hinzuweisen, der in einer speziellen Form der althebräischen Schrift geschrieben und überliefert ist (Bildtafel 27). Die Tora der Samaritaner erweckt dadurch einen besonders altertümlichen Eindruck. Gleichwohl hat die Untersuchung ihrer Buchstabenformen ergeben, dass die samaritanische Schrift erst im 2. Jh. v. Chr. entwickelt worden ist.

Die Kenntnis der althebräischen Schriftzeichen ist freilich nicht nur eine Sache für Spezialisten, die sich mit den erwähnten Texten beschäftigen. Sie ist auch für die Textkritik bedeutsam. Alttestamentliche Texte nämlich, die uns in der Biblia Hebraica in Quadratschrift vorliegen, aber in vorexilischer Zeit entstanden sind, wurden ursprünglich in althebräischer Schrift verfasst und überliefert. Textfehler, die etwa beim Abschrei-

2 Vgl. H.-J. Fabry, Der Text und seine Geschichte, in: E. Zenger / u. a., Einleitung in das Alte Testament, KStTh 1,1, 7. Aufl. Stuttgart 2008, 41.

ben durch Verwechslung oder Vertauschung von Buchstaben entstanden sind, lassen sich freilich nur dann identifizieren, wenn man mit den Ähnlichkeiten von althebräischen Buchstaben und Buchstabengruppen vertraut ist. Darum ist das Studium des althebräischen Alphabets auch im Proseminar interessant und unerlässlich (Bildtafel 48).

1.3 Das Schreibmaterial

Für die Aufzeichnung von Texten wurden im biblischen Israel verschiedene Materialien verwendet. Bereits das Alte Testament erwähnt den *Stein* als einen wichtigen Schriftträger, nämlich in Form der beiden Steintafeln, auf denen die Zehn Gebote eingeritzt wurden (Ex 34,1). Vor allem Könige nutzten den Stein für monumentale Inschriften, sei es in Form von Felsinschriften, von ins Mauerwerk eingesetzten Steintafeln oder von eigens hergestellten Stelen, die mit dem Meißel beschriftet und zur Verherrlichung von Kriegstaten eines Herrschers aufgestellt wurden (vgl. 1. Sam 15,12). Steine konnten auch mit *Kalk* überzogen werden (vgl. Dtn 27,2f) und boten dann eine Fläche, in die man die Buchstaben einritzte und ausmalte oder nur mit Tinte auftragen konnte. Ein eindrückliches Beispiel von Inschriften auf *Wandverputz* fand man in einem Gebäude aus dem 8. Jh. v. Chr., das in Deir Alla am Unterlauf des Jabbok freigelegt werden konnte. Der Text – er handelt von dem in der Bibel ebenfalls bezeugten Seher Bileam – ist mit schwarzer Tinte geschrieben, einige Wörter in Anfangsstellung sowie umrahmende Linien sind jedoch in roter Tinte ausgeführt.[3] Stempel- und Rollsiegel sind häufig aus *Kalkstein* hergestellt, teilweise aber auch aus Quarz, Karneol, Amethyst und anderen Halbedelsteinen. Üblicherweise sind in die Siegel die Namen ihrer Besitzer eingeritzt oder eingeschnitten. Auch *Holz* konnte in Form einer mit Wachs überzogenen Schreibertafel als Schriftträger dienen. Möglicherweise sind in Jes 30,8 und Hab 2,2 solche Holztafeln gemeint. Für die Verwendung von *Metallen* lassen sich die schon erwähnten Silberamulette von Ketef Hinnom und die in Qumran gefundene Kupferrolle (3Q15) anführen. Eines der wichtigsten, noch nicht genannten Materialien ist *Ton*. In Palästina wurde er jedoch nicht in Form von ungebrannten Tontafeln verwendet, weil sich diese nur für das Aufbringen von Keilschriftzeichen, aber nicht für die kursiven Formen der althebräischen Schrift eigneten. Dagegen

[3] Reste des Wandverputzes, auf denen noch heute die schwarze und – in Spuren – auch die rote Tinte zu erkennen ist, lassen sich in dem wenig beachteten archäologischen Museum von Amman bewundern. Dort befindet sich auch die nachfolgend erwähnte Kupferrolle von Qumran sowie das Fragment 4QQoh[a] (= 4Q109) einer Kohelet-Handschrift in qumranischer Schreibweise (Bildtafel 15).

nutzte man gebrannte Tonscherben in vielfältiger Weise als Notizzettel, Lagervermerke und Lieferscheine, für Vertragstexte, Petitionen, Briefe und Schreibübungen. Dabei wird die Schrift entweder in die Tonscherbe eingeritzt, punkt-graviert oder einfach nur mit Tinte aufgemalt. Solche Tonscherben werden dann als *Ostraka* bezeichnet. Es ist durchaus möglich, dass auch kurze biblische Texte wie Prophetenworte und Weisheitssprüche auf Tonscherben geschrieben wurden, bevor sie in die biblischen Bücher eingegangen sind. Beweisen lässt sich das nicht. Trotzdem darf man in diesem Zusammenhang auf das Ostrakon Lachisch Nr. 3 aus dem 6. Jh. v. Chr. hinweisen, das die Versendung eines Briefes mit einem darin enthaltenen Prophetenwort erwähnt und dieses indirekt zitiert. Leider besteht das Zitat nur aus dem einen Wort »Sei vorsichtig!«. Wahrscheinlich handelt es sich bei ihm um den Anfang oder den Kernsatz des betreffenden Prophetenspruchs.[4] Alle bisher genannten Schriftträger einschließlich der Ostraka sind aus verschiedenen Gründen für die Aufzeichnung längerer Texte nicht geeignet und besitzen darum für die biblische Überlieferung keine grundlegende Bedeutung. Vielmehr mussten Schreibstoffe gefunden werden, die günstig herzustellen oder zu beschaffen waren, sich aufrollen ließen und dadurch die Niederschrift eines fortlaufenden Textes ermöglichten.

Papyrus. Schon im 3. Jahrtausend v. Chr. war Papyrus als Beschriftungsmaterial in Ägypten weit verbreitet und wurde von den Pharaonen und Priestern zur Aufzeichnung von rechtlichen Urkunden, religiösen Texten und literarischen Erzählungen verwendet. Papyrus wird aus dem Mark der bis zu mehreren Metern hoch wachsenden Stängel der Papyrusstaude hergestellt. Sie werden in dünne Streifen geschnitten und senkrecht dicht nebeneinander angeordnet; eine zweite Schicht waagrechter Streifen wird darüber gelegt. Da die Pflanze ausreichend Bindemittel enthält, lässt sich bereits durch Pressen ein fester Verbund der Fasern erzielen. Anschließend muss das Papyrusblatt nur noch getrocknet und geglättet werden. Die einzelnen Blätter, deren Farbe von hellgelb bis mattgrün wechselt, werden zu Rollen von 20 bis 50 Blatteinheiten zusammengeklebt. Dabei wird streng darauf geachtet, dass die waagrechten Fasern stets innen liegen. Denn für gewöhnlich wird nur die Innenseite (recto) beschrieben, obwohl es auch Blätter gibt, die auf der Vorder- und Rückseite (verso) beschriftet wurden (Ez 2,10; vgl. Offb 5,1). Solche beidseitig beschriebenen Papyrusmanuskripte nennt man auch *Opistographen*. Aus Papyrus ist offensichtlich auch die Rolle gewesen, die der Schreiber Ba-

[4] Vgl. U. Rüterswörden, Der Prophet in den Lachisch-Ostraka, in: Ch. Hardmeier (Hg.), Steine – Bilder – Texte. Historische Evidenz außerbiblischer und biblischer Quellen, ABG 5, Leipzig 2001, 179–191.

ruch nach dem Diktat des Propheten Jeremia beschrieben haben soll, bevor sie der judäische König Stück für Stück ins Feuerbecken warf (Jer 36).

Handelsbeziehungen zwischen Ägypten und Phönizien belegen, dass es auch in Syrien und Palästina einen deutlichen Bedarf an Papyrus als Beschreibstoff gegeben hat. So erzählt der ägyptische Beamte Wenamun in seinem Reisebericht (11. Jh. v. Chr.), dass er im Auftrag des Pharao nach Byblos reiste, um dort 500 Rollen von feinem Papyrus (es gab verschiedene Güteklassen!) gegen Holz einzutauschen, das die Ägypter für den Bau einer Prozessionsbarke benötigten. Hauptumschlagplatz für den Papyrushandel war über Jahrhunderte die Hafenstadt Byblos (ca. 40 km nördlich von Beirut), von deren Namen sich übrigens das Wort *Bibel* herleitet. Papyrus war durchaus ein haltbares Beschriftungsmaterial und konnte bei sachgerechter Aufbewahrung sogar lange Zeit überdauern. Dennoch wurden in Palästina bislang wenige Papyrusfragmente gefunden, weil die klimatischen Bedingungen für die Erhaltung von Papyrusrollen weniger günstig gewesen sind als in Ägypten, einmal abgesehen von dem trockenen Wüstenklima am Toten Meer und im Negeb. Allerdings beweisen in Palästina gefundene Bullen und Siegelabdrücke, die auf ihrer Rückseite noch deutlich die Struktur von Papyrusfasern zu erkennen geben, dass man Papyrus als Schriftträger für die Korrespondenz benutzt hat. Das älteste, hebräisch beschriebene Papyrusblatt stammt aus dem 7. Jh. v. Chr. und wurde im Wadi Murabba'at unweit von Qumran entdeckt. Es handelt sich um ein Palimpsest, das ursprünglich einen Brieftext enthielt, später aber mit der Liste einer Getreidelieferung überschrieben wurde. Darüber hinaus erlangte ein bereits 1902 bekannt gewordenes Papyrusfragment besondere Bedeutung: der nach seinem Entdecker benannte *Papyrus Nash* (Bildtafel 6). Er galt nämlich als der älteste Zeuge für den hebräischen Bibeltext, bevor die Schriftrollen von Qumran gefunden wurden. Das Papyrusfragment stammt etwa aus dem 2. oder 1. Jh. v. Chr. und enthält den Dekalog mit Lesarten aus Ex 20 und Dtn 5 sowie das Sch^{e}ma Israel in Dtn 6,4f. Sehr wahrscheinlich gehörte es nicht zu einer biblischen Schriftrolle, sondern zu einer liturgischen Zusammenstellung.

Leder. Als Beschriftungsmaterial sind Lederrollen sowohl in der jüdischen Militärkolonie von Elephantine als auch in der Kanzlei der persischen Satrapen belegt (5./4. Jh. v. Chr.).[5] Prominentestes Beispiel eines auf Leder geschriebenen Bibeltextes ist die in Höhle 1 von Qumran gefundene erste Jesajarolle aus dem 2. Jh. v. Chr. (Bildtafel 10). Trotzdem hat sich Leder in Palästina wie auch sonst in Vorderasien nur allmählich als Be-

[5] Vgl. H.-P. Rüger, Art. Schreibmaterial, Buch und Schrift, in: K. Galling (Hg.), Biblisches Reallexikon, HAT I/1, 2. Aufl. Tübingen 1977, 289–292.

schreibstoff neben den Papyrusrollen etablieren können; denn die Herstellung und weitere Bearbeitung der Tierhaut zu einem schrifttauglichen Leder war anfangs schwierig und teuer: Nach dem Abziehen der Tierhaut muss diese zunächst enthaart, gesäubert und für die eigentliche Gerbung vorbereitet werden. Die benötigten Gerbstoffe lassen sich entweder pflanzlich aus den Rinden einiger Baumarten gewinnen oder mineralisch aus verschiedenen Salzen, die am Toten Meer ausreichend vorhanden waren. Durch das Gerben wird sodann die rohe Haut in Leder umgewandelt und zeigt danach eine rauhere und eine für die Beschriftung geeignete glattere Seite (Haarseite). Eine Nachbehandlung der betreffenden Oberfläche sorgt schließlich für die entsprechende Weiche, Dehnbarkeit und Eignung zur Aufnahme der Tinte. Für die verschiedenen Gerbverfahren, die insgesamt notwendig sind, wird vor allem eine Menge Wasser benötigt. Interessanterweise verfügte auch die Siedlung von Qumran über eine eigene Frischwasserzufuhr. Das stützt die Annahme, dass in ihr eine Feingerberei zur Schriftrollenherstellung betrieben wurde, in der das Rohleder weiter zu Handschriftenleder verarbeitet worden ist (siehe 3.1). Ein ausgesprochener Vorteil von Leder gegenüber Papyrus besteht in seiner Festigkeit. Schriftrollen, die besonders häufig in Gebrauch sind, werden also vergleichsweise wenig abgenützt. Aus diesem Grund empfehlen sich Lederrollen auch für aufwendige Gestaltungen, wofür sich die im Aristeasbrief erwähnte, mit Gold beschriebene und fein vernähte Torarolle als ein schönes Beispiel anführen lässt (Aristeasbrief, 176; vgl. Josephus, Antiquitates, XII,89f).

Pergament. Etwa seit dem 2. Jh. v. Chr. war man in der Lage, durch eine bestimmte Form der Kalkbeize ein noch glatteres und helleres Material aus Tierhaut herzustellen, das sich bequem beschreiben ließ. Nach dem Verfahren, das man dem König Eumenes II. von Pergamon zuschrieb, nennt man den Beschreibstoff Pergament. Es lässt sich nicht nur auf beiden Seiten beschreiben, sondern auch durch den Kontrast von dunkler Tinte auf hellem Grund besser lesen. Außerdem ist Pergament zäh und elastisch, weil seine Fasern noch das tierische Glutin enthalten, das beim Leder ausgegerbt wird. Pergament entwickelte sich deshalb zum wichtigsten Material von Büchern. Für die mittelalterliche Buchkunst war ferner von Interesse, dass sich die Pergamentblätter blau und purpur einfärben ließen. Schließlich hatte Pergament noch einen weiteren Vorzug: Seine Oberfläche ließ sich leicht abschaben, so dass man es für eine neue Beschriftung wiederverwenden konnte. Solche mehrfach beschriebenen Pergamentblätter nennt man ein *Palimpsest.* Manche bedeutsame Bibelhandschrift hat sich dadurch unter der beschrifteten Oberfläche erhalten und lässt sich heute durch Infrarotaufnahmen wieder sichtbar machen.

1.4 Rolle und Kodex

In der Antike hatte das »Buch« zunächst die Form einer aus Papyrus, Leder oder Pergament gefertigten Rolle. Noch heute erinnert daran der Begriff *Volumen* (von lat. *volvere* »rollen«), mit dem das einzelne Buch eines mehrbändigen Werkes bezeichnet wird. Erst in späthellenistischer Zeit beginnt sich mehr und mehr die Kodex-Form durchzusetzen, bei der die einzelnen, auf Vorder- und Rückseite beschrifteten Papyrus- oder Pergamentblätter in Lagen gelegt und zusammengeheftet werden. Das Christentum hat diese Entwicklung wesentlich befördert, indem es die Sammlung der kanonischen Schriften zu einem Buch zusammenband. Für die Verlesung der Heiligen Schrift in der Synagoge blieb dagegen die Rollen-Form bestimmend. Das bedeutet freilich nicht, dass die Kodex-Form nicht auch im Judentum in Gebrauch gekommen wäre. Vielmehr darf man ab dem 2. Jh. n. Chr. mit jüdischer Verwendung der Kodex-Form im privaten Bereich rechnen.[6] Später erlangt der Kodex sogar eine besondere Bedeutung als jüdisches Studienbuch der Heiligen Schrift, und zwar aus folgendem interessanten Umstand: Die Tora-Rollen, die für den liturgischen Gebrauch im Gottesdienst vorgesehen waren, durften nämlich nur den Konsonantentext enthalten, die Zufügung von Vokalisation und Kantillationszeichen war nach der Halacha nicht erlaubt. Für die Arbeit der mittelalterlichen Masoreten, die den hebräischen Bibeltext mit Vokalzeichen und Akzenten ausstatteten, war damit die Kodex-Form gleichsam vorbestimmt.

Schriftrolle. Beim Lesen wird die Rolle, sofern es sich um einen hebräischen Text handelt, mit der rechten Hand festgehalten und mit der linken Hand ca. 40–50 cm abgerollt. Für gewöhnlich entspricht das einem Lesespiegel von drei Kolumnen. Das bedeutet unter Umständen, dass ähnliche oder sachlich verwandte Textstücke, die in den benachbarten Kolumnen auf etwa gleicher Höhe zu lesen sind, die Entstehung von Glossen oder auch eines Textfehlers beeinflusst haben können. Beim Weiterlesen wird die Schriftrolle dann mit der rechten Hand aufgerollt und mit der linken Hand um ein weiteres Stück aufgezogen. Da Handschriften nach dem Lesen stets wieder an ihren Anfang zurückgerollt werden müssen oder auch bis zu einer bestimmten Textstelle, die man lesen möchte, vorwärts gerollt werden, darf man in Schreib- und Leseräumen mit speziell dafür vorgesehenen Rolltischen rechnen.[7] Trotzdem ist ihre Abnutzung auch bei vor-

[6] Vgl. S. Lieberman, Hellenism in Jewish Palestine. Studies in the Literary Transmission Beliefs and Manners of Palestine in the I Century B.C.E.–IV Century C.E., TSJTSA XVIII, New York 1950, 203–208 (Appendix III: Jewish and Christian Codices).

[7] Zur wahrscheinlichen Identifizierung einer Schriftrollenbank in Qumran vgl. H. Stegemann, Die Essener, Qumran, Johannes der Täufer und Jesus, Freiburg/Basel/Wien 1993, 61f.

sichtiger Handhabung beträchtlich, so dass häufig gelesene Schriftrollen von Zeit zu Zeit durch Kopien ersetzt werden müssen. (In der Antike waren die Schriftrollen hohl gewickelt, verfügten also noch nicht über einen Holzstab mit Handgriff an ihrem Anfang und Ende.) Durch die geschilderte Handhabung sind der Länge einer Schriftrolle natürliche Grenzen gesetzt. Die längste Bibelhandschrift, die aus den Höhlen von Qumran geborgen werden konnte, ist die erste Jesajarolle mit 7,34 m. Umfangreichere Literaturwerke verteilte man auf mehrere Rollen bzw. Bücher, beispielsweise die Illias von Homer auf vierundzwanzig Bücher oder die Tora bzw. der Pentateuch (grie. πεντάτευχος »fünffach gefertigt«) auf fünf Bücher.

Schriftrollen können verschiedene Formate besitzen. Dennoch darf man vermuten, dass es auch damals schon zur Ausbildung von »Standardformaten« gekommen ist. Man wird sie allerdings nicht mit den heute noch gebräuchlichen Buchformaten vergleichen können, die auf das Falten von Papierbögen zurückgehen (Folio, Quart, Oktav). Unter den Handschriften, die in der Wüste Juda gefunden wurden, kann man immerhin eine Gruppe von Schriftrollen ausmachen, die sich als Luxus-Ausgaben (de luxe editions) beschreiben lassen und ähnliche Formate aufweisen.[8] Diese werden vornehmlich, aber nicht ausschließlich bei der Herstellung biblischer Musterhandschriften verwendet. Neben anderen Qualitätsmerkmalen ergeben sich für diese Gruppe folgende Formatangaben: Die Höhe der Schriftrollen bewegt sich zwischen 30 und 40 cm. Der obere und untere Rand wird mit 3–4 cm großzügig bemessen, wobei die untere Randzone gerne etwas breiter ausgeführt ist. Der für die Beschriftung vorgesehene Raum erlaubt die Aufnahme von etwa 35–45 Textzeilen. Die Breite der Kolumnen schwankt und ist vom Zuschnitt der Lederbögen abhängig, die zur Schriftrolle vernäht oder zusammengeklebt werden. In der Regel enthalten die einzelnen Bögen 3–4 Kolumnen bei einer durchschnittlichen Breite von 10–12 cm. Die Kolumnenbreite wird, sofern dies möglich ist, einheitlich bemessen und vor dem Schreiben mit einem spitzen Instrument vorgezeichnet. Auch die waagrechten Linien werden vorgezogen, wobei man anschließend die Buchstaben nicht auf die Linie schrieb, sondern unter sie hängte. Besonders gut sind die vorgezeichneten vertikalen und horizontalen Linien im Habakuk-Kommentar aus Qumran zu erkennen (Bildtafel 13).

Rekonstruktion. Da in den Qumran-Höhlen nur wenige vollständige Handschriften erhalten geblieben sind, dagegen massenweise Fragmente

[8] Vgl. dazu E. Tov, The Biblical Texts from the Judaean Desert – an Overview and Analysis of the Published Texts, in: ders. / E. D. Herbert (ed.), The Bible as Book. The Hebrew Bible and the Judaean Desert Discoveries, London 2002, 158–160 (Appendix).

gefunden wurden, kommt der Rekonstruktion einer Schriftrolle herausragende Bedeutung zu. Dabei handelt es sich um ein überaus kompliziertes Geschäft, das viele Fallstricke bereithält.[9] Zunächst müssen die einzelnen Fragmente als zu einer Handschrift gehörend identifiziert und anschließend in ihre Position gebracht werden. Bei biblischen Schriftrollen orientiert man sich dazu an Material, Inhalt und Format: So lässt sich bei den Fragmenten für gewöhnlich ein Schadensmuster (z. B. durch Feuchtigkeit, Insekten, Knitterung) ermitteln, das Rückschlüsse auf ihre Zusammengehörigkeit und Plazierung in der Rolle erlaubt. Zur weiteren Einordnung der Fragmente hilft der Inhalt des Bibeltextes, wobei man allerdings nicht von vornherein die masoretische Textfassung zugrunde legen darf, sondern die jeweilige Texttradition der Handschrift möglichst genau bestimmen muss (siehe 3.5). Schließlich wird das einzelne Fragment an seinen ursprünglichen Platz in der Kolumne gesetzt, den man zuvor exakt berechnet. Dazu müssen die Abstände, Zeilenlängen und Buchstabenhöhen eigens vermessen sowie die unterschiedlichen Kolumnenbreiten bestimmt werden, was nur gelingen kann, wenn eine ausreichende Zahl größerer Textstücke zur Verfügung steht. Für die erste Samuelrolle (4QSam^{a} = 4Q51) konnten auf diese Weise die Kolumnen 31–54 vollständig rekonstruiert werden.[10]

Aufbewahrung. Zu ihrem Schutz verfügen die meisten Schriftrollen über eine Lasche und ein Lederband, mit dem sie verschlossen werden können. Manche sind zudem mit einem außen angebrachten Streifen versehen (lat. *titulus*), auf dem eine kurze Inhaltsangabe steht. In den Bibliotheken des Altertums wurden die zusammengerollten und verschlossenen Schriftrollen sehr wahrscheinlich in Holzregalen gelagert oder in Truhen aufbewahrt. Man darf aber auch – wie im kaiserzeitlichen Pergamon – an verschließbare Bücherschränke denken, die ca. 120 bis 200 Schriftrollen aufnehmen konnten. Berühmt geworden sind freilich die in Höhle 1 von Qumran entdeckten und mit einem Deckel verschließbaren Tonkrüge, in denen man die in Leinen gewickelten Schriftrollen verstaute (Bildtafel 8). Doch dürfte es sich dabei nicht um die übliche Aufbewahrungsform von Schriftrollen handeln, sondern lediglich um eine besondere Art der Verpackung, die man für den Transport oder – bei Urkunden und Verträgen – für eine dauerhafte Einlagerung benutzte (Jer 32,14).

[9] Vgl. H. Stegemann, Methods for Reconstruction of Scrolls from Scattered Fragments, in: L. H. Schiffman (ed.), Archaeology and History in the Dead Sea Scrolls, JSPE.S 8, Sheffield 1990, 189–220 (mit einer Checkliste S. 205f).

[10] Vgl. E. D. Herbert, Reconstructing Biblical Dead Sea Scrolls. A New Method Applied to the Reconstruction of 4QSam^{a}, STDJ 22, Leiden / New York / Köln 1997.

Kodex. Die Entwicklung von der Rolle zum Kodex setzt im 1. Jh. n. Chr. ein, beide Buchformen existieren jedoch längere Zeit nebeneinander. Beim Kodex werden die Papyrus- oder Pergamentbögen nicht mehr Stück für Stück aneinandergereiht, sondern heftartig gefaltet, in Lagen gelegt und zusammengebunden. Wie man an den Bibelhandschriften sehen kann, hat die Rollen-Form dennoch auf den Kodex eingewirkt. Sie bestimmte das Schriftbild der Kodex-Seiten, die ebenfalls mit zwei oder drei Kolumnen beschrieben wurden (z. B. Codex Cairensis, Bildtafel 20). Allerdings fallen die Kodex-Kolumnen erheblich schmaler aus, so dass sich die Merkmale der Textgliederung (Spatium in der Zeile oder freies Zeilenende) nicht immer deutlich erkennen lassen.

Die Gründe dafür, warum besonders das Christentum zur Kodex-Form übergegangen ist, sind vielfältig und noch nicht abschließend geklärt. Es lässt sich jedoch feststellen, dass die neue Buchform schrittweise und differenziert nach Literaturgattungen übernommen wurde: Der christlichen Literatur folgt im 3. Jh. n. Chr. die juristische Literatur und im 4./5. Jh. n. Chr. die klassischen Dichtungen.[11] Anfangs wurde der Kodex weitgehend aus Papyrus gefertigt, ab dem 4. Jh. n. Chr. setzt sich der Pergament-Kodex durch (z. B. Codex Vaticanus). Die Vorteile der Kodex-Form liegen auf der Hand: Die Blätter lassen sich beidseitig beschriften und können dadurch mehr Text aufnehmen. Auch die Handhabung ist bequemer, ebenso das Nachschlagen von Textstellen. Schließlich sind dem Kodex-Umfang keine so engen Grenzen gesetzt wie bei einer Schriftrolle. Mehrere biblische Schriften bzw. die ganze Heilige Schrift lassen sich deshalb komfortabel zu einem einzigen Buch zusammenbinden. Antike Zentren der christlichen Bibelproduktion sind Caesarea, Antiochia und Alexandria gewesen. Wie bereits erwähnt blieben im Judentum weiterhin Lederrollen für die im Gottesdienst verwendete Heilige Schrift vorgeschrieben. Dagegen benutzten die Masoreten für ihre Arbeit durchgängig die Kodex-Form. Ihre Zentren waren Tiberias im Westen und die babylonischen Lehrhäuser im Osten (siehe 2.3).

1.5 Schreibgeräte und Tinte

Die Schreibgeräte richten sich naturgemäß nach dem Material der verwendeten Schriftträger. Ihre Beschaffenheit bestimmt nicht unwesentlich die Buchstabenform. Zur Herstellung von Monumentalinschriften, die in eine Felswand oder einen Steinblock eingehauen wurden, verwendete man den *Meißel*. Die Buchstaben erscheinen dadurch grob und kantig.

[11] Vgl. D. Fouguet-Plümacher, Art. Buch/Buchwesen III. Die Entwicklung von der Antike bis zur Neuzeit, TRE 7, Berlin/New York 1981, 276f.

Für kleinere Inschriften, die man in Kalkstein oder Ton einritzte oder punkt-gravierte, wurde ein scharfer *Griffel* benutzt (Jes 8,1). Er konnte aus verschiedenen Materialien hergestellt werden, Jer 17,1 und Hi 19,24 bezeugen den eisernen Griffel. Mit ihm lassen sich stärker gerundete Buchstaben und ein feineres Schriftbild erstellen. Um in Stempel- und Rollsiegeln neben den Bildelementen auch den Namen des Siegelbesitzers einzuschneiden, benötigte der Siegelschneider besondere Werkzeuge zur Edelsteinbearbeitung wie feine Bohrer und *Stichel*.

Mit den bisher genannten Schreibgeräten wurden die Buchstaben in das vorgesehene Schreibmaterial eingegraben. Wo dies nicht möglich war, wie bei Papyrus und Leder, wird die Schrift mit Tinte aufgetragen (Jer 36,18). In älterer Zeit verwendete man dazu eine dünne *Binse*, deren faseriges Ende wie ein kleiner Pinsel benutzt werden konnte. Etwa ab dem 3. Jh. v. Chr. lässt sich das von den Griechen benutzte *Schreibrohr* (grie. κάλαμος) nachweisen. Vogelfeder und Gänsefederkiel kommen dagegen erst im Mittelalter in Gebrauch.

Schreibrohr. Das Schreibrohr bzw. der Kalamos besteht aus einem natürlichen und schräg zugeschnittenen Schilfrohr, dessen Spitze gespalten wird. Mit dieser Rohrfeder lässt sich die Tinte gleichmäßig und schnell aufbringen, so dass sie den Gebrauch einer Kursive mit flüssig-geschwungener Linienführung erlaubt. Um diese Eigenschaft zu erhalten, muss das Schreibrohr allerdings regelmäßig zugeschnitten werden. Der Schreiber verwendet dazu ein spezielles Schreibermesser (Jer 36,23). Zum Schutz der Rohrfeder konnte – ähnlich wie bei modernen Füllfederhaltern – eine Kappe aufgesteckt werden. Ferner gehört zur Ausrüstung des Schreibers ein Federkasten (hebr. קֶסֶת *qäsät*, vgl. Ez 9,2). Er ist für gewöhnlich aus Holz gefertigt, das Luxusmodell aus Elfenbein, und verfügt über ein Fach für die Rohrfedern sowie über eine oder mehrere schalenförmige Vertiefungen, in denen man schwarze oder – durch Beimischung pulverisierter Tonerde – rote Tinte anmischen konnte. Das Tuschepulver dazu wurde separat in einem Lederbeutel verwahrt.

Tinte. In der Antike lassen sich zwei Arten von Tinte unterscheiden: die ältere pflanzliche und die jüngere metallische Tinte (lat. *tincta* »Gefärbtes«). Die pflanzliche Tinte wird aus Ruß hergestellt und mit Gummi arabicum, einem wasserlöslichen Harz, oder mit Pflanzenöl als Bindemittel vermischt, das für eine bessere Haftung auf dem Schreibträger sorgt. Im 3. Jh. v. Chr. wird die metallische Tinte erfunden, die nach ihrer Herstellung auch als Eisengallustinte bezeichnet wird. Man benötigt dazu Galläpfel, das sind: Wucherungen vornehmlich an Blättern, Zweigen und Knospen bestimmter Eichenarten, die durch den Einstich der Gallwespe erzeugt werden. Die getrockneten Galläpfel werden zerstampft und unter

Zugabe von Eisenvitriol und Gummi arabicum abgekocht. Der dauerhafte Farbstoff entsteht aber erst beim Trocknen der Tinte auf dem Schriftträger, und zwar durch Oxidation des zweiwertigen zu dreiwertigem Eisen, das sich mit der Gallussäure zu einem tiefschwarzen Farbton verbindet. Auch nach der Einführung der Eisengallustinte wurden beide Tintenarten, die pflanzliche und die metallische, nebeneinander verwendet. Daher lassen sich aus der Verwendung pflanzlicher Tinte noch keine hinreichenden Rückschlüsse auf die Datierung einer Handschrift ziehen, auch wenn diese eher für frühe als für mittelalterliche Herkunft spricht. Die in Qumran benutzte Tinte war jedenfalls nicht metallisch, sondern pflanzlich und kohlenhaltig.

Mit welcher Tinte eine Handschrift geschrieben wurde, ist auch noch in einer anderen Hinsicht bedeutsam. Bei der Untersuchung kleinster Qumran-Fragmente mit Röntgenstrahlen zeigte sich nämlich, dass sich anhand des Strahlungsmusters die chemische Zusammensetzung der benutzten Tinte bestimmen lässt. Auf diese Weise kann man mindestens feststellen, ob zwei Fragmente, deren Zusammengehörigkeit noch ungeklärt ist, mit einer chemisch ähnlichen oder mit unterschiedlicher Tinte beschrieben worden sind. Es bleibt abzuwarten, ob die chemische Analyse von Qumran-Handschriften darüber hinaus einmal zu klären vermag, aus welcher Gegend die Tinte bzw. die Tinten stammten, mit denen die in den Höhlen gefundenen Schriftrollen beschrieben worden sind.

1.6 Literatur

Schrift

J. Tropper, Vom phönizischen Alphabet zur hebräischen Quadratschrift. Die Entstehung der Schrift (Folge 3/4), Welt und Umwelt der Bibel Nr. 28 (2003), 72–77.

Poesie

W. Bühlmann / K. Scherer, Sprachliche Stilfiguren der Bibel. Von Assonanz bis Zahlenspruch. Ein kleines Nachschlagewerk, 2. verb. Aufl. Gießen 1994.

Kolometrie

W. T. W. Cloete, The Colometry of Hebrew Verse, JNSL 15 (1989), 15–29.

O. Loretz, Kolometrie ugaritischer und hebräischer Poesie: Grundlagen, informationstheoretische und literaturwissenschaftliche Aspekte, ZAW 98 (1986), 248–258.

Epigraphik

H. Donner / W. Röllig (Hg.), Kanaanäische und aramäische Inschriften I, 5. erweit. und überarb. Aufl. Wiesbaden 2002 [= KAI].

K. Jaroš, Inschriften des Heiligen Landes aus vier Jahrtausenden, Mainz 2001 (CD-ROM).

J. Renz / W. Röllig, Handbuch der Althebräischen Epigraphik, Bd. I–III, Darmstadt 1995 und 2003 [= HAE].

K. A. D. Smelik, Historische Dokumente aus dem alten Israel, KVR 1528, Göttingen 1987.

D. Schwiderski (Hg.), Die alt- und reichsaramäischen Inschriften – The Old and Imperial Aramaic Inscriptions, FoSub 2, Berlin / New York 2004.

Schreibmaterial

A. R. Millard, Pergament und Papyrus, Tafeln und Ton: Lesen und Schreiben zur Zeit Jesu, Biblische Archäologie und Zeitgeschichte 9, Gießen / Basel 2000 (englisch: Reading and Writing in the Time of Jesus, The Biblical Seminar 69, Sheffield 2000).

2

DER MASORETISCHE TEXT

Der hebräische Text des Alten Testaments wird allgemein als Masoretentext (MT oder M) bezeichnet, weil er in seiner heutigen Form auf der Überlieferungstätigkeit der Masoreten beruht. Bei den Masoreten handelt es sich um jüdische Gelehrte, die sich im Mittelalter um die Sicherung und möglichst korrekte Wiedergabe des hebräischen Bibeltextes bemühten und durch Zufügung von Vokalzeichen sowie Einteilung der Verse in Sinneinheiten auf eine bestimmte Interpretation festlegten. In dieser Hinsicht lassen sich vier integrale Bestandteile des mittelalterlichen Masoretentextes unterscheiden: Konsonantentext, Vokalisation, Textorganisation (Intervalle und Akzente) sowie die am Rand notierte Masora (kleine und große Masora). Durch die Arbeit der Masoreten war damit etwa im 10. Jh. n. Chr. eine textkritisch kontrollierte und vorzügliche Textgestalt erreicht, die man als normativ bezeichnen darf. Gleichwohl muss man berücksichtigen, dass der hebräische Bibeltext zuvor schon viele Jahrhunderte als Konsonantentext in Umlauf war. Dabei gab die Erforschung der frühen Textgeschichte zu erkennen, dass es sich beim masoretischen Konsonantentext bereits um eine im 2. Jh. n. Chr. vereinheitlichte Texttradition handelt. Vor diesem Hintergrund ist es unumgänglich, bei der Darstellung des masoretischen Textes zwischen seinem Konsonantentext und dem durch die mittelalterlichen Gelehrten festgelegten und vokalisierten Masoretentext im engeren Sinne zu differenzieren.

2.1 Der Konsonantentext

In der Überlieferung des Konsonantentextes lassen sich drei Phasen der Textgeschichte unterscheiden: In der *ersten Phase* (3. Jh. v. Chr. bis etwa 70 n. Chr.) entwickelt sich aus der protomasoretischen Textgruppe (siehe 3.5) ein autoritativer Konsonantentext. Dabei dominiert zunächst der im Text überlieferte Inhalt, während die exakte Wiedergabe seines Konsonantenbestands als ein noch sekundäres Anliegen erscheint. Diese frühe Phase dauert etwa bis zur Zerstörung des Zweiten Tempels durch die Römer und wird im nächsten Kapitel dieser Darstellung im Zusammenhang mit den Schriftrollen von Qumran ausführlich dargestellt. Die *zweite Phase* (70 n. Chr. bis 7. Jh. n. Chr.) fällt in die Zeit nach dem Ende des Zweiten

Tempels und der Niederwerfung des zweiten jüdischen Aufstandes. Sie ist geprägt von einer weiteren Vereinheitlichung des masoretischen Konsonantentextes und seiner Bewahrung durch die pharisäisch-rabbinische Richtung des Judentums. Dabei bewirkt die Auseinandersetzung mit dem frühen Christentum, das mit der Septuaginta einen gültigen Bibeltext zu besitzen beansprucht, nun auch auf jüdischer Seite eine stärkere Hinwendung zur Festlegung der hebräischen Bibel in ihrem Konsonantenbestand und zur Förderung eigener griechischer Übersetzungen (siehe 5.3). Dagegen ist bislang kaum untersucht, ob und inwiefern die islamische Beschäftigung mit dem Koran, die im 7. Jh. n. Chr. einsetzt, das Bemühen babylonischer Juden um den hebräischen Bibeltext beeinflusst oder befördert hat. Die *dritte Phase* (8. Jh. n. Chr. bis zum Ende des Mittelalters) beginnt mit der Festlegung der Vokalisation des Konsonantentextes, zunächst durch unterschiedliche Punktationssysteme. Sie lässt sich insgesamt als eine Phase nachhaltiger Textsicherung charakterisieren. In ihr wird nicht nur der Textsinn durch Vokalisation und Akzentsetzung präzise bestimmt, sondern auch der Text selbst durch ein ausgeklügeltes und doppeltes Verweissystem am Rand (siehe 2.5) gegen Fehlschreibungen geschützt.

Die Gründe dafür, warum sich gegen Ende der ersten Phase die masoretische Tradition als autoritative Textfassung des Judentums durchzusetzen beginnt, sind vielfältig. Zum einen kann man dafür anführen, dass die unterschiedlichen Textfassungen der Qumranrollen durch ihre Verbergung in den Höhlen aus der Textgeschichte ausschieden, die präsamaritanische Texttradition durch die Samaritaner fortgeführt wurde und die hebräischen Vorlagetexte der Septuaginta zur Grundlage der christlichen Bibel geworden sind. Damit blieb dem Judentum einzig die masoretische Texttradition.[1] Zum anderen darf man davon ausgehen, dass die Kontrolle über die als heilig betrachteten Bibelhandschriften in priesterlich-levitischen Händen lag und damit beim Tempel von Jerusalem, der über entsprechende Musterhandschriften zum Kopieren verfügte.[2] Dabei muss man besonders berücksichtigen, dass »heilige Schriften« im frühen Judentum noch keine kanonische Größe bezeichneten, sondern als »Schriften des Heiligtums« gesehen wurden.[3] Als

[1] Vgl. H.-J. Fabry, Der Text und seine Geschichte, in: E. Zenger / u. a., Einleitung in das Alte Testament, KStTh 1,1, 7. Aufl. Stuttgart 2008, 38.

[2] Zum Bücherbestand des Heiligtums vgl. 2. Makk 2,13-15.

[3] Vgl. dazu J. Maier, Zur Frage des biblischen Kanons im Frühjudentum im Licht der Qumranfunde, in: ders., Studien zur jüdischen Bibel und ihrer Geschichte, SJ 28, Berlin / New York 2004, 47. Zur Sache vgl. auch J. Assmann, Das kulturelle Gedächtnis. Schrift, Erinnerung und politische Identität in frühen Hochkulturen, München 1997, 94: »Der heilige Text verlangt keine Deutung, sondern rituell geschützte Rezitation … Ein kanonischer Text dagegen verkörpert die normativen und formativen Werte einer Gemeinschaft.«

heilig galt die zum rituellen Gebrauch taugliche Schriftrolle und damit nur mittelbar ihr Schriftinhalt. Da die Priester über die Heiligkeit von Schriftrollen materialiter entschieden und ggf. inkorrekt erscheinende, abweichende oder beschädigte Handschriften ausscheiden konnten, verfügten sie damit auch über ein Steuerungsinstrument, um Textvarianten zu verringern und die Texttradition in ihrem Sinne zu vereinheitlichen. Darüber hinaus waren am Tempel professionelle Korrektoren (hebr. מַגִּיהִים *Maggîhîm*) beschäftigt, die bei der Herstellung von Kopien deren Ausführung überwachten und berichtigten. Beide Funktionen, Steuerung und Kontrolle, wurden nach dem Ende des Zweiten Tempels vom rabbinischen Lehrhaus wahrgenommen.[4]

Kanon. »Autoritativer« und »kanonischer« Text werden häufig gleichgesetzt und damit die Festlegung eines Kanons heiliger Schriften, denen nichts zugefügt und von denen nichts abgestrichen werden darf, mit der wortgetreuen Festschreibung seines Konsonantentextes in Verbindung gebracht. Doch wird man einer solchen Verkürzung des Sachzusammenhangs nicht folgen dürfen, weil bereits der Begriff des Kanons in seiner Anwendung auf die hebräische Bibel problematisch ist; denn er setzt eine christliche Definition von Heiliger Schrift voraus, die es so im rabbinischen Judentum nicht gegeben hat.[5] Die Heilige Schrift des Judentums ist stattdessen als eine Formation zu beschreiben, die sich in einem dreigeteilten und nach Offenbarungsqualitäten abgestuften Korpus autoritativer Schriften abbildet. Traditionell wird das Korpus mit dem Kunstwort *Tanach* (hebr. תְּנַךְ *t^enak*) bezeichnet, dessen drei Konsonanten auf die Anfangsbuchstaben der drei Abteilungen hinweisen: 1. Tora = »Gesetz« (Pentateuch: Gen – Dtn), 2. Nebi'im = »Propheten« (vordere Propheten: Jos – Kön, hintere Propheten: Jes – Mal), 3. Ketubim = »Schriften« (Hagiographen: Psalmen – Chr). Dabei gilt die schriftliche Tora als direkte Offenbarung Gottes, die Mose am Berg Sinai empfangen hat. Gleichen Rang beansprucht lediglich die *mündliche* Tora, die nach rabbinischer Tradition ebenfalls am Sinai gegeben wurde und seitdem als gleichermaßen verbindliche Sinaioffenbarung in einer ununterbrochenen Traditionskette, aber außerhalb der Heiligen Schrift überliefert wird. Die zweite Abteilung versammelt die prophetischen Bücher. Sie werden gegenüber der Mose-Tora als indirekte Offenbarung qualifiziert und bleiben als geschichtsbezogene Auslegung auf die Tora bezogen. Die Schriften der dritten Abtei-

[4] Vgl. E. Tov, Der Text der Hebräischen Bibel. Handbuch der Textkritik, Stuttgart / Berlin / Köln 1997, 25f.

[5] Vgl. J. Maier, Möglichkeiten und Formen theologischer Exegese im Judentum, in: ders., Studien zur jüdischen Bibel und ihrer Geschichte, SJ 28, Berlin / New York 2004, 3–15.

lung werden wiederum von der Prophetie abgesetzt, gelten aber mindestens als prophetisch inspiriert, wodurch besonders der Rang der Psalmen begründet wird. Nach ihrer Offenbarungsqualität treten sie hinter die Tora und die Propheten zurück. Die graduelle Abstufung der drei Kanonteile ist konstitutiv für das jüdische Schriftverständnis und beinhaltet ein hermeneutisches Konzept, das sich aus den drei programmatischen Schlusstexten Dtn 34,10-12; Mal 3,22-24; 2. Chr 36,22-23 entwickeln lässt und den Rahmen intertextueller Auslegung absteckt.[6]

Wie man leicht erkennen kann, spiegelt sich in der Dreiteilung des jüdischen Schriften-Korpus ein geschichtlicher Vorgang wider. Dabei steht außer Frage, dass die Schriftenfolge des Pentateuchs als Mose-Tora bereits in persischer Zeit ein besonderes Ansehen und damit gleichsam »kanonischen« Rang erlangte, auch wenn dies zunächst noch nicht für die Textgestalt galt, wie die verschiedenen Zeugnisse einer *Rewritten Bible* beweisen (siehe 3.2). Etwa in den gleichen Zeitraum fallen auch Bemühungen, durch buchübergreifende Redaktionen im Bereich der hinteren Propheten ein *Corpus propheticum* zu bilden, das etwa im 2. Jh. v. Chr. durch Vorschaltung der vorderen Propheten ebenfalls autoritative Geltung erlangte.[7] Dabei lässt sich am Jesajabuch beobachten, dass das wachsende Maß an Ansehen inzwischen auch das Interesse an seiner Textgestalt weckte und eine wortgetreue Überlieferung beförderte. So zeigt etwa die zweite Jesajarolle aus Qumran (1QJes^{b} = 1Q8), die aus dem 1. Jh. v. Chr. stammt, kaum größere Abweichungen von dem durch die Masoreten konservierten mittelalterlichen Konsonantentext. Anders verhält es sich dagegen mit den Büchern des dritten Kanonteils, deren Überlieferung teilweise mit erheblichen textlichen Mängeln behaftet ist. Man darf dafür in Anschlag bringen, dass ihre Zugehörigkeit zum Korpus heiliger Schriften noch über eine längere Zeit hin offen blieb und dadurch das Interesse an einer autoritativen Textfassung verminderte. Beispielsweise wird noch im 1. Jh. n. Chr. die Frage erörtert, ob etwa das Hohelied und der Prediger Salomo/Kohelet »die Hände verunreinigen«, d. h., ob sie zu den heiligen Schriften gehören. Denn hinter dem verwendeten Ausdruck steht die Vorstellung, dass dem Menschen die Berührung von etwas Heiligem nicht geziemt und deshalb die Handhabung der als heilig angesehenen Schriftrollen einer rituellen Händewaschung bedarf. Auf diese Vorstellung lässt sich im übrigen auch der Brauch zurückführen, dass in der

[6] Vgl. E. Zenger, Heilige Schrift der Juden und der Christen, in: ders./u. a., Einleitung, 24–26 (Die hermeneutische Systematik des Tanach).

[7] Vgl. O. H. Steck, Der Abschluß der Prophetie im Alten Testament. Ein Versuch zur Frage der Vorgeschichte des Kanons, BThSt 17, Neukirchen-Vluyn 1991.

Synagoge beim Vorlesen aus der Heiligen Schrift statt des Zeigefingers ein Torazeiger benutzt wird.

Synode von Jamnia (ca. 100 n. Chr.). Mit Blick auf die Hagiographen wurde die Frage, welche Bücher zur Heiligen Schrift des Judentums gehören, in einem längeren Diskussionsprozess erörtert, der wohl bis ins 3./4. Jh. n. Chr. anhielt. Die ältere Forschung wollte diesen Vorgang auf ein historisches Ereignis hin verdichten und sprach von einer Synode von Jamnia (hebr. יַבְנֶה *Jabne*), einer ca. 14 km nordöstlich von Aschdod gelegenen Stadt, in der um 100 n. Chr. der jüdische Gerichtshof unter Rabbi Gamaliel II. getagt und – in Abgrenzung gegen das Christentum – einen Schriftenkanon der hebräischen Bibel festgelegt habe.[8] Inzwischen hat sich diese Auffassung jedoch als eine historische Fiktion herausgestellt, und zwar aus drei Gründen: Erstens gibt es nur einen einzigen Text aus der Mischna, der sich auf eine Schuldiskussion in Jabne um die soeben erwähnte Verunreinigung der Hände durch Hoheslied und Kohelet beziehen lässt.[9] Bezeichnenderweise wird aber auch hier nicht über die Zugehörigkeit zu einem Kanon verhandelt, sondern lediglich über die Einstufung dieser beiden Schriften als heilig. Zweitens wird die Debatte im rabbinischen Lehrhaus zu einer Synode hochstilisiert und dadurch fälschlich der Eindruck erweckt, als seien in Jabne gleich wie bei den altkirchlichen Konzilien richtungsweisende Beschlüsse von dogmengeschichtlicher Bedeutung gefasst worden. Drittens wird von vornherein unterstellt, dass die pharisäisch-rabbinische Richtung die Lehrautorität für das gesamte Judentum besessen habe. Doch diese Behauptung ist unzutreffend, zumal jüdische Ortsgemeinden auch in den folgenden Jahrhunderten, in denen die rabbinischen Lehrhäuser weiter an Autorität gewannen, ihre Autonomie behaupten konnten.

Verzichtet man auf den Versuch, durch die sogenannte »Synode von Jamnia« das Problem der jüdischen Kanonbildung zu lösen, lässt sich allerdings ihr wichtigster Schritt, nämlich die Schließung des Kanons, histo-

[8] Vgl. z. B. K. Budde, Der Kanon des Alten Testaments, Gießen 1900, 58–64.

[9] Vgl. Mischna, Jadajim III,5: »Alle heiligen Schriften verunreinigen die Hände; auch das Hohelied und Kohelet verunreinigen die Hände. R. Jehuda sagt: Das Hohelied verunreinigt die Hände; Kohelet hingegen ist umstritten. R. Jose sagt: Kohelet verunreinigt die Hände nicht; das Hohelied hingegen ist umstritten. R. Schim'on sagt: Kohelet ist eine der Erleichterungen der Schule Schammais und eine der Erschwerungen der Schule Hillels. Es sagte R. Schim'on ben Azzai: Überliefert ist mir aus dem Mund der 72 Ältesten an dem Tag, da sie R. Eleazar ben Azarja einsetzten [»Synode von Jamnia«], daß das Hohelied und Kohelet die Hände verunreinigen.« Zur Sache vgl. G. Stemberger, Jabne und der Kanon, in: Zum Problem des biblischen Kanons, JBTh 3, Neukirchen-Vluyn 1988, 163–174.

risch nicht greifen. Hält man zudem an der Unterscheidung von heiligen und kanonischen Texten fest, dann ist es zwar im frühen Judentum zu einer allgemeinen und als verbindlich betrachteten Anerkennung autoritativer Schriften gekommen, aber eben nicht zur offiziellen Festlegung eines Schriftenkanons. Ähnlich verhält es sich auch mit seiner Textgestalt. Sie ist zweifellos das Ergebnis einer traditionskonformen Textverfestigung, die mit dem wachsenden autoritativen Ansehen der heiligen Schriften einherging und dazu führte, dass sich die masoretische Textfassung als ein Standardtext durchsetzen konnte. Von einer Fixierung seines Wortlauts im Sinne eines kanonischen Endtextes kann aber keine Rede sein. Und selbst die mittelalterlichen Masoreten, die den Konsonantentext festschrieben und seine Aussprachetradition systematisch regelten, lassen sich dafür nicht in Anspruch nehmen. Denn bei ihnen handelt es sich nicht um Mitglieder einer jüdischen Bibelkommission, sondern um gleichsam private Initiativen, die sich der Pflege des Bibeltextes widmeten und sich erst durch ihre überragende und traditionskonforme Textsicherung solchen Respekt verschafften, dass sie abweichende Lesarten weitgehend verdrängen konnten. Insofern ist der sogenannte »kanonische Endtext« bezogen auf die hebräische Textgestalt des Alten Testaments keine historische Größe, sondern eine dogmatische Festlegung. Wann immer vom »kanonischen Endtext« gesprochen wird – beispielsweise als die verbindliche Grundlage synchroner Exegese –, ist nach seiner Definition zu fragen (siehe 7.1).

2.2 Überlieferung und Korrekturen

Der überlieferte Konsonantentext zeigt verschiedene Besonderheiten, die bereits die Masoreten vorgefunden und bewahrt haben. Zum einen sind dies sonderbare Buchstaben und außergewöhnliche Punkte im Text, zum anderen Vermerke an seinem Rand, die sich auf die Lesung der Konsonanten beziehen. Diese Eigentümlichkeiten, von denen einige schon im Talmud erwähnt sind, belegen eine frühe Praxis der mit dem Bibeltext betrauten Schreiber (hebr. סוֹפְרִים *Sôpherîm*), die den Konsonantentext zwar nicht verändern mochten, aber dennoch ihre Bedenken gegenüber seiner korrekten Überlieferung zum Ausdruck bringen wollten. Sehr wahrscheinlich bezeugen diese Merkmale nur einen kleinen Ausschnitt antiker Schreibertradition. Die folgende Zusammenstellung bezieht sich auf die Textdarstellung des Codex Leningradensis, die von der BHS (Biblia Hebraica Stuttgartensia) urkundengetreu abgedruckt wird.[10]

[10] Zur Sache vgl. P.H. Kelley / D.S. Mynatt / T.G. Crawford, Die Masora der Biblia Hebraica Stuttgartensia. Einführung und kommentiertes Glossar, Stuttgart 2003, 38–52.

2.2.1 *Puncta extraordinaria* (außergewöhnliche Punkte). An 15 Stellen zeigt der Masoretentext über einzelne Buchstaben oder ganze Wörter gesetzte Punkte: Gen 16,5; 18,9; 19,33; 33,4; 37,12; Num 3,39; 9,10; 21,30; 29,15; Dtn 29,28; 2. Sam 19,20; Jes 44,9; Ez 41,20; 46,22; Ps 27,13. Ihre Deutung ist umstritten. In einigen Fällen lassen sich diese Punkte als Tilgungszeichen verstehen, die auch in den Schriftrollen von Qumran belegt sind und einzelne oder mehrere Buchstaben markieren, die zu streichen sind. So belegt die erste Jesajarolle 1QJes[a] in Jes 36,7 Korrekturpunkte über dem Wort »in Jerusalem«, während MT und die Versionen dieses Wort nicht (mehr) enthalten.[11] Trotzdem lässt sich die Tilgungstheorie nicht auf alle Fälle der *puncta extraordinaria* beziehen. Darum wird angenommen, dass sie auch zur Kennzeichnung vermuteter Fehlschreibung oder einer fraglichen Variante verwendet werden konnten. Warum freilich nur an diesen 15 Stellen die Punkte gesetzt (oder überliefert) wurden, bleibt rätselhaft.

2.2.2 *Nun inversum* (umgekehrtes Nun). In der BHS begegnet neunmal ein umgekehrtes Nun, das zusätzlich mit einem diakritischen Punkt versehen ist: vor und nach Num 10,35-36 sowie vor Ps 107,21-26.40. Man erklärt es in Analogie zu dem in alexandrinischen Quellen belegten umgekehrten Sigma (grie. ἀντίσιγμα). In ihnen werden Sigma und Antisigma dazu benutzt, eine Textstelle »einzuklammern« und dadurch anzuzeigen, dass sie nicht an ihrem ursprünglichen Platz steht. Dieser Fall ließe sich auch auf Num 10,35-36 anwenden, zumal die Textstelle im Midrasch und im Babylonischen Talmud entsprechend diskutiert wird (Sifre 84; Schabbat 115a–116a). Bei den Rabbinen scheint allerdings die Textstelle durch Punkte markiert worden zu sein, so dass man dieser Quelle keinen direkten Hinweis zur Bedeutung des *Nun inversum* entnehmen kann. Oder bedeutet es einfach nur eine Abkürzung für נָקוּד »gepunktet«, wobei man das Nun umdrehte, damit es nicht versehentlich zum Text gerechnet wird?[12]

2.2.3 *Litterae suspensae* (aufgehängte Buchstaben). Vier Wörter im Masoretentext zeigen einen hochgestellten oder »aufgehängten« Buchstaben: Ri 18,30; Ps 80,14; Hi 38,13.15. Instruktiv ist der erste Fall, bei dem das Nun im Wort מנשה *Manasse* hochgestellt ist. Offensichtlich soll das aufgehängte Nun anzeigen, dass das ursprüngliche Wort משה *Mose* als Manasse zu lesen und entsprechend auch von den Masoreten punktiert worden ist. Dabei handelt es sich natürlich um einen Eingriff in den Textsinn,

[11] Weitere Beispiele finden sich bei Tov, Text, 174f.

[12] Vgl. E. Würthwein, Der Text des Alten Testaments. Eine Einführung in die Biblia Hebraica, 5. Aufl. Stuttgart 1988, 20.

mit dem verhindert werden sollte, dass der in Ri 18,30 erwähnte Götzendienst des Priesters Jonathan genealogisch mit Mose in Verbindung gebracht wird. Die übrigen drei Fälle lassen sich ebenfalls als Textkorrekturen ansprechen, allerdings nicht aufgrund dogmatischer Bedenken. Vielmehr wird mit dem aufgehängten Buchstaben ein jeweils fehlendes Ajin textkritisch ergänzt.

2.2.4 *Litterae majusculae* (vergrößerte Buchstaben). In den mittelalterlichen Handschriften finden sich auch vergrößerte Buchstaben, die in unterschiedlichen Funktionen verwendet werden. Sie können am Beginn eines Abschnitts oder Buches stehen, dessen statistische Mitte kennzeichnen oder die exakte Lesung eines bestimmten Wortes hervorheben. Die BHS bietet vier Fälle: Lev 11,42; Num 27,5; Dtn 6,4 (erstes und letztes Wort). Dabei hat die BHS gegenüber dem Codex Leningradensis die erste Stelle aufgrund ihrer Bedeutung hinzugefügt. Denn der vergrößerte Buchstaben in Lev 11,42 markiert nach Zählung der Buchstaben die Mitte der Tora, wie die Masoreten dazu am Rand vermerkten.

2.2.5 *Ketib und Qere* (Geschriebenes und zu Lesendes). Eines der interessantesten Phänomene des Masoretentextes ist das Ketib und Qere, das die Randvermerke der Schreiber resp. der Masoreten direkt mit dem Konsonantentext vernetzt. Dabei kommt folgendes System zur Anwendung: Am Rand wird ein anderes Wort oder häufiger eine andere Wortform als im Text notiert und als Qere (aram. קְרֵי *q^e^rê*) ausgewiesen. Diese Notation soll anstelle des im Konsonantentext geschriebenen Wortes gelesen werden und damit lautsprachlich das Ketib (aram. כְּתִיב *k^e^tîb*) »ersetzen«. In der BHS wird der Randvermerk durch ein ק̇ mit diakritischem Punkt (Abkürzung für Qere) gekennzeichnet, das unter das zu lesende Wort gesetzt wird. Die Zuordnung des Qere-Wortes zum Text wird zusätzlich durch einen Circellus (°) ausgewiesen, der über das im Text geschriebene Bezugswort gesetzt wird. Mit den Vokalen wird so verfahren, dass das in kleinen Buchstaben an den Rand geschriebene Qere-Wort unpunktiert bleibt, während das im Text stehende Ketib-Wort mit den (nur) zum Qere passenden Vokalzeichen vokalisiert wird. Beispielsweise bietet das Qere zu Jes 49,5 anstelle der geschriebenen Negation לֹא »nicht« die Präposition mit Suff. 3. Sg. masc. לוֹ »zu ihm«, wodurch sich ein deutlich verbesserter Textsinn ergibt und der Auftrag des Gottesknechts nunmehr lautet, er solle Israel »zu ihm«, nämlich zu Jahwe versammeln. Man kann an diesem Fall sehen, dass die Schreiber bzw. die Masoreten das Instrument von Ketib-Qere durchaus zur Textverbesserung nutzen konnten und es offensichtlich auch taten. Die Korrekturtheorie vermag jedoch die über

1300 Fälle des Ketib-Qere nicht hinreichend zu erklären. Man hat darum vermutet, dass es sich bei den Qere-Vermerken tatsächlich um Varianten handelt, die man aus einer oder mehreren Handschriften herausgelesen und am Rand gesammelt hat.[13] Auch das wird in vielen Fällen zutreffen und ist textkritisch insofern bemerkenswert, als es sich bei den Qere-Lesarten um alte Varianten handeln kann. Schließlich wurde noch erwogen, den Ursprung des Ketib-Qere auf zwei Traditionen zu verteilen: eine Schreibertradition, die für das Ketib verantwortlich ist, und eine mündliche Aussprachetradition, die den Masoreten bekannt war und durch das Qere gesichert werden sollte. Wie dem auch sei, wird man nicht alle Stellen mit einem Ketib-Qere auf die Masoreten zurückführen dürfen, zumal im Talmud zwei besondere Arten des Ketib-Qere erwähnt werden (Nedarim 37b–38a). Zum einen handelt es sich um das *Qere wela' Ketib* (aram. קְרֵי וְלָא כְּתִיב »zu Lesendes, aber nicht Geschriebenes«), womit ein Wort am Rand bezeichnet wird, das gelesen werden soll, aber nicht im Text steht. In diesem Fall wird die richtige Vokalisation im Text ohne die Konsonanten geboten (Ri 20,13). Zum anderen ist mit dem *Ketib wela' Qere* (aram. כְּתִיב וְלָא קְרֵי »Geschriebenes, aber nicht zu Lesendes«) der umgekehrte Fall belegt. Danach wird ein im Text geschriebenes Wort, das unvokalisiert bleibt, als überflüssig angesehen und soll nicht gelesen werden (2. Sam 13,33).

2.2.6 *Qere perpetuum* (durchgehend zu Lesendes). Einen Sonderfall des Ketib-Qere lernt man bereits in den ersten Stunden des Hebräischunterrichts kennen, das sogenannte Qere perpetuum. Es betrifft drei Wörter, die in der Biblia Hebraica besonders häufig vorkommen. Bei ihnen wird vorausgesetzt, dass man sie zu lesen versteht, ohne dass am Rand das entsprechende Qere-Wort notiert wird. Allein die Vokale unter dem geschriebenen Wort geben den Hinweis. Es handelt sich an erster Stelle um den Gottesnamen, das sogenannte Tetragramm. Das Ketib, das in der BHS יְהוָה vokalisiert wird,[14] verweist auf die Vokale von אֲדֹנָי und wird danach als »Adonaj« ausgesprochen. Des öfteren begegnet auch die Vokalisation יְהוָה mit den Vokalen des aramäischen Wortes שְׁמָא »der Name«. Man liest dann entweder »Adonaj« oder »Ha-Schem« (hebr. für »der Name«). Die beiden anderen Fälle betreffen die Aussprache von Jerusalem und das Personalpronomen 3. Sg. fem. (nur in der Tora).

[13] Vgl. H. M. Orlinsky, The Origin of the Kethib-Qere System. A New Approach, in: Congress Volume Oxford 1959, VT.S 7, Leiden 1960, 184–192.

[14] Der Gottesnamen »Jehova« ist aus Unkenntnis des Qere perpetuum entstanden, indem man das Ketib mit den Vokalen des Qere las.

2.2.7 *Sebirin* (Meinungen). Den Ketib-Qere-Stellen ähneln zahlreiche Fälle, in denen für ein im Text stehendes und als schwierig empfundenes Wort eine einfachere oder gewöhnlichere Wortform am Rand vorgeschlagen wird. Die Sebirin-Anmerkungen besitzen allerdings nicht dasselbe Gewicht wie die Qere-Wörter, sondern werden durch vorangestelltes Sebir (Part. Pass. von aram. סבר »meinen«) als bloße Meinung oder Vermutung abgeschwächt. Es wird sogar angenommen, dass es sich bei ihnen um eine Warnung handelt, man solle den Text *nicht* nach der als besser vermuteten Lesart korrigieren. Danach würde zu Num 13,22 die Meinung vertreten, dass der Plural des Verbs »kommen«, zu dem ja die Kundschafter das Subjekt bilden, fälschlicherweise für besser gehalten werde als der Singular. Doch vermag diese Deutung der Sebirin-Anmerkungen nicht durchweg zu überzeugen.

2.2.8 *Tiqqune sopherim* (Verbesserungen der Schreiber).[15] Nach rabbinischer Überlieferung werden 18 Stellen gezählt, die bezeugen, dass die Schreiber tatsächlich auch in den Konsonantentext eingegriffen und an mehreren Stellen korrigiert haben. Die sogenannten Verbesserungen der Schreiber beziehen sich vor allem auf Lesarten, die als anstößig empfunden und darum abgeändert wurden. Ein interessanter Fall dazu liegt in 1. Sam 3,13 vor. Hier lautet die Anklage gegenüber Eli im ursprünglichen Text: »denn seine Söhne fluchten Gott« (G ϑεόν). Da jedoch die Aussage mit Gott als dem direkten Objekt des Fluchens als respektlos betrachtet werden konnte, wird von der Tradition ins Feld geführt, dass die Schreiber den Text in folgender Weise geändert hätten: »denn seine Söhne fluchten zu ihrem eigenen Nutzen.« Sie hätten demgemäß ursprüngliches אֱלֹהִים zu לָהֶם verschrieben. Ob die Sopherim diese Stelle wirklich in der angegebenen Weise emendierten, ist damit noch nicht bewiesen. Es könnte nämlich auch eine frühe Textverderbnis vorliegen, das sich im Konsonantentext erhalten hat und durch die *tiqqune sopherim* seine nachträgliche Erklärung bekam. Die übrigen Stellen sind: Gen 18,22; Num 11,15; 12,12; 2. Sam 16,12; 20,1 (dazu 1. Kön 12,16; 2. Chr 10,16); Jer 2,11; Ez 8,17; Hos 4,7; Hab 1,12; Sach 2,12; Mal 1,13; Ps 106,20; Hi 7,20; 32,3; Klgl 3,20. Neben diesen Fällen nennt der Babylonische Talmud (Nedarim 37b) noch fünf Stellen, bei denen ein konsekutives Waw vor einem Wort ausgelassen

[15] Zur Sache vgl. C. McCarthy, The Tiqqune Sopherim and Other Theological Corrections in the Masoretic Text of the Old Testament, OBO 36, Freiburg, Schweiz/Göttingen 1981; sowie S. Lieberman, Hellenism in Jewish Palestine. Studies in the Literary Transmission Beliefs and Manners of Palestine in the I Century B.C.E.–IV Century C.E., TSJTSA XVIII, New York 1950, 28–37.

wurde, und kennzeichnet sie entsprechend als *Itture sopherim* (Weglassungen der Schreiber): Gen 18,5; 24,55; Num 31,2; Ps 68,26 sowie Ps 36,7.

Nicht nur die hier beschriebenen Textphänomene, sondern auch die rabbinische Diskussion machen deutlich, dass bereits vor der Arbeit der Masoreten in der oben erwähnten zweiten Phase der Textgeschichte (70 n. Chr. bis 7. Jh. n. Chr.) eine intensive Pflege des verfestigten Konsonantentextes einsetzte, den die Rabbinen hinsichtlich der Tora als vollkommen betrachteten und darum auch in ihrer Auslegung jedem einzelnen Buchstaben besondere Aufmerksamkeit und Bedeutung schenkten.[16] Dabei wurden auch Verse, Wörter und Buchstaben durch die Sopherim gezählt, um dadurch die Anfertigung und Kontrolle von Handschriften zu erleichtern. Gleichwohl darf man nicht übersehen, dass die Rabbinen mit der mündlichen Tora über eine zusätzliche Offenbarungsquelle verfügten, mit der sie auch solche in ihrer Überlieferung oder Auslegung dunkle Stellen der Heiligen Schrift erklären, deuten oder auf einen bestimmten Textsinn festlegen konnten. Es musste darum zu einer ernsten Bedrohung des rabbinischen Judentums kommen, als sich im 8. Jh. n. Chr. eine jüdische Glaubensbewegung zusammenfand, die nur noch die schriftliche Tora als verbindlich anerkannte, dagegen die in Mischna und Talmud kodifizierte mündliche Tora verwarf und dadurch der rabbinischen Autorität den Boden entzog. Die Anhänger dieser Gruppierung – sie wird in älteren Lehrbüchern als eine jüdische Sekte bezeichnet – werden Karäer genannt (hebr. קָרָאִים *Qara'îm* »Bibelleser«).

Karäer. Die Karäerbewegung nahm ihren Ausgangspunkt in Babylonien, wo Anan ben David etwa um 760 n. Chr. eine erste Karäergemeinde gründete, die nach strengen und am Wortlaut der Heiligen Schrift orientierten Regeln lebte. Von dort verbreitete sich die Karäerbewegung rasch und fand bald viele Anhänger in Jerusalem, das sich zu einem geistigen Zentrum der Karäer entwickelte. Ihre Abkehr von der mündlichen Tora beförderte nicht nur das Schriftstudium, sondern bewirkte auch bei den Rabbinen selbst eine verstärkte Hinwendung zur Schriftauslegung. Nach einer von Paul Kahle vertretenen These erfuhr die Beschäftigung mit dem Bibeltext etwa um 800 n. Chr. neuen Auftrieb durch Handschriften, die in einer Felsenhöhle in der Nähe von Jericho entdeckt und nach Jerusalem gebracht wurden. Dass es einen solchen Fund tatsächlich gegeben hat, belegt außerdem ein Brief des nestorianischen Patriarchen Timotheus I. von Seleukia (726–819). Paul Kahle hielt es deshalb in hohem Grade für wahr-

[16] Zum Schriftverständnis der Rabbinen vgl. Ch. Dohmen / G. Stemberger, Hermeneutik der Jüdischen Bibel und des Alten Testaments, KStTh 1,2, Stuttgart 1996, 75–109.

scheinlich, dass die Schriftrollen aus der im vergangenen Jahrhundert (wieder-)entdeckten Höhle 1 von Qumran stammten. Hartmut Stegemann bevorzugt dagegen Höhle 3 und vermutet einen Fund in der Größenordnung von etwa 70–140 Schriftrollen.[17] Wenn diese Vermutungen zutreffen und damit auch sehr alte Bibelhandschriften in die Hände der Karäer gelangt sind, erscheint ihre Arbeit am hebräischen Bibeltext in einem sehr bedeutsamen Licht und könnte die engen Beziehungen zwischen der protomasoretischen Textgruppe von Qumran und dem masoretischen Konsonantentext auch von dieser Seite her erklären. Die Masoreten, denen wir uns jetzt zuwenden, sind jedenfalls aus der Bewegung der Karäer teils hervorgegangen, teils durch sie zum Bibelstudium angeregt worden.

2.3 Die Vokalisation der Masoreten

In der Blütezeit masoretischer Arbeit unterschied man bei den Tradenten je nach ihrer Tätigkeit die *Sopherim* (hebr. סוֹפְרִים »Schreiber«), die den reinen Konsonantentext abschrieben, sodann die *Naqdanim* (hebr. נַקְדָנִים »Punktatoren«), die das Konsonantengerüst mit Vokalzeichen und Akzenten versahen, und schließlich die Masoreten im engeren Sinn, die am Rand und unter dem Text die entsprechenden Bemerkungen zur Textsicherung und -kontrolle hinzufügten (siehe 2.5). Aus naheliegenden Gründen wurden Punktation und Masora häufig von ein und derselben Person ausgeführt wie beispielsweise beim Kodex von Aleppo, dessen Text von Salomon ben Buja'a geschrieben wurde, während Aaron ben Ascher die Vokalzeichen sowie Akzente und Masora notierte. Die Vokalisierung bedeutete natürlich einen ganz entscheidenden Schritt zur Textsicherung, weil durch sie nicht nur die Lesetradition schriftlich fixiert, sondern auch über die Ausspracheregelung der Textsinn präzise festgelegt werden konnte. Dabei steht außer Frage, dass die Ausbildung der Vokalisation durch die Masoreten eine ausgesprochen innovative, aber auch zwingende Entwicklung darstellt. Man wird sie vor dem Hintergrund sehen müssen, dass das Hebräische als gesprochene Umgangsprache längst außer Gebrauch gekommen ist. Schon ab dem 3. Jh. v. Chr. wird es durch das Aramäische abgelöst und seitdem nur noch als Literatursprache bzw. als heilige Sprache (im Sinne der Sprache heiliger Schriftrollen) gelesen und geschrieben. Aus diesem Grund lassen bereits die Qumrantexte durch ihren häufigen Gebrauch von plene-Schreibungen und Lesehilfen (matres lectionis) das Bedürfnis und Bemühen erkennen, Hinweise zur Aussprache und damit

[17] Vgl. P. E. Kahle, Die Kairoer Genisa, deutsche Ausgabe bearbeitet von R. Meyer, Berlin 1962, 16–18; H. Stegemann, Die Essener, Qumran, Johannes der Täufer und Jesus, Freiburg/Basel/Wien 1993, 101–104.

zum Textverständnis zu geben.[18] Dagegen zeigt der masoretische Konsonantentext eine gegenläufige Tendenz. Durch seine vermehrt defektive Schreibweise und deutlich sparsamere Verwendung von Vokalbuchstaben ergibt sich für das Traditum der Masoreten wiederum eine offenere Textsituation, die auch durch mündliche Lesetradition nicht nachhaltig kompensiert werden konnte. Schon deshalb konnte den Masoreten die Fixierung des reinen Konsonantentextes nicht länger genügen; denn bei vielen Wörtern blieben noch immer verschiedene Lesungen möglich, die unterschiedliche Erklärungen des Textsinns erlaubten.

Das masoretische Unternehmen einer Vokalisierung der hebräischen Bibel hat etwa im 7./8. Jh. n. Chr. begonnen, zumal sich im Babylonischen Talmud noch keinerlei Hinweise auf die Punktation finden, jedoch unterschiedliche Wortformen und Lesarten bereits verhandelt werden. Der masoretischen Vokalisation liegen gleichwohl ansatzweise Versuche einer systematischen Aussprachefestlegung voraus. Neben der schon erwähnten Verwendung bestimmter Konsonanten als Vokalbuchstaben im Hebräischen sind zu nennen: Erstens die griechische vokalhaltige Umschrift des hebräischen Textes, die in der zweiten Kolumne der Hexapla enthalten ist (siehe 5.4). Sie wurde wahrscheinlich schon im 2. Jh. n. Chr. von Juden für ihre griechischsprechenden Glaubensgenossen geschaffen, um ihnen das (in der Antike übliche laute) Lesen resp. Vorlesen aus der hebräischen Bibel zu ermöglichen. Nicht zu vergessen sind ferner die zahlreichen biblischen Orts- und Personennamen, deren Aussprache in der Septuaginta sowie den griechischen Rezensionen durch entsprechende Transkriptionen festgelegt wurde (z. B. Alef = α, He = ε, Het = η, Jod = ι, Ajin = ο). Zweitens zeigt die samaritanische Überlieferung des Pentateuchs, dass seinem Konsonantentext gelegentlich gesetzte Vokalzeichen und eine Interpunktion beigefügt wurden. Dabei handelt es sich um ein gegenüber der tiberischen Vokalisation eigenständiges System, das sich allerdings nie über den gesamten Bibeltext erstreckte. Da es sich überhaupt nur in einigen mittelalterlichen Handschriften findet, vermag man nicht zu sagen, ob und wie weit es in frühere Zeiten zurückreicht und warum es später wieder aufgegeben worden ist. Drittens lässt sich im Ostsyrischen eine wahrscheinlich schon im 5./6. Jh. n. Chr. einsetzende Entwicklung beobachten, Vokalzeichen nunmehr durch diakritische Punkte darzustellen. Man darf deshalb

[18] Sprachgeschichtlich geht mit der Entstehung von Vokalbuchstaben einher, dass die Konsonanten He, Waw, Jod und Alef infolge lautlicher Schwäche durch Elision und Kontraktion ihren eigentlichen Lautwert verlieren und deshalb für ihre teilweise Verwendung als Vokalbuchstaben frei werden; vgl. dazu R. Meyer, Hebräische Grammatik, Berlin / New York 1992, § 9 (Vokalbuchstaben).

die ostsyrische Vokalisation als eine Vorläuferin der masoretischen Punktation betrachten.

Vokalisationssysteme. Im Wesentlichen unterscheidet man drei Systeme, nämlich die beiden älteren Systeme der *palästinischen* und der *babylonischen* Punktation, die durch Handschriften aus der Kairoer Geniza bekannt geworden sind, und die jüngere *tiberische* Vokalisation. Das palästinische System, das der samaritanischen Punktation ähnlich ist, verwendet in einfacher und noch unvollkommener Weise Punkte und Striche zur Vokaldarstellung (Bildtafel 19). Die Basis der babylonischen Punktation bilden dagegen stilisierte Vokalbuchstaben, die an ihrer Form teilweise noch zu erkennen sind (Bildtafeln 17 und 18). Der Vokal ā lässt sich als Teil eines Alefs betrachten, während der Vokal ä durch ein verkleinertes Ajin und der Vokal ū durch ein vereinfachtes Waw dargestellt wird. Zur Unterscheidung von Sin und Schin setzten die babylonischen Punktatoren bisweilen auch ein kleines ס bzw. ש über den Buchstaben. Beide älteren Systeme bezeichnet man als *supralinear* (die Vokalzeichen werden über den Konsonanten und damit »über der Zeile« angeordnet). Das jüngere System, die tiberische Vokalisation, bevorzugt dagegen eine *infralineare* Darstellung (die Vokalzeichen werden mit einer Ausnahme unter die Buchstaben und damit »zwischen die Zeilen« gesetzt). Es stellt eine Verbesserung und Vervollkommnung der einfachen Punktation dar und konnte deshalb die beiden anderen Systeme fast vollständig verdrängen. Dazu haben natürlich auch die bedeutenden Kodizes der Ben Ascher-Familie, die tiberisch vokalisieren, entscheidend beigetragen. Bis heute geben sie dem hebräischen Bibeltext sein typisches Gesicht in den wissenschaftlichen Ausgaben (siehe 2.8). Die folgende Übersicht bietet die Vokalzeichen und ihre unterschiedliche Darstellung in den drei Systemen:

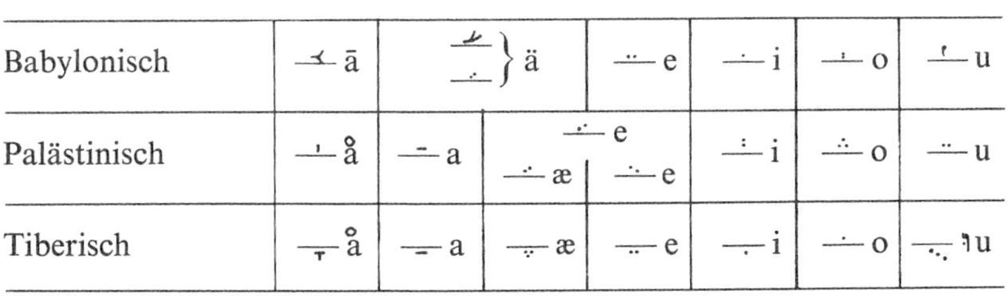

Abb. 1: Die drei Vokalisationssysteme im Vergleich (nach Paul Kahle)

Bereits die Benennungen »babylonisch« und »palästinisch« geben zu erkennen, dass die masoretische Arbeit an der Vokalisierung des Konsonantentextes etwa zeitgleich in verschiedenen geographischen Bereichen aufgenommen wurde. Man unterscheidet deshalb zwischen den Masoreten des Westens (Occ für Okzident) und den Masoreten des Ostens (Or für Orient). Dabei ist in Erinnerung zu rufen, dass sich *Babylonien* schon früh zu einem Zentrum jüdischer Wissenschaft entwickelt hat und in Sura, Neharda und später in Pumbeditha (heute: Fallujah im Irak) über bedeutende Lehrhäuser verfügte. Die offiziellen aramäischen Bibelübersetzungen, das Targum Onkelos zum Pentateuch und das Targum Jonathan zu den Propheten (siehe 6.1), sind dort ebenso entstanden wie der Babylonische Talmud. Dass auch die Karäerbewegung von Babylonien ausging, fügt sich ins Bild. Vor diesem Hintergrund ist es ohne weiteres verständlich, dass sich die Forschung für die babylonische Punktation näher interessierte, zumal sich diese nicht nur in den Vokalzeichen von den Masoreten des Westens unterschied, sondern auch in der Vokalisierung und d. h. in der Aussprachefestlegung. Beispielsweise bezeichnet babylonisches Qames stets einen ā-Laut und konnte deshalb für die Wiedergabe von offenem o oder u nicht verwendet werden. Die Untersuchung der Differenzen bleibt den Spezialisten vorbehalten und ist hier nicht weiter auszuführen. Im Ergebnis jedoch konnte sich die babylonische Punktation, obwohl sie entwicklungsfähig gewesen wäre, gegenüber dem tiberischen System aus unterschiedlichen Gründen nicht behaupten. Für den Übergang besitzen wir mit dem *Codex Babylonicus Petropolitanus* (siehe 2.6) ein einzigartiges Momentbild der Geschichte, das aus dem Jahr 916 n. Chr. stammt und den wachsenden Einfluss des tiberischen Systems dokumentiert. Der Kodex ist nämlich mit babylonischen, supralinear gesetzten Vokalzeichen geschrieben, folgt aber bereits den Grundsätzen der tiberischen Vokalisation. (In dieser Weise wurde die babylonische Punktation noch bis ins 12. Jh. n. Chr. in der jemenitischen Tradition weiter geführt.)

Tiberische Vokalisation. Im Westen entwickelte sich das in Galiläa am Südwestufer des Sees Gennezareth gelegene und im 7. Jh. n. Chr. unter arabische Herrschaft gekommene *Tiberias* zum Zentrum masoretischer Gelehrsamkeit. Dort wirkten im 8.–10. Jh. n. Chr. vor allem zwei Familien, *Ben Ascher* und *Ben Naftali*, die sich über mehrere Generationen mit der Feststellung des überlieferten Bibeltextes und seiner Aussprache beschäftigten und dazu ein leistungsfähiges Vokalisationssystem entwickelten. Gegenüber den älteren Punktationen lassen sich jetzt im tiberischen System nicht nur die Vollvokale å, a, æ, e, i, o, u bezeichnen, sondern auch die sogenannten Murmellaute. Das dafür verwendete Zeichen *Schwa* kann sowohl einen stummen (Schwa quieszens) als auch einen hörbaren Murmellaut (Schwa mobile) anzeigen. Die besondere Schwierigkeit bei den Laryngalen (typische Kehllaute in semitischen Sprachen), nämlich den Nebenlaut trotzdem noch hörbar zu artikulieren, wurde von den tiberischen Masoreten durch eine Kombination des Schwa-Zeichens mit den Vokalen å, a, æ gelöst (Schwa compositum). Dadurch entstehen sogenannte *Chateph-Laute*: עֳ, עֲ, עֱ. (In der Umschrift werden diese flüchtigen vokalhaften Laute durch hochgestelltes ^å, a, æ^ gekennzeichnet, das Schwa mobile dagegen durch hochgestelltes ^e^). Schließlich wird das Aussprachesystem noch weiter verfeinert, indem auch bei den Konsonanten starke und schwache Artikulation unterschieden wird. Für die geschärfte Aussprache setzen die Masoreten einen Punkt in den Buchstaben, den sogenannten *Dagesch forte*. (In der Umschrift werden die Konsonanten dadurch verdoppelt). Demgegenüber bezeichnet der *Dagesch lene* einen Sonderfall, weil er nur bei bestimmten, zu den Verschlusslauten gehörenden Konsonanten gesetzt werden kann, um eine explosive statt einer spirantischen Aussprache anzuzeigen. Schon diese wenigen Bemerkungen geben zu erkennen, dass die tiberische Vokalisation ohne eine durchgearbeitete Grammatik überhaupt nicht zu denken ist.[19] Vor diesem Hintergrund lassen sich drei Faktoren benennen, die das masoretische Unternehmen einer Vokalisierung der hebräischen Bibel grundlegend bestimmen: Erstens stützt es sich auf die mündliche Lesetradition, die allerdings sprachgeschichtlich deutlich jünger einzustufen ist als der überlieferte Konsonantentext. Wie weit die Lesetradition tatsächlich zurückreicht und welche vokalischen Wandlungen im Zuge ihrer mündlichen Weitergabe anzunehmen sind, wird in der Forschung kontrovers diskutiert. Zweitens unterliegt die tiberische Vokalisierung einer Wechselwirkung zwischen hebräischer Aussprache und grammatischen Überlegungen. Das bedeutet, dass die Masoreten nicht nur die vorliegenden Ausspracheltraditionen in ein grammatisches Regelwerk gossen, sondern dasselbe umgekehrt eine normative Kraft entfalten konnte, die auf die festzulegende Aussprache zurückwirkte und von Fall zu Fall zu einer grammatisch korrekten, aber künstlichen Vokalisation führte. Drittens spielen auch exegetische Entscheidungen eine Rolle, die teils der jüdischen Tradition entnommen, teils von den Masoreten selbst getroffen wurden. Denn bei defektiven Schreibweisen und Verbformen, bei denen unterschiedliche Lesemöglichkeiten gegeben waren, mussten sich die Masoreten zwingend für eine Vokalisation und damit für einen bestimmten Textsinn entscheiden. Berücksichtigt man darüber hinaus, dass in einzelnen Fällen auch solche in ihrem Konsonantenbestand als problematisch betrachteten Wörter durch eine entsprechende Vokalisation »verbessert« werden konnten,[20] wird nochmals deutlich, dass bei den masoretischen

[19] Die ersten hebräischen Grammatiker werden deshalb auch Naqdanim, also Punktatoren, genannt; vgl. E. L. Dietrich, Die hebräische Literatur der nachbiblischen Zeit, in: Semitistik, HO I/3, Leiden / Köln 1964, 85f.

[20] Beispiele bei Tov, Text, 227f.

Entscheidungen des Öfteren sprachgeschichtliche und theologische Gesichtspunkte ineinander fließen. Beim vokalisierten Konsonantentext wird man also immer mit der Möglichkeit rechnen müssen, dass sich seine Festlegungen einer bestimmten Sicht der Masoreten verdanken.

Ben Ascher. Wie bereits erwähnt, tritt unter den tiberischen Punktatoren das Familienunternehmen Ben Ascher in besonderer Weise hervor. Seine Mitglieder beschäftigten sich über fünf Generationen mit der Sicherung des Konsonantenbestands und seiner Vokalisierung. Die theoretisch-gelehrte Seite des Unternehmens darf man in der Entwicklung des tiberischen Systems sehen. Die handfest-praktische Seite bestand dagegen in der Anfertigung von zuverlässig vokalisierten Handschriften. Die beiden letzten Generationen des Familienunternehmens wurden vertreten durch Mose ben Ascher, der den Kairoer Prophetenkodex schrieb und punktierte, sowie durch seinen Sohn Aaron ben Mose ben Ascher, der den berühmten *Codex Aleppo* mit Punktation und Masora ausstattete. Da dieser Musterkodex beim jüdischen Philosophen Maimonides (1135–1204) in hohem Ansehen stand und die Ben Ascher-Tradition seitdem zur Grundlage von Wörterbuch und Grammatik geworden ist, konnte sie sich nicht nur behaupten, sondern erfolgreich durchsetzen. So meinte man lange Zeit, mit der zweiten Rabbinerbibel des Jakob ben Chajim (1524–1525) einen Ben Ascher-Text vor sich zu haben. Doch hat sich dieser als ein Mischtext von Ben Ascher und Ben Naftali herausgestellt.

Ben Naftali. Etwa zur gleichen Zeit wie Ben Ascher wirkte die ebenfalls in Tiberias ansässige und nicht weniger bedeutsame Familie Ben Naftali. Dass beide Familien nicht so sehr in Konkurrenz gegeneinander, sondern vielmehr im Austausch miteinander standen, belegen die Textfassungen der Ben Naftali-Tradition. Beim Konsonantentext lassen sich nämlich nur acht Unterschiede beobachten. Ansonsten beziehen sich die annähernd 900 Abweichungen vom Ben Ascher-Text auf spezielle Fälle der Vokalisation und Akzentsetzung, die für gewöhnlich nur bestimmte Nuancen der Aussprache betreffen. Dagegen zeigen die Textfassungen beider Familien in vielen Fällen, in denen die übrigen Masoreten anders entschieden, bemerkenswerte Übereinstimmungen.

Kitab al-Khilaf. Aus dem 11./12. Jh. n. Chr. ist uns ein Traktat des Mischael ben Uzziel erhalten, der sämtliche Unterschiede zwischen der Punktation nach Ben Ascher und nach Ben Naftali aufführt.[21] Die meisten Fälle betreffen eine abweichende Setzung des Meteg (siehe 2.4), sind

[21] Hg. von L. Lipschütz, Kitāb al-Khilāf. Mishael Ben Uzziel's Treatise on the Differences Between Ben Asher and Ben Naphtali, HUBP.Monograph Series 2, Jerusalem 1965.

also textkritisch betrachtet ohne Belang. Das Werk ist jedoch in einer anderen Hinsicht von Interesse. Es bietet eine hervorragende Grundlage, um die mittelalterlichen, tiberisch vokalisierten Handschriften nach ihrem Übereinstimmungsgrad mit der Ben Ascher-Tradition bzw. der Ben Naftali-Tradition zu klassifizieren und dadurch Rückschlüsse auf ihre Eigenart und Zuverlässigkeit zu ziehen.[22]

Abschließend stellt sich die Frage nach dem Verhältnis der tiberischen Vokalisation zur älteren *biblisch-hebräischen Aussprache* und damit nach der Relevanz der masoretischen Punktation für die Textkritik. Der Rahmen für ihre Beantwortung wird dadurch abgesteckt, dass eine beträchtliche Zeitspanne von über 1000 Jahren zwischen den Masoreten und dem biblischen Konsonantentext liegt und ihnen das Hebräische nicht mehr als eine geläufige Volkssprache, sondern nur noch als eine durch Gelehrte vermittelte Buchsprache bekannt gewesen ist. Darüber hinaus darf man annehmen, dass die tiberische Vokalisation nicht im eigentlichen Sinn ein sprachhistorisches Unternehmen darstellt, sondern ihm übergeordnet einen praktischen Zweck verfolgt: nämlich für den liturgischen Gebrauch der Heiligen Schrift einen lesbaren, durch die Tradition verbürgten und in dogmatischer Hinsicht einwandfreien Bibeltext bereitzustellen.[23] Schließlich lassen sich bei der konkreten Arbeit der Masoreten auch syrische und arabische Einflüsse auf die Vokalisierung nicht gänzlich ausschließen. Vor dem Hintergrund des bisher Gesagten wird man folglich die masoretische Ausspracheregelung als eine sprachhistorische Mischung von traditionellen und innovativen Elementen betrachten müssen, die aufs Ganze gesehen nur verschiedentlich der Aussprache des Hebräischen in biblischer Zeit nahekommt.

Daraus folgt mit Bestimmtheit, dass die Textkritik nicht vom vokalisierten, sondern vom reinen Konsonantentext auszugehen hat. Ergeben sich unterschiedliche Vokalisationsmöglichkeiten, sind die Handschriften aus Qumran heranzuziehen, die ggf. durch ihre Verwendung von Vokalbuchstaben zur Klärung beitragen können. Auch die Septuaginta und weitere Übersetzungen, die ein bestimmtes Textverständnis und damit eine entsprechende Vokalisation voraussetzen, sind zu konsultieren. Freilich ist im Einzelfall schwer zu entscheiden, ob die von ihnen vorausgesetzte Vokalisation auf eine mündliche Aussprachetradition oder auf die Entscheidung ihrer Übersetzer zurückgeht. Schließlich ist noch der engere Kontext

[22] Eine informative Übersicht bietet dazu die Einleitung der Biblia Hebraica Quinta, Fascicle 18: General Introduction and Megilloth, Stuttgart 2004, XL–XLVIII.

[23] Dass die Masoreten selbst glaubten, die alte Aussprache niederzuschreiben, ist damit natürlich nicht bestritten (Ernst Würthwein).

zu berücksichtigen, der möglicherweise eine bestimmte Vokalisation präjudiziert. Dass hierbei exegetische Entscheidungen mitunter einfließen, versteht sich von selbst. Natürlich kann auch von Fall zu Fall der vokalisierte Masoretentext als unterstützendes Argument hinzugezogen werden. Jedoch bleibt stets zu prüfen, ob die betreffende Vokalisation von grammatischen oder exegetischen Vorentscheidungen der Masoreten bestimmt ist. Kurzum wird man die tiberische Vokalisation als eine den Hauptzeugen des Konsonantentextes nachgeordnete Instanz betrachten müssen, die im textkritischen Sinne (und nur in dieser Hinsicht!) keine autoritative Geltung beanspruchen kann.[24]

2.4 Texteinteilung und Akzentsystem

Textgliederungssysteme sind bereits in den Schriftrollen von Qumran belegt, und zwar sowohl in biblischen als auch nicht-biblischen Handschriften. In der Wahl der Gliederungsart kann man zwischen ihnen keinen grundsätzlichen Unterschied feststellen. Dennoch findet sich bei den biblischen Handschriften relativ häufig ein zweiwertiges prosaisches Gliederungssystem, das im durchlaufend geschriebenen Text zwischen Hauptabschnitten und Unterabschnitten differenziert.[25] Ende bzw. Anfang eines Hauptabschnitts wird durch *freies Zeilenende* und dem Beginn einer neuen Zeile signalisiert, teils mit teils ohne Alinea (Einrückung am Zeilenanfang). Um einen Hauptabschnitt weiter in Unterabschnitte zu gliedern, verwendet man ein *großes Spatium*, einen Leerraum in der Zeile, der deutlich über den gewöhnlichen Wortabstand hinausgeht (ab 15 mm). Konnte kein großes Spatium gesetzt werden, weil der vorgesehene Text bereits die Zeile bis zum Ende füllte, lässt man in der neuen Zeile ein *Alinea* folgen. In den Handschriften ist jedoch nicht immer deutlich zu erkennen, ob bei einem großen Spatium ein Gliederungssignal vorliegt; denn Rasuren, Schäden im Beschreibmaterial oder auch das Bemühen um einen gleichmäßigen Kolumnenrand am Zeilenende führten ebenso zu größeren Zwischenräumen. Zu den bisher genannten Gliederungsarten können auch – wie etwa bei der ersten Jesajarolle von Qumran – unterstützende Randzeichen hinzutreten. Ein solches Randzeichen ist der *Paragraphos*, ein kleiner waagrechter, meist leicht geschwungener Strich, der am rechten Rand unter die Zeile gesetzt wird, in der ein Text vor einem

[24] Eine abweichende Meinung, die mit einer Überschätzung der mündlichen Lesetradition einher geht, vertritt S. Schorch, Die Vokale des Gesetzes. Die samaritanische Lesetradition als Textzeugin der Tora. 1. Das Buch Genesis, BZAW 339, Berlin/New York 2004, 3–10.

[25] Zur Sache vgl. J. M. Oesch, Textgliederung im Alten Testament und in den Qumranhandschriften, Henoch 5 (1983), 289–321.

freien Zeilenende, einem Spatium oder einem Alinea endet. Im zweiten Teil von 1QJes[a] findet sich mehrfach auch der Paragraphos mit aufgesetztem Kreis, der ebenfalls ein Textsegment kennzeichnet.[26]

Der etwas ausführlichere Hinweis auf die Textgliederung in den biblischen Qumranhandschriften schärft den Blick dafür, dass nicht nur der masoretische Konsonantentext, sondern auch seine Gliederung bis in die frühe Textgeschichte zurückreicht.[27] Mithin haben die Masoreten die Texteinteilung nicht neu erfunden, sondern im Interesse ihrer Überlieferungstätigkeit – wie auch nicht anders zu erwarten – bewahrt, geprüft und weiter systematisch ausgebaut. Zwei Arten der Texteinteilung werden in den masoretischen Kodizes parallel überliefert. Es handelt sich zum einen um *Leseabschnitte*, die für den Vortrag in der Synagoge markiert werden, und zum anderen um *Sinnabschnitte*, die das Textverständnis unterstützen sollen.

Paraschen und Sedarim. Gemäß dem jüdischen Schriftverständnis, das der Tora die höchste Offenbarungsqualität zuschreibt, überliefern die Masoreten eine durchlaufende Einteilung des ersten Kanonteils in wöchentliche Leseabschnitte. Dabei kommen zwei unterschiedliche Systeme zur Anwendung. Nach dem jährlichen babylonischen Lesezyklus wird die Tora in 54 Wochenabschnitte (hebr. פָּֽרָשׁוֹת »Abschnitte«) eingeteilt. In der BHS werden diese *Paraschen* durch פרשׁ mit einem Abkürzungspunkt über dem Schin markiert und am inneren Rand notiert, in der BHQ am äußeren Rand. Dagegen führt der palästinische Lesezyklus in drei Jahren durch die Tora. Danach wird der Text des ersten Kanonteils in 154 oder 167 Wochenabschnitte gegliedert, die *Sedarim* (hebr. סְדָרִים »Reihen«) genannt werden. BHS und BHQ bieten 167 Tora-Sedarim, die am inneren bzw. äußeren Rand durch ס̇ gekennzeichnet sind. (Die 452 Sedarim, die in manchen Lehrbüchern gezählt werden, ergeben sich dadurch, dass manche mittelalterlichen Kodizes die Sedarim-Gliederung auf die gesamte hebräische Bibel ausdehnten.) Aus dem zweiten Kanonteil, den Propheten, werden in der Synagoge nur ausgewählte Abschnitte verlesen. Die entsprechenden Leseabschnitte heißen *Haftarot* (hebr. הַפְטָרוֹת »Beschließungen«) und sind den einzelnen Tora-Lesungen zugeordnet (Bildtafel 18). Dagegen werden die Hagiographen des dritten Kanonteils nicht zur Schriftlesung herangezogen. Eine Ausnahme bilden allein die fünf Megillot (hebr. מְגִלּוֹת »Festrollen«). Sie finden ihre Verwendung bei den öffent-

[26] Vgl. dazu O. H. Steck, Die erste Jesajarolle (1QIs[a]). Schreibweise als Leseanleitung für ein Prophetenbuch, SBS 173/1, Stuttgart 1998, 33–39.

[27] Vor diesem Hintergrund ist die methodische Forderung berechtigt, dass im Rahmen der Textkritik auch so etwas wie eine »Gliederungskritik« zu installieren wäre; vgl. J. M. Oesch, Petucha und Setuma, OBO 27, Freiburg, Schweiz/Göttingen 1977, 361–368.

lichen, aber nichtliturgischen Lesungen an bestimmten Festtagen: Passafest (Hoheslied), Wochenfest (Rut), Gedenktag an die Zerstörung Jerusalems (Klagelieder), Laubhüttenfest (Kohelet), Purimfest (Ester).

Petucha und Setuma. Neben den Leseabschnitten bieten die Masoreten eine durch das ganze Alte Testament (mit Ausnahme des Psalters) durchgehende Einteilung in Sinnabschnitte. Ihr Gliederungssystem gründet in der Unterscheidung von offenen und geschlossenen Abschnitten, die ebenfalls Paraschen genannt werden. Zur näheren Kennzeichnung verwenden die Masoreten das Partizip Passiv der Verbalstämme פתח und סתם. Der offene Abschnitt heißt dementsprechend *Petucha* (hebr. פְּתוּחָה »geöffnet«). Er beginnt mit einer neuen Zeile, während die vorherige Zeile ganz oder teilweise leer gelassen wird, d.h. bis an ihr Ende »offen« bleibt. In BHS und BHQ wird die offene Parasche durchgehend durch den Anfangsbuchstaben פ angezeigt, der in den Leerraum des freien Zeilenendes gesetzt wird. In der Regel kennzeichnet die offene Parasche einen größeren Sinnabschnitt. Deshalb gilt auch der erste Abschnitt eines Buches ohne geschriebenes פ als offen. Kleinere Sinnabschnitte werden dagegen durch einen Zwischenraum innerhalb der Zeile vom vorhergehenden Text getrennt. Dabei wird die Zeile nach dem Spatium bis ans Ende weitergeschrieben, d.h. die Zeile wird »geschlossen«. Danach bezeichnet man den geschlossenen Abschnitt mit *Setuma* (hebr. סְתוּמָה »verstopft«). BHS und BHQ markieren ihn durch den in den Zwischenraum gesetzten Anfangsbuchstaben ס. Die Unterteilung in offene und geschlossene Sinnabschnitte verdankt sich einerseits der Tradition und andererseits der Exegese. Darum kann es nicht verwundern, dass in den masoretischen Handschriften die Abgrenzung oder auch die Beurteilung als offene oder geschlossene Parasche von Fall zu Fall differieren. Wie sich die Petucha- und Setumagliederung zueinander verhalten, ist ein noch offenes Forschungsfeld.

Verseinteilung. Die kleinste Sinneinheit im hebräischen Bibeltext bildet der Vers. Dabei könnte die Versgliederung ebenfalls auf alte Tradition zurückgehen, zumal entsprechende Versabschnitte in 4QDan[a] (= 4Q112) durch kleine Zwischenräume und in 4QtgLev (= 4Q156) durch Doppelpunkte angezeigt werden.[28] Mischna und Talmud bezeugen ebenfalls eine Unterteilung in Verse (mMegilla 4,4). Die Masoreten kennzeichnen ihrerseits das Versende durch den Akzent *Silluq*, der regelmäßig bei der letzten betonten Silbe am Versende gesetzt wird, und zusätzlich durch den (nicht in allen Handschriften enthaltenen) *Sof Pasuq*, einen Doppelpunkt bestehend aus zwei übereinandergesetzten Rauten. Wie intensiv die Masoreten um ein korrektes Textverständnis bemüht waren, lässt sich auf der Vers-

[28] Vgl. Tov, Text, 172.

ebene weiter verfolgen. Ein System von trennenden und verbindenden Akzenten hilft, den Textsinn zu erschließen.

Akzentsystem. Den masoretischen Akzenten eignen drei Funktionen:[29] Erstens dienen sie als *Kantillationszeichen* dem »gesangartigen« Vortrag im Synagogengottesdienst. Zweitens zeigen sie als *Tonzeichen* die Betonung eines Wortes an. Drittens markieren sie als *Interpunktationszeichen* die logische Satzgliederung und geben dadurch Hinweise auf seine Sinngliederung. Zugleich wird mit ihrer Hilfe der Text organisiert und so ein Referenzsystem geschaffen, das eine exakte Angabe aller Versteile ermöglicht. Bei den Akzenten lassen sich grundsätzlich die *Trenner* (lat. Distinctivi oder Domini) und die *Verbinder* (lat. Conjunctivi oder Servi) unterscheiden. Dabei übernehmen die Trenner die Textorganisation, während die Verbinder die syntaktische Beziehung zwischen den Wörtern anzeigen und dadurch ebenfalls ihren Beitrag zum Textverständnis leisten. Obwohl die Akzente wie auch die Vokalisation auf die Ebene der Textinterpretation gehören, besitzen sie eine gewisse textkritische Relevanz. Denn sie verbürgen durch ihr hohes Alter eine Auslegungstradition, die dem Verständnis des Konsonantentextes nahekommt und ggf. bei der Aufklärung von Textproblemen behilflich sein kann.

Die entscheidende Rolle bei der Versgliederung spielen die trennenden Akzente, die nach der Dauer ihrer Pause in vier Gruppen (bei den poetischen Büchern in drei Gruppen) eingeteilt sind.[30] Jede Gruppe lässt sich als eine Gliederungsebene beschreiben. Am wichtigsten sind die Akzente der ersten Gliederungsebene, die eine Hauptzäsur anzeigen. Sie kommen in einem Vers nur ein einziges Mal vor. Neben dem ◌ֽ *Silluq*, der das Versende markiert, erhält der ◌֑ *Atnach* die Aufgabe, den Vers in zwei Hälften zu unterteilen: a + b. Die wichtigsten Akzente der zweiten Gliederungsebene, es sind dies ◌֒ *Segolta* und ◌֔ *Zaqef qaton*, untergliedern die beiden Vershälften in zwei oder ggf. drei Teile: aα + aβ (+ aγ). Relativ häufig begegnet auch der ◌֗ *Rebia*, der zur dritten Gliederungsebene gehört. Er ermöglicht eine weitere Unterteilung, die in der exegetischen Literatur durch eine tiefgestellte arabische Ziffer gekennzeichnet wird: $a\alpha_1 + a\alpha_2$. Beachtet man die Gliederungsebenen, lassen sich nach diesem System die einzelnen Versteile präzise angeben. In den poetischen Büchern Psalmen, Hiob und Sprüche verwenden die Masoreten jedoch ein abweichendes

[29] Vgl. H.-D. Neef, Arbeitsbuch Hebräisch. Materialien, Beispiele und Übungen zum Biblisch-Hebräisch, Tübingen 2003, 44–47.

[30] Vgl. Tov, Text, 56, der die Hierarchie der Akzente durch diese Beschreibung verdeutlicht: »Kaiser« (Silluq, Athnach), »Könige« (Segolta, Zaqef qaton etc.), »Herzöge« (Rebia etc.) und »Grafen«.

TABLE OF ACCENTS

ACCENTS FOR THE TWENTY-ONE PROSE BOOKS

(The horizontal lines divide the accents into grades of equivalent strength.)

Disjunctive accents

Sign	Name(s)	Example
	sillûq (*always at the verse end* [sôp̄ pasûq]); *or* sôp̄ pasûq	דָּבָֽר׃
	ʾatnaḥ	דָּבָ֑ר
	səḡôltâ *(postpositive)*	דָּבָר֒
	šalšelet	דָּבָ֓ר ׀
	zaqep̄ qaṭan	דָּבָ֔ר
	mûnaḥ-zaqep̄	וְהָֽאָדָ֔ם
	zaqep̄ gaḏôl	דָּבָ֕ר
	məṯîḡâ-zaqep̄	וְכִבְס֔וֹ
	ṭip̄ḥâ (*comes before* ʾatnaḥ *or* sillûq)	דָּבָ֖ר
	rəḇîaᶜ	דָּבָ֗ר
	zarqâ (*postpositive; comes before* səḡôltâ)	דָּבָר֮
	pašṭâ *(postpositive)*	דָּבָר֙
	pašṭâ	מֶ֨לֶךְ֙
	yəṯîḇ (*prepositive; a substitute for* pašṭâ)	מֶ֚לֶךְ
	təḇîr	דָּבָ֛ר
	gereš *or* ṭeres	דָּבָ֜ר
	geršayim	דָּבָ֞ר
	pazer *or* pazer qaṭan	דָּבָ֡ר
	pazer gadôl *or* qarnê p̄arâ	דָּבָ֟ר
	təlîšâ gəḏôlâ *(prepositive)*	֠דָּבָר
	ləḡarmeh (*comes before* rəḇîaᶜ)	דָּבָ֣ר ׀

Conjunctive accents

Sign	Name(s)	Example
	mûnaḥ *or* šôp̄ar mûnaḥ, šôp̄ar ᶜillûy, *or* šôp̄ar məḵarbel	דָּבָ֣ר
	mahpak *or* šôp̄ar hapûḵ *or* məhuppaḵ	דָּבָ֤ר
	mêrəḵâ	דָּבָ֥ר
	mêrəḵâ kəp̄ûlâ	דָּבָ֦ר
	dargâ	דָּבָ֧ר
	ʾazlâ	דָּבָ֨ר
	təlîšâ qəṭannâ *(postpositive)*	דָּבָר֩
	galgal *or* yeraḥ	דָּבָ֪ר
	mâyəlâ (*rare; looks like* ṭip̄ḥâ, *but always used as a secondary accent on the same phonetic unit as* ʾatnaḥ *or* sillûq)	וַיֵּצֵ֖א־נֹ֑חַ

Additional signs

Sign	Name(s)	Example
	gaᶜyâ *or* meṯeḡ *(always used ahead of another accent)*	וַיְּֽלַמְּדָ֑הּ
	maqqep̄	אִמְרִי־לִ֑י
	paseq	הַבּוֹגֵ֑ד ׀ בּוֹגֵ֑ד

Abb. 2: Akzenttabelle der BHQ für die in Prosa verfassten Bücher

TABLE OF ACCENTS

ACCENTS FOR THE THREE POETICAL BOOKS (PSALMS, JOB AND PROVERBS)

(The horizontal lines divide the accents into grades of equivalent strength.)

Disjunctive accents

Sign	Name(s)	Example
	sillûq (*always at the verse end* [sôp̄ pasûq]); *or* sôp̄ pasûq	דָּבָֽר׃
	ᶜolê wəyôred	דָּבָ֫ר
	ᵓat̲nah̩	דָּבָ֑ר
	rəb̲îaᶜ gad̲ôl	דָּבָ֗ר
	rəb̲îaᶜ mug̃raš	דָּבָ֗ר
	šalšelet̲ gəd̲ôlâ	דָּבָ֓ר ׀
	ṣinnôr *or* zarqâ (*postpositive*)	דָּבָר֘
	rəb̲îaᶜ qaṭan	דָּבָ֗ר
	dəḥî (*prepositive*)	דָּבָר
	pazer *or* pazer qaṭan	דָּבָ֡ר
	məhuppak̲ ləg̃armeh	דָּבָ֤ר ׀
	ᵓazlâ ləg̃armeh	דָּבָ֨ר ׀

Conjunctive accents

Sign	Name(s)	Example
	mûnah̩ *or* šôp̄ar mûnah̩	דָּבָ֣ר
	mêrək̲â	דָּבָ֥ר
	ᶜillûy *or* šôp̄ar ᶜillûy	דָּבָ֬ר
	ṭarḥâ	דָּבָ֭ר
	galgal *or* yeraḥ	דָּבָ֪ר
	šôp̄ar mahpak̲ *or* šôp̄ar məhuppak̲	דָּבָ֤ר
	ᵓazlâ	דָּבָ֨ר
	šalšelet̲ qəṭannâ	דָּבָ֓ר
	ṣinnôrit̲ (*comes before* mêrək̲â *or* šôp̄ar mahpak̲ *on an open syllable*)	דָּבָ֘ר / דָּבָ֘ר

Additional signs

Sign	Name(s)	Example
	gaᶜyâ *or* met̲eg̃ (*always used ahead of another accent*)	וַיְּלַמְּדָה
	maqqep̄	אִמְרִי־לִי
	mət̲îg̃â (*used as a secondary accent on the syllable before* mêrək̲â)	חָכְמָה
	paseq	הַבּוֹגֵד ׀ בּוֹגֵד

Abb. 3: Akzenttabelle der BHQ für die poetischen Bücher (Psalmen, Hiob und Sprüche)

Akzentsystem (Abb. 3). Sein Hauptunterschied besteht darin, dass mit dem Doppelakzent *Olä wejored* neben oder anstelle des Atnachs ein weiterer Hauptrenner begegnet. Durch ihre Kombination lässt sich dann auch der poetisch dreigeteilte Vers (Trikolon) sachgerecht beschreiben: a + b + c (Ps 77,3). Bei der Bestimmung der poetischen Grundform des Parallelismus membrorum können die masoretischen Haupttrenner natürlich eine Hilfe sein, dürfen aber nicht als ein Dogma verstanden werden. Denn in einer Reihe von Fällen weicht das durch die kolometrische Untersuchung erzielte exegetische Ergebnis (siehe 1.1) von der masoretischen Akzentuation ab. Beide Akzenttabellen sind der BHS als Lesezeichen beigegeben, in der BHQ findet man sie in der Einleitung.

Paseq und *Meteg*. Zwei weitere Zeichen, die nicht zu den Akzenten gehören, sind noch abschließend zu erwähnen. Beim Paseq handelt es sich um einen kleinen senkrechten Strich, der zwischen zwei Wörter gesetzt wird und anzeigt, dass man die beiden Wörter nicht vorschnell miteinander verbinden soll. Häufig wird der Paseq auch dann gesetzt, wenn der Endkonsonant des ersten und der Anfangskonsonant des zweiten Wortes gleich sind. Das Meteg, ein kleiner Strich links neben dem Vokal, ist ein die Vokalisation unterstützendes Zeichen. Es wird gesetzt, wenn eine Silbe als offen verstanden werden soll und ihr Vokal lang ausgesprochen wird.

Kapitel- und Verszählung. Eine besondere Geschichte besitzt das herkömmliche Verweissystem, nämlich die moderne Kapitel- und Verseinteilung der Bibel sowie ihre Zählung, auf die sich alle bibelkundliche und wissenschaftliche Arbeit bezieht. Die Einteilung in Kapitel wurde zuerst von Stephan Langton, dem späteren Erzbischof von Canterbury (ca. 1150–1228), in der lateinischen Bibel (Vulgata) vorgenommen und ist bis heute in Gebrauch. Sie wurde etwa im 14. Jh. n. Chr. auf die hebräische Bibel übertragen. Mit ihr wurde auch die in der Vulgata übliche Zweiteilung der Bücher Samuel, Könige und Chronik übernommen. Noch später datiert das kapitelweise Durchnummerieren der Verse. Das Verfahren ist im Zusammenhang mit den Druckausgaben im 16. Jh. n. Chr. aufgekommen und geht auf den Pariser Buchdrucker Robert Stephanus (1503–1559) zurück.

2.5 Kleine und grosse Masora

Neben Vokalisation und Akzentsetzung haben die Masoreten ein beeindruckendes System zur Textsicherung entwickelt, das im engeren Sinn als Masora (hebr. מַסֹּרָה »Überlieferung«) bezeichnet wird und in den Randbemerkungen neben und unter dem eigentlichen Textbereich ihren Niederschlag findet. Die Hinweise am seitlichen Rand heißen *Masora parva* (kleine Masora) und die am oberen und unteren Rand *Masora magna* (große Masora). Neben der Randmasora, die auch als *Masora marginalis* bezeichnet wird, findet sich am Ende der biblischen Bücher jeweils auch eine *Masora finalis* (Schluss-Masora), die vornehmlich statistische Angaben bietet. Beispielsweise wird am Ende des Buches Levitikus vermerkt: »Die Gesamtzahl der Verse dieses Buches beträgt 859.«

In der Masora haben die Masoreten eine erstaunliche Datenmenge zum hebräischen Text zusammengetragen, die vor allem einem Ziel dient: dem Schutz ungewöhnlicher Schreibweisen. Durch die Randbemerkungen sollen Fehler vermieden werden, die durch Unachtsamkeit oder Anpassung an die übliche Schreibweise leicht entstehen (könnten). Beispielsweise finden sich Vermerke zu Wörtern mit *defektiver* Schreibung (also ohne Vokalbuchstaben), die ebenso gut auch *plene* hätten geschrieben werden können, und umgekehrt. Oder es wird auf das mehrfache Vorkommen eines Wortes im gleichen Vers hingewiesen, um seiner möglichen Auslassung vorzubeugen. Besonders häufig werden auch statistische Angaben zu einem Wort oder einer Wortform am Rand notiert (bezogen auf sein Vorkommen im Buch, im Kanonteil oder in der gesamten Bibel). So erfahren wir zu Gen 1,1, dass das Wort בְּרֵאשִׁית *b^e^reschît* »am Anfang« fünfmal in der Bibel vorkommt, darunter dreimal am Versanfang. Jedes zusätzliche Vorkommen bedeutete demnach einen Textfehler. Man kann daraus leicht ersehen, dass besonders die kleine Masora, die am Rand auf Zeilenhöhe notiert wird, die unmittelbare Qualitätskontrolle des geschriebenen Konsonantentextes gestattet. Dazu bietet die große Masora, die sich auf die statistischen Angaben der kleinen Masora bezieht, zusätzlich die genauen Stellenangaben für das bezeichnete Wort bzw. seine Wortform. Im Falle von Gen 1,1 sind das: Jer 26,1; 27,1 (jeweils am Wortanfang) sowie 28,1; 49,34. Man fragt sich natürlich, wie das gehen kann; denn die Masoreten verfügten ja noch nicht über die moderne Kapitel- und Verszählung. Die Lösung besteht in einer ausgezeichneten Bibeltextkenntnis, nach der den Masoreten ein Stichwort genügte, um den fraglichen Vers eindeutig zu identifizieren. Mithin bieten die Randannotationen eine Fülle von Konkordanzhinweisen, die heutzutage jedoch auch ohne Blick in die Masora mit Hilfe eines Computerprogramms recherchiert werden. Dennoch lohnt das Studium der Masora, weil sie eine hervorragende Fundgrube auch exegetisch relevanter Textbeobachtungen darstellt und darüber hinaus Einblick in die mittelalterliche Beschäftigung mit dem überlieferten Bibeltext gewährt. Gleichwohl ist die Hürde für den Anfänger relativ hoch, weil er zunächst zwei grundsätzliche Schwierigkeiten zu bewältigen hat. Zum einen werden die Angaben in der Randmasora unpunktiert gegeben und sind teils hebräisch, teils aramäisch verfasst. Zum anderen werden häufig Abkürzungen verwendet – gekennzeichnet mit einem diakritischen Punkt über dem Buchstaben –, wobei man zwischen

Wortabkürzungen und Zahlzeichen differenzieren muss. Die Schwierigkeiten lassen sich jedoch leicht bewältigen, weil inzwischen ein eigenständiges Studien- und Hilfsbuch zur Masora der Biblia Hebraica vorliegt, in dem sämtliche Abkürzungen aufgelöst und die entsprechenden masoretischen Termini erklärt werden.[31] In der BHQ werden außerdem in einem den einzelnen Lieferungen beigegebenen Kommentarteil schwierig zu deutende Angaben der Masora parva erklärt und sämtliche Stellenangaben der Masora magna nach der modernen Kapitel- und Verszählung gelistet.[32] Die folgenden Ausführungen können sich daher auf wenige Hinweise beschränken, die bei der Erstbegegnung behilflich sein und auf das Studium der Masora neugierig machen möchten.

Masora parva (Mp). Wie bereits erwähnt, stehen in der Randmasora die Qere-Wörter, die durch ein darunter gesetztes קְ angezeigt werden, sowie die Sebirin-Anmerkungen, die durch ein סביר֯ eingeführt werden. Häufig findet sich auch die Abkürzung לׄ, die darauf hinweist, dass das betreffende Wort oder die Wortform nur ein einziges Mal vorkommt, also nach dem griechischen Fachausdruck ein *Hapax legomenon* vorliegt. Steht unter der Abkürzung eine weitere Stellenangabe, findet sich dort ein sehr ähnliches, aber nicht identisches Wort (Textsicherung!). Im Zusammenhang mit Defektiv- und Vollschreibung stehen die Abkürzungen חסׄ für aram. חסיר »mangelhaft« bzw. מלׄ für aram. מלא »voll«. Sehr oft werden auch Zählungen an den Rand geschrieben, wobei die hebräischen Buchstaben als *Zahlzeichen* verwendet werden. Dabei begegnet die Zahl eins = אׄ normalerweise nur in Zahlenkombinationen mit anderen Buchstaben wie z. B. einundzwanzig = כׄאׄ oder in der Abkürzung בׄ מׄ אׄ »mit nur einer einzigen Ausnahme«, weil ja ein Hapaxlegomenon bereits durch לׄ markiert wird. Weitere Zahlzeichen sind: zwei = בׄ, drei = גׄ, vier = דׄ, fünf = הׄ, etc.[33] Finden sich dagegen kleine arabische Indexzahlen, was nur in der

[31] P. H. Kelley / D. S. Mynatt / T. G. Crawford, Die Masora der Biblia Hebraica Stuttgartensia. Einführung und kommentiertes Glossar, Stuttgart 2003.

[32] En passant sei auf einen wesentlichen Unterschied zwischen BHS und BHQ in der Darbietung der Masora parva hingewiesen. In der BHS wurden nämlich die Angaben der kleinen Masora des Codex Leningradensis durch ihren Bearbeiter Gerald E. Weil vereinheitlicht, vervollständigt und ggf. berichtigt. Es handelt sich gewissermaßen um eine Revision, die den Umfang der kleinen Masora gegenüber dem Original etwa verdreifachte. Die einzelnen Maßnahmen, die Gerald E. Weil vorgenommen hat, lassen sich jedoch nicht mehr genau nachvollziehen, da von seinem auf vier Bände angelegten Werk nur der erste mit den Katalogen der Masora magna erschienen ist. Die BHQ kehrt statt dessen und mit guten Gründen wieder zu einer urkundengetreuen Wiedergabe der Masora zurück, bei der auch offensichtliche Fehler des Codex Leningradensis belassen und einzeln kommentiert werden.

[33] Eine Tabelle hebräischer Zahlzeichen findet sich bei R. Wonneberger, Leitfaden zur Biblia Hebraica Stuttgartensia, 2. Aufl. Göttingen 1986, 104.

BHS vorkommt, verweisen diese auf den masoretischen Apparat. Beim Entschlüsseln der Mp sind also prinzipiell zwei Fragen zu beantworten: Wie ist die Randbemerkung genau zu übersetzen? Und: Wie ist das Textphänomen, auf das sie sich bezieht, genau zu beschreiben? Dazu sei abschließend ein kleines Beispiel gegeben: Psalm 61,8 enthält folgende Fürbitte für den König: »Er throne ununterbrochen vor Gottes Angesicht/ Huld und Treue bestelle, sie mögen ihn bewahren!« Schon die Übersetzung zeigt einen ungewöhnlichen Text, bei dem besonders der apokopierte Imperativ מַן »bestelle!« Aufmerksamkeit erregt. Dazu vermerkt die Mp ל̇ לשון קדש »nur ein einziges Mal in der heiligen Sprache (belegt).« Die Feststellung, dass die Imperativform im Hebräischen überhaupt nur an dieser einen Stelle vorkommt, dient natürlich dem Ziel, die beiden Konsonanten für den biblischen Text zu sichern. Unter textkritischem Blickwinkel wirft die masoretische Beobachtung jedoch die Frage auf, ob die mutmaßliche Imperativform tatsächlich vorliegt oder statt dessen eine Fehlschreibung anzunehmen ist. Hinzu kommt, dass auch die Überlieferung des Konsonantentextes nicht ganz sicher ist, weil zwei hebräische Handschriften sowie die Übersetzungen von Aquila, Symmachus und Hieronymus das fragliche Wort gar nicht enthalten. Freilich wird man diesen Textzeugen kein zu großes Gewicht beimessen dürfen, weil sie durch Auslassung des Imperativs den Textsinn erleichtern (*lectio facilior*) und zudem ungeklärt bleibt, wie der Masoretentext überhaupt entstehen konnte. Sehr bedenkenswert ist dagegen der Vorschlag von Friedrich Delitzsch, der den Masoretentext durch Annahme eines Textfehlers erklärt. So interpretiert er die beiden Konsonanten der Imperativform als den verderbten Rest eines ursprünglich dort stehenden Adverbs תָּמִיד »beständig« und erklärt die Entstehung dieser Textkorruption durch *Haplographie* (siehe 8.1.5) des Taw in der ursprünglichen Wortfolge אמת תמד. Diese habe anschließend eine Verschreibung oder Veränderung des Daleth zu Nun nach sich gezogen.[34] Folgt man dem Vorschlag, hat Ps 61,8 – dem Ebenmaß des Parallelismus sachlich und kolometrisch (16 + 16) entsprechend – einmal gelautet: »Er throne ununterbrochen vor Gottes Angesicht/Huld und Treue, beständig mögen sie ihn bewahren!« Dann aber verdankt sich diese Möglichkeit der Textwiederherstellung überhaupt nur dem Umstand, dass die Masoreten die beiden Konsonanten (»den verderbten Rest«) treu bewahrt und als ungewöhnlich markiert haben.

Masora magna (Mm). Während die kleine Masora lediglich notiert, wie oft ein Wort oder eine bestimmte Wendung vorkommt, liefert die gro-

[34] Vgl. F. Delitzsch, Die Lese- und Schreibfehler im Alten Testament, Berlin/Leipzig 1920, § 7a in Verbindung mit § 131.

ße Masora die Belegstellen dazu. Dadurch entstehen kurze und längere Listen mit Stellenangaben, die sich durchprüfen lassen und eine zusätzliche Kontrolle quer durch den Bibeltext erlauben. Es ist also die Masora magna, die den hebräischen Bibeltext durchgehend vernetzt und in dieser Weise verhindert, dass an irgendeiner beliebigen Stelle im Konsonantentext eine von der masoretischen Erfassung abweichende Schreibung möglich wäre. Erst im Spätmittelalter, als die masoretischen Bemerkungen teilweise nicht mehr verstanden und in manchen Handschriften nur mehr als Zierat überliefert wurden, ging dieses Instrument zur Textsicherung wieder verloren.

Die große Masora des Codex Leningradensis, die insgesamt 4282 solcher Listen bietet, ist in der BHS allerdings nicht direkt zugänglich. Ihr masoretischer Apparat bietet lediglich die Katalognummern der entsprechenden Listen, die in einem separaten Band nachgeschlagen werden müssen.[35] Demgegenüber bedeutet der Abdruck der großen Masora in der BHQ einen wesentlichen Fortschritt. Darüber hinaus lassen sich, wie bereits erwähnt, die in der Masora magna aufgeführten Stellenangaben im Kommentarteil der BHQ bequem nachschlagen. Man kann deshalb schon jetzt sagen, dass die Benutzung der großen Masora durch die Neuausgabe der Biblia Hebraica hervorragend gefördert wird.

Ochla we-Ochla (Okhl). Das charakteristische Merkmal der Masora ist ihr Referenzsystem, das den Konsonantentext mit der Masora parva verknüpft und über die Masora magna zu weiteren, identischen oder ähnlichen Bibelstellen führt. Neben der Masora gibt es aber auch unabhängige masoretische Abhandlungen, von denen die umfangreichste und bekannteste als Beispiel erwähnt werden soll. Sie heißt Ochla we-Ochla und bietet etwa 400 Listen, in denen verschiedene Textphänomene unter bestimmten Fragestellungen zusammengestellt und alphabetisch aufgeführt sind.[36] An der Spitze der Abhandlung steht ein Verzeichnis von Wörtern, die nur zweimal in der Heiligen Schrift vorkommen, einmal ohne und einmal mit vorangestelltem Waw. Das erste Wortpaar dieser alphabetischen Liste, das der Sammlung ihren Namen gab, lautet אָכְלָה וְאָכְלָה *Ochla we-Ochla* und bezieht sich auf den Infinitiv mit Femininendung in 1. Sam 1,9 und Gen 27,19. Die Abhandlung wurde im Mittelalter vielfach benutzt und auch für die erste Druckfassung einer Rabbinerbibel mit Masora herangezogen, die Jakob ben Chajim besorgte.

35 G. E. Weil, Massorah Gedolah iuxta codicem Leningradensem B 19a, Bd. 1: Catalogi, Rom 1971 (seconda editio 2001).

36 Eine Neuausgabe des Werkes, die nach einer Hallenser Handschrift angefertigt wurde, besorgte F. Díaz Esteban, Sefer Oklah we-Oklah, Madrid 1975.

2.6 Mittelalterliche Bibelhandschriften

Für den vollständigen Bibeltext sind die frühmittelalterlichen Handschriften noch immer die grundlegenden Textzeugen. Sie verdanken sich der Blüte masoretischer Arbeit, deren westliches Zentrum, wie bereits erwähnt, in Tiberias angesiedelt war. Dort wirkte auch das erfolgreiche jüdische Familienunternehmen Ben Ascher, das sich über mehrere Generationen um eine getreue Überlieferung des Bibeltextes verdient gemacht hat. Aus ihrer Textwerkstatt stammen der Kairoer Prophetenkodex und der Kodex von Aleppo, die als Musterhandschriften besonders zuverlässig die masoretische Texttradition bezeugen. Manche der mittelalterlichen Kodizes sind mit Nach- und Unterschriften versehen. Diese sogenannten *Kolophone* bieten zusätzliche Informationen über die Schreiber sowie über Entstehungszeit und -ort (Bildtafeln 20 und 23). In besonderen Fällen geben später hinzugesetzte Kolophone auch Auskunft über das Schicksal und den Verbleib der betreffenden Handschrift. Im Anschluss an die folgende Übersicht werden die wichtigsten mittelalterlichen Bibelhandschriften kurz vorgestellt und charakterisiert.[37]

Name	Alter	Inhalt	Merkmal	Sigel
Cairensis	895	vordere und hintere Propheten	Mose ben Ascher (Ben Naftali-Tradition)	C
Aleppo	900–925	fast vollständig (Dtn–Cant)	Salomon ben Buja'a Masora: Aaron ben Ascher	A
Leningradensis	1008	vollständig	Samuel ben Jakob Ben Ascher-Tradition	L
Oriental 4445 British Library[38]	9./10. Jh.	Tora (mit Verlusten)	Ben Ascher-Tradition	B
Sassoon 1053	10. Jh.	fast vollständig	(Ben Naftali-Tradition) weniger sorgfältig	S1
Babylonicus Petropolitanus	916	hintere Propheten	babylonische Punktation	(V^P)

[37] Zu den Kodizes vgl. A. Schenker / u. a. (Hg.), Biblia Hebraica Quinta, Fascicle 18: General Introduction and Megilloth, Stuttgart 2004, XL–XLVIII.

[38] Seit der Gründung der British Library im Jahr 1973 gehört die frühere Handschriftenabteilung des British Museum (B.M.) zur British Library.

Codex Cairensis (M^C).[39] Nach seinem zweiten Kolophon entstand der Kairoer Prophetenkodex im Jahr 895 n. Chr. in Tiberias und wurde von Mose ben Ascher geschrieben und punktiert. Diese Zuschreibung wird verschiedentlich in Zweifel gezogen, weil sein Text in über 60 % der Divergenzfälle nicht der Ben Ascher-Tradition, sondern der Ben Naftali-Tradition folgt. Der Musterkodex ist unversehrt erhalten geblieben und bietet den Text der vorderen und hinteren Propheten, jeweils in drei Kolumnen pro Seite (Bildtafel 20). Die hymnischen Stücke werden dagegen in ein oder zwei Spalten dargeboten. Wie üblich steht die kleine Masora am Seitenrand und zwischen den Kolumnen, während die große Masora am oberen und unteren Rand angeordnet ist. Spätere Kolophone berichten davon, dass die Bibelhandschrift von ihrem ersten Besitzer der Karäer-Gemeinde in Jerusalem geschenkt und anschließend von den Kreuzfahrern vorübergehend beschlagnahmt worden sei. Danach gelangte der Kodex nach Alt-Kairo in die Karäer-Synagoge, wo er bis heute aufbewahrt wird.

Codex Aleppo (M^A). Beim Kodex von Aleppo handelt es sich ebenfalls um einen in Tiberias hergestellten Musterkodex, dessen Text besonders genau die Ben Ascher-Tradition wiedergibt und außerdem sorgfältig korrigiert worden ist. Sein Konsonantentext wurde von Salomon ben Buja'a geschrieben, während Aaron ben Ascher, der Sohn von Mose ben Ascher, die Vokalisation sowie die Akzente und Masora besorgte. Der Text verteilt sich ebenfalls auf drei Kolumnen pro Seite, dagegen sind die poetischen Bücher Hiob, Sprüche und Psalmen in zwei Kolumnen geschrieben. Ein Sonderfall der Textanordnung findet sich beim Moselied in Dtn 32 (Bildtafel 21). Der Kodex von Aleppo, der noch bis ins 20. Jahrhundert den gesamten Text der hebräischen Bibel enthielt, stand schon früh in hohem Ansehen. Sofern man ihn mit dem von Maimonides erwähnten Musterkodex gleichsetzen darf, benutzten ihn bereits mittelalterliche Gelehrte zu dem Zweck, andere Bibelhandschriften nach seinem Text zu berichtigen. Der Kodex hat eine abenteuerliche Geschichte hinter sich, die schließlich zu größeren Textverlusten an seinem Anfang und Ende führten. (Neben wenigen Lücken im erhaltenen Text fehlen Gen bis Dtn 28,16 am Anfang und Cant 3,12ff, Koh, Thr, Est, Dan, Esr und Neh an seinem Ende.)[40] Zunächst stiftete ihn sein Besitzer etwa um 1050 n. Chr. der Karäer-Gemeinde in Jerusalem. Dort wurde er ebenfalls von den Kreuzfahrern beschlagnahmt und später nach Alt-Kairo verbracht, wo er wieder in jüdischen Besitz ge-

[39] In der BHQ wird dem hochgestellten Sigelbuchstaben der betreffenden Handschrift ein M für Masoretentext vorangestellt.

[40] In der Reihenfolge der biblischen Bücher lässt der Kodex von Aleppo den dritten Kanonteil, die Schriften, mit den Chronikbüchern beginnen, die mithin erhalten sind.

langte. Im Jahr 1375 brachte man die wertvolle Handschrift nach Syrien in die Synagoge von Aleppo. Sie blieb dort bis zu dem Tag, als die UNO-Vollversammlung 1947 der Teilung Palästinas und der Gründung des Staates Israel zustimmte. In vielen arabischen Städten kam es danach zu antijüdischen Ausschreitungen, in deren Verlauf auch die Synagoge von Aleppo durch Feuer vernichtet wurde. Dabei verbrannte die gesamte Handschrift, so dachte man jedenfalls, bis 1958 von dem ursprünglich 487 Seiten umfassenden Kodex 294 Seiten wiederentdeckt wurden. Man fand sie angeblich in der Trommel einer alten Waschmaschine, die aus der Türkei zurück nach Israel geschmuggelt worden war. Diese Seiten werden heute im Schrein des Buches in Jerusalem aufbewahrt. Erst kürzlich ist die Existenz eines weiteren, allerdings sehr kleinen Fragments aus dem Codex Aleppo bekannt geworden.[41] Ein später in die Vereinigten Staaten emigrierter Jude hatte es aus den Flammen der Synagoge von Aleppo gerettet und seitdem als Glücksbringer bei sich getragen. Im November 2007 wurde es an das Ben Zvi Institut in Jerusalem zurückgegeben. Das Fragment, das einige Verse aus dem Exodusbuch enthält, nährt die (nicht allzu große) Hoffnung, dass noch weitere Seiten aus Privatbesitz auftauchen könnten. Der Codex Aleppo bildet die Grundlage der wissenschaftlichen Bibelausgabe, die von der Hebräischen Universität in Jerusalem vorbereitet wird (HUB).

Codex Leningradensis (M^L). Den einzigen vollständig erhaltenen Bibeltext des Mittelalters bietet der Codex Leningradensis. Er erhielt seine Bezeichnung nach dem Aufbewahrungsort Leningrad, wie damals die Stadt St. Petersburg in der Sowjetunion hieß.[42] Die Handschrift mit dem Sigel L wird gelegentlich auch nach ihrer Signatur in der russischen Nationalbibliothek mit B 19a zitiert. Nach dem Kolophon handelt es sich um eine im Jahr 1008 in Alt-Kairo angefertigte Abschrift, die Salomon ben Jakob nach den korrigierten Schriften des Aaron ben Mose ben Ascher hergestellt hat (Bildtafel 24). Den Angaben entspricht, dass der Codex Leningradensis weitgehend einen Text der Ben Ascher-Tradition bietet und damit dem Codex Aleppo am nächsten steht. Die Abweichungen sind gering und beziehen sich bei den Vokalbuchstaben auf eine leichte Vorliebe für geläufigere Schreibweisen und bei den Abschnittsmarken auf unterschied-

[41] Vgl. die Zeitungsmeldung des Haaretz vom 6. November 2007: »Fragment of ancient parchment from Bible given to Jerusalem scholar«.

[42] Nach dem Zerfall der Sowjetunion wurde verschiedentlich versucht, den Codex Leningradensis in Codex Petropolitanus umzubenennen. Doch ist nicht einzusehen, warum man ohne Not eine eindeutige und gebräuchliche Kodexbezeichnung aufgeben und dadurch eine zusätzliche Verwechslungsmöglichkeit mit dem Petersburger Prophetenkodex schaffen sollte. Handschriftenbezeichnungen sind jedenfalls kein Ort politischer Bekenntnisse.

liche Setzung der Setuma und Petucha. Die Handschrift ist jedoch weniger sorgfältig als der Kodex von Aleppo gearbeitet, zeigt zahlreiche Korrekturen und enthält besonders in der Masora fehlerhafte Angaben. Die Mängel werden jedoch durch die Vollständigkeit der Bibelhandschrift aufgewogen. Sein Text liegt heute den kritischen Ausgaben der Biblia Hebraica zugrunde, die von der Deutschen Bibelgesellschaft verlegt werden.

Codex Oriental Ms. 4445 (M^B). Der in der Handschriftenabteilung der British Library in London aufbewahrte Kodex gehört zu den ältesten mittelalterlichen Bibelhandschriften. Da ein ursprüngliches Kolophon fehlt, lassen sich Alter und Herkunft nicht genau bestimmen. Eine Entstehung noch im 9. Jh. n. Chr. wird als wahrscheinlich angesehen. Der Kodex bietet in schöner Schrift den punktierten Text der Tora mit Akzenten und Masora (Bildtafel 22). Am Anfang und Ende bestehen Lücken. (Es fehlen Gen 1,1–39,19 sowie Dtn 1,34–34,12.) In 80% der Divergenzfälle zwischen Ben Ascher und Ben Naftali folgt die Handschrift der Ben Ascher-Tradition. Aufgrund ihres hohen Alters wird sie bei den wissenschaftlichen Bibelausgaben zur Kollation (Vergleich einer Abschrift mit einer Urschrift) herangezogen.

Codex Sassoon 1053 (M^{S1}). Der aus der Privatsammlung von David Salomon Sassoon (1880–1942)[43] stammende Kodex bietet abgesehen von einigen Lücken den gesamten Bibeltext mit kleiner Masora. Die große Masora findet sich dagegen nur auf einigen Seiten. Da Schreiber und Herkunftsort unbekannt sind, lässt sich der Kodex nur ungefähr ins 10. Jh. n. Chr. datieren. Die Handschrift ist weniger sorgfältig ausgeführt und folgt in 40% der Divergenzfälle anderen masoretischen Autoritäten als Ben Ascher und Ben Naftali. Eine weitere Handschrift aus der Bibliothek Sassoon ist der Damaskus Pentateuch aus dem 10. Jh. n. Chr., der auch als *Codex Sassoon 507* (M^{S5}) bezeichnet wird. Sein Text scheint der Ben Naftali-Tradition näher zu stehen, während die Masora Ben Ascher folgt.

Codex Babylonicus Petropolitanus. Der Petersburger Prophetenkodex wird im Apparat der BHS als V^P (varia lectio, d. h. alternative Lesart des Codex Petropolitanus) zitiert. Er gehört zur Sammlung des russischen Karäers Abraham Firkowitsch (1785–1874), der eine Menge von sehr alten Handschriften in den karäischen Synagogen des Orients aufgespürt und an sich gebracht hat. Der heute in der russischen Nationalbibliothek St. Petersburg aufbewahrte Kodex, der 916 n. Chr. geschrieben wurde, ist nicht nur wegen seines Alters interessant, sondern auch wegen seines nach dem babylonischen System vokalisierten Textes. Überraschend ist freilich

[43] Vgl. dazu H. Rabinowicz, The Sassoon Treasures, JQR 57 (1966), 136–153.

der Befund, dass nur das östliche Zeichensystem beibehalten wurde, während der Konsonantentext, Punktation und Masora der westlichen Tradition folgen. Damit ist der Prophetenkodex ein einzigartiges Zeugnis dafür, dass sich die tiberische Tradition gegenüber der babylonischen durchzusetzen begann.

Geniza-Fragmente (Gnz). Zu den bedeutsamsten Textfunden, die vor der Entdeckung der Schriftrollen von Qumran gelangen, gehören die Fragmente aus der Kairoer Geniza. Es handelt sich um einen Zufallsfund, der bei Umbauarbeiten an der Ben Esra-Synagoge in Alt-Kairo gegen Ende des 19. Jahrhunderts zum Vorschein kam. Bei der Ben Esra-Synagoge handelt es sich um eine ehemalige christliche Kirche, die im Jahr 882 verkauft und in ein jüdisches Gotteshaus umgewandelt wurde. Der Textfund verdankt sich der jüdischen Gepflogenheit, verbrauchte Schriftrollen, die den heiligen Gottesnamen enthielten, feierlich zu begraben und dadurch vor Missbrauch zu schützen. Zuvor wurden solche nicht mehr verwendeten Schriftstücke in einer Seitenkammer bzw. einem Lagerraum der Synagoge verwahrt (aram. *genaz* »verbergen«). Aus unbekannten Gründen wurde die Geniza von Alt-Kairo jedoch niemals geleert, sondern zu einem bestimmten Zeitpunkt vermauert und vergessen, bis man den ursprünglichen Aufbewahrungsraum bei den erwähnten Bauarbeiten im Jahr 1896 wiederentdeckte. In ihm fanden sich ca. 200.000 Handschriftenfragmente, darunter zahlreiche biblische Texte. Besondere Bedeutung erlangten die hebräischen Fragmente des deuterokanonischen Sirachbuches aus dem 11. und 12. Jh. n. Chr. Denn zuvor lag das Buch Jesus Sirach nur in seiner griechischen (und syrischen) Fassung vor, obwohl man dem Vorwort seines Enkels hatte entnehmen können, dass sein Text ursprünglich in Hebräisch geschrieben war. Durch die Entdeckung der Geniza sind nunmehr 68 % des hebräischen Konsonantentextes (ohne Vokalisation) bekannt geworden, später ergänzt durch einige wenige Fragmente aus den Höhlen von Masada und Qumran.[44] Für die Textgeschichte spielt darüber hinaus eine Rolle, dass man unter den Geniza-Fragmenten auch eine etwa aus dem 5. Jh. n. Chr. stammende Unzialhandschrift mit der griechischen Übersetzung des Aquila gefunden hat (siehe 5.3). Schließlich sorgten zwei mittelalterliche Handschriften, die ihr Herausgeber Salomon Schechter als »Fragments of a Zadokite Work« bezeichnet hatte, für eine weitere Überraschung. Denn es stellte sich heraus, dass dieses Werk mit der etwa 50 Jahre später in den Höhlen von Qumran entdeckten Damaskusschrift

[44] Vgl. P.C. Beentjes, The Book of Ben Sira in Hebrew. A Text Edition of All Extant Hebrew Manuscripts and a Synopsis of All Parallel Hebrew Ben Sira Texts, VT.S 68, Atlanta 2006.

identisch war. Heute befinden sich ungefähr 140.000 Fragmente in der Universitätsbibliothek von Cambridge. Denn 1896 hatte die Universität ihren Reader in Talmudic, Salomon Schechter, nach Kairo entsandt, um das Geniza-Material vor Ort zu sichten und möglichst viele Handschriften nach Cambridge zu bringen.[45] Dies geschah mit Erlaubnis der jüdischen Gemeinde in Kairo und einer offiziellen Ausfuhrgenehmigung. Schon zuvor hatte der englische Sammler Elkan Natan Adler etwa 30.000 Geniza-Fragmente erworben und später an das Jewish Theological Seminary of America in New York verkauft. Weitere Teile gelangten sehr wahrscheinlich in die Sammlung von Abraham Firkowitsch nach St. Petersburg und über den Antikenhandel an rund sechzig verschiedene Orte auf der ganzen Welt. Vor diesem Hintergrund erklärt sich ein kürzlich begonnenes und von dem kanadischen Mäzen Albert Friedberg ermöglichtes Unternehmen, das *Friedberg Genizah Project*. Es möchte sämtliche Fragmente der Kairoer Geniza in einer online-Bibliothek zusammentragen und in digitalisierter Form zugänglich machen.[46]

2.7 Gedruckte Ausgaben

Bis zum Ende des Mittelalters haben sich ausschließlich die jüdischen Tradenten – und nicht die christlichen Kirchen – um die Überlieferung des hebräischen Bibeltextes gekümmert. Die ersten Druckausgaben wurden darum auch von jüdischen Gelehrten vorbereitet und enthielten neben dem Bibeltext rabbinische Kommentare und teilweise auch die mit Targumim bezeichneten aramäischen Übersetzungen (siehe 6.1). Dafür hat sich die Bezeichnung *Rabbinerbibel* eingebürgert. Ihre Herstellung war natürlich auch eine typographische Herausforderung für die Buchdrucker, unter denen sich der aus Antwerpen stammende christliche Unternehmer Daniel Bomberg besonders hervortat. Er gründete in Venedig eine große hebräische Druckerei und verlegte die sogenannte erste Rabbinerbibel (1516–1517), deren Text von Felix Pratensis, einem zum Christentum konvertierten Rabbiner, erarbeitet worden ist. Die zweite Rabbinerbibel, von der sogleich zu reden sein wird, wurde ebenfalls bei Daniel Bomberg und erstmalig mit der gesamten Masora gedruckt. Sie bekam danach den Namen *Bombergiana*.

[45] Die Initiative verdankte sich den beiden Schottinnen Agnes Smith Lewis und Margaret Dunlop Gibson, die einige Fragmente in Kairo erworben hatten und Salomon Schechter durch ein Papyrusblatt mit dem hebräischen Sirach auf die Bedeutung der Geniza-Texte aufmerksam machten. Zur Geschichte vgl. P. E. Kahle, Die Kairoer Genisa, deutsche Ausgabe bearbeitet von R. Meyer, Berlin 1962 (englisch: The Cairo Geniza, Oxford 1959).

[46] Information und Dokumentation unter: http://fgps.genizah.org/

Zweite Rabbinerbibel (1524–1525). Diese von Jakob ben Chajim vorbereitete Druckausgabe ist die berühmteste unter den Rabbinerbibeln (Bildtafel 26). Bei der Wiedergabe des hebräischen Textes konnte sich Jakob ben Chajim auf die Vorarbeiten von Felix Pratensis stützen. Seine Bibelausgabe bietet insgesamt einen im späten Mittelalter aufgekommenen Mischtext zwischen der Ben Ascher- und der Ben Naftali-Tradition, der in der Wissenschaft als *textus receptus* bezeichnet wird. Zusätzlich enthält sie auch die kleine und große Masora sowie eine umfängliche Masora finalis. Um die Masora für den Druck zusammenzustellen, verfügte Jakob ben Chajim über die oben erwähnte Sammlung Ochla we-Ochla sowie über verschiedene masoretische Handschriften, die Daniel Bomberg zu eben diesem Zweck angekauft hatte. Offenkundig waren jedoch diese Handschriften von durchgängig schlechter Qualität und boten eine meist fehlerhafte und unvollständige Masora. Deshalb war Jakob ben Chajim gezwungen, in mühevoller Kleinarbeit aus dem mangelhaften masoretischen Material eine Druckfassung der Masora zu erstellen, die er dazu vielfach nach dem Textus receptus berichtigte, ergänzte und teilweise auch erfand.[47] Der Vorgang ist insofern kurios, als die kleine und große Masora, die ja eigentlich den hebräischen Bibeltext sichern sollte, nun umgekehrt dem nicht in jeder Beziehung zuverlässigen Textus receptus angeglichen wurde und dadurch ihre Funktion umfassender Textkontrolle im Grunde genommen verlor. Trotzdem entwickelte sich die zweite Rabbinerbibel zur bedeutsamsten und maßgeblichen Druckausgabe, deren Text mitsamt der Masora geradezu kanonisches Ansehen erlangte. Bis ins 20. Jahrhundert folgten ihr nahezu alle Editionen, so auch die 1. und 2. Auflage der Biblia Hebraica. Daneben wurde nur selten der Versuch unternommen, eine kritische Druckausgabe herzustellen. Als Beispiel dafür sei die Ausgabe des evangelischen Theologen und Orientalisten in Halle, *Johann Heinrich Michaelis* (1668–1738), genannt, die zwar auch hauptsächlich den Textus receptus bietet, aber dazu fünf Erfurter Handschriften mit einem älteren Text vergleicht und ihre wichtigsten Lesarten in einem Apparat verzeichnet.[48]

Variantensammlungen. Eine beachtliche Arbeitsleistung steckt in den Variantensammlungen, bei denen es um die Kollation von Handschriften geht, die mit dem Textus receptus verglichen werden. Unter ihnen sind zwei Druckausgaben zu erwähnen, die später bei der Herstellung textkri-

[47] So das kritische Urteil von Kahle, Genisa, 139.

[48] J. H. Michaelis, Biblia Hebraica ex aliquot manuscriptis et compluribus impressis codicibus, item Masora tam edita, quam manuscripta aliisque hebraeorum criticis diligenter recensita etc., Halle 1720.

tischer Apparate konsultiert worden sind. Zum einen handelt es sich um die zusammen mit dem masoretischen Text abgedruckte Variantensammlung von *Benjamin Kennicott* (1776–1780), die über 600 hebräische Handschriften vergleicht und alle Abweichungen zum Konsonantentext in einem umfangreichen Apparat notiert. Zum anderen bietet die Sammlung von *Giovanni de Rossi* (1784–1788) eine gegenüber Kennicott nochmals stark vermehrte Ausgabe von Varianten, die in ihrer Summe beeindrucken, aber in den meisten Fällen nur unbedeutende Abweichungen in der Rechtschreibung, in der Einfügung oder Weglassung eines Waw, im Wechsel von Singular und Plural usw. beizusteuern vermögen. In textkritischer Hinsicht besteht ihr eigentlicher Mangel jedoch darin, dass im Wesentlichen relativ junge Handschriften kollationiert wurden, die kaum wichtige und brauchbare Lesarten enthalten und darum auch nicht zur Berichtigung einer möglicherweise verdorbenen Stelle des masoretischen Textes herangezogen werden können. Durch die modernen Druckausgaben der hebräischen Bibel, die gegenüber dem Textus receptus den in vielerlei Hinsicht besseren und zuverlässigeren Ben Ascher-Text bieten, haben die großen Variantensammlungen darum ihre Bedeutung verloren. Während die BHS gelegentlich noch auf sie Bezug nimmt (vgl. beispielsweise V^{Ken69} = Varia lectio des hebräischen Manuskripts mit der Nr. 69 nach der Sammlung von Kennicott), werden sie im Apparat der BHQ nicht mehr als Textzeugen verzeichnet.[49]

Polyglotten (mehrsprachige Bibelausgaben). Die Polyglotten enthalten neben dem hebräischen Urtext eine Mehrzahl seiner Übersetzungen, die in parallelen Kolumnen angeordnet sind. Die erste gedruckte Polyglotte geht auf eine Initiative des Erzbischofs von Toledo, Franciso Ximenes de Cisneros, zurück, der damit den hebräischen Bibeltext und die alten Übersetzungen in der Sprache seiner Zeit zugänglich machen wollte. Daraus entstand die *Complutensische Polyglotte* (1514–1517). Für das Alte Testament bietet sie den masoretischen Text, die Septuaginta (lukianische Textform) mit interlinearer lateinischer Übersetzung, die Vulgata sowie beim Pentateuch das Targum Onkelos mit separater lateinischer Übersetzung. Die hebräische Textfassung stützt sich offenbar auf frühe babylonische Handschriften und zeigt einige Besonderheiten (Bildtafel 47). Die reichhaltigste und kritisch wertvollste Polyglotte ist die von Bischof Brian Walton in sechs Bänden herausgegebene *Londoner Polyglotte* (1653–1657).[50] Sie enthält zusätzlich den Pentateuch der Samaritaner und das samarita-

[49] Vgl. Biblia Hebraica Quinta, Fascicle 18, XXXVI.

[50] B. Walton (Hg.), Biblia sacra polyglotta, Vol. I–VI, London 1653–1657 (Nachdruck: Graz 1963–1965). Zu den textkritischen Regeln vgl. Vol. I, 36f.

nische Targum, die syrische und arabische Version (mit lateinischer Übersetzung), Fragmente der Vetus Latina, dazu eine äthiopische und persische Übersetzung (ebenfalls mit lateinischer Übertragung) sowie einen textkritischen Apparat. Nach Auskunft von Emanuel Tov bietet Brian Walton in den Prolegomena seiner Polyglotte schließlich auch die früheste Liste textkritischer Regeln, nach denen die Lesarten verschiedener Textzeugen zu vergleichen sind.

2.8 Wissenschaftliche Textausgaben

Wissenschaftliche Textausgaben stellen nicht nur einen Text bereit. Vielmehr legen sie auch Rechenschaft darüber ab, in welcher Weise und Form sie das überlieferte Textzeugnis darbieten möchten. Grundsätzlich lassen sich dabei zwei Editionsprinzipien unterscheiden. Sie werden als *eklektisch* (»auswählend«) und als *diplomatisch* (»urkundengetreu«) bezeichnet. Die Kenntnis beider Editionsprinzipien ist für den sachgerechten Umgang mit textkritischen Ausgaben grundlegend.

Eklektisch. Das Grundprinzip einer eklektischen Textausgabe besteht in der Auswahl der besten Lesarten aus (allen) verfügbaren Handschriften, die dann in den herauszugebenden Text aufgenommen werden. Die jeweils getroffenen textkritischen Entscheidungen werden im Apparat durch Auflistung und Gewichtung der Textzeugen sowie durch Anführung alternativer Lesarten dokumentiert und in dieser Weise nachvollziehbar bzw. nachprüfbar gemacht. Dabei ist zu berücksichtigen, dass der nach diesem Editionsprinzip erstellte Gesamttext durch keine wirkliche Handschrift repräsentiert wird, sondern in der Summe textkritischer Entscheidungen erst künstlich geschaffen worden ist. Es handelt sich also um einen (re)konstruierten Text. Beispiele eklektischer Textausgaben sind besonders das Novum Testamentum Graece, das in 27. Auflage 1993 erschienen ist, und die bisher vom Göttinger Septuaginta-Unternehmen herausgegebenen Einzelbände.

Diplomatisch. Nach dem Prinzip der Urkundentreue wird eine als besonders zuverlässig geltende Handschrift ausgewählt und ihr Text möglichst originalgetreu wiedergegeben. Von Fall zu Fall sind jedoch bei Unleserlichkeit oder Lückenhaftigkeit der Texturkunde kleinste Berichtigungen oder Ergänzungen nötig sowie – zum Zwecke wissenschaftlicher Handhabung – Veränderungen des ursprünglichen Layouts erforderlich, so dass man dementsprechend von einer diplomatischen Ausgabe spricht.[51]

[51] Im Methodenbuch von H. Utzschneider und S. A. Nitsche ist der Sachverhalt verkehrt dargestellt, vgl. Arbeitsbuch literaturwissenschaftliche Bibelauslegung. Eine Methodenlehre zur Exegese des Alten Testaments, Gütersloh 2001, 51.

Bei urkundengetreuen Editionen spielt freilich der kritische Apparat eine grundsätzlich andere Rolle als die der Dokumentation. Seine Aufgabe besteht darin, durch Nennung von Textzeugen und Lesarten diejenigen Informationen zu liefern, die seine Benutzer umfassend in Stand setzen, die Urkunde auf ihre Textüberlieferung hin zu befragen. Bei urkundengetreuen Ausgaben ist also die eigentliche textkritische Arbeit erst noch zu tun. Um Hilfestellung dazu zu geben, bieten manche textkritischen Apparate – z. B. in der Biblia Hebraica Stuttgartensia – sogenannte Handlungsanweisungen der Herausgeber, die auf eine bestimme textkritische Entscheidung hinführen sollen. Beispiele diplomatischer Textausgaben sind die nachfolgend vorgestellte BHS, BHQ und HUB.

In Deutschland besitzt die textkritische Herausgabe der hebräischen Bibel in Form der *Biblia Hebraica*[52] eine über hundertjährige Tradition. Ihre erste Auflage erschien 1906 in Leipzig und folgte, ebenso wie noch die zweite Auflage von 1913, dem von Jakob ben Chajim für die Druckausgabe der Bombergiana erstellten hebräischen Text. Sie bot damit den Masoretentext in einer spätmittelalterlichen Mischform, wobei ausgewählte Varianten und Verbesserungsvorschläge in einem Apparat notiert wurden. Die dritte Auflage der Biblia Hebraica wurde ebenfalls noch von ihrem bisherigen Herausgeber Rudolf Kittel (1853–1929) vorbereitet. In der Forschung wird sie wie ihre beiden Vorgängerinnen als »Kittel-Bibel« (BHK) bezeichnet. Freilich handelt es sich um eine völlige Neubearbeitung, die 1929–1937 bei der Württembergischen Bibelanstalt erschien. Ihre entscheidende und noch heute maßgebende Weichenstellung bestand darin, dass sie nunmehr mit dem Codex Leningradensis einen originalen Ben-Ascher-Text anstelle des Textus receptus abdruckte. Die Initiative dazu ging von Paul Kahle (1875–1964) aus, der in Leningrad die Sammlungen von Abraham Firkowitsch untersuchte und die durch das Volkskommissariat in Moskau genehmigte Entleihung der Bibelhandschrift B 19a an die Universität Leipzig vermittelte. Nach ihm sollte erstmalig auch die Masora beigegeben werden, was freilich nur für die Masora parva realisiert werden konnte. Schließlich besitzt die dritte Auflage einen völlig neuen, zweigeteilten textkritischen Apparat, der in seinem oberen Teil bloße Varianten und minder wichtige Mitteilungen vermerkt, dagegen im unteren Teil die als bedeutsam angesehenen Lesarten und Textänderungen notiert. Allerdings hat sich diese Aufteilung des BHK-

[52] Bei dieser Bezeichnung handelt es sich grammatisch korrekt um ein Neutrum Plural »Die hebräischen Bücher«. Inzwischen hat sich die Biblia Hebraica jedoch als ein Eigennamen durchgesetzt und wird im Deutschen im Femininum Singular konstruiert.

Apparates nicht bewährt und sollte von Studierenden nicht mehr benutzt werden.

Biblia Hebraica Stuttgartensia (BHS). Grundlage des Studiums sowie der Textkritik des Alten Testaments ist gegenwärtig die von Karl Elliger und Wilhelm Rudolph besorgte vierte Auflage der Biblia Hebraica von 1967–1977, die nach ihrem Erscheinungsort mit dem Zusatz »Stuttgartensia« bezeichnet wird. Der Text, der konsequent nach dem Codex Leningradensis wiedergegeben wird, wurde dazu nochmals sorgfältig und mehrmals von Hans Peter Rüger kollationiert. Am Rand ist die kleine Masora abgedruckt. Zur großen Masora finden sich Katalognummern unter dem Bibeltext, die sich in einem von Gérard E. Weil separat veröffentlichten Band nachschlagen lassen. Der BHS-Apparat, der unten ausführlich besprochen wird, ist nicht mehr zweigeteilt und berücksichtigt umfassend die Handschriftenfunde vom Toten Meer nach dem damaligen Publikationsstand. Dabei muss man bedenken, dass im Bearbeitungszeitraum der BHS die Schriftrollen von Qumran vor allem als Einzelzeugen der Textüberlieferung in den Blick genommen und noch nicht als Zeugen der Textgeschichte zusammen geschaut wurden. Damit spiegelt der BHS-Apparat lediglich einen Zwischenstand textkritischer Forschung, die noch zu einer Theoriebildung unterwegs ist.

Biblia Hebraica Quinta (BHQ). Die Neuausgabe der Biblia Hebraica, die sich einer Initiative des Weltbundes der Bibelgesellschaften verdankt, wird nach den drei Auflagen der Kittel-Bibel und der vierten Auflage der BHS als die fünfte in der BH-Reihe gezählt und erhält deshalb den Zusatz »Quinta«. Die Herausgeberkommission unter ihrem Präsidenten Adrian Schenker entschied sich erneut für eine diplomatische Edition. Denn beim derzeitigen Stand der Textforschung käme die Herstellung eines eklektischen Textes der hebräischen Bibel verfrüht. Diese Einschätzung ist besonders vor dem Hintergrund zu sehen, dass die frühen Bibelhandschriften aus Qumran eine ausgesprochen komplexe und noch nicht hinreichend erforschte Textgeschichte zu erkennen geben. Auch besteht gegenwärtig keine Einigkeit in der Frage, welche Phase der Textgeschichte durch die Rekonstruktion eines kritischen Textes erreicht und damit wiedergegeben werden soll. Mit ihrer Entscheidung für eine urkundengetreue Edition stellt sich die BHQ in die bewährte Tradition der in Stuttgart erschienenen Ausgaben der Biblia Hebraica und bietet wie ihre Vorgängerin den Text des Codex Leningradensis. Allerdings bemüht sich die BHQ um einen noch engeren Anschluss an die mittelalterliche Bibelhandschrift. Ihre Textdarstellung, an die sich der wissenschaftliche Benutzer wird gewöhnen müssen, unterscheidet sich in einigen Punkten von der BHS: Die Versziffern, die bisher auch im laufenden Text dargeboten wurden, werden jetzt nur noch am inneren linken bzw. am inneren rechten Rand notiert.[53] Verzichtet wird außerdem auf die bislang üblichen Exponenten (hochgestellte Buchstaben), die im laufenden Text auf die Angaben im textkritischen Apparat verwiesen. Man wird deshalb den Apparat jeweils gesondert durchschauen müssen, um festzustellen, ob textkritische Anmerkungen zu einem bestimmten Wort oder Satz vorhanden sind. Urkundengetreuer gibt sich die BHQ auch dadurch, dass sie die Masora magna (Mm) nicht mehr durch Katalogzahlen ausweist, sondern jetzt vollständig abdruckt, was sehr zu begrüßen ist. Der textkritische Apparat, und das gehört ebenfalls zu den Neuerungen, dokumentiert jetzt wichtige Textzeugen nicht mehr nur bei Abweichungen und Varianten, sondern auch für die im Text stehende masoretische Lesart. Die im Apparat angegebenen Textbelege werden durchgängig in Originalsprache und -schrift zitiert. Das bedeutet, dass nun auch Zitate aus der Peschitta nicht mehr wie in der BHS in Umschrift, sondern in Estrangelo (altsyrische Kursive) wiedergegeben werden.[54] Die künftige Apparatsprache ist Englisch. Studierende im Proseminar müssen aber auch weiterhin die lateinischen Abkürzungen lernen, weil die gesamte wissenschaftliche Kommentarliteratur in der textkritischen Diskussion eben diese lateinischen Bezeichnungen verwendet. Im übrigen ist interessant, dass mit dem Englischen auch die direktiven lateinischen Gerundiva (z.B. transponendum »Umzustellendes«) aus dem Apparat verschwinden, also jene Anweisungen der früheren BH-Herausgeber, die eine bestimmte textkritische Entscheidung nahelegten. In dieser Hinsicht übt die Neuausgabe der BHQ eine stärkere Zurückhaltung bei einem gleichzeitig größeren Vertrauen zum masoretischen Text. Bereits erschienen sind die Einzelbände zu den Megilloth (2004), zu Esra/Nehemia (2006), zum Deuteronomium (2007) und zu den Proverbien (2008). Jedem Faszikel ist darüber hinaus ein englischer Kommentarteil beigefügt, der nützliche und weiterführende Hinweise zur Masora und zum textkritischen Apparat enthält. Ist zu einer bestimmten Stelle ein Kommentar vorhanden, wird dies im Apparat durch das Sonderzeichen ⁜ vermerkt. Mithin bietet die BHQ noch mehr Informationen als die BHS und wird wohl in absehbarer Zeit an ihre Stelle treten.

Stuttgarter Elektronische Studienbibel (SESB Version 2.0). Bei ihr handelt es sich um ein umfassendes Rechercheprogramm mit deutscher Be-

[53] Lediglich bei den poetischen Texten wird von diesem Verfahren abgewichen, indem die Ziffern am Beginn der Verszeilen belassen werden, also am rechten äußeren bzw. am linken inneren Rand stehen.

[54] Die Umsetzung dieser Richtlinie führt dazu, dass in der BHQ die nicht unbedeutenden syrischen Zitate nur noch von Spezialisten gelesen und ausgewertet werden können; vgl. die Rezension von S. Kreuzer in: ThLZ 131 (2006), 722–725.

CANTICLES שיר השירים

1 שִׁ֥יר הַשִּׁירִ֖ים אֲשֶׁ֥ר לִשְׁלֹמֹֽה׃ ל̇
2 יִשָּׁקֵ֙נִי֙ מִנְּשִׁיק֣וֹת פִּ֔יהוּ כִּֽי־טוֹבִ֥ים דֹּדֶ֖יךָ מִיָּֽיִן׃ ל̇ . ל̇ וחד ונעתרות נשיקות
3 לְרֵ֙יחַ֙ שְׁמָנֶ֣יךָ טוֹבִ֔ים שֶׁ֖מֶן תּוּרַ֣ק שְׁמֶ֑ךָ יו̇ . ל̇
עַל־כֵּ֖ן עֲלָמ֥וֹת אֲהֵבֽוּךָ׃ ד̇
4 מָשְׁכֵ֖נִי אַחֲרֶ֣יךָ נָּר֑וּצָה ל̇
הֱבִיאַ֨נִי הַמֶּ֜לֶךְ חֲדָרָ֗יו נָגִ֤ילָה וְנִשְׂמְחָה֙ בָּ֔ךְ ד̇ . ל̇ וחד וחדריו
נַזְכִּ֤ירָה דֹדֶ֙יךָ֙ מִיַּ֔יִן מֵישָׁרִ֖ים אֲהֵבֽוּךָ׃ ס ג̇
5 שְׁחוֹרָ֤ה אֲנִי֙ וְֽנָאוָ֔ה בְּנ֖וֹת יְרוּשָׁלָ֑͏ִם ל̇ . ל̇
כְּאָהֳלֵ֣י קֵדָ֔ר כִּירִיע֖וֹת שְׁלֹמֹֽה׃ ל̇ . ה̇ מל
6 אַל־תִּרְא֙וּנִי֙ שֶׁאֲנִ֣י שְׁחַרְחֹ֔רֶת שֶׁשֱּׁזָפַ֖תְנִי הַשָּׁ֑מֶשׁ ל̇ ומל . ל̇ . ל̇

[1:3] לריח יו̇ וסימנהון ולקחת . ואת הכבש דואלה שמות . ראשית . והקטירם . ואת כל חלבה . ואת הקרב . מעל כפיהם . וזרק . מעיני . אך בכור . עלת תמיד . בכורים . ראש שנה . ולחמי אשר נתתי . שמניך טובים :o: [4] הביאני ד̇ וסימ̇ בצדקתי הביאני יהוה . במראות אלהים . הביאני המלך . הביאני אל בית היין ודגלו :o:

1:2 דֹּדֶ֫יךָ S T | μαστοί σου G V (differ-vocal) | 6QCant (indet) ‖ → v 4; 4:10; 7:13 • **3** לְרֵ֙יחַ֙ שְׁמָנֶ֣יךָ טוֹבִ֔ים (6QCant) (V) S | καὶ ὀσμὴ μύρων σου ὑπὲρ πάντα τὰ ἀρώματα G (assim-4:10) • שְׁמָנֶ֣יךָ G S | שמנים 6QCant V • שֶׁ֖מֶן תּוּרַ֣ק | מרׄן] 6QCant | μύρον ἐκκενωθέν G | ἔλαιον ἐκχεόμενον ⟨α'⟩ ⟨ε'⟩ V T | ܡܫܚܐ ܕܡܬܪܩ S ✣ • **4** מָשְׁכֵ֖נִי α' σ' V S | 3 pl pf G (differ-vocal) | 2 sg pf ⟨ε'⟩ | משכני 6QCant ○ מָשְׁכֵ֖נִי 6QCant α' σ' (⟨ε'⟩) V S | 2 sg sfx G (harm-ctext) • אַחֲרֶ֣יךָ ⟨α'⟩ V S | foll εἰς ὀσμὴν μύρων σου G ⟨ε'⟩ (assim-v 3) ✣ • נָּר֑וּצָה G ⟨α'⟩ ⟨θ'⟩ V S T | 1 sg ⟨ε'⟩ (exeg) | 6QCant (insuf) • הֱבִיאַ֨נִי G V | impv σ' S (differ-vocal) | 6QCant (indet) • חֲדָרָ֗יו 6QCant ⟨α'⟩ ⟨σ'⟩ ⟨ε'⟩ V | sg G | ܠܡܫܬܘܗܝ S (exeg) • נָגִ֤ילָה וְנִשְׂמְחָה֙ G V | ונגילה [נשמחה 6QCant S • נַזְכִּ֤ירָה G V S T | 1 sg ⟨ε'⟩ • דֹדֶ֙יךָ֙ ⟨ε'⟩ S | μαστούς σου G V | 6QCant (indet) ‖ → v 2 • מֵישָׁרִ֖ים אֲהֵבֽוּךָ׃ G ⟨α'⟩ σ' ⟨ε'⟩ V (S) | מישרים אהובים 6QCant ✣ • **5** בְּנ֖וֹת G V S | בנתי 6QCant ✣ • שְׁלֹמֹֽה׃ ✣ •

Abb. 4: Musterseite der BHQ (mit Masora magna zwischen Text und Apparat)

nutzerschnittstelle, das neben die im anglo-amerikanischen Sprachraum verbreitete biblische Software *BibleWorks* tritt. Für die textkritische Arbeit am Alten Testament stellt SESB die folgenden wissenschaftlichen Ausgaben zur Verfügung: Die Vulgata in der Ausgabe von Robert Weber, die Septuaginta in der Ausgabe von Alfred Rahlfs (mit morphologischer Datenbank), die BHS (ebenfalls mit morphologischer Datenbank) sowie die BHQ mit den bereits publizierten Faszikeln. Der BHS-Text wird erstmalig in einer elektronischen Version sowohl mit allen Ketib/Qere-Formen als auch mit textkritischem Apparat bereitgestellt, der sich auf zweifache Weise einsehen lässt: Entweder öffnet man durch Bewegen des Mauszeigers auf die textkritischen Verweisbuchstaben ein Pop-up-Fenster mit den entsprechenden Einträgen[55] oder man lädt den gesamten textkritischen Apparat in ein separates Fenster und synchronisiert ihn mit dem aktiven Textausgaben-Fenster, so dass seine Angaben mit dem hebräischen Text parallel laufen. Die Lemmatisierung des BHS-Textes in der SESB-Version erlaubt ihrem Benutzer präzise und umfangreiche Abfragen von Lemmata und definierten Wortformen, deren Ergebnisse sich durch die Definition visueller Filter farblich hervorheben lassen. Darüber hinaus kann man im Bereich von Genesis bis 2. Könige sogar nach Phrasen und Sätzen suchen, da für diesen Bereich eine Datenbank mit grammatischer Kodierung des BHS-Textes vorliegt (WIVU-Datenbank von Eep Talstra und der Werkgroep Informatica der Vrije Universiteit Amsterdam). Dabei muss der Benutzer allerdings berücksichtigen, dass dieser Kodierung bereits grammatische Entscheidungen voraus liegen. Überhaupt ist dem Anfänger zu empfehlen, seine Suchaufträge zunächst weniger speziell, gegebenenfalls sogar unscharf zu definieren und alle aufgelisteten Belege durchzusehen; denn häufig enthalten die nicht-gesuchten, aber vergleichbaren Wendungen entscheidende Informationen, die eine sachgerechte Beurteilung der gesuchten sprachlichen Erscheinung erst ermöglichen. In jedem Fall lässt sich die Stuttgarter Elektronische Studienbibel als ein wertvolles Rechercheprogramm empfehlen, das mindestens im deutschsprachigen Raum an erster Stelle steht. Der DVD ist ein englisch-deutsches Handbuch (Instruction Manual) beigegeben, das anschaulich in die Benutzung einführt sowie umfassend über die Leistungsmerkmale des Programms informiert.

Hebrew University Bible (HUB). Es ist zu begrüßen, dass nicht nur in Stuttgart mit der BHQ, sondern auch in Jerusalem mit der HUB eine wei-

[55] Im Unterschied zur Druckausgabe der BHQ bietet ihre SESB-Version wiederum die textkritischen Exponenten, die zusätzlich in roter Farbe hervorgehoben sind. Über den hochgestellten Buchstaben »m« kann man sogar die Masora magna abrufen.

tere wissenschaftliche Textausgabe der hebräischen Bibel vorbereitet wird. Beide Unternehmungen stehen nicht in Konkurrenz, sondern ergänzen sich durch ihr unterschiedliches Profil. Bei der Hebrew University Bible handelt es sich um eine *editio critica major*. Ihr Text basiert auf dem sehr sorgfältig gearbeiteten Codex Aleppo, von dem jedoch der Pentateuch weitgehend verloren gegangen ist. Man kann deshalb leicht nachvollziehen, dass das Unternehmen mit der Herausgabe der hinteren Propheten begonnen wurde. Erschienen sind bisher die Bücher Jesaja (1995), Jeremia (1997) und Ezechiel (2004). Im Unterschied zur BHS bietet der Apparat der HUB keine Konjekturen und verzichtet auch auf textkritische Wertungen der Lesarten. Die Textzeugen werden in vier unterteilten Sparten dargeboten: alte Übersetzungen, Texte aus der Wüste Juda und Zitate aus der rabbinischen Literatur, eine Auswahl mittelalterlicher Handschriften mit Varianten zum Konsonantentext, eine Auswahl mittelalterlicher Handschriften mit Varianten zur Vokalisation und zu den Akzenten. Ein »fünfter Apparat« gestattet es schließlich dem Herausgeber, seine eigenen Beobachtungen zu den dokumentierten Lesarten und Textproblemen zu notieren. Der gesamte Apparat wird in zwei parallelen Kolumnen in Hebräisch und Englisch dargeboten.

Oxford Hebrew Bible Project (OHB). Wie bereits erwähnt ist gegenwärtig umstritten, ob sich die Probleme bei der Herstellung einer eklektischen Ausgabe der hebräischen Bibel bewältigen lassen. Dennoch sprechen gute Gründe dafür, ein solches Unternehmen anzupacken. Dazu hat der künftige Hauptherausgeber der Oxford Hebrew Bible, Ronald Hendel von der University of California, Berkeley, eine Gruppe namhafter Wissenschaftler um sich versammelt. Ihr Ziel ist nicht die Herstellung eines definitiven Textes, den es nicht geben kann, sondern einer zuverlässigen, umsichtigen und überprüfbaren kritischen Edition, die sich dem »textual archetype« annähert und damit das früheste ableitbare Textstadium zur Darstellung bringt.[56] In den Büchern oder Abschnitten, in denen bereits im Verlauf der Texttransmission verschiedene alternative Ausgaben des Bibeltextes gegeben sind, soll der kritische Text in zwei (oder mehreren) Kolumnen dargeboten werden. Eine weitere Schwierigkeit besteht in der notwendigen *Rückübersetzung*, sofern sich nämlich eine Lesart der Septuaginta oder einer anderen Übersetzung als älter und zuverlässiger erweist und darum in den kritischen Text aufgenommen werden soll. In der Frage vertreten die Herausgeber eine optimistische Einschätzung und berufen sich auf eine Reihe inzwischen vorliegender Untersu-

[56] Vgl. R. Hendel, The Oxford Hebrew Bible: Prologue to a New Critical Edition, VT 58 (2008), 324–351.

chungen zu den Übersetzungstechniken.[57] Diese sollen zusammen mit unterstützenden Zeugen eine vorsichtige und zuverlässige Rekonstruktion der hebräischen Wortwahl und Syntax erlauben. Schließlich stellt sich das Problem, ob etwa auch Konjekturen in den eklektischen Text aufgenommen werden sollen. Auch in diesem Punkt vertritt die OHB eine progressive Position und betrachtet sorgfältige Konjekturen als einen wichtigen Teil der textkritischen Methode. Dabei versteht es sich von selbst, dass solche Lesarten, die durch keine antiken Zeugen gestützt werden, auf ein Minimum beschränkt bleiben sollen. Fortschritt und Umsetzung des Oxford Hebrew Bible Projects werden erweisen, ob künftig im wissenschaftlichen Betrieb eine eklektische Ausgabe des hebräischen Bibeltextes an die Stelle der diplomatischen Ausgaben treten kann. In jedem Fall, das kann schon jetzt gesagt werden, wird das Unternehmen zu einer offenen und die textkritischen Fragen vertiefenden Diskussion beitragen.

2.9 Literatur

Textausgaben

BHS: K. Elliger / W. Rudolph (Hg.), Biblia Hebraica Stuttgartensia, Stuttgart 1967–1977, 5. verbesserte Aufl. Stuttgart 1997 [Studienausgabe 1997].

BHQ: A. Schenker / Y. A. P. Goldman / A. von der Kooij / G. J. Norton / S. Pisano / J. de Waard / R. D. Weis (Hg.), Biblia Hebraica Quinta, Stuttgart 2004ff [bisher erschienen: Fascicle 18: General Introduction and Megilloth, 2004; Fascicle 20: Ezra and Nehemiah, 2006; Fascicle 5: Deuteronomy, 2007; Fascicle 17: Proverbs, 2008].

HUB: M. H. Goshen-Gottstein (ed.), The Hebrew University Bible: The Book of Isaiah, Jerusalem 1995 [weiter erschienen: C. Rabin / S. Talmon / E. Tov (ed.), The Book of Jeremiah, 1997; M. Goshen-Gottstein / S. Talmon (ed.), The Book of Ezekiel, 2004].

OHB: Informationen und Textproben unter: http://ohb.berkeley.edu. Vgl. R. Hendel, The Oxford Hebrew Bible: Prologue to a New Critical Edition, VT 58 (2008), 324–351 [Advisory and Editorial Board 350–351].

Faksimiles

Codex Aleppo: M. Goshen-Gottstein (ed.), The Aleppo Codex. Photographic Facsimile Edition, Jerusalem 1976. http://www.aleppocodex.org/

Codex Leningradensis: D. N. Freedman / A. B. Beck / J. A. Sanders (ed.), The Leningrad Codex. A Facsimile Edition, Grand Rapids, Michigan 1998 [mit fünf einführenden Aufsätzen].

Hilfsmittel zur Biblia Hebraica

R. Wonneberger, Leitfaden zur Biblia Hebraica Stuttgartensia, 2. Aufl. Göttingen 1986.

[57] Vgl. z. B. I. Soisalon-Soininen, Studien zur Septuaginta-Syntax, AASF.B 237, Helsinki 1987; A. Aejmelaeus, On the Trail of the Septuagint Translators: Collected Essays. Revised and Expanded Edition, CBET 50, Kampen 2007.

W. R. Scott, A Simplified Guide to BHS. Critical Apparatus, Masora, Accents, Unusual Letters & Other Markings, 4. Aufl. Richland Hills, Texas 2007 [mit einer Einführung in die BHQ von H. P. Scanlin].

Masora

G. E. Weil, Massorah Gedolah iuxta codicem Leningradensem B 19a, Bd. 1: Catalogi, Rom 1971 (seconda editio 2001). [Erster Band eines nicht fortgesetzten Werkes, der die große Masora unter den in der BHS angegebenen Katalognummern aufführt; vgl. dazu BHS, Prolegomena, V–XI].

I. Yeivin, Introduction to the Tiberian Masorah, translated and edited by E. J. Revell, Masoretic Studies 5, Missoula 1980.

P. H. Kelley / D. S. Mynatt / T. G. Crawford, Die Masora der Biblia Hebraica Stuttgartensia. Einführung und kommentiertes Glossar, Stuttgart 2003 (englisch: The Masorah of Biblia Hebraica Stuttgartensia. Introduction and Annotated Glossary, Grand Rapids, Michigan / Cambridge, U.K. 1998).

Tiqqune Sopherim

C. McCarthy, The Tiqqune Sopherim and Other Theological Corrections in the Masoretic Text of the Old Testament, OBO 36, Freiburg, Schweiz / Göttingen 1981.

Geniza-Fragmente

Information und Dokumentation unter: http://fgps.genizah.org/

Einführungen

S. Lieberman, Hellenism in Jewish Palestine. Studies in the Literary Transmission Beliefs and Manners of Palestine in the I Century B.C.E. – IV Century C.E., TSJTSA XVIII, New York 1950.

P. E. Kahle, Die Kairoer Genisa. Untersuchungen zur Geschichte des hebräischen Bibeltextes und seiner Übersetzungen, deutsche Ausgabe bearbeitet von R. Meyer, Berlin 1962 (englisch: The Cairo Geniza, Oxford 1959).

E. Tov, Der Text der Hebräischen Bibel. Handbuch der Textkritik, Stuttgart / Berlin / Köln 1997 (englisch: Textual Criticism of the Hebrew Bible, Second Revised Edition, Minneapolis / Assen und Maastricht 2001).

Recherche-Programme

Stuttgarter Elektronische Studienbibel. http://www.sesb-online.de/

Bible Works. http://www.bibleworks.com/

Accordance (for Macintosh). http://www.accordancebible.com/

3

DIE SCHRIFTROLLEN VON QUMRAN

Auf einer steil zum Wadi Qumran abfallenden Mergelterrasse am Nordwestufer des Toten Meeres befinden sich die Ruinen der antiken Siedlung von Qumran. Still liegen sie im Dunstschleier des Salzmeeres und lassen nichts ahnen von dem neu entbrannten Streit um ihre Deutung – 60 Jahre nach ihrer Entdeckung. In welchem Verhältnis stehen die Schriftrollen zu den aufgedeckten Gebäuderesten? Diese Frage rückt wiederholt in den Brennpunkt der Diskussion. Denn die Handschriften wurden nicht in dem ausgegrabenen Anwesen, sondern in nahegelegenen Höhlen gefunden.

Wie bei jeder bedeutsamen Entdeckung, und um eine solche handelt es sich bei den Schriftrollen von Qumran, gehört dazu eine eigene Fundgeschichte, die sich für gewöhnlich zu einer Fundlegende fortentwickelt. Sie beginnt im Frühjahr 1947 mit dem Beduinen Edh-Dhib, »dem Schakal«, der sich beim Weiden seiner Kleinviehherde die Zeit damit vertrieben haben soll, Steine in eine der Höhlenöffnungen des Westplateaus von Qumran zu werfen: Als einer der Steine etwas wie einen Tonkrug zerschlägt, machen sich die Hirten um Muhammad edh-Dhib (sein richtiger Name lautete Muhammad Ahmed el-Hammed) daran, in die Höhle hinabzusteigen. Doch Enttäuschung macht sich breit. Statt eines Goldschatzes finden sie nur ein paar Krüge, von denen einer in Leinen gewickelte Schriftrollen enthält, darunter übrigens die berühmte erste Jesajarolle, die heute im Schrein des Buches im Israel-Museum zu Jerusalem verwahrt wird. Nach kurzer Beratung werden die Schriftstücke mitgenommen. Vielleicht, so denken sich die Beduinen, lässt sich auch mit ihnen etwas Geld verdienen. Und so gelangen Teile der Schriftrollen auf abenteuerlichen Wegen über einen Schuster aus Betlehem, der darüber zum Antiquitätenhändler geworden ist, in den Besitz eines syrisch-orthodoxen Metropoliten und in die Hände von Eliezer Sukenik, einem Professor an der Hebräischen Universität Jerusalem. Dieser erkennt als Erster das Alter und den Wert der Handschriften und fahndet sogleich nach ihrer geheimnisvollen Herkunft. Von dort nimmt die weitere Entdeckung der Höhlen sowie der Ruinen von Qumran ihren Lauf.[1]

[1] Zur Fundgeschichte vgl. J. C. VanderKam, Einführung in die Qumranforschung. Geschichte und Bedeutung der Schriften vom Toten Meer, Göttingen 1998, 21–32.

Erste Ausgrabungen der Siedlung begannen Ende 1951 unter der Leitung des Archäologen Roland de Vaux von der École Biblique, dem französischen Institut des Dominikanerordens in Jerusalem. Von ihm stammt auch die lange Zeit unangefochtene Deutung, dass es sich bei der Chirbet Qumran um eine klosterähnliche Anlage der essenischen Gemeinde handele. Ihren Hintergrund bilden einerseits Notizen bei Plinius dem Älteren (Naturalis historia, V,73) und Flavius Josephus (Bellum Iudaicum, II,119–161), die unter dem Namen der Essener eine in der Wüste westlich des Toten Meeres wohnende und nach festen Vorschriften lebende jüdische Gruppierung bezeugen, und andererseits die in der ersten Höhle gefundene Gemeinderegel von Qumran, die ein solches streng gemeinschaftliches Leben beschreibt. Damit war nicht nur ein Zusammenhang zwischen den Handschriften und der Siedlung hergestellt, sondern auch die sogenannte *Qumran-Essener-Hypothese* geboren. Sie besagt, dass es sich bei den Bewohnern von Qumran um die bislang nur aus der Literatur bekannten Essener handeln soll, die schon damals fälschlich als eine jüdische »Sekte« bezeichnet wurden. Es liegt in der Konsequenz dieser Theorie, dass man die entdeckten Schriftrollen der essenischen Gemeinschaft in die Hände legte und dadurch die antike Bibliothek von Qumran begründete.[2]

3.1 Die Diskussion um die Siedlung

Die gegenwärtige Forschung steht an dem Punkt, nicht nur die Qumran-Essener-Hypothese zu bestreiten, sondern auch den Konsens aufzukündigen, dass zwischen den in den benachbarten Höhlen gefundenen Schriftrollen und den Bewohnern von Qumran eine direkte Verbindung bestehe. Beide Fragen sind jedoch auseinanderzuhalten. Bei der ersten Frage darf man inzwischen die Prognose wagen, dass eine Deutung der Qumran-Siedlung künftig ohne die Essener wird auskommen müssen.[3] Dagegen lässt sich die zweite Frage nicht abschließend beantworten, zumal die Grabungsfunde von Roland de Vaux gegenwärtig noch wissenschaftlich aufgearbeitet werden und eine Erweiterung der archäologischen Datenbasis zu erwarten ist. Aus diesem Grund sollen hier zwei Modelle zur Diskussion gestellt werden, die Qumran in unterschiedlicher Richtung deuten. Das eine Modell untermauert den Zusammenhang von Texten und Siedlung, das andere bezweifelt ihn.

[2] Vgl. den Buchtitel von F.M. Cross, The Ancient Library of Qumran and Modern Biblical Studies, New York 1961 (deutsch: Die antike Bibliothek von Qumran, Neukirchen 1967).

[3] Zur Diskussion vgl. J. Maier, Die Qumrangemeinde im frühen Judentum, in: S. Talmon (Hg.), Die Schriftrollen von Qumran. Zur aufregenden Geschichte ihrer Erforschung und Deutung, Regensburg 1998, 51–69.

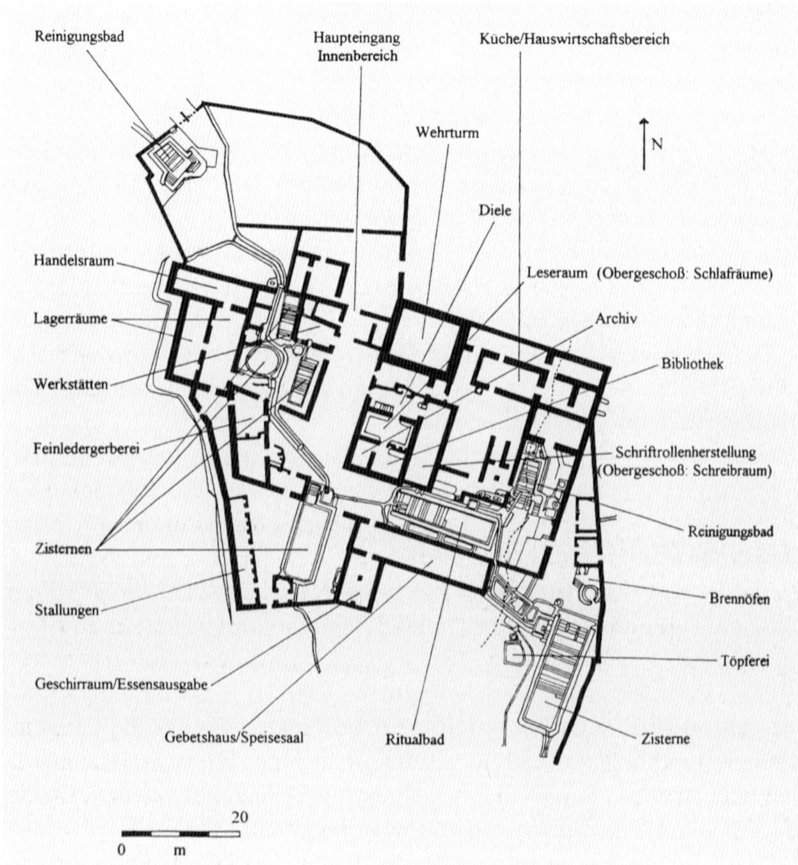

Abb. 5: Die Qumran-Siedlung (Zeichnung: Alexander Maurer)

Schriftrollenwerkstatt. Das vom Göttinger Qumran-Experten Hartmut Stegemann entwickelte Modell konvergiert zwar mit der Qumran-Essener-Hypothese, hat diese aber nicht notwendig zur Voraussetzung. Stegemann interpretiert die Anlage von Qumran zusammen mit der 2–3 km südlich gelegenen Wirtschaftseinrichtung von *Ain Feschcha* als ein umfassendes und klar erkennbares Baukonzept, dessen Schwerpunkt auf der Herstellung von Schriftrollen samt allen Vorstadien der Ledergewinnung und weiteren Verarbeitung liegt. Ihm entspricht die Auslagerung der Rohlederproduktion nach Ain Feschcha an das Ufer des Toten Meers. Dort lassen sich für die Gerbung zwei große, gemauerte Becken mit einem wasserspeisenden Vorbecken archäologisch nachweisen. Das Rohleder wird anschließend nach Qumran geliefert und dort nachbehandelt, geglättet, zugeschnitten, zur Schriftrolle vernäht und ggf. beschriftet. Für die unterschiedlichen Tätigkeiten werden den einzelnen Räumen des Gebäudekomplexes sehr optimistisch ihre Funktionen zugeschrieben (Abb. 5). Sie reichen von der Feinledergerberei, Schusterei und Töpferei bis zu einem Schneideraum für die Lederrollen und einem Lesesaal. Obwohl nach Stegemann das Studium von Texten und ggf. ein religiöses Leben in der Gemeinschaft dem Zweck der Schriftrollenherstellung nachgeordnet sind, bedürfen die Textkopisten des Zugangs zu einer Bibliothek, die damit für Qumran vorausgesetzt wird. Dafür werden drei weitere Details angeführt: eine als Zugangskontrolle am Eingang zur Bibliothek interpretierte Maueröffnung, die den Einwurf von Namenssteinen erforderlich machte, eine Durchreiche zum Lesesaal und eine etwa drei Meter lange und ebene Plattform, die dem Zurückrollen der Handschriften diente. Auf heutige Verhältnisse übertragen, sei die Gründung der Qumran-Siedlung samt Ain Feschcha nichts anderes gewesen »als die Einrichtung eines Verlagshauses – wie die Deutsche Bibelgesellschaft oder das Katholische Bibelwerk in Stuttgart – mit eigener Papierfabrik, Druckerei, Buchbinderei und Versand.«[4]

Die weitreichenden Funktionszuschreibungen, die das Werkstatt-Modell sehr anschaulich machen, sind zugleich seine Schwäche, weil sie nicht in jedem Fall einer archäologischen Prüfung standhalten. Außerdem steht in der Diskussion, ob das Baukonzept mit der Zweckbestimmung zur Schriftrollenherstellung tatsächlich die Gründungsphase der Qumran-Siedlung bestimmte oder ihrer späteren Ausbauphase in herodianischer Zeit zuzurechnen ist (Stratum III). Die Kritik richtet sich jedoch in erster Linie dagegen, dass die Texte und damit eine in Qumran vorausgesetzte Bibliothek noch immer den Interpretationsrahmen vorgeben, in den die archäologischen Befunde einzufügen seien. Um einen solchen Kurzschluss zu vermeiden, wird als Arbeithypothese gefordert, Funktion und Bewohnerschaft Qumrans ausschließlich auf der Basis aller verfügbaren archäologischen Daten und so lange wie möglich unabhängig von den Texten zu bestimmen. Zugleich wird beklagt, dass man die Chirbet Qumran als eine abgeschiedene Wüstensiedlung von ihrem regionalen Kontext isoliert und damit die archäologischen Daten des Wirtschaftsraums, der das südliche Jordantal mit der Oase von Jericho und der Gegend um das Tote Meer zusammenschließe, unberücksichtigt gelassen habe.

Landwirtschaftlicher Betrieb. Nach den Untersuchungen von Yizhar Hirschfeld und Jürgen Zangenberg führt die regionale Interpretation zu dem Ergebnis, dass es sich bei Qumran ganz schlicht um ein Landgut mit

[4] H. Stegemann, Die Essener, Qumran, Johannes der Täufer und Jesus, Freiburg/Basel/Wien 1993, 82.

handwerklichen Einrichtungen (Töpferei, Metallverarbeitung) und landwirtschaftlichen Aufgaben (Anbau, Ernte und Weiterverarbeitung von Datteln, eventuell auch Balsam) gehandelt habe.[5] Das Fehlen eines palastähnlichen Gebäudes lässt außerdem darauf schließen, dass ein Verwalter die Arbeit im Gutshof organisierte, während der eigentliche Besitzer zur Oberschicht in Jericho gehörte und dort ansässig gewesen sei. Nichts deutet darauf hin, dass die Bewohnerschaft von Qumran etwas anderes und mehr verbunden habe als ihre Arbeit in einer Landkommune. Das landwirtschaftliche Modell wird durch Funde von bäuerlichen Gerätschaften, Metallwerkzeugen sowie durch den Betrieb zweier Brennöfen in der Siedlung belegt. Darüber hinaus werden über 10.000 gefundene Dattelkerne dafür in Anspruch genommen, dass die Siedler Plantagen bewirtschafteten und Dattelwein produzierten. Wahrscheinlich stand die Gründung der Qumran-Siedlung um 100 v. Chr. (Stratum II) in einem Zusammenhang mit dem Ausbau regionaler Infrastruktur am Toten Meer durch die Hasmonäer. Dabei dürfen sowohl Warentransporte per Schiff über das Salzmeer angenommen werden als auch Handelsbeziehungen mit Jerusalem, die sich durch die Herkunftsbestimmung von Gebrauchskeramik archäologisch nachweisen lassen.[6]

Nicht alle der angeführten Argumente greifen wirklich: So lässt sich die Siedlung selbst nur über Saumpfade erreichen und liegt ebensowenig wie Jericho an einem bedeutsamen Handelsweg. Qumran besitzt keinen eigenen Hafen, auch die Bedeutung des antiken Schiffsverkehrs auf dem nördlichen Teil des Toten Meeres ist noch nicht hinreichend geklärt. Problematisch sind außerdem die klimatischen Bedingungen, die selbst bei einer optimistischen Einschätzung die landwirtschaftliche Produktion in der Gegend um das Tote Meer aufgrund hoher Verdunstungsraten und salzhaltiger Böden nur eingeschränkt möglich erscheinen lassen. Schließlich zeigen die auf dem Friedhof der Chirbet Qumran gefundenen Gebeine junger Männer keine signifikanten Spuren körperlicher Abnutzung, die auf eine dauerhafte landwirtschaftlich-handwerkliche Tätigkeit schließen lassen. Die neuen archäologischen Daten können daher lediglich die Annahme stützen, dass die Bewohner der Siedlung unter anderem *auch* land-

[5] Vgl. Y. Hirschfeld, Qumran – die ganze Wahrheit. Die Funde der Archäologie – neu bewertet, deutsche Bearbeitung von J. Zangenberg, Gütersloh 2006, mit Stratigraphie und Chronologie im Anschluss an Jean-Baptiste Humbert: Stratum I: späteisenzeitlich (630–580 v. Chr.), Stratum II: hasmonäisch (130–37 v. Chr.), Stratum III: herodianisch (37 v. Chr.–68 n. Chr.); Stratum IV: römische Garnison (68–132 n. Chr.).

[6] Vgl. J. Zangenberg, Region oder Religion? Überlegungen zum interpretatorischen Kontext von Chirbet Qumran, in: M. Küchler / K. M. Schmidt (Hg.), Texte – Fakten – Artefakte, NTOA 59, Freiburg, Schweiz / Göttingen 2006, 32–48.

wirtschaftlich tätig gewesen sind. Die Kernfrage jedoch, warum sich die ca. 800 Schriftrollen in der unmittelbaren Umgebung der Chirbet Qumran fanden, bleibt weiterhin unbeantwortet. Jedenfalls kann die Auskunft nicht befriedigen, dass die mutmaßlich aus Jerusalemer Bibliotheken stammenden Schriften eben deshalb in der Nähe von Qumran versteckt worden seien, weil in der Siedlung Helfer und Ressourcen wie Tonkrüge und Tücher zur Verfügung standen, die man eben zum Verbergen der Dokumente benötigt habe. Vor diesem Hintergrund rücken die Höhlen von Qumran erneut in den Blick, zumal die dort gefundenen Schriftrollen nicht nur nach ihrem Inhalt zu befragen, sondern ebenso als archäologische Funde zu behandeln sind.

Qumran-Höhlen. Die Fundhöhlen 4–10 liegen in unmittelbarer Nähe der Siedlung in einer Mergelterrasse des Wadi Qumran. Etwa 3–5 km weiter nördlich befinden sich die Höhlen 1–3 und 11. Lässt man einmal die Schriftrollen außer Betracht, geben mindestens zwei Beobachtungen eine Verbindung zwischen der Siedlung und den Höhlen zu erkennen: Zum einen wurden die Höhlen 5 und 7–10 als Wohnhöhlen genutzt, wodurch sich nahelegt, dass ihre Bewohner mindestens zur Versorgung mit Nahrungsmitteln und Gebrauchsgegenständen mit den Siedlern in Kontakt standen. Zum anderen wurde die berühmte »Essener-Hacke« in zwei Exemplaren gefunden, das eine Exemplar in Qumran in Raum 114 neben der Zisterne, das andere in Höhle 11.[7] Eine weitere Verbindung könnte sich aus der Untersuchung der Tinte ergeben, die bei der Abfassung von Schriftrollen im qumranischen Schreibsystem (siehe 3.2) verwendet worden ist, sofern die chemische Analyse ihrer Elemente eine Herkunftsbestimmung erlaubt und sich darüber ein Zusammenhang mit den in der Siedlung gefundenen »Tintenfässern« herstellen lässt. Jedenfalls waren die Höhlen den Bewohnern von Qumran bekannt, so dass ihre Beteiligung am Verstecken der Handschriften kaum bestritten werden kann. Wann die Schriftrollen in die Höhlen verbracht wurden, ist ebenfalls bekannt. Man datiert den Vorgang unmittelbar vor 68 n. Chr., also in die Zeit, bevor die Römer in die Region einmarschierten und die Qumran-Siedlung zerstörten. Ein mögliches historisches Szenario lässt sich entwerfen, wenn man sich die Befunde der Höhlen 1 und 4 näher anschaut:[8] In der etwas weiter von der Chirbet Qumran abgelegenen Höhle 1 wurden etwa 80 Schriftrollen, darunter 15 Bibelhandschriften, deponiert. Bei ihnen handelt es sich um eine sorg-

7 Vgl. H.-J. Fabry, Archäologie und Text. Versuch einer Verhältnisbestimmung am Beispiel von Chirbet Qumran, in: M. Küchler / K. M. Schmidt (Hg.), Texte – Fakten – Artefakte, NTOA 59, Freiburg, Schweiz / Göttingen 2006, 87–94.

8 Vgl. Stegemann, Essener, 98–115.

fältig vorbereitete Auslagerung; denn sämtliche Handschriften steckten in Tonkrügen und waren zu ihrem Schutz teilweise in Leintuch gewickelt (Bildtafel 8). Außerdem darf man eine geplante Auswahl von Schriftrollen annehmen, die man als wertvoll betrachtete. Darauf deutet mindestens die berühmte erste Jesajarolle hin, die nicht für den alltäglichen Gebrauch bestimmt gewesen ist, sondern den Kopisten als Musterhandschrift zur Vervielfältigung diente. Einen ganz anderen Befund zeigt die in unmittelbarer Nähe zur Siedlung gelegene Höhle 4. In ihr lagerten schätzungsweise 500–600 Handschriften, darunter nicht nur Bibeltexte, sondern auch Schreibübungen, Rechnungen und Urkunden. Ferner fanden sich in ihr auch Gebrauchsgegenstände wie Gebetsriemen, Krüge und Schüsseln sowie ein in einer Backform hergestelltes Öllämpchen. Von den Handschriften haben sich in vielen Fällen nur lädierte Fragmente erhalten, was darauf schließen lässt, dass die Schriftrollen ungeschützt auf dem Boden gestapelt wurden. Über Hundert Fragmente davon gehörten zu Bibelhandschriften, wobei es sich bei den meisten um Gebrauchsschriften handelte. Berücksichtigt man schließlich noch, dass der Eingang zur Höhle 4 nur notdürftig mit Mergelgestein verschlossen war, liegt die Annahme nahe, dass hier alles eingelagert wurde, was die Siedler gerade noch rechtzeitig vor dem Eintreffen der Römer wegschaffen konnten. Lässt sich danach der archäologische Befund von Höhle 4 sachgemäß als das Ergebnis einer letzten, spontanen Rettungsaktion der Bewohner Qumrans deuten, dann drängt sich der Schluss auf, dass es in der Siedlung tatsächlich *auch* eine Bibliothek gegeben hat.

3.2 Die Bibelhandschriften vom Toten Meer

Bezeichnung. Das System, nach dem die Handschriften aus der Wüste Juda abkürzt benannt werden (Sigel), lässt sich leicht durchschauen und bietet Kurzinformationen in konventioneller Reihenfolge: Die Nummer der Höhle, den Fundort (Q = Qumran, Hev = Nahal Hever, Mas = Masada, Mur = Wadi Murabba'at), den Bibeltext (Gen = Genesis, etc., XII = Zwölfprophetenbuch) sowie die Kennzeichnung der Handschrift (hochgestelltes a,b,c usw.). Weitere Zusätze können hinzutreten (pap = Papyrusfragment, palaeo = althebräische Schrift, gr = griechisch, LXX = Septuaginta, p = pescher d. h. eine kommentierte Bibelhandschrift, ap = apokryphon z. B. das Genesis-Apokryphon, tg = targum). Danach bedeutet 4QpalaeoEx^{m}: Handschrift »m« des Exodusbuches in althebräischer Schrift aus Höhle 4 von Qumran. Ein anderes Beispiel ist 8HevXIIgr: Griechische Rolle des Zwölfprophetenbuches aus Höhle 8 des Nahal Hever am Toten Meer. Mit diesem System sind die Handschriften präzise und informativ bezeichnet. Trotzdem kann man nachvollziehen, dass sich in der Wissenschaft mehr und mehr der Trend durchsetzt, die Handschriften und Handschriftenfragmente nach der ihnen ebenfalls und eindeutig zugeordneten Nummer anzugeben. Damit lassen sich vor allem die kleinen Fragmente in Textausgaben mit numerischer Anordnung schneller finden und nachschlagen.[9] Der Verweis auf die erste Schriftrolle des Samuelbuches aus Höhle 4 lautet danach: 4Q51 (= 4QSam^{a}).

Datierung. Die Bedeutung der Bibelhandschriften vom Toten Meer liegt nicht nur, aber auch in ihrem hohen Alter. Manche sind über 1000 Jahre älter als die bislang bekannten mittelalterlichen Handschriften und reichen bis in eine Zeit zurück, in der einzelne Bücher des Alten Testaments noch bearbeitet wurden und der biblische Kanon noch lange nicht abgeschlossen war. Die ältesten Schriftrollen stammen aus der Mitte des 3. Jh.s v. Chr.: 4QEx–Lev^{f} (= 4Q17), 4QpalaeoDtn^{s} (= 4Q46) und 4QSam^{b} (= 4Q52). Noch ins 3. Jh. oder bereits ins 2. Jh. v. Chr. gehören: 6QpalaeoGen (= 6Q1), 6QpalaeoLev (= 6Q2), 4QEx^{d} (= 4Q15); 4QDtn^{a} (= 4Q28); 4QJer^{a} (= 4Q70); 4QJer^{b} (= 4Q71); 4QPs^{a} (= 4Q83); 4QpalaeoJob^{c} (= 4Q101); 4QQoh^{a} (= 4Q109); und die älteste griechische Handschrift ist 4QLXXDtn (= 4Q122).[10] Das bedeutet, dass eine Reihe der erwähnten Bibelhandschriften vor der Gründung der Qumran-Siedlung entstanden sein müssen und damit einen nicht-qumranischen Ursprung besitzen. Natürlich denkt man sofort an die Jerusalemer Tempelbibliothek. Doch darüber lässt sich ebenso wenig sagen wie über den Zeitpunkt und den Weg, auf dem diese Schriftrollen nach Qumran gekommen sind. Wie aber lässt sich das exakte Alter einer Handschrift überhaupt bestimmen? Die archäologischen Fundkontexte in den Qumran-Höhlen helfen nicht weiter, weil sie nur etwas über den Auslagerungszeitpunkt der Schriftrollen aussagen können. Darum kommen für die Altersbestimmung von Handschriften nur zwei Verfahren in Betracht: die naturwissenschaftliche Radiokarbonmethode und die Paläographie. Wie bekannt bedient sich die *C-14 Methode* des radioaktiven C-14 Isotops, dessen Zerfall sich über lange Zeiträume messen lässt. Dadurch kann der Zeitpunkt des Absterbens eines bioorganischen Stoffes berechnet werden, und das bedeutet im Falle von Handschriften, dass sich der Herstellungszeitpunkt eines organischen Beschriftungsmaterials bestimmen lässt. Bei den Schriftrollen von Qumran konnte die Radiokarbonmethode allerdings erst angewendet werden, als man mit dem Beschleuniger-Massen-Spektrometer (ASM)

[9] Vgl. die vorbildliche Publikation der Qumran-Texte in deutscher Übersetzung von J. Maier, Die Qumran-Essener. Die Texte vom Toten Meer, Bd. I–III, München / Basel 1995–1996.

[10] Zum Alter der Schriftrollen vgl. B. Webster, Chronological Index of the Texts from the Judaean Desert, in: E. Tov (ed.), Indices and an Introduction to the Discoveries in the Judaean Desert Series, DJD XXXIX, Oxford 2002, 351–446; ferner F. M. Cross, The Oldest Manuscripts from Qumran, JBL 74 (1955), 147–172.

über ein Messverfahren verfügte, das nur geringe Mengen an Material benötigte (zwischen 1 und 10 mg). Da sich durch die Messungen nur ungefähre Zeiträume ermitteln lassen, dienen die AMS-Untersuchungen von Handschriften im Wesentlichen der Kontrolle und ggf. einer Berichtigung paläographischer Datierungen (vgl. z. B. 4QSam^{c}: AMS-Daten: 192–63 v. Chr. bzw. 196–47 v. Chr., Paläographie: 100–75 v. Chr.)[11]

Paläographie (Wissenschaft der Eigenarten von Handschriften). Ihr Grundsatz besteht darin, dass sich Schrift und Schreibstile durch einzelne Epochen hindurch weiterentwickeln und sich an der jeweiligen Ausführung einer Handschrift zeitliche und landschaftliche Besonderheiten erkennen und auswerten lassen. Um ein Dokument in eine Entwicklungslinie einzuordnen, werden für jeden einzelnen Buchstaben sogenannte *Laufzeittabellen* erstellt, aus denen man die Benutzung bestimmter Buchstabenformen zu einer bestimmten Zeit ersehen kann. Dadurch lassen sich die untersuchten Handschriften in eine relative zeitliche Abfolge bringen. Befinden sich darunter Texte, die man durch ihren Inhalt eindeutig datieren und nach ihrer Herkunft einordnen kann, lässt sich ein absolutes zeitliches Raster erstellen, in das undatierte und ihrer Herkunft nach unbekannte Manuskripte eingefügt werden können. Je größer die Datenmenge, desto genauer lässt sich das Alter einer Handschrift nach dem paläographischen Verfahren bestimmen. Bei den Schriftrollen vom Toten Meer geht man davon aus, dass sich die einzelnen Handschriften bis auf eine Abweichung von 25–50 Jahren exakt datieren lassen.

Qumranische Schreiberpraxis. Ca. 25 % der in den Höhlen von Qumran gefundenen Handschriften zeigen ein gemeinsames Schreibsystem, und zwar unterschiedslos für biblische und nichtbiblische Texte. Kennzeichen sind:[12] a) spezielle Rechtschreibung (z. B. Langformen der Pronominalsuffixe der zweiten und dritten Person Plural), b) häufiger Gebrauch von plene-Schreibungen und matres lectionis (z. B. כיא, כול und לוא),[13] c) kaum oder keine Finalbuchstaben, d) einheitliche Markierungszeichen (z. B. am

[11] Vgl. G. Doudna, Dating the Scrolls on the Basis of Radiocarbon Analysis, in: P. W. Flint / J. C. Vanderkam (ed.), The Dead Sea Scrolls After Fifty Years. A Comprehensive Assessment, Vol. I, Leiden / Boston / Köln 1998, 430–471.

[12] Vgl. E. Tov, Der Text der Hebräischen Bibel. Handbuch der Textkritik, Stuttgart / Berlin / Köln 1997, 89-92; und ausführlich ders., Scribal Practices and Approaches Reflected in the Texts Found in the Judean Desert, STDJ 54, Leiden / Boston 2004.

[13] Vor dem Hintergrund, dass die hebräische Negation in der aramäischen Umgangssprache gleich geschrieben, aber nicht *lō*, sondern *lā* ausgesprochen wird, erklärt sich die plene-Schreibung als lautsprachlicher Hinweis. Wahrscheinlich sind weitere Rechtschreibvarianten der qumranischen Schreiberpraxis ähnlich zu deuten, vgl. dazu E. Y. Kutscher, The Language and Lingustic Background of Isaiah Scroll (1QIsa^{a}), STDJ 6, Leiden 1974.

Absatz- oder Kolumnenende breitere Endbuchstaben, Ersetzung des Gottesnamens durch vier Punkte), e) häufige Schreibung des Gottesnamens in althebräischen Buchstaben. Die Eigentümlichkeiten werden zusammenfassend als *qumranische Schreiberpraxis* bezeichnet. Die Benennung ist nicht unproblematisch, weil sie den Eindruck erweckt, als seien alle diese Texte in der Siedlung von Qumran abgeschrieben worden. Das ist zwar nicht ausgeschlossen, aber auch nicht bewiesen, solange wir nicht wissen, ob dieses Schreibsystem vielleicht auch sonst in Palästina verbreitet gewesen und eventuell aus einer bestimmten Schreiberschule hervorgegangen ist. Deshalb kennzeichnet der Zusatz »qumranisch« zunächst nur den Sachverhalt, dass die erwähnten Merkmale hauptsächlich in Qumran-Texten belegt sind. Die eigentliche Bedeutung der in qumranischer Schreiberpraxis überlieferten Bibelhandschriften wird eher gering eingeschätzt, weil sie teilweise schlampig und fehlerhaft ausgeführt sind. Manche unter ihnen lassen sich als Kopien von protomasoretischen Handschriften deuten und bezeugen somit bereits bekannte Lesarten der masoretischen Texttradition (siehe 3.5). Trotzdem sollte man diese Handschriftengruppe textkritisch nicht unterschätzen, weil sie im Einzelfall interessante zusätzliche Informationen liefern kann, wie sich am Beispiel von 4QQoh[a] (= 4Q109) zeigen lässt:[14] Zum einen belegt die Handschrift einen typischen Abschreibfehler. Durch Abirren der Augen (aberratio oculi) wurden in Kol. II Z. 1 zwei Wörter am Zeilenende ausgelassen. Allerdings hat der Kopist seinen Irrtum bemerkt; denn die fehlenden beiden Wörter hat er mit dem folgenden Wort über der Kolumne nachgetragen und das erste Wort in Z. 2 entsprechend durchgestrichen (Bildtafel 15). Die Art und Weise der unschönen Korrektur zeigt, dass es sich bei der Herstellung dieser Kopie um eine der üblichen Gebrauchsschriften handelte. Zum anderen sind am Anfang der Kol. III Z. 1 einige Wörter ausradiert worden. Das lässt auf eine andere Hand schließen, die den Wortlaut an dieser Stelle offenbar nach einem protomasoretischen Text korrigierte; denn die ausradierten Wörter fehlen in der masoretischen Texttradition. Allerdings lässt die noch vorhandene Lücke und der immer wieder als hart empfundene Übergang von Koh 7,6 zu 7,7 vermuten, dass mindestens der Vorlagetext von 4QQoh[a] eine ältere, vielleicht sogar bessere und gegenüber dem Masoretentext ursprünglichere Lesart geboten hat, die jetzt getilgt ist.[15] Der Befund bestätigt damit

[14] Vgl. E. Ulrich, Ezra and Qoheleth Manuscripts from Qumran (4QEzra and 4QQoh[a,b]), in: Priests, Prophets and Scribes (FS J. Blenkinsopp), JSOT.S 149, Sheffield 1992, 142–147.

[15] Vgl. dazu A. A. Fischer, Skepsis oder Furcht Gottes? Studien zur Komposition und Theologie des Buches Kohelet, BZAW 247, Berlin / New York 1997, 94f.

einerseits die geringe Qualität der zur qumranischen Schreiberpraxis gehörenden Handschrift 4QQoh[a], beweist aber andererseits die Existenz einer älteren Vorlage, die eigene Lesarten bietet und zeitlich näher an das Entstehungsdatum des Koheletbuches um die Mitte des 3. Jh.s v. Chr. heranreicht.

Bestand. Die Summe der in Qumran entdeckten Bibelhandschriften beläuft sich auf rund 200 Manuskripte. Bis auf das Buch Ester sind alle biblischen Bücher vertreten. Am häufigsten belegt sind Psalmenrollen (36 Exemplare), die teilweise in Reihenfolge und Auswahl vom biblischen Psalter abweichen und dadurch als liturgische Sammlungen zu erkennen sind. Den Psalmen folgen das Deuteronomium (30) und das Jesajabuch (21), ferner aus dem Pentateuch die Bücher Genesis (19–20), Exodus (17), Levitikus (13) und Numeri (7).[16] Nur mit einem Exemplar sind Esra/Nehemia und die Chronik vertreten. Von den deuterokanonischen Büchern sind Tobit, Baruch und Sirach[17] belegt. Wichtig für die Textkritik sind außerdem die fortlaufenden Kommentare zu biblischen Texten. Sie bestehen aus Bibelzitaten und ihrer dazwischen eingeschobenen Auslegung (Pescher). Unter den Qumranrollen lassen sich etwa 30 Pescharim zählen, die vornehmlich zu den Prophetenbüchern verfasst worden sind (z. B. 1QpHab und 4QpNah = 4Q169). Schließlich gibt es noch eine Reihe von Texten, die als *rewritten biblical compositions* bezeichnet werden. Dabei handelt es sich um paraphrasierende Fortschreibungen biblischer Texte. Manche folgen erkennbar dem biblischen Grundtext, den sie ausdeuten und ergänzen (z. B. 4QRP[a–e][Reworked Pentateuch] = 4Q158, 4Q364–367). Andere entfernen sich weiter von ihrem biblischen Bezugstext, so dass ihnen nur noch die Behandlung ähnlicher Stoffe gemeinsam ist. Als Beispiel dafür lässt sich der Text 4QVisSam (= 4Q160) anführen, der vor dem Hintergrund der Erzählung 1. Sam 3 eine eigene Traumvision Samuels skizziert.

Die Summe der rund 200 Bibelhandschriften darf freilich nicht darüber hinwegtäuschen, dass kaum mehr als 20 Schriftrollen vollständig erhalten sind, viele Manuskripte dagegen nur durch Fragmente und teilweise sogar nur durch wenige Versteile repräsentiert sind (Abb. 6). Schätzungen der Bruchstücke insgesamt belaufen sich auf annähernd 15.000. Möchte man sich bei der Bearbeitung eines biblischen Buches einen Überblick verschaffen, welche Abschnitte in den jeweiligen Qumrantex-

[16] Zur Zählung vgl. Tov (ed.), Indices, 165–183 (D.1. Categoriced List of the ›Biblical Texts‹).

[17] Neben wenigen Versen in den Fragmenten von 2QSir (= 2Q18) fand sich das Akrostichon Sir 51,13-30 überraschenderweise in der Psalmenrolle 11QPs[a]. Interessant ist der Vergleich mit den am häufigsten in Qumran belegten nichtbiblischen Schriften: Jubiläenbuch (19 Exemplare), Damaskusschrift (12), Henochbücher (11).

1Q1	(1QGen)	1Q5	(1QDtn^{b})	1Q8	(1QJes^{b})	1Q12	(1QPs^{c})
1Q2	(1QEx)	1Q6	(1QJudg)	1Q9	(1QEz)	1Q71	(1QDan^{a})
1Q3	(1QpalaeoLev)	1Q7	(1QSam)	1Q10	(1QPs^{a})	1Q72	(1QDan^{b})
1Q4	(1QDtn^{a})		1QJes^{a}	1Q11	(1QPs^{b})		
2Q1	(2QGen)	2Q6	(2QNum^{a})	2Q11	(2QDtn^{b})	2Q16	(2QRut^{a})
2Q2	(2QEx^{a})	2Q7	(2QNum^{b})	2Q12	(2QDtn^{c})	2Q17	(2QRut^{b})
2Q3	(2QEx^{b})	2Q8	(2QNum^{c})	2Q13	(2QJer)	2Q18	(2QSir)
2Q4	(2QEx^{c})	2Q9	(2QNum^{d}>2Q7)	2Q14	(2QPs)	2Q23	(2QBar?)
2Q5	(2QpalaeoLev)	2Q10	(2QDtn^{a})	2Q15	(2QJob)		
3Q1	(3QEz)	3Q2	(3QPs)	3Q3	(3QLam)		
4Q1	(4QGen–Ex^{a})	4Q33	(4QDtn^{f})	4Q67	(4QJes^{n})	4Q97	(4QPs^{p})
4Q2	(4QGen^{b})	4Q34	(4QDtn^{g})	4Q68	(4QJes^{o})	4Q98	(4QPs^{q})
4Q3	(4QGen^{c})	4Q35	(4QDtn^{h})	4Q69	(4QpapJes^{p})	4Q98a	(4QPs^{r})
4Q4	(4QGen^{d})	4Q36	(4QDtn^{i})	4Q69a	(4QJes^{q})	4Q98b	(4QPs^{s})
4Q5	(4QGen^{e})	4Q37	(4QDtn^{j})	4Q69b	(4QJes^{r})	4Q98c	(4QPs^{t})
4Q6	(4QGen^{f})	4Q38	(4QDtn^{k})	4Q70	(4QJer^{a})	4Q98d	(4QPs^{u})
4Q7	(4QGen^{g})	4Q39	(4QDtn^{l})	4Q71	(4QJer^{b})	4Q99	(4QJob^{a})
4Q8	(4QGen^{h})	4Q40	(4QDtn^{m})	4Q71a	(4QJer^{d})	4Q100	(4QJob^{b})
4Q9	(4QGen^{j})	4Q41	(4QDtn^{n})	4Q71b	(4QJer^{e})	4Q101	(4QpalaeoJob^{c})
4Q10	(4QGen^{k})	4Q42	(4QDtn^{o})	4Q72	(4QJer^{c})	4Q102	(4QProv^{a})
4Q11	(4QpalaeoGen–Ex^{l})	4Q43	(4QDtn^{p})	4Q73	(4QEz^{a})	4Q103	(4QProv^{b})
4Q12	(4QGen^{m})	4Q44	(4QDtn^{q})	4Q74	(4QEz^{b})	4Q104	(4QRut^{a})
4Q13	(4QEx^{b})	4Q45	(4QpalaeoDtn^{r})	4Q75	(4QEz^{c})	4Q105	(4QRut^{b})
4Q14	(4QEx^{c})	4Q46	(4QpalaeoDtn^{s})	4Q76	(4QXII^{a})	4Q106	(4QCant^{a})
4Q15	(4QEx^{d})	4Q47	(4QJos^{a})	4Q77	(4QXII^{b})	4Q107	(4QCant^{b})
4Q16	(4QEx^{e})	4Q48	(4QJos^{b})	4Q78	(4QXII^{c})	4Q108	(4QCant^{c})
4Q17	(4QEx–Lev^{f})	4Q49	(4QJudg^{a})	4Q79	(4QXII^{d})	4Q109	(4QQoh^{a})
4Q18	(4QEx^{g})	4Q50	(4QJudg^{b})	4Q80	(4QXII^{e})	4Q110	(4QQoh^{b})
4Q19	(4QEx^{h})	4Q51	(4QSam^{a})	4Q81	(4QXII^{f})	4Q111	(4QLam)
4Q20	(4QEx^{j})	4Q52	(4QSam^{b})	4Q82	(4QXII^{g})	4Q112	(4QDan^{a})
4Q21	(4QEx^{k})	4Q53	(4QSam^{c})	4Q83	(4QPs^{a})	4Q113	(4QDan^{b})
4Q22	(4QpalaeoEx^{m})	4Q54	(4QReg^{a})	4Q84	(4QPs^{b})	4Q114	(4QDan^{c})
4Q23	(4QLev–Num^{a})	4Q55	(4QJes^{a})	4Q85	(4QPs^{c})	4Q115	(4QDan^{d})
4Q24	(4QLev^{b})	4Q56	(4QJes^{b})	4Q86	(4QPs^{d})	4Q116	(4QDan^{e})
4Q25	(4QLev^{c})	4Q57	(4QJes^{c})	4Q87	(4QPs^{e})	4Q117	(4QEsra)
4Q26	(4QLev^{d})	4Q58	(4QJes^{d})	4Q88	(4QPs^{f})	4Q118	(4QChr)
4Q26a	(4QLev^{e})	4Q59	(4QJes^{e})	4Q89	(4QPs^{g})	4Q119	(4QLXXLev^{a})
4Q26b	(4QLev^{g})	4Q60	(4QJes^{f})	4Q90	(4QPs^{h})	4Q120	(4QpapLXXLev^{b})
4Q27	(4QNum^{b})	4Q61	(4QJes^{g})	4Q91	(4QPs^{j})	4Q121	(4QLXXNum)
4Q28	(4QDtn^{a})	4Q62	(4QJes^{h})	4Q92	(4QPs^{k})	4Q122	(4QLXXDtn)
4Q29	(4QDtn^{b})	4Q63	(4QJes^{j})	4Q93	(4QPs^{l})	4Q196	(4QpapTob^{a} ar)
4Q30	(4QDtn^{c})	4Q64	(4QJes^{k})	4Q94	(4QPs^{m})	4Q197	(4QTob^{b} ar)
4Q31	(4QDtn^{d})	4Q65	(4QJes^{l})	4Q95	(4QPs^{n})	4Q198	(4QTob^{c} ar)
4Q32	(4QDtn^{e})	4Q66	(4QJes^{m})	4Q96	(4QPs^{o})	4Q199	(4QTob^{d} ar)
5Q1	(5QDtn)	5Q3	(5QJes)	5Q5	(5QPs 119)	5Q7	(5QLam^{b})
5Q2	(5QReg)	5Q4	(5QAm)	5Q6	(5QLam^{a})		
6Q1	(6QpalaeoGen)	6Q3	(6QDtn)	6Q5	(6QpapPs?)	6Q7	(6QpapDan)
6Q2	(6QpalaeoLev)	6Q4	(6QReg)	6Q6	(6QCant)		
7Q1	(7QLXXEx)	7Q2	(7QEpJer)				
8Q1	(8QGen)	8Q2	(8QPs)				
11Q1	(11QpalaeoLev)	11Q4	(11QEz)	11Q7	(11QPs^{c})	11Q10	(11QtgJob)
11Q2	(11QLev^{b})	11Q5	(11QPs^{a})	11Q8	(11QPs^{d})		
11Q3	(11QDtn)	11Q6	(11QPs^{b})	11Q9	(11QPs^{e})		

Abb. 6: Liste der Bibelhandschriften aus den Höhlen von Qumran (nach Heinz-Josef Fabry)

ten überhaupt erhalten sind, empfiehlt sich der kürzlich erschienene Registerband der Standardpublikation *Discoveries in the Judaean Desert* (DJD).[18] Ist man in ihm fündig geworden, lässt sich in den betreffenden Bänden leicht überprüfen, ob die gesuchte Textstelle auch tatsächlich vorliegt. Denn häufig sind in den Handschriften nur Bruchstücke einer Kolumne und damit nur einzelne Wörter eines Versteils vorhanden.

3.3 Einzelne Schriftrollen biblischer Bücher

Um den allgemeinen Überblick anschaulich zu ergänzen, werden nachfolgend einige der umfangreich erhaltenen Schriftrollen mit biblischen Texten vorgestellt. Die Auswahl beschränkt sich auf bekannte und textgeschichtlich bedeutsame Handschriften:

Name	Alter	Merkmale	Sigel
erste Jesajarolle	125–100 v. Chr.	qumranische Schreiberpraxis, von MT abweichende Lesarten	1QJes[a]
erste Samuelrolle	50–25 v. Chr.	nicht-masoretischer Text, gemeinsame Lesarten mit G	4QSam[a]
Psalmenrolle aus Höhle 11	25–50 n. Chr.	von MT abweichende Anordnung, zusätzliche Stücke (z. B. Sir 51)	11QPs[a]
Pescher Habakuk	1–50 n. Chr.	versweise Auslegung, bisher nicht bekannte Lesarten	1QpHab
Genesis Apokryphon aramäisch	1–50 n. Chr.	Midrasch von Gen 5,28–15,4, präsamaritanische Texttradition (?)	1QapGen 1QGenAp
Zwölfprophetenrolle griechisch	um 50 n. Chr.	Bezeugung der kaige-Rezension, althebräisches Tetragramm	8HevXIIgr

Jesajarolle (1QJes[a] = nicht nummeriert). Die erste Jesajarolle gilt als die berühmteste Bibelhandschrift aus Qumran. Sie gehört zu den wenigen Schriftrollen, die vollständig erhalten geblieben sind, und wird heute im Schrein des Buches im Israel-Museum von Jerusalem aufbewahrt. Sie be-

[18] Vgl. Tov (ed.), Indices, 185–201 (D.2. Index of Passages in the ›Biblical Texts‹), bzw. E. Ulrich, Index of Passages in the Biblical Scrolls, in: P. W. Flint / J. C. Vanderkam (ed.), The Dead Sea Scrolls After Fifty Years. A Comprehensive Assessment, Vol. II, Leiden / Boston / Köln 1999, 649–665.

steht aus 17 aneinandergenähten Blättern und bietet in 54 Kolumnen den Text aller 66 Kapitel des Jesajabuches (Bildtafel 10). Möglicherweise waren zwei verschiedene Abschreiber am Werk; denn in der zweiten Hälfte (Jes 34–66) finden sich plene-Schreibungen und volle Suffixformen in größerem Umfang. Außerdem sind beide Hälften durch drei Leerzeilen voneinander abgesetzt, doch können dafür auch andere Gründe in Betracht kommen. Die erste Jesajarolle zeigt qumranische Schreiberpraxis (siehe 3.2) und wird in das letzte Viertel des 2. Jh.s v. Chr. datiert. Ihr Textcharakter ist ausgesprochen schwer zu beurteilen. Denn es lassen sich in ihr eine Vielzahl von Abweichungen gegenüber dem Masoretentext feststellen, die nicht nur im orthographischen Bereich liegen. Die Annahme, dass der Schreiber einen nicht-masoretischen Text kopiert oder verschiedene Vorlagen benutzt habe, kann den Befund nicht befriedigend erklären. Statt dessen spricht man von der interpretativen Fassung eines MT-nahen Jesajatextes, die anderen Zwecken als allein der Textüberlieferung dienen sollte.[19] In diese Richtung weisen auch eine Reihe von interpretativen Varianten, die sich als aktualisierende Bezugnahmen auf die Zeit des Schreibers zu erkennen geben und offensichtlich von ihm selbst stammen. Dadurch legt sich der Schluss nahe, dass hier nicht nur ein Kopist, sondern ein Schriftgelehrter am Werk gewesen ist, der gleichsam einen autoritativen Text des Jesajabuches zu verfassen bezweckte. So bedenkenswert diese Überlegungen sind, wird man den Versuch, den Schreiber der Jesajarolle direkt mit dem »Lehrer der Gerechtigkeit« zu identifizieren,[20] als spekulativ betrachten müssen. Wie dem auch sei, sollte man den abweichenden Lesarten der ersten Jesajarolle textkritisch besondere Beachtung schenken. Dabei bleibt jeweils im Einzelfall zu prüfen, ob die betreffende Variante den Rückgriff auf einen älteren und ggf. besseren Text tatsächlich erlaubt.

Samuelrolle (4QSam[a] = 4Q51). Die Hauptmasse der Bibelhandschrift wurde bereits 1952 von Beduinen in Höhle 4 von Qumran gefunden, bei späteren Ausgrabungen kamen noch weitere Fragmente hinzu. Die Schriftrolle wurde etwa um 50–25 v. Chr. geschrieben. Erhalten sind in ihr Abschnitte aus den meisten Kapiteln des 1. Samuelbuches und aus allen Kapiteln des 2. Samuelbuches. Dass die Lederrolle damals intensiv in Gebrauch gewesen ist, belegt ein interessantes Detail: An einigen Stellen wurde sie auf ihrer Rückseite durch aufgeklebte Papyrusstücke nachträg-

19 Vgl. O. H. Steck, Die erste Jesajarolle (1QIs[a]). Schreibweise als Leseanleitung für ein Prophetenbuch, SBS 173/1, Stuttgart 1998, 18.

20 Vgl. A. van der Kooij, Die alten Textzeugen des Jesajabuches. Ein Beitrag zur Textgeschichte des Alten Testaments, OBO 35, Freiburg, Schweiz / Göttingen 1981, 94–97.

lich verstärkt. Leider befindet sich die umfangreiche Schriftrolle in einem schlechten Erhaltungszustand, vermutlich einer der Gründe, warum sich ihre Gesamtpublikation um über fünfzig Jahre verzögert hat. Immerhin ist es für das 2. Samuelbuch gelungen, ihre Textanordnung in Kolumnen fast vollständig zu rekonstruieren. Für die frühe Textgeschichte ist die Samuelrolle von enormer Bedeutung, und zwar in dreierlei Hinsicht: Erstens bietet sie einen Text, der sich in vielen Lesarten vom Masoretentext unterscheidet, aber weitgehend mit der Septuaginta übereinstimmt. Dadurch wird die Annahme untermauert, dass die meisten Abweichungen der griechischen Fassung nicht auf ihren Übersetzer, sondern auf einen von ihm benutzten hebräischen und nicht-masoretischen Vorlagetext zurückzuführen sind. Zweitens zeigt die Samuelrolle eine Reihe auffälliger Abweichungen vom Masoretentext, die unabhängige Lesarten bezeugen und insofern textkritische Relevanz besitzen, als der überlieferte hebräische Text in den Samuelbüchern viele Korruptionen enthält. Drittens überliefert die Samuelrolle den ursprünglichen hebräischen Textanfang von 1. Sam 11, der ca. drei zusätzliche Verse umfasst. Bislang war dieses Textstück überhaupt nur durch Flavius Josephus (Antiquitates VI, 68-70) bekannt. Es ist sehr wahrscheinlich im masoretischen Text ausgefallen.[21] Dafür spricht, dass allein das Qumran-Textstück die Ausgangslage der Episode skizziert und dazu noch Nahasch mit seinem vollen Titel »König der Ammoniter« einführt, wie es der hebräischen Erzählweise entspricht (Abb. 7).

Psalmenrolle aus Höhle 11 (11QPs[a] = 11Q5). Die Handschrift wurde 1956 von Beduinen gefunden, die näheren Umstände blieben unbekannt. Ihre Herkunft aus Höhle 11 konnte freilich durch später entdeckte Fragmente bestätigt werden, die sich derselben Schreiberhand zuordnen ließen. Paläographisch lässt sich die Handschrift zwischen 25 und 50 n. Chr. datieren. Ursprünglich war die Lederrolle etwa 5,50 m lang, davon ließen sich ca. 5 m mit den vorhandenen Textstücken rekonstruieren. Im unteren Drittel ist die Schriftrolle leider vollständig verrottet, so dass von den 25 Textzeilen einer Kolumne jeweils nur 15–17 Zeilen erhalten sind. Die Rechtschreibung folgt der qumranischen Schreiberpraxis. Eine Reihe von Korrekturen, die teilweise supralinear nachgetragen wurden, stammen von derselben Hand. Das Tetragramm mit althebräischen Buchstaben wurde nachträglich in die dafür vorgesehenen, beim Schreiben offengelassenen Lücken eingesetzt. Die Schriftrolle bietet inhaltlich Psalmen aus dem vierten und fünften Psalmenbuch (Ps 90–106 und Ps 107–150) sowie

[21] Vgl. F. M. Cross, The Ammonite Oppression of the Tribes of Gad and Reuben: Missing Verses from 1 Samuel 11 Found in 4QSamuel[a], in: E. Tov (ed.), The Hebrew and Greek Texts of Samuel, Proceedings IOSCS – Vienna 1980, Jerusalem 1980, 105–118.

Der ursprüngliche Textanfang von 1.Sam 11 nach 4QSam^{a} (= 4Q51)

Z.6 *Und Nahasch, König der Ammoniter, unterdrückte die Söhne Gads und die Söhne Rubens sehr, er stach allen ihre*
Z.7 *rechten Augen aus und brachte Furcht und Schrecken über Israel. Und es blieb nicht einer unter den Israeliten jenseits des*
Z.8 *Jordans, dessen rechtes Auge nicht ausgestochen war von Nahasch, dem König der Ammoniter; ausgenommen siebentausend Mann,*
Z.9 *sie waren geflohen vor den Ammonitern und kamen nach* ***Jabesch****-Gilead.*
supra | *Einen Monat später* ging Nahasch, der Ammoniter, hin und belagerte **Jabesch**- |
(Gilead) und alle Männer aus Jabesch sagten zu Nahasch,
Z.10 dem Ammoniter: »Schließe mit uns einen Bund, so wollen wir dir dienen.«

Abb.7: 4Q51, Kol.X,6-10 (*kursiv*: nur in Qumran erhaltener Text, normal: mit MT überlieferter Text). Den zweiten Satz in Z.9 hatte der Schreiber durch Homoioteleuton (»Jabesch«) ausgelassen und anschließend, als er sein Versehen bemerkte, über der Zeile (supra) nachgetragen.

zusätzliche Stücke (z.B. Sir 51,13-30; syrische Psalmen 151; 154–155; 2.Sam 23,1-7). Für die Textgeschichte ist von besonderer Bedeutung, dass ihre Anordnung in charakteristischer Weise von der Abfolge der masoretischen Texttradition abweicht. Man hat daraus geschlossen, dass sich die Psalmenfolge der Teilsammlung Ps (1)2–89 bereits um 150 v.Chr. verfestigt habe, während die Anordnung der übrigen Psalmen noch bis ins 1.Jh. n.Chr. offen geblieben sei. Der Befund ist jedoch deutlich komplizierter und wird noch immer kontrovers diskutiert. Dabei bewegen sich die Lösungsvorschläge zwischen der Annahme, dass 11QPs^{a} eine bereits vorqumranische und von der masoretischen Texttradition abweichende Psalter-Edition repräsentiert, und dem Verdacht, es handele sich um eine sekundäre, vom protomasoretischen Psalter abhängige und speziell unter kultisch-liturgischen Gesichtspunkten erstellte Psalmen-Kompilation.[22]

Habakuk-Kommentar (1QpHab). Die Lederrolle gehört zu den ersten in Qumran gefundenen Schriftrollen und bietet einen fortlaufenden biblischen Kommentar zu Hab 1–2 (Bildtafel 13). Diese für Qumran typischen Pescharim dürfen als Vorläufer der modernen Bibelkommentare gelten. Sie zitieren den Bibeltext Satz für Satz und fügen dazwischen ihre Erklä-

[22] Zur Sache vgl. P.W. Flint, The Dead Sea Psalms Scrolls and the Book of Psalms, StTDJ 17, Leiden 1997; U. Dahmen, Psalmen- und Psalterrezeption im Frühjudentum. Rekonstruktion, Textbestand, Struktur und Pragmatik der Psalmenrolle 11QPs^{a} aus Qumran, StTDJ 49, Leiden 2003 (mit einer graphischen Darstellung der Komposition auf S.312).

rungen ein. Dabei folgen die Kommentierungen teilweise genau dem biblischen Wortlaut, teilweise konzentrieren sie sich auf ein oder zwei Wörter aus dem zitierten Vers. Die Auslegungen werden häufig durch die hebräische Formel angeschlossen: פשר *peschär* bzw. פשרו על *pischrô ʻal* »seine Deutung bezieht sich auf«. Qumranische Schreiberpraxis und Entstehungszeit von 1QpHab erhärten den Verdacht, dass seine Kommentierung in der Qumran-Siedlung selbst entstanden ist. Der Habakuk-Kommentar ist darum in doppelter Hinsicht beachtenswert: Zum einen bieten seine biblischen Passagen eine Reihe von Sonderlesarten, die in der textkritischen Diskussion zu berücksichtigen sind. Zum anderen gewähren die Deutungen nicht nur einen Einblick in Exegese und Theologie der Gemeinschaft von Qumran, sondern vermutlich auch in ihre Geschichte. Denn die biblischen Prophezeiungen werden durchgehend auf die Endzeit bezogen und enthalten insofern eine Reihe von zeitgeschichtlichen Anspielungen, als die Ausleger davon überzeugt waren, dass sie selbst in den letzten Tagen dieser Weltzeit lebten. Noch am deutlichsten ist die Ankunft der Römer aus dem Kommentar abzulesen (vgl. 1QpHab IV,9-13; VI,2-5). Wer sich dagegen hinter dem »Lehrer der Gerechtigkeit«, dem »Frevelpriester« oder dem »Lügenmann« verbirgt, ist bislang nicht geklärt. Umstritten ist außerdem, ob sich die Genannten überhaupt identifizieren lassen.

Genesis Apokryphon (1QGenAp = 1Q20). Diese Schriftrolle erhielt ihren Namen durch den Titel ihrer Erstveröffentlichung.[23] Nach dem protestantischen Sprachgebrauch handelt es sich bei den Apokryphen allerdings um Bücher, die zwar nicht in den Kanon der Hebräischen Bibel gelangt sind, aber in die Septuaginta bzw. in die Vulgata und damit nach katholischem Sprachgebrauch als deuterokanonische Bücher zur Heiligen Schrift gerechnet werden. Im strengen Sinne handelt es sich bei 1QGenAp also nicht um eine apokryphe Schrift, sondern vielmehr um einen Genesis-Midrasch: eine teils wörtliche, teils freie und um nichtbiblisches Material erweiterte Nacherzählung der Ur- und Vätergeschichte. Der Text ist in aramäischer Sprache verfasst.[24] Das Leder der Schriftrolle ist leider stark zerfressen, so dass sich die Schrift nur schwer entziffern lässt. Bezogen auf den Bibeltext bietet die Handschrift in Resten von 22 Kolumnen eine Nacherzählung von Gen 5,28–15,4. Das literarische Werk war jedoch umfangreicher und umfasste wahrscheinlich den gesamten Erzählstoff der

[23] Vgl. N. Avigad/Y. Yadin, A Genesis Apocryphon. A Scroll from the Wilderness of Judaea, Jerusalem 1956.

[24] Zum Text mit deutscher Übersetzung vgl. K. Beyer, Die aramäischen Texte vom Toten Meer, Göttingen 1984, 165–186 sowie 186–187 (4QGenAp).

Genesis. Jedenfalls fanden sich in Höhle 4 von Qumran einige wenige Fragmente, die in ähnlichem Stil das Traumgesicht Jakobs in Bethel (Gen 28) und eine Szene aus der Josephsgeschichte (Gen 45) behandeln. Die Handschrift von 1QGenAp dürfte zu Beginn des 1. Jh.s n. Chr. angefertigt worden sein. Damit ist aber noch nichts über die Entstehungszeit des literarischen Werkes gesagt. Seine Nähe zum hebräisch geschriebenen Jubiläenbuch lässt vielmehr an das 2. Jh. v. Chr. denken, es könnte aber auch noch früher entstanden sein. Der im Genesis-Apokryphon aramäisch wiedergegebene Bibeltext kommt eventuell sogar als indirekter Textzeuge der präsamaritanischen Texttradition in Betracht. Bedeutsamer ist freilich, dass die Schriftrolle einen einzigartigen Eindruck vom populärweisheitlichen Umgang mit biblischen Stoffen vermittelt und dadurch das Genre religiöser Erbauungsliteratur dokumentiert. Dabei lässt das Genesis-Apokryphon weitgehend die Stammväter selbst von ihren Erlebnissen erzählen und bezeugt in dieser Weise die Schönheit frühjüdischer Erzählkunst in aramäischer Volkssprache.

Griechische Zwölfpropheten-Rolle aus dem Nahal Hever (8HevXIIgr). Die Handschrift ist von zwei verschiedenen Schreibern angefertigt worden, die mit Hand A und B bezeichnet werden. Hand A schrieb auf ein dünnes feingegerbtes Leder, dessen Blätter zur Rolle zusammengeklebt sind und Teile von Jona, Micha, Nahum, Habakuk, Zephania und Sach 1–3 enthalten. Hand B benutzte ein etwas dickeres und schlechter geglättetes Leder. Seine Blätter sind miteinander vernäht und bieten Reste von Sach 8–9. Obwohl sich das von den beiden Kopisten verwendete Beschreibmaterial unterscheidet, liegt das gleiche Blattformat vor. Daher ist die Annahme wahrscheinlich, dass sich Hand B als eine partielle Ergänzung oder als geplante Fortsetzung des mehrheitlich von Hand A bezeugten Werkes betrachten lässt.[25] Für die Datierung wird allgemein der Zeitraum zwischen 50 v. bis 50 n. Chr. angegeben, mehrheitlich wird eine Ansetzung um die Mitte des 1. Jh.s n. Chr. erwogen. Die Hauptmasse des Werkes von Hand A tauchte bereits 1952–1954 im Handel auf und wurde vom damaligen Rockefeller Museum angekauft. Bei Grabungen 1961 im Nahal Hever nahe Engedi entdeckte Yohanan Aharoni in Höhle 8 kleinere Fragmente von Hand B, aber auch von Hand A, so dass die Herkunft der gesamten Schriftrolle von dort gesichert ist. Münzfunde lassen außerdem darauf schließen, dass die Handschrift während des Bar-Kochba-Aufstandes dort versteckt wurde. Textgeschichtlich ist die griechische

[25] Vgl. A. Rahlfs, Verzeichnis der griechischen Handschriften des Alten Testaments Bd. I,1: Die Überlieferung bis zum VIII. Jahrhundert, bearb. von D. Fraenkel, Septuaginta Vetus Testamentum Graecum. Supp. I,1, Göttingen 2004, 159.

Zwölfpropheten-Rolle insofern interessant, als sie einen frühen handschriftlichen Beleg für das Bemühen liefert, die griechische Übersetzung einer Revision zu unterziehen und dadurch dem Wort- und Textsinn des hebräischen Originals stärker anzugleichen. Nach einem ihrer Übersetzungsmerkmale nennt man sie die kaige-Rezension (siehe 5.3). Bemerkenswert ist auch die bereits im *Papyrus Fouad 266* (Bildtafel 29) bezeugte Gepflogenheit, den Gottesnamen im griechischen Text mit hebräischen Buchstaben darzustellen. Entsprechend findet sich das Tetragramm in der Zwölfpropheten-Rolle in althebräischer Schrift und ist wohl zeitgleich mit dem griechischen Text von links nach rechts geschrieben worden. Darüber hinaus gibt Schreiber A zu erkennen, dass er mit dem hebräischen Gliederungssystem in geschlossene und offene Abschnitte vertraut gewesen ist. Am Versbeginn ist der Anfangsbuchstabe jeweils vergrößert.

3.4 Einblick in die frühe Phase der Textgeschichte

Noch heute kann man in allgemeinen Darstellungen lesen, dass die Qumran-Funde die genaue Überlieferung *des* Bibeltextes glänzend bestätigt haben. Das Urteil ist in dieser Verallgemeinerung nicht zutreffend, und zwar aus zwei Gründen: Zum einen wurde nicht *der* Bibeltext bestätigt, sondern die masoretische Texttradition und damit nur ein Hauptstrom der Textüberlieferung. Zum anderen gilt dies nur für knapp die Hälfte der Bibelhandschriften von Qumran. Andere bezeugen Lesarten, die vom Masoretentext deutlich abweichen, und wieder andere bieten Lesarten, die bislang unbekannt gewesen sind. Mithin liegt die Bedeutung der Qumran-Funde nicht in erster Linie darin, dass sie das hohe Alter des Masoretentextes bezeugen, sondern in dem Beitrag, den sie zur Rekonstruktion der Textgeschichte des Alten Testaments liefern. Durch die Verzögerungen in der wissenschaftlichen Publikation der Qumran-Texte konnte sich freilich ein neues Gesamtbild erst allmählich herausbilden. Gleichwohl bedeutet dies einen qualitativen Sprung in der Textforschung. Denn vor der Entdeckung der Schriftrollen vom Toten Meer waren im Wesentlichen nur drei Hauptströme der Textüberlieferung bekannt: Der Masoretentext (MT oder M), der Text des Samaritanus (Smr) und der griechische Text der Septuaginta (LXX oder G, noch ohne hebräische Vorlagen!). Für den hebräischen Bibeltext war und blieb damit MT der maßgebliche Hauptzeuge. Die Qumran-Funde brachten jedoch ans Licht, dass es sich beim Masoretentext bereits um eine vereinheitlichte Texttradition handelte. Besonders nach der Zerstörung des Zweiten Tempels waren die Tradenten nämlich darauf bedacht, die Anzahl orthographischer Abweichungen und inhaltlicher Textvarianten zu verringern. Als Beleg dafür lässt sich die in Murabba‘at gefundene Zwölfpropheten-Rolle (MurXII) anführen, die aus dem

2. Jh. n. Chr. stammt und nunmehr fast vollständig den Text von MT wiedergibt (Bildtafel 16). Dagegen zeigen eine Reihe von Bibelhandschriften aus Qumran, die ebenfalls den Masoretentext bezeugen, eine relativ hohe Zahl an Unterschieden, die sich jedoch in der Regel auf abweichende Schreibweisen und – bei inhaltlichen Differenzen – auf einzelne Wörter oder Phrasen beschränken. Sie lassen sich als Vorstufentexte von MT fassen und werden danach als *protomasoretische Texte*[26] bezeichnet. Schon diese wenigen Beobachtungen öffnen den Blick in die »vor-masoretische« Textgeschichte und lassen ermessen, dass das bisherige Bild weiter differenziert und modifiziert werden muss. Dies betrifft in besonderer Weise die Bedeutung der Septuaginta. Denn bislang konnte nicht entschieden werden, ob die in den Büchern Jos, Sam, Kön, Jer und Ez teilweise erheblich von MT abweichende griechische Überlieferung ihren Übersetzern anzulasten ist oder ob diese älteren Texttraditionen folgen. Auch in dieser Frage führten die Qumran-Funde zu einer weiteren Klärung. Denn für die Bücher Sam und Jer bezeugen die Handschriften 4QSam^a und 4QJer^b auffällig viele Übereinstimmungen mit der Septuaginta, so dass man sie mit gewissen Vorbehalten als *hebräische Textvorlagen* ansprechen darf.[27] Zugleich bestätigen sie den Verdacht, dass die Übersetzer bei ihrer Arbeit tatsächlich einen nicht-masoretischen hebräischen Text benutzten. Leider haben sich solche der Septuaginta nahestehenden Texte nur in geringem Umfang in Qumran gefunden (ca. 5% der Bibelhandschriften), weshalb sich das Verhältnis zwischen solchen Vorlagetexten und G nur begrenzt erforschen lässt. Dennoch ergeben sich daraus zwei bedeutsame Konsequenzen für die Textgeschichte: Zum einen gewinnt die Septuaginta durch die gefundenen hebräischen Textvorlagen zusätzlich an Glaubwürdigkeit als Textzeugin. Zum anderen scheint sich abzuzeichnen, dass in diesem frü-

[26] In der vorliegenden Darstellung wird konsequent von protomasoretischen Texten gesprochen. Gelegentlich gehen aber die Vorsilben *proto-* und *prä-* durcheinander. Es empfiehlt sich, beide Vorsilben strikt auseinanderzuhalten: Die griechische Vorsilbe proto- wird hier verwendet, wenn damit eine frühere Textform benannt werden soll, die mit einer späteren in einem *sachlich* nachweisbaren und beschreibbaren Zusammenhang steht (im Sinne von »Vorstufe«). Dagegen bezeichnet die Vorsilbe prä- ein rein *zeitliches* Vorausliegen, ohne dass über das Verhältnis zwischen früherer und späterer Textform eine nähere Aussage gemacht wird (im Sinne von »Vorläufer«).

[27] Vgl. L. J. Greenspoon, The Dead Sea Scrolls and the Greek Bible, in: P. W. Flint / J. C. Vanderkam (ed.), The Dead Sea Scrolls After Fifty Years. A Comprehensive Assessment, Vol. I, Leiden / Boston / Köln 1999, 102: »This is not to say that we can identify any scroll *in toto* with the Hebrew *Vorlage* (underlying text) of a given book or block of material. Nonetheless, the discovery of such Hebrew manuscripts lays to rest many facile assumptions about textual ›manipulation‹ on the part of the Greek translators.«

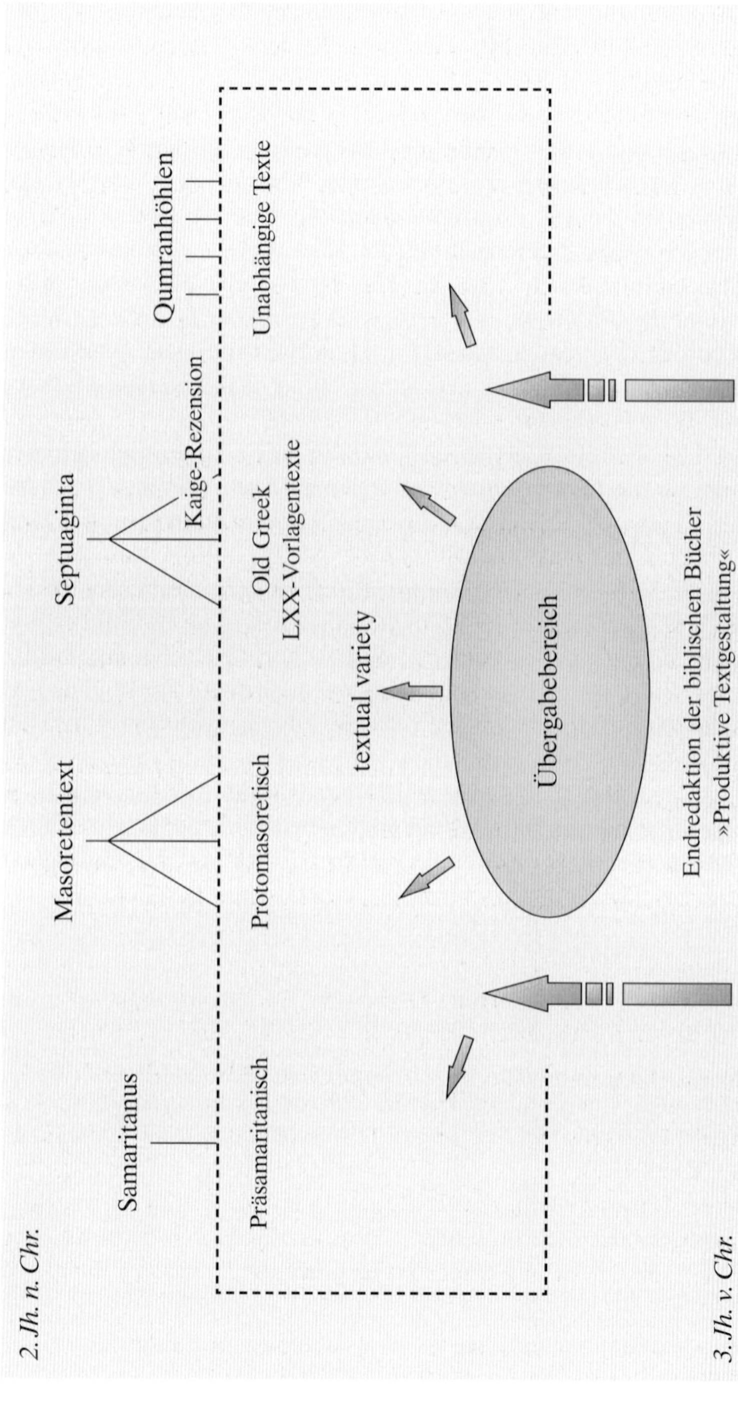

Abb. 8: Skizze zur vormasoretischen Textgeschichte (Alexander A. Fischer)

hen Stadium der Textüberlieferung eine Art Zwischenphase anzunehmen ist, in der sich die Schlussredaktion eines biblischen Textes und die Anfertigung von Abschriften zeitlich überschneiden (compositional-transmissional-stage).[28] Man spricht dann nicht mehr von dem Übergabe-Punkt eines biblischen Buches, dessen Text zu einem bestimmten Zeitpunkt fertig gewesen und anschließend nur noch überliefert worden sei, sondern von einem Übergabe-Bereich. In ihm kommt die Phase produktiven Textwachstums erst allmählich zum Erliegen, während die Phase der schriftlichen Überlieferung bereits eingesetzt hat und eine Vielzahl von Textfassungen (textual variety) mit sich bringt. In diese Richtung weist jedenfalls eine weitere Gruppe der in Qumran gefundenen Handschriften, die man als *unabhängige Texte* bezeichnet (ca. 40 % der Bibelhandschriften). Denn sie wechseln ohne erkennbaren Grund zwischen Lesarten, die durch M, G oder Smr bezeugt sind, und bieten teilweise auch signifikant abweichende und bislang unbekannte Lesarten. Im Einzelfall ist freilich schwer zu entscheiden, ob es sich bei den Abweichungen um frei erfundene Varianten oder um ältere Lesarten handelt, die sich der Textgestaltung im oben erwähnten Übergabe-Bereich verdanken. Hinzu kommt noch die Schwierigkeit, dass es sich bei vielen dieser Texte um sogenannte *Vulgärtexte* handelt. Darunter versteht man »inoffizielle« Texte, die weit verbreitet waren und deren Schreiber sich viele Änderungen und Verbesserungen in den Text einzutragen erlaubten. Obwohl sich die meisten Varianten aus dieser Eigenart erklären, können selbstverständlich auch Vulgärtexte von Fall zu Fall ursprüngliche Lesarten bewahrt haben. Vor diesem Hintergrund ist es zum gegenwärtigem Zeitpunkt (oder überhaupt?) unmöglich, die verschiedenen Textfassungen dieser frühen Periode der Textüberlieferung auf einen wie auch immer definierten Urtext zurückzuführen (siehe 7.1).

3.5 Klassifizierung der frühen Bibelhandschriften

Auch wenn viele Fragen noch zu klären sind, bedarf die praktische Anwendung der Textkritik eines Rasters, in das sich die Bibelhandschriften von Qumran einordnen und als Textzeugen charakterisieren lassen. Danach kann man vier Gruppen beschreiben, die im Spiegel der ältesten Textgeschichte jeweils eine bestimmte Texttradition repräsentieren. Emanuel Tov nennt noch eine weitere Gruppe, nämlich die bereits oben besprochenen Handschriften, die sich durch das qumranische Schreibsystem zusammenfassen lassen. Diese Gruppe wird jedoch nicht in das hier dargestellte Klassifizierungsraster übernommen, und zwar aus folgenden

[28] Vgl Tov, Text, 155; H.-J. Fabry, Der Text und seine Geschichte, in: E. Zenger/u. a., Einleitung in das Alte Testament, KStTh 1,1, 7. Aufl. Stuttgart 2008, 52.

Gründen: Erstens wird diese Gruppe durch rein formale Kriterien und dadurch in einer eigenen Weise konstituiert. Zweitens besagt die Zugehörigkeit zur qumranischen Schreiberpraxis noch nichts darüber, welche Texttradition die betreffenden Handschriften tatsächlich repräsentieren. Manche scheinen zwar protomasoretische Vorlagen zu kopieren, doch bleibt dies im Einzelfall zu prüfen, um eine entsprechende Zuordnung vornehmen zu können. Dann aber lassen sich Überschneidungen nicht vermeiden. Aus diesem Grund orientiert sich die folgende Kategorisierung allein an dem Grad ihrer Nähe zu den späteren Textzeugengruppen M, Smr und G.[29] (Zu den Prozentangaben in der letzten Spalte der Tabelle ist zu bemerken, dass es sich nur um Orientierungswerte handeln kann, zumal sich eine Reihe von Handschriften aufgrund ihres geringen Textumfangs überhaupt nicht zuordnen lassen. Außerdem bleibt zu beachten, dass sich die Prozentangaben bezüglich der Schriftgruppen des Kanons unterschiedlich darstellen: Beispielsweise bezeugen 52 % der Pentateuchhandschriften eine Übereinstimmung mit der protomasoretischen Texttradition, dagegen sind es bei den Schriftrollen der übrigen biblischen Bücher nur 44 %.)[30]

Texttradition	Wichtige Zeugen	Eigenart	Anteil
protomasoretisch	1QJes^{b} (= 1Q8) 4QJer^{c} (= 4Q72)	Bezeugung von MT, Varianten in der Rechtschreibung	50 %
präsamaritanisch	4QpalaeoEx^{m} (= 4Q22) 4QEx–Lev^{f} (= 4Q17)	Vereinfachung, Harmonisierung, Übereinstimmungen mit Smr	5 %
nicht-masoretische G-Vorlagetexte	4QJer^{b} (= 4Q71) 4QSam^{a} (= 4Q51)	Bezeugung von G und von ihr nahestehenden Lesarten	5 %
freie, unabhängige Texte	4QJos^{a} (= 4Q47) 4QJdc^{a} (= 4Q49)	unbekannte und im Einzelfall erklärungsbedürftige Lesarten	40 %

[29] Vgl. ausführlich E. Tov, Die biblischen Handschriften aus der Wüste Juda – Eine neue Synthese, in: U. Dahmen / A. Lange / H. Lichtenberger, Die Textfunde vom Toten Meer und der Text der Hebräischen Bibel, Neukirchen-Vluyn 2000, 1–34.

[30] Vgl. dazu E. Tov, The Biblical Texts from the Judaean Desert – an Overview and Analysis of the Published Texts, in: ders. / E. D. Herbert (ed.), The Bible as Book. The Hebrew Bible and the Judaean Desert Discoveries, London 2002, 153 (= ders., Hebrew Bible, Greek Bible, and Qumran. Collected Essays, TSAJ 121, Tübingen 2008, 145).

3.5.1 *Protomasoretische Texte (= protorabbinische Texte).* Als Vertreter der protomasoretischen Texttradition lassen sich beispielhaft 1QJes^{b} (Bildtafel 12) und 4QJer^{c} (= 4Q72) anführen. Interessanterweise zählen zu dieser Gruppe auch alle Handschriften in althebräischer Schrift (abgesehen von 4QpalaeoEx^{m} = 4Q22). Ferner gehören hierher einige der im qumranischen Schreibsystem verfassten Bibeltexte. Außerhalb von Qumran lassen sich besonders eine Reihe von Bibelhandschriften aus der herodianischen Festung Masada, die man um 66–74 n. Chr. datiert, dieser Gruppe zurechnen. Wahrscheinlich wurde die protomasoretische Texttradition in Tempel-Kreisen intakt gehalten und von den Pharisäern und Sadduzäern fortgeführt. Ihre Kennzeichen sind eine hohe Übereinstimmung mit MT trotz einer Reihe von kleineren, meist orthographischen Abweichungen. Ihre Bedeutung für die Textkritik ist weniger hoch einzuschätzen, weil die betreffenden Handschriften den auch sonst gut bezeugten Masoretentext in der Regel bestätigen.

3.5.2 *Präsamaritanische Texte (= harmonisierende Texte).* Zu dieser Gruppe zählen beispielhaft 4QpalaeoEx^{m} (= 4Q22), 4QEx–Lev^{f} (= 4Q17) und 4QNum^{b} (= 4Q27). Die Besonderheit der präsamaritanischen Texte liegt darin, dass sie im Wesentlichen die Varianten des samaritanischen Pentateuchs bestätigen, aber noch keine der typisch samaritanischen Lesarten enthalten, die sich aus der Loslösung der samaritanischen Gemeinschaft vom Judentum erklären. Ihre Kennzeichen sind sprachliche Vereinfachungs- und Harmonisierungstendenzen sowie ausgleichende Zusätze, die sich ebenso in Smr finden. Einzelne Texte bieten darüber hinaus bislang unbekannte Lesarten. Textkritisch bedeutsam sind vor allem die Fälle, in denen die präsamaritanische Texttradition mit G gegen M steht.

3.5.3 *Nicht-masoretische Vorlagetexte der Septuaginta.* Hierher gehören besonders die Jeremiarollen 4QJer^{b} (= 4Q71) und 4QJer^{d} (= 4Q71a), ferner 4QLev^{d} (= 4Q26), 4QEx^{b} (= 4Q13) und 4QDtn^{q} (= 4Q44). Die umfangreiche Samuelrolle 4QSam^{a} (= 4Q51) lässt sich eingeschränkt hinzunehmen. Denn sie zeigt zwar deutliche Übereinstimmungen mit G und der lukianischen Rezension, bietet aber gleichzeitig eine Reihe signifikant abweichender Lesarten. Die Handschriften der hier vorgestellten Gruppe bezeugen zusammen eine Texttradition, zu der auch diejenigen Abschriften biblischer Bücher gehört haben müssen, die den griechischen Übersetzern als hebräische Vorlagen dienten. Ihre textkritische Bedeutung besteht deshalb einerseits in der Bestätigung des hohen Alters von Septuaginta-Lesarten und andererseits in der Möglichkeit, von Fall zu Fall den tatsächlichen Vorlagetext der Septuaginta zu rekonstruieren. Allerdings wird man berücksichtigen müssen, dass es sich bei den Septuaginta-Vorlagetexten nicht um Revisionen, sondern um Einzelmanuskripte (single copies) handelt. Daher bleibt die Frage offen, ob die zu dieser Gruppe zählenden Handschriften über ihre Nähe zur Septuaginta hinaus noch weitere gemeinsame Merkmale besitzen.

3.5.4 *Freie, unabhängige Texte.* Hierzu zählen beispielsweise 4QJos^{a} (= 4Q47), 4QJdc^{a} (= 4Q49) und 5QDtn (= 5Q1) sowie »liturgische« bzw. »exzerpierte« Texte wie 4QEx^{d} (= 4Q15) oder 4QCant^{a} (= 4Q106). In gewisser Weise gehören auch alle diejenigen Texte dazu, die sich nicht eindeutig eine der drei bereits beschriebenen Texttraditionen zuordnen lassen. Das bedeutet freilich, dass man bei dieser Handschriftengruppe nur insofern von einer »Tradition« der Textüberlieferung sprechen kann, als ihre Schreiber einen freien Umgang mit ihren Schriftvorlagen praktizierten. Ihre Kennzeichen sind einerseits die wechselweise Bezeugung von Lesarten, die mit M, Smr und/oder G zusammengehen, und andererseits zahlreiche unabhängige und unbekannte Lesarten. Das zuletzt genannte Merkmal macht diese Gruppe für die Textkritik besonders bedeutsam, und zwar in doppelter Hinsicht: Einerseits können in ihr tatsächlich auch ältere oder ursprüngliche Lesarten bewahrt worden sein. Andererseits bezeugen sie eine Vielfalt von unterschiedlichen Textfassungen biblischer Bücher und widerlegen dadurch mindestens für die vormasoretische Textgeschichte und damit für die frühe Phase (!) der Textentwicklung die These eines dreifachen Stroms der Schriftüberlieferung (M, Smr, G). Die Deponierung der freien, unabhängigen Texte in den Qumran-Höhlen bedeutete dann natürlich die Stillegung ihrer Texttradition. Sie konnten auf die weitere Textentwicklung keinen Einfluss mehr nehmen.

3.6 Wissenschaftliche Textausgaben

Das offizielle Publikationsorgan für die Qumrantexte sind die *Discoveries in the Judaean Desert* (DJD). Nachdem die wissenschaftliche Edition ins Stocken geraten war, sind seit den 1990 Jahren wieder eine ganze Reihe von Bänden erschienen. Das Werk steht unmittelbar vor dem Abschluss. Gegenwärtig werden ältere Bände bereits revidiert. Mit DJD XXXIX (E. Tov [ed.], The Text from the Judaean Desert: Indices and an Introduction to the Discoveries in the Judaean Desert Series, Oxford 2002) liegt zudem ein Registerband vor. Die einzelnen Bände bieten neben dem ursprachlichen Text mit englischer bzw. französischer Übersetzung auch Fotos der editierten Handschriften und Fragmente. Für die biblischen Texte sind vor allem die folgenden Bände wichtig:

I D. Barthélemy / J. T. Milik, Qumran Cave 1, Oxford 1955. [ohne 1QJes[a]]
IV J. A. Sanders, The Psalms Scroll of Qumran Cave 11 (11QPs[a]), Oxford 1965.
VIII E. Tov, The Greek Minor Prophets Scroll from Nahal Hever (8HevXIIgr), Oxford 1990; reprinted with corrections 1995.
IX P. W. Skehan / E. Ulrich / J. E. Sanderson, Qumran Cave 4.IV: Palaeo-Hebrew and Greek Biblical Manuscripts, Oxford 1992. [4Q11, 4Q22, 4Q45–46, 4Q101, 4Q119–122]
XII E. Ulrich / F. M. Cross / et al., Qumran Cave 4.VII: Genesis to Numbers, Oxford 1994; reprinted 1999.
XIV E. Ulrich / F. M. Cross / et al., Qumran Cave 4.IX: Deuteronomy, Joshua, Judges, Kings, Oxford 1995; reprinted 1999.
XV E. Ulrich / et al., Qumran Cave 4.X: The Prophets, Oxford 1997.
XVI E. Ulrich / et al., Qumran Cave 4.XI: Psalms to Chronicles, Oxford 2000.
XVII F. M. Cross / et al., Qumran Cave 4.XII: 1–2 Samuel, Oxford 2005.
XXIII F. García Martínez / et al., Qumran Cave 11.II: (11Q2–18, 11Q20–31), Oxford 1998.
XXXII P. W. Flint / E. Ulrich, Qumran Cave 1.II: The Isaiah Scrolls, Oxford (in preparation).

Ein unentbehrliches Hilfsmittel ist die von dem Judaisten Johann Maier vorgelegte deutsche Übersetzung sämtlicher edierter Qumrantexte. Für den englischsprachigen Raum ist auf die Studienausgabe von F. García Martínez und E. J. C. Tigchelaar hinzuweisen, die eine unvokalisierte Transkription der Qumrantexte mit englischer Übersetzung bietet. Für die Pescharim-Texte wird auch gerne zur hebräisch-deutschen Ausgabe mit vokalisierten Texten von Eduard Lohse gegriffen, deren Fortsetzungsband Annette Steudel besorgte.

J. Maier, Die Qumran-Essener. Die Texte vom Toten Meer, Bd. I: Die Texte der Höhlen 1–3 und 5–11, München / Basel 1995 (UTB 1862); Bd. II: Die Texte der Höhle 4, München / Basel 1995 (UTB 1863); Bd. III: Einführung, Zeitrechnung, Register und Bibliographie, München / Basel 1996 (UTB 1916).

F. García Martínez und E. J. C. Tigchelaar, The Dead Sea Scroll Study Edition, Vol. 1: 1Q1–4Q273, Leiden 1997; Vol. 2: 4Q274–11Q31, Leiden 1998 (Paperback, Leiden 2000).

E. Lohse (Hg.), Die Texte aus Qumran [I]. Hebräisch und Deutsch, 4. Aufl. Darmstadt 1986.

A. Steudel (Hg.), Die Texte aus Qumran II. Hebräisch/Aramäisch und Deutsch, Darmstadt 2001.

Alle Fotos der Handschriften vom Toten Meer sind inzwischen auch auf Microfiche verfügbar. Auf CD-ROM sind bislang nur die nicht-biblischen Qumrantexte zugänglich, die zusätzlich durch eine gedruckte Konkordanz erschlossen werden:

E. Tov (ed.), The Dead Sea Scrolls on Microfiche, Leiden 1993; Companion Volume to the Dead Sea Scrolls on Microfiche Edition, second revised edition, Leiden 1995.

E. Tov (ed.), The Dead Sea Scrolls Electronic Library. Incorporating The Dead Sea Scrolls Reader, Leiden 2006 (CD-ROM).

M. G. Abegg / J. E. Bowley / E. M. Cook (ed.), The Dead Sea Scrolls Concordance, Vol. I: The Non-Biblical Texts from Qumran, Leiden / Boston 2003.

In Zukunft dürften sich im Internet mehr und mehr Angebote finden lassen, die einen Einblick in die Handschriften aus Qumran gewähren und ihr Studium ermöglichen. Unter den seriösen Anbietern sei nur beispielhaft auf den Internetauftritt des Israel-Museums in Jerusalem verwiesen. Dort bietet *The Dorot Foundation Dead Sea Scrolls Information and Study Center in memory of Joy Gottesman Ungerleider* die Gelegenheit, sich durch die Jesajarolle (1QJes[a]) und durch die Tempelrolle (11QT) zu scrollen. Eine Zoomfunktion ermöglicht darüber hinaus eine exakte Prüfung der Lesungen.

http://www.imj.org.il/shrine_center/Isaiah_Scrolling/index.html
http://www.imj.org.il/shrine_center/Temple_Scrolling/index.html

3.7 Literatur

Bibliographie

R. A. Clements / N. Sharon, The Orion Center Bibliography of the Dead Sea Scrolls and Associated Literature (2000–2006), STDJ 71, Leiden 2007. http://orion.huji.ac.il

Chirbet Qumran

M. Th. Davis / B. A. Strawn (ed.), Qumran Studies: New Approaches, New Questions, Grand Rapids, Michigan 2007.

K. Galor / J.-B. Humbert / J. Zangenberg, Qumran. The Site of the Dead Sea Scrolls: Archaeological Interpretations and Debates, STDJ 57, Leiden / Boston 2006.

Y. Hirschfeld, Qumran – die ganze Wahrheit. Die Funde der Archäologie – neu bewertet, deutsche Bearbeitung von J. Zangenberg, Gütersloh 2006 (englisch: Qumran in Context. Reassessing the Archaelogical Evidence, Peabody 2004).

M. Küchler / K. M. Schmidt (Hg.), Texte – Fakten – Artefakte, NTOA 59, Freiburg, Schweiz / Göttingen 2006.

H. Stegemann, Die Essener, Qumran, Johannes der Täufer und Jesus, Freiburg / Basel / Wien 1993, 10. Aufl. 2007 (englisch: The Library of Qumran. On the Essenes, Qumran, John the Baptist, and Jesus, Grand Rapids, Michigan 1998).

J. C. VanderKam, Einführung in die Qumranforschung. Geschichte und Bedeutung der Schriften vom Toten Meer, Göttingen 1998 (englisch: The Dead Sea Scrolls Today, Grand Rapids, Michigan 1994).

Die Schriftrollen vom Toten Meer

U. Dahmen / A. Lange / H. Lichtenberger, Die Textfunde vom Toten Meer und der Text der Hebräischen Bibel, Neukirchen-Vluyn 2000.

Ph. R. Davies / G. J. Brooke / Ph. R. Callaway, Qumran – Die Schriftrollen vom Toten Meer, Stuttgart 2002 [einführender und mit zahlreichen Fotos ausgestatteter Dokumentationsband].

P. W. Flint / J. C. VanderKam (ed.), The Dead Sea Scrolls After Fifty Years. A Comprehensive Assessment, Vol. I–II, Leiden / Boston / Köln 1998–1999.

J. Frey / M. Becker (Hg.), Qumran und der biblische Kanon, BThSt 92, Neukirchen-Vluyn 2008.

S. Talmon, Die Schriftrollen von Qumran. Zur aufregenden Geschichte ihrer Erforschung und Deutung, Regensburg 1998.

E. Tov / E. D. Herbert (ed.), The Bible as Book. The Hebrew Bible and the Judaean Desert Discoveries, London 2002.

E. Tov, Hebrew Bible, Greek Bible, and Qumran. Collected Essays, TSAJ 121, Tübingen 2008 [Sammelband mit wichtigen und aktualisierten Veröffentlichungen aus den Jahren 1990–2008].

D. L. Washburn, A Catalog of Biblical Passages in the Dead Sea Scrolls, SBL. TCS 2, Atlanta 2002.

4
DER SAMARITANISCHE TEXT

Das Johannesevangelium schildert ein Gespräch am Jakobsbrunnen zwischen Jesus und einer samaritanischen Frau. In ihm geht es auch um die zwischen Juden und Samaritanern umstrittene Frage, ob Jerusalem oder der *Garizim* der angemessene Ort der Gottesverehrung sei. Dabei bezieht sich die Samaritanerin auf die Tradition der Väter Israels, die auf diesem Berg Gott anzubeten begannen (Joh 4,20 mit ingressiver Auffassung des Aorist). Die Tradition bedeutet ihr keine vergangene, sondern eine bis in ihre Gegenwart fortdauernde Praxis der Gottesverehrung auf dem Berg Garizim. Daraus geht als ein erstes Kennzeichen der Samaritaner hervor, dass sie nicht Jerusalem, sondern den Garizim als die heilige Stätte betrachten, die Jahwe erwählt hat. Als ein zweites Kennzeichen kommt hinzu, dass die Samaritaner nur den Pentateuch als ihr heiliges Buch und Gründungsdokument anerkennen, jedoch nicht die Propheten und Schriften.[1] Deshalb überliefern die samaritanischen Texte nur die Tora.[2] Sie sind in einer besonderen Form der althebräischen Schrift verfasst. Als der sogenannte samaritanische Pentateuch im 17. Jahrhundert in Europa bekannt geworden ist, glaubte man aufgrund seiner altertümlichen Schrift, ein gegenüber dem Masoretentext älteres Textstadium vor Augen zu haben. Jedoch hat sich ergeben, dass die samaritanische Schriftform tatsächlich in die hasmonäische Zeit gehört (2. Jh. v. Chr.).[3] Man verbindet deshalb die Verwendung der althebräischen Schrift vornehmlich mit dem Anspruch der samaritanischen Gemeinschaft, dass sie mit ihrer Überlieferung

[1] Auch die jüdische mündliche Tora, die im rabbinischen Judentum kanonische Geltung erlangte, wird von den Samaritanern nicht anerkannt. Vielmehr besitzen sie eine eigene samaritanische Halacha (Gesetzesauslegung).

[2] Gelegentlich wird darauf hingewiesen, dass die Samaritaner auch eine eigene Textversion des Buches Josua sowie ein als »Chronik II« bezeichnetes, weiteres Werk zur biblischen Geschichte besitzen; vgl. z. B. H.-J. Fabry, Der Text und seine Geschichte, in: E. Zenger / u. a., Einleitung in das Alte Testament, KStTh 1,1, 7. Aufl. Stuttgart 2008, 49. Das ist richtig. Da beide Werke jedoch nur in Handschriften aus dem 19./20. Jahrhundert vorliegen, stellt sich die Frage, ob es sich nicht um neuzeitliche Kompilationen handelt.

[3] Vgl. E. Tov, Der Text der Hebräischen Bibel. Handbuch der Textkritik, Stuttgart / Berlin / Köln 1997, 67.

der Tora eine besonders alte israelitische Texttradition bewahrt habe. Bevor wir ihren Anspruch prüfen, ist eine knappe Information zu Herkunft und Geschichte der Samaritaner geboten.

4.1 Zur Geschichte der Samaritaner

Als die kleinste ethnisch-religiöse Minderheit der modernen Welt existiert die samaritanische Gemeinde noch heute in Israel und zählt ca. 550 Mitglieder. Der größere Teil wohnt in *Nablus* (arabischer Name des römischen Neapolis) unweit des biblischen Sichem, der kleinere Teil im samaritanischen Viertel von Holon südlich von Tel Aviv.[4] Beim Namen »Samaritaner« handelt es sich um eine Selbstbezeichnung. Sie wird nicht von der früheren Hauptstadt des Nordreichs »Samaria« abgeleitet, sondern mit dem Wort »hüten, bewahren« (aram. *schamrajin* »Hüter«) verbunden und im Sinne von »Bewahrer der göttlichen Tora« verstanden. Die Samaritaner betrachten sich selbst als die wahren Nachkommen der zehn Stämme Israels und führen ihre Herkunft auf die ehemaligen Bewohner des Nordreichs zurück.

Geschichte. Die deuteronomistische Darstellung lässt freilich die Geschichte des Nordreichs und seiner Bewohner mit der Eroberung durch die Assyrer 722 v. Chr. enden (2. Kön 17,6). Danach werden sämtliche Israeliten deportiert und an ihrer Stelle fremde Völkerschaften aus dem mesopotamischen Raum angesiedelt. Ein ideologisch-polemisches Moment dieser Darstellung lässt sich nicht verkennen; denn durch den radikalen Bevölkerungsaustausch sollen die künftigen Bewohner der assyrischen Provinz Samarina als synkretistische Heiden-Kolonisten vor Augen geführt werden. Doch erklärt diese Sicht weder die Jahweverehrung im ehemaligen Gebiet Israels noch den Fortbestand von Kultstätten wie Bet-El bis in das 7. Jh. v. Chr. Offenbar verschwiegen die Deuteronomisten die historische Existenz nicht-deportierter Israeliten im Norden, die den Jahwekult weiter pflegten.

In der folgenden Perserzeit (538–332 v. Chr.) bestand die Bevölkerung der Provinz Samaria aus den Nachkommen der Nordreich-Israeliten und den inzwischen assimilierten Fremdvölkern, während die im Süden verbliebenen Judäer mit den babylonischen Rückkehrern die Bewohnerschaft der kleineren und ärmeren Provinz Jehuda bildeten. Es ist davon auszugehen, dass die samarische Oberschicht zunächst das kultische Zentrum Jerusalem sowie die Autorität seiner Hohenpriester in allen kulti-

[4] Vgl. S. Talmon, Die Samaritaner in Vergangenheit und Gegenwart, in: F. Dexinger/ R. Pummer (Hg.), Die Samaritaner, WdF 604, Darmstadt 1992, 379–392.

schen und gottesdienstlichen Fragen anerkannte (Jes 56,3-7).[5] Die Konstituierung einer eigenen Jahwe-Gemeinde auf dem Garizim etwa im 5. Jh. v. Chr. ist deshalb auch nicht als Stiftung einer *corporate identity* der samaritanischen Gemeinschaft anzusehen, sondern vielmehr die unvermeidliche Folge einer strikten Abgrenzungs- und Anti-Mischehenpolitik, die von den Rückwanderern in Jerusalem erfolgreich betrieben wurde. Die spätere Gründung einer hellenistischen Stadt auf dem Berg Garizim steht sehr wahrscheinlich mit der Zerstörung Samarias durch Alexander den Großen (320 v. Chr.) und der damit verbundenen Flucht der samarischen Oberschicht im Zusammenhang. Jedenfalls entwickelte sich fortan der Garizim zu einem religiösen, politischen und ökonomischen Zentrum der samaritanischen Gemeinschaft, ohne dass man schon zu diesem Zeitpunkt von einem Bruch mit Jerusalem oder einer politisch-kultischen Abspaltung der Samaritaner von den Juden sprechen könnte.

Schisma. Unter dem judäisch-samaritanischen Schisma versteht man die definitive Trennung beider Gruppen von Jahweverehrern.[6] In der Forschung besteht inzwischen weitgehend Einigkeit darüber, dass das Schisma nichts mit der Errichtung eines eigenen Tempels auf dem Garizim zu tun hat, sondern mit der Zerstörung dieses Heiligtums[7] sowie der Stadt Sichem (110 v. Chr.) durch Johannes Hyrkan I. (143–104 v. Chr.). Seine gewaltsame Judaisierungspolitik bedeutete den endgültigen Bruch der Kultgemeinschaft. Seitdem betrachteten die Samaritaner nur noch den Garizim als legitime Opferstätte (für das Passa) und die eigene zadokidische Linie als legitime Priesterschaft, die man bis auf Eleasar, den Sohn Aarons, zurückführte (vgl. 1. Chr 5,29-36). Das Schisma ist damit der Endpunkt einer längeren und von wachsenden Spannungen geprägten Koexistenz.[8]

[5] Vgl. dazu H. Thyen, Genese und Geschichte des Heiligtums auf dem Garizim, sowie des jüdisch-samaritanischen Schismas, in: ders., Studien zum Corpus Iohanneum, WUNT 214, Tübingen 2007, 488.

[6] Der aus der Kirchengeschichtsschreibung entlehnte Begriff ist insofern problematisch, als Schisma stets die Abspaltung einer Sondergruppe von einer als orthodox definierten Hauptgruppe bezeichnet; vgl. Thyen, Studien, 484.

[7] Mit Josephus, Antiquitates, XIII,254–258, wird die Zerstörung herkömmlich um 128 v. Chr. datiert. Nach Ausweis der Münzfunde wurde das Heiligtum auf dem Garizim jedoch nicht vor 111 v. Chr. zerstört, so dass ein Zusammenhang mit der Eroberung Sichems angenommen werden darf; vgl. J. Zangenberg, Berg des Segens, Berg des Streits. Heiden, Juden, Christen und Samaritaner auf dem Garizim, ThZ 63 (2007), 304f.

[8] Vgl. dazu auch B. Becking, Do the Earliest Samaritan Inscriptions Already Indicate a Parting of the Ways?, in: O. Lipschits / G. N. Knoppers / R. Albertz (ed.), Judah and the Judeans in the Fourth Century B.C.E., Winona Lake, Indiana 2007, 213–222.

Garizim. Das enge Tal von Nablus wird nördlich durch den Berg Ebal (938 m) und südlich vom Berg Garizim (868 m) begrenzt. Bereits in der Mittelbronzezeit (MB IIC) bestand auf dem Garizim ein am unteren Bergabhang gelegenes Heiligtum. Weitere Ausgrabungen erbrachten den Nachweis, dass auf dem Seitengipfel Tell er-Ras ein römischer Zeustempel stand, der im 2. Jh. n. Chr. errichtet worden ist. Lange Zeit meinte man, seinen Unterbau mit den Resten des gesuchten Tempels der Samaritaner identifizieren zu können. Doch ist diese Vermutung inzwischen widerlegt, weil das fragliche Podium mit dem römischen Zeustempel zeitgleich errichtet worden ist. Da sich zunächst keine weiteren Spuren eines samaritanischen Heiligtums fanden, wurde sogar die Frage gestellt, ob auf dem Garizim überhaupt ein Tempel der Samaritaner oder nur ein Kultplatz mit Opferstätte bestanden habe. Die Frage ist durch die neuesten Ausgrabungen unter der Leitung von Yitzhak Magen entschieden. So konnte auf dem Hauptgipfel des Garizim die Existenz eines mit proto-äolischen Kapitellen ausgestatteten samarischen Tempels nachgewiesen werden, der bereits um die Mitte des 5. Jh.s v. Chr. erbaut worden ist.[9] Dabei zeigt der perserzeitliche Bauplan eine Tempelanlage mit drei Toren, die sich sehr wahrscheinlich an Ez 40,10-16 orientiert und die Annahme untermauert, dass auch der samarische Tempelbau nach dem Jerusalemer Vorbild gestaltet worden ist. Im frühen 2. Jh. v. Chr. wurde dieser Tempelkomplex erneuert und mit einem ausgedehnten heiligen Bezirk umbaut, bevor ihn Johannes Hyrkan I. – wie erwähnt – zerstören ließ. Die archäologischen Befunde beweisen somit, dass schon im 5. Jh. v. Chr. und trotz des Kultzentralisationsgebots ein alternativer Jahwe-Tempel auf dem Berg Garizim bestanden hat.[10]

4.2 Der samaritanische Pentateuch

Die Samaritaner besitzen die Tora in einer eigenständigen Textversion, die als samaritanischer Pentateuch (Smr = Samaritanus) bezeichnet wird. In ihr lassen sich ca. 6000 Abweichungen vom Masoretentext zählen. Die Hauptmasse betrifft freilich orthographische Eigenarten (vor allem häufigere plene-Schreibung) und andere sprachliche Varianten, die den Sinn nicht beeinflussen. Bedeutsam ist dagegen, dass die samaritanischen Varianten in etwa einem Drittel der Abweichungen mit Lesarten der Septua-

[9] Vgl. die ausführliche Darstellung von Y. Magen, The Dating of the First Phase of the Samaritan Temple on Mount Gerizim in Light of the Archaeological Evidence, in: O. Lipschits / G. N. Knoppers / R. Albertz (ed.), Judah and the Judeans in the Fourth Century B.C.E., Winona Lake, Indiana 2007, 157–211.

[10] Für die Diaspora vgl. noch den Jahwe-Tempel auf der Insel Elephantie und ab dem 2. Jh. v. Chr. den Tempel des Onias im unterägyptischen Leontopolis.

ginta zusammengehen. Diese Übereinstimmungen sind sicher nicht zufällig. Deshalb bleibt im Einzelfall zu prüfen, ob die beiden Textzeugen gegenüber MT eine ältere Texttradition bewahrt haben.

Die Textgestalt des samaritanischen Pentateuchs lässt sich in dreifacher Hinsicht kennzeichnen: Erstens zeigt sie eine weitgehende Tendenz zur *Harmonisierung*, und zwar in der Absicht, textliche Spannungen und Widersprüche auszugleichen und dadurch die innere Konsistenz der Tora zu stärken. Besonders deutlich lässt sich dieses Interesse am Anfang des Deuteronomiums wahrnehmen, dessen Einleitungsrede die Geschichte Israels rückblickend vor Augen führt und neu akzentuiert. Hier finden sich eine Reihe von harmonisierenden Änderungen, die nach den Paralleltexten in Exodus und Numeri vorgenommen worden sind. Teilweise wurden auch Stücke aus dem Deuteronomium in die vorausgehenden Paralleltexte eingesetzt, um dadurch beide Darstellungen in Einklang zu bringen. Kleinere harmonisierende Angleichungen betreffen beispielsweise die einheitliche Schreibweise von Namen oder die Anpassung an Formulierungen aus dem unmittelbaren Kontext.[11] Zweitens zeigen die Texte des samaritanischen Pentateuchs eine Tendenz zur *Vereinfachung*. Ungewöhnliche Schreibweisen werden berichtigt, altertümliche Formen wie etwa die Langformen der Pronominalsuffixe modernisiert und schwierige Satzkonstruktionen vereinfacht. Man darf annehmen, dass solche Änderungen aus einer relativ frühen Zeit stammen, in der man noch daran interessiert war, dem Volk den hebräischen Text so verständlich wie möglich darzubieten. Drittens kennzeichnen den samaritanischen Pentateuch auch *inhaltliche Änderungen*. Unter diesen lässt sich eine relativ dünne Schicht dogmatischer Änderungen abheben, die im kultischen Interesse der Samaritaner vorgenommen wurden. Sie zeigen einen typisch samaritanischen Standpunkt und setzen damit eine bereits zunehmende Entfernung von der Jerusalemer Kultgemeinde voraus.

Samaritanische Korrekturen. Das besondere Interesse der samaritanischen Gemeinschaft gilt der Begründung ihres Heiligtums von Alters her. Deshalb werden im samaritanischen Pentateuch alle Hinweise auf die zentrale Kultstätte, die sich in der Tora finden und herkömmlich mit Jerusalem verbunden wurden, auf den Berg Garizim und damit auf das kultische Zentrum der Samaritaner bezogen. Besonders prominent ist die Einschaltung eines Gebots, das in Ex 20,17 auf den Dekalog folgt bzw. bei den Samaritanern als sein zehntes Gebot gezählt wird und die Errichtung eines Heiligtums auf dem Berg Garizim anordnet.[12] Charakteristisch ist

[11] Beispiele bei Tov, Text, 70–73.

[12] Das Gebot ist aus den Textelementen Dtn 11,29a; 27,2b-3a.4-7; 11,30 kompiliert.

auch die Veränderung der deuteronomistischen Formel »der Ort, den Jahwe erwählen wird« (Ex 20,24; Dtn 12,5)[13], die in die Vergangenheitsform gesetzt wird. Dadurch ließ sich die Formel auf die bereits bestehende Kultstätte bei Sichem (Gen 12,6; 33,20) und mittelbar auf den bei Sichem gelegenen Berg Garizim beziehen, auf dem die Samaritaner ihren Tempel erbauten. Vor dem Hintergrund, dass das Passafest für die samaritanische Gemeinde von zentraler Bedeutung ist und bis heute mit einem Opfergottesdienst auf dem Garizim begangen wird, lassen sich auch Korrekturen wie in Ex 13,6 erklären. Hier dient die Anordnung des Samaritanus, sechs Tage (statt sieben) ungesäuertes Brot zu essen und am siebten Tag ein Fest zu Ehren Jahwes zu feiern, dem Interesse, das Mazzot-Fest und den Tag des Passa-Opfers auseinanderzuhalten. Möchte man Korrekturen solcher Art als »ideologische Änderungen« des samaritanischen Pentateuchs bezeichnen, wird man umgekehrt auch beim Masoretentext davon sprechen müssen. Denn in ihm lassen sich gleicherweise ideologisch begründete, antisamaritanische Korrekturen entdecken, wie das textkritische Fallbeispiel in Dtn 27,4 belegt (siehe 9.5.2).

Samaritanische Chronologie. Ein weiteres Merkmal des samaritanischen Pentateuchs ist seine eigene Berechnung der Weltzeit, die sich von den anderen Texttraditionen unterscheidet. So errechnet beispielsweise der Masoretentext für die Zeitspanne von der Schöpfung bis zur Flut 1656 Jahre und bis zum Auszug Israels aus Ägypten 2666 Jahre, wodurch das Jahr 4000 auf das Datum der Wiedereinweihung des Jerusalemer Tempels 164 v. Chr. fällt. Der Samaritanus zählt dagegen 1307 Jahre bis zur Flut und 2867 Jahre bis zum Exodus, während die griechische Überlieferung 2242 Jahre bzw. 3346 Jahre dafür ansetzt.[14] Natürlich würde man gerne wissen, welches Ziel die samaritanischen Zahlen verfolgen. Doch konnte bislang weder das System der samaritanischen Chronologie noch ihr Verhältnis zu den abweichenden Zeitrechnungen (einschließlich der Berechnung nach Jubiläen) abschließend geklärt werden. Dass hinter den unterschiedlichen Chronologien theologische Konzeptionen stehen, lässt sich der masoretischen (»makkabäischen«) Berechnung zweifelsfrei entnehmen. Darüber hinaus darf man annehmen, dass es sich bei den drei Zeitrechnungen von M, Smr und G um relativ späte chronologische Revisionen handelt, die sich über verschiedene Zwischenstufen auf ein ur-

[13] Die Formel ist von Anfang an auf die Identifizierung des Ortes mit Jerusalem ausgerichtet, vgl. T. Veijola, Das 5. Buch Mose. Deuteronomium, ATD 8,1, Göttingen 2004, 267.

[14] Zur LXX-Chronologie vgl. M. Rösel, Übersetzung als Vollendung der Auslegung. Studien der Genesis-Septuaginta, BZAW 223, Berlin / New York 1994, 129–144.

sprünglich vorhandenes, priesterschriftlich konzipiertes Zeitschema zurückführen lassen.[15]

Lesetradition. Der samaritanische Pentateuch ist im Wesentlichen als Konsonantentext überliefert. Zwar entwickelten die Samaritaner im frühen Mittelalter ebenfalls Vokalzeichen,[16] doch wurden diese nur sporadisch verwendet. Vor dem 20. Jahrhundert existierte keine einzige Handschrift, die vollständig vokalisiert worden wäre. Folglich teilt sich die Überlieferung der samaritanischen Tora in die schriftliche Fixierung ihres Konsonantenbestands und in eine ihre Aussprache festhaltende Lesetradition, die innerhalb der samaritanischen Gemeinschaft von Generation zu Generation bis heute mündlich weitergegeben worden ist. Für die Genesis wurde neuerdings der Versuch unternommen, diese samaritanische Lesetradition zu erheben und insgesamt als stabil und zuverlässig zu erweisen.[17]

Handschriften. Alle Handschriften des samaritanischen Pentateuchs stammen aus dem Mittelalter. Eine der ältesten in Buchform ist der *Codex Zurbil.* Er wird in der Universitätsbibliothek von Cambridge aufbewahrt (Ms. Add. 1846) und stammt aus dem 12. Jh. n. Chr. Besonderes Ansehen besitzt die heilige Rolle der samaritanischen Gemeinde von Nablus. Nach der Tradition soll sie von Abischa, einem Enkel Aarons, im 13. Jahr nach dem Einzug der Stämme Israels ins Land Kanaan geschrieben worden sein und wird danach als *Abischa-Rolle* bezeichnet. Bei ihr handelt es sich jedoch um eine mittelalterliche Kompilation aus verschiedenen Rollen, deren ältester Teil mit dem Textabschnitt Num 35,1–Dtn 34,12 noch in das 11. Jh. n. Chr. datiert.

Übersetzungen. Vom samaritanischen Pentateuch existieren eine aramäische und eine arabische Übersetzung. Das samaritanische Targum ist vornehmlich in zwei mittelalterlichen Handschriften überliefert, der sogenannten Handschrift J (British Library Or. 7562) aus dem 13./14. Jh. n. Chr. sowie einer noch jüngeren Handschrift A (Nablus Ms. 3). Beide Handschriften spiegeln unterschiedliche Entwicklungsstufen des samaritanischen Aramäisch wider. A weist in die Blütezeit samaritanisch ausgeformter Liturgien und damit ins 4. Jh. n. Chr., während J eine noch ältere Form repräsentiert.[18] Vor diesem Hintergrund lässt sich eine Entstehung des

[15] Vgl. dazu J. Northcote, The Schematic Development of Old Testament Chronography: Towards an Integrated Model, JSOT 29 (2004), 3–36.

[16] Vgl. Z. Ben-Hayyim, The Samaritan Vowel-System and Its Graphic Representation, ArOr 22 (1954), 515–530.

[17] Vgl. S. Schorch, Die Vokale des Gesetzes. Die samaritanische Lesetradition als Textzeugin der Tora. 1. Das Buch Genesis, BZAW 339, Berlin/New York 2004.

[18] Vgl. R. Pummer, Einführung in den Stand der Samaritanerforschung, in: F. Dexinger/R. Pummer (Hg.), Die Samaritaner, WdF 604, Darmstadt 1992, 20f.

samaritanischen Targums im 1./2. Jh. n. Chr. vermuten. Neben der aramäischen Fassung wird der samaritanische Pentateuch auch durch eine arabische Übersetzung bezeugt, die vermutlich aus dem 11. Jh. n. Chr. stammt.

Samareitikon. In der Hexapla zitiert Origenes eine griechische Übersetzung des samaritanischen Pentateuchs, die er als Samareitikon kennzeichnet. Einzelne Zitate beziehen sich vornehmlich auf samaritanische Zusätze zum Pentateuch und dürften von Origenes selbst aus dem samaritanischen Text übersetzt worden sein.[19] Deshalb stellt sich die Frage, ob es überhaupt eine samaritanisch-griechische Übersetzung gegeben habe. Sie wird in der gegenwärtigen Forschung negativ beantwortet. Denn die erhaltenen Reste von Handschriften, die dafür in Anspruch genommen wurden, ließen sich insgesamt der Septuaginta-Überlieferung zuweisen und enthalten keine exklusiv samaritanischen Merkmale, die zur Annahme eines Samareitikons nötigen. Die weitere Forschung bleibt abzuwarten.

4.3 Präsamaritanische Texte

Die wichtigste Entdeckung im Zusammenhang mit dem samaritanischen Pentateuch sind wiederum die Qumran-Funde. Erst sie ermöglichen eine angemessene Einschätzung seiner textkritischen Bedeutung. Unter den Schriftrollen von Qumran befinden sich nämlich nicht-masoretische Handschriftenfragmente, die charakteristische Gemeinsamkeiten mit dem Text des Samaritanus zeigen, aber noch keine samaritanischen Korrekturen enthalten. Dadurch widerlegen sie das frühere Urteil, als handele es sich beim samaritanischen Pentateuch insgesamt um eine nachträgliche und unter samaritanischen Gesichtspunkten vorgenommene Bearbeitung des Masoretentextes. Statt dessen beweisen sie, dass sich der samaritanische Pentateuch tatsächlich an eine eigenständige Texttradition anschließt und diese fortführt. Das Verhältnis zwischen den in Qumran gefundenen harmonisierenden Texten und dem Samaritanus ist freilich anders gelagert als das zwischen protomasoretischen und masoretischen Texten. Während diese nämlich nur verhältnismäßig geringe Abweichungen und Unterschiede zeigen, ließ sich in Qumran (bislang) keine Handschrift nachweisen, die neben den gemeinsamen harmonisierenden und vereinfachenden Textmerkmalen eine unmittelbare Beziehung zum samaritanischen Pentateuch zu erkennen gab. Vielmehr beschreiben die fraglichen Texte eine im

19 Vgl. E. Tov, Die griechischen Bibelübersetzungen, ANRW II/20.1, Berlin/New York 1987, 185. Anders F. Siegert, Register zur »Einführung in die Septuaginta«, MJSt 13, Münster 2003, 371, der eine semitistische Aktivität des Origenes für wenig wahrscheinlich hält.

3./2. Jh. v. Chr. verbreitete, nicht-masoretische Grundlage, die sich der Samaritanus, aber auch andere Handschriften zu eigen machten. Emanuel Tov hat deshalb vorgeschlagen, die zu dieser Gruppe zählenden Texte als *präsamaritanisch* zu bezeichnen und damit dem Missverständnis eines direkten Zusammenhangs mit dem Samaritanus vorzubeugen.[20] Alle Texte mit präsamaritanischen Merkmalen stammen sehr wahrscheinlich von außerhalb der Qumrangemeinschaft. Sie bieten teils freie, teils popularisierende und harmonisierende Lesarten, die eine gewisse Nähe zur späteren Textgestalt des samaritanischen Pentateuchs zeigen. Ihre Textbasis ist freilich relativ schmal, so dass man nur eingeschränkt von einer präsamaritanischen Texttradition sprechen und sie beschreiben kann.

4QpalaeoEx^m (= 4Q22). Unter den Schriftrollen von Qumran, die mit althebräischen Buchstaben geschrieben sind, bietet nur die Exodushandschrift einen präsamaritanischen Text. Von ursprünglich 57 sind 43 Kolumnen mit dem Text von Ex 6,25–37,16 erhalten.[21] Die Handschrift datiert in das 1. Jh. v. Chr. und enthält bereits alle Texterweiterungen des samaritanischen Pentateuchs mit einer bemerkenswerten Ausnahme: Hinter Ex 20,17 fehlt das samaritanische zehnte Gebot, das zu den typischen Merkmalen der samaritanischen Gemeinschaft zählt. Daneben finden sich in der Exodusrolle aber auch individuelle Lesarten, die ein Wort oder eine Phrase ändern, ersetzen oder ergänzen. Interessant ist nicht zuletzt ihre erweiterte Darstellung der Plagenerzählung in Ex 7,14–11,10: Gemeinsam mit der masoretischen Textfassung schildert sie zunächst die göttlichen Anordnungen an Mose bzw. Aaron. Während jedoch MT die entsprechenden Ausführungsberichte teilweise nur verkürzt oder gar nicht bietet, werden sie in 4QpalaeoEx^m nach dem genauen Wortlaut der göttlichen Anordnungen ausgeschrieben (Ex 7,18b.29b; 8,19b; 9,5b.19b). Dadurch erreicht die Exodushandschrift eine exakte Entsprechung von göttlichem Befehl und Ausführung. Das Erzähl-Schema wird sozusagen in theologischer Hinsicht komplettiert, wodurch sich die Plagendarstellung insgesamt harmonischer fügt, aber auch manche literarische Fuge geglättet wird.[22]

[20] Vgl. Tov, Text, 66. Die synonym verwendete Bezeichnung *protosamaritanisch*, die in der älteren Literatur noch begegnet, sollte deshalb ganz aufgegeben werden.

[21] Vgl. P. W. Skehan / E. Ulrich / J. E. Sanderson, Qumran Cave 4.IV: Palaeo-Hebrew and Greek Biblical Manuscripts, DJD IX, Oxford 1992, 53–130; vgl. dazu J. E. Sanderson, 4QpaleoExod^m, RQ 13 (1989), 548–560.

[22] Zur Sache vgl. B. Lemmelijn, The So-Called »Major Expansions« in SamP, 4QpaleoExod^m and 4QExod^j of Exod 7:14-11:10. On the Edge between Textual Criticism and Literary Criticism, in: B. A. Taylor (ed.), X. Congress of the International Organisation for Septuagint and Cognate Studies, Oslo 1998, SBL.SCS 51, Atlanta 2001, 429–439.

4QNum^{b} (= 4Q27). Die Handschrift gehört zu den wenigen sehr gut erhaltenen Schriftrollen von Qumran. Sie verwendet die Quadratschrift, datiert in die zweite Hälfte des 1. Jh.s v. Chr. und bietet Fragmente von 27 Kolumnen mit dem Text von Num 11,31–36,13.[23] Eine ausgesprochene Besonderheit zeigen ihre Abschnittsmarkierungen. In zehn Fällen ist die erste Zeile bzw. der erste Vers des betreffenden Textstücks in roter Tinte geschrieben. Möglicherweise soll dadurch der Beginn eines liturgischen Leseabschnitts angezeigt werden, obwohl die Gliederung mit der masoretischen Sedarim-Einteilung nicht übereinstimmt. In unserem Zusammenhang mag überraschen, dass die Handschrift 4QNum^{b} mit ihren Lesarten ungefähr gleich weit entfernt von den drei maßgeblichen Texttraditionen zu stehen kommt: Übereinstimmungen mit Smr ca. 42 %, mit M ca. 37 %, mit G ca. 35 %, keine Gemeinsamkeiten ca. 28 %. Berücksichtigt man dagegen nur die signifikanten Lesarten, stehen sie näher beim Samaritanus und der Septuaginta. Darüber hinaus zeigt sich in fünf Fällen, dass 4QNum^{b} dieselben Textergänzungen bietet wie der samaritanische Pentateuch (Num 20,13b; 21,12a.13a.21a; 27,23b). Eben dies ist auch an weiteren Stellen wahrscheinlich zu machen. Deshalb darf man 4QNum^{b} insgesamt der präsamaritanischen Texttradition zurechnen.

Harmonisierende Texte. Interessanterweise finden sich ähnliche Textprofile mit harmonisierenden Tendenzen auch in solchen Texten, die sich nicht (oder nur bedingt) als Bibelhandschriften ansehen lassen. Dazu zählen Texte wie die Fragmente 4QRP^{a-e} (= 4Q158, 4Q364–367), die zusammen als *Reworked Pentateuch* bezeichnet werden. Sie bieten eine Nachschrift der Tora, die dem biblischen Wortlaut sehr nahe steht, aber hier und dort freier formuliert und anderes biblisches Material einfügt. Beispielsweise bietet 4QRP^{a} eine Einfügung hinter Ex 20,21, in der Dtn 5,28-29 und Dtn 18,18-19 miteinander kombiniert werden. Solche Kombinationen sind ebenso im samaritanischen Pentateuch, in 4Qpalaeo-Ex^{m} (= 4Q22) und in 4QTest (= 4Q175) belegt.[24] Harmonisierungen zeigen auch eine Reihe von *Phylakterien* oder Tefillin (aram. תְּפִלִּין »Gebetskapseln«), die in Qumran gefunden wurden. Diese an Riemen befestigten Kapseln, die man zum Gebet an die Stirn bzw. den linken Arm band, enthalten Abschriften kurzer Texte aus den Büchern Exodus und Deuteronomium wie beispielsweise die zehn Gebote. Bei den in Qumran gefun-

[23] Vgl. E. Ulrich/F. M. Cross/et al., Qumran Cave 4.VII: Genesis to Numbers, DJD XII, Oxford 1994, 205–267.

[24] Bei 4QTest handelt es sich um eine thematische Zusammenstellung biblischer Zitate, die mit Dtn 5,28-29 und 18,18-19 beginnt. Der Qumrantext wird als Testimonium bezeichnet.

denen Exemplaren kann man nun sehen, dass die beiden Dekalogfassungen in unterschiedlich starken Graden einander angeglichen wurden. Einige bieten ähnlich wie der samaritanische Pentateuch eine begrenzte Harmonisierung, indem sie versuchen, durch wenige Änderungen die Version des Deuteronomiums enger an die Exodusfassung heranzuführen (4QPhyl^{j} = 4Q137). Andere gehen darüber hinaus und bietet etwa beim Sabbatgebot eine umfassende Harmonisierung beider Gebotsfassungen (4QPhyl^{g} = 4Q134, 8QPhyl = 8Q3, vgl. 4QDtn^{n}, Papyrus Nash).[25] Aus den Befunden lassen sich zwei Folgerungen ziehen: Erstens gehören die präsamaritanischen Texte offensichtlich zu einer größeren Textgruppe, die in ihrem Bemühen, Spannungen und Widersprüche auf der Textebene auszugleichen, einen ähnlichen Umgang mit dem Bibeltext pflegten. Zweitens lässt sich feststellen, dass eine Reihe der zuletzt genannten Texte in ihrem harmonisierenden Verfahren konsequenter vorgingen und dabei auch über den Basistext des samaritanischen Pentateuchs hinausgehende Eingriffe und Veränderungen vornahmen.[26] Dass ihre Schreiber gleichwohl der Auffassung waren, durch die geschaffenen Harmonisierungen den Bibeltext sachentsprechend wiederzugeben, braucht nicht nochmals betont werden. In unserem Zusammenhang ist statt dessen von Interesse, dass die Texte mit weitgehender Harmonisierung (more comprehensive harmonistic editing) vornehmlich in die späte hasmonäische oder bereits in herodianische Zeit datieren, während die Handschriften mit begrenzter Harmonisierung (limited harmonistic editing) in das 2. Jh. v. Chr. weisen. Mithin gehören die präsamaritanischen Texte wie auch der Basistext des späteren Samaritanus in ein frühes Stadium harmonisierenden Redigierens.

Vor diesem Hintergrund ist folgendes Szenario denkbar und wahrscheinlich: Noch vor dem judäisch-samaritanischen Schisma wählte die Garizim-Gemeinschaft aus den harmonisierenden Texten fünf Schriftrollen einheitlichen Charakters aus, die sie als wahre Tora von Alters her betrachtete. Diese fünf Schriftrollen wurden dann zum *Basistext des samaritanischen Pentateuchs*, in den die samaritanischen Korrekturen sukzessive

[25] Vgl. E. und H. Eshel, Dating the Samaritan Pentateuch's Compilation in Light of the Qumran Biblical Scrolls, in: Sh. M. Paul / u. a. (ed.), Emanuel: Studies in Hebrew Bible, Septuagint, and Dead Sea Scrolls (FS E. Tov), VT.S 94, Boston / Leiden 2003, 232–235.

[26] Zum Verhältnis von präsamaritanischen Texten und Rewritten Bible vgl. auch E. Tov, Rewritten Bible Compositions and Biblical Manuscripts, with Special Attention to the Samaritan Pentateuch, DSD 5 (1998), 334–352 (wiederabgedruckt in: ders., Hebrew Bible, Greek Bible, and Qumran. Collected Essays, TSAJ 121, Tübingen 2008, 57–70).

eingetragen, aber keine weiteren Harmonisierungen mehr vorgenommen wurden. Warum die samaritanische Gemeinschaft eben diese Rollen mit einem harmonisierenden Text auswählte, ist schwer zu entscheiden. Vielleicht gab es dafür keinen speziellen Grund, weil Texte wie diese allgemein gebräuchlich gewesen sind.[27] Möglich ist aber auch, dass sich die Samaritaner ganz bewusst für eine harmonisierende Textfassung entschieden, weil ihnen eine die Spannungen und Unstimmigkeiten im Pentateuch ausgleichende Textversion als Basis einer normativen Tora-Rolle am besten geeignet erschien.[28] Außerdem könnten praktische Gesichtspunkte die Wahl beeinflusst haben, nämlich für die gottesdienstliche Lesung der hebräischen Tora-Abschnitte einen sprachlich vereinfachten und dadurch besser verständlichen Text zu besitzen. Oder ist daran zu denken, dass die Samaritaner auf die (Muster-)Handschriften der protomasoretischen Textgruppe, die sehr wahrscheinlich am Jerusalemer Tempel aufbewahrt und gepflegt wurden, nicht zugreifen konnten oder wollten?

Rückblickend lässt sich der Basistext des samaritanischen Pentateuchs zu einer größeren Textgruppe stellen, die sich durch das Bemühen jüdischer Schreiber im 2. Jh. v. Chr. charakterisieren lässt, die Inkonsistenzen im (vor-)masoretischen Text zu beheben. Konsequenterweise muss man dann die Entstehung des präsamaritanischen Basistextes in diesem Zeitraum ansetzen. Wenn das der Fall ist, darf man die Auffassung der älteren Forschung, dass der Samaritanus eine sehr alte Texttradition widerspiegele und seine Textfassung bis in das 4. Jh. v. Chr. zurückreiche, als widerlegt betrachten. Dadurch ist jedoch noch nichts über seine textkritische Bedeutung gesagt. Vielmehr lässt sie sich in zweifacher Hinsicht bestimmen: Erstens gehört der Basistext des Samaritanus zu einer gegenüber der protomasoretischen Textgruppe eigenständigen Texttradition, die den Vergleich und die Bewertung verschiedener Lesarten ermöglicht. Zweitens darf man damit rechnen, dass in ihm unabhängig vom Masoretentext alte Lesarten bewahrt worden sind. Wahrscheinlich wird diese Möglichkeit gegenwärtig noch unterschätzt. Doch wird das neuerdings wachsende Forschungsinteresse am samaritanischen Pentateuch zu einer weiteren Klärung dieser Frage beitragen.

4.4 Wissenschaftliche Textausgaben

In den letzten Jahrzehnten wurden bei der Erschließung des samaritanischen Textes erhebliche Fortschritte gemacht. Dennoch bleibt eine moderne textkritische Ausgabe des samaritanischen Pentateuchs noch immer

[27] Vgl. Tov, Text, 82.
[28] Vgl. Eshel, Dating, 238.

ein Desiderat der Forschung. Die bislang einzige vollständige Textausgabe, die eine Reihe unterschiedlicher Textzeugen berücksichtigt, wurde von August Freiherr von Gall in den Kriegsjahren 1914 bis 1918 herausgegeben und gestattet der alttestamentlichen Textkritik einen Zugang zu den samaritanischen Lesarten und ihre Kontrolle.

August von Gall (1914–1918). Die Ausgabe bietet einen eklektischen Text, dessen Herstellung auf der Kollation spätmittelalterlicher, damals bekannter Handschriften beruht. Geboten wird der reine Konsonantentext in einer gut lesbaren Quadratschrift. Ihm beigegeben ist ein dreifacher Apparat, dessen erste Abteilung die Varianten listet. Die zweite Abteilung notiert die Vokale sowie diakritische Zeichen und die dritte bietet die in manchen Handschriften enthaltene Interpunktion. In der Textdarstellung finden sich vereinzelt Buchstaben in runden bzw. eckigen Klammern. Dabei steht in runden Klammern ( ), was zu tilgen ist, und in eckigen Klammern [ ], was ergänzt werden soll. Diese Angaben erfolgen jedoch ohne Nachweis. Sie sind deshalb als Konjekturen des Herausgebers anzusprechen und nachzuprüfen. Wie erwähnt leistet die eklektische Textausgabe noch immer ihre Dienste, auch wenn sie nicht mehr dem neueren Forschungsstand entspricht. Ihr Mangel besteht vor allem darin, dass sich der Handschriftenbestand inzwischen deutlich vermehrt hat. Nicht berücksichtigt sind in ihr die erst später veröffentlichte Abischa-Rolle und natürlich auch die präsamaritanischen Texte aus Qumran, das samaritanische Targum sowie die arabische Übersetzung. Darüber hinaus bevorzugte August von Gall die defektive Schreibweise und orientierte seine textkritischen Entscheidungen demgemäß am Masoretentext. Das bedeutet, dass wichtige und bedenkenswerte Lesarten des samaritanischen Pentateuchs nur im Apparat zu finden sind. Schließlich ist noch darauf hinzuweisen, dass der Herausgeber den samaritanischen Text nach der gängigen Kapitel- und Verseinteilung des Masoretentextes darbietet.

Luis-Fernando Girón Blanc (1976). Die dringend gebotene Arbeit an einer neuen Edition wurde von dem in Madrid lehrenden Girón Blanc aufgenommen. Seine Ausgabe der Genesis basiert auf dem erwähnten Codex Zurbil. Die Auswahl weiterer fünfzehn Handschriften, die hinzugezogen wurden, ist durch drei Gesichtpunkte bestimmt: das Alter (vor 1350 n. Chr.), ihr guter Zustand und ihre Nicht-Verwendung durch August von Gall.[29] Leider hat die Neuausgabe bislang keine Fortsetzung erfahren.

Abraham Tal (1994). Die jüngste Ausgabe des samaritanischen Pentateuchs wurde von Abraham Tal, einem Schüler Ben-Hayyims, herausgegeben. Es handelt sich bei ihr um die zuverlässige und korrekt transkribier-

[29] Vgl. Pummer, Einführung, 13.

te Veröffentlichung einer einzigen Handschrift, die in der Synagoge von Nablus unter der Bezeichnung Ms. 6 (C) geführt wird. Sie stammt aus dem frühen 13. Jh. n. Chr. und wurde von einem Priester namens Finhas ben Elazar geschrieben. Die Wahl der Handschrift als repräsentative Textfassung des Samaritanus wird u. a. dadurch begründet, dass ihr Text weitgehend vollständig und außerdem von einer einzigen Hand angefertigt worden ist. Dennoch ist die Entscheidung für Ms. 6 (C) nicht über jeden Zweifel erhaben. Denn aus dem 11. und 12. Jh. n. Chr. liegen einige ältere Manuskripte vor, die von Angehörigen der angesehenen Nesiah-Familie geschrieben wurden. Aus ihrer Textwerkstatt sind außerdem über Hundert Pentateuchhandschriften hervorgegangen, die offenbar eine bestehende Texttradition repräsentieren und mit ihren speziellen Textmerkmalen eine nicht weniger zuverlässige Textfassung bieten. Vor diesem Hintergrund darf man feststellen: Die von Abraham Tal veranstaltete Edition bildet zwar einen wichtigen Schritt auf dem Weg zu einer neuen textkritischen Ausgabe des samaritanischen Pentateuchs, kann aber diese (noch fehlende) nicht ersetzen.[30]

Abraham Tal ist es ebenfalls zu danken, dass das samaritanische Targum nunmehr in einer vorbildlichen diplomatischen Ausgabe zugänglich ist. Das 1980–1983 publizierte Werk bietet die beiden wichtigsten und oben erwähnten Targum-Handschriften (siehe 4.2) in parallelem Druck. Zudem ermöglichen zwei Apparate mit textkritischen Anmerkungen eine Bewertung der unterschiedlichen Versionen.

Abschließend ist auf die Textausgabe der arabischen Übersetzung hinzuweisen, um die sich ein weiterer Schüler Ben-Hayyims, nämlich Haseeb Shehadeh bemüht. Der erster Band ist bereits 1989 erschienen und umfasst die Bücher Genesis und Exodus. Er stützt sich auf den Text zweier Handschriften, die ebenfalls synoptisch dargestellt werden. Bei ihnen handelt es sich zum einen um die arabische Spalte der Samaritanischen Triglotte aus dem 13. Jh. n. Chr. (vgl. Bildtafel 27) und zum andern um den von Abu Sa'id revidierten Text der Handschrift Arabic Ms. 5 (Bibliothèque Nationale in Paris).[31]

[30] Vgl. dazu die Rezension von A. D. Crown, JSS 40 (1995), 348–350.

[31] Vgl. dazu H. Shehadeh, The Arabic Translation of the Samaritan Pentateuch, in: A. D. Crown (ed.), The Samaritans, Tübingen 1989, 481–516.

4.5 Literatur

Textausgaben

A. Freiherr von Gall, Der hebräische Pentateuch der Samaritaner, Bd. I–V, Gießen 1914–1918 (Nachdruck: Berlin 1966).

L.-F. Girón Blanc, Pentateuco hebreo-samaritano: Génesis. Edición crítica sobre la base de manuscritos inéditos, TECC 15, Madrid 1976. [Das Werk wurde bislang nicht fortgeführt.]

A. Tal, The Samaritan Pentateuch. Edited According to MS 6 (C) of the Shekhem Synagoge, Texts and Studies in the Hebrew Language and Related Subjects 8, Tel-Aviv 1994.

A. Tal, The Samaritan Targum of the Pentateuch. A Critical Edition, Part I–III, Texts and Studies in the Hebrew Language and Related Subjects 4–6, Tel-Aviv 1980–1983. [Teil III bietet eine Einführung.]

H. Shehadeh, The Arabic Translation of the Samaritan Pentateuch. Edited from the Manuscripts with an Introductory Volume, Vol. I: Genesis–Exodus, The Israel Academy of Sciences and Humanities, Jerusalem 1989.

Hilfsmittel

Z. Ben-Hayyim (with assistance from A. Tal), A Grammar of Samaritan Hebrew, Based on the Recitation of the Law in Comparison with the Tiberian and Other Jewish Traditions. A Revised Edition in English, Jerusalem / Winona Lake, Indiana 2000.

A. Tal, A Dictionary of Samaritan Aramaic. 1. und 2. Teil, HO I/50, Leiden 2000. [Die Verwendung hebräischer Abkürzungen erschwert die Benutzung des Wörterbuchs.]

Vokalisation (samaritanische Lesetradition)

S. Schorch, Die Vokale des Gesetzes. Die samaritanische Lesetradition als Textzeugin der Tora. 1. Das Buch Genesis, BZAW 339, Berlin / New York 2004.

Einführungen

A. D. Crown (ed.), The Samaritans, Tübingen 1989 [Sammelband].

A. D. Crown, Samaritan Scribes and Manuscripts, TSAJ 80, Tübingen 2001.

F. Dexinger / R. Pummer (Hg.), Die Samaritaner, WdF 604, Darmstadt 1992. [Sammelband mit einer Einführung in den Stand der Samaritanerforschung bis 1991.]

Qumran

E. and H. Eshel, Dating the Samaritan Pentateuch's Compilation in Light of the Qumran Biblical Scrolls, in: Sh. M. Paul / u. a. (ed.), Emanuel: Studies in Hebrew Bible, Septuagint, and Dead Sea Scrolls (FS E. Tov), VT.S 94, Bosten / Leiden 2003, 215–240.

B. Lemmelijn, The So-Called »Major Expansions« in SamP, 4QpaleoExod^{m} and 4QExod^{j} of Exod 7:14-11:10. On the Edge between Textual Criticism and Literary Criticism, in: B. A. Taylor (ed.), X. Congress of the International Organisation for Septuagint and Cognate Studies, Oslo 1998, SBL.SCS 51, Atlanta 2001, 429–439.

E. Tov, Rewritten Bible Compositions and Biblical Manuscripts. With Special Attention [Paid] to the Samaritan Pentateuch, DSD 5 (1998), 334–354 (wiederabgedruckt in: ders., Hebrew Bible, Greek Bible, and Qumran. Collected Essays, TSAJ 121, Tübingen 2008, 128–154).

Archäologie

Y. Magen, The Dating of the First Phase of the Samaritan Temple on Mount Gerizim in Light of the Archaeological Evidence, in: O. Lipschits / G. N. Knoppers / R. Albertz (ed.), Judah and the Judeans in the Fourth Century B.C.E., Winona Lake, Indiana 2007, 157–193.

J. Zangenberg, Berg des Segens, Berg des Streits. Heiden, Juden, Christen und Samaritaner auf dem Garizim, ThZ 63 (2007), 289–309.

B

DIE ALTEN ÜBERSETZUNGEN

5
DIE SEPTUAGINTA

Septuaginta oder abgekürzt LXX (bzw. G) ist die gebräuchliche Bezeichnung für die griechische Bibel. Sie bezieht sich im kanongeschichtlichen Sinn auf Reihenfolge und Umfang der heiligen Schriften in griechischer Sprache, die von den frühen Christen als ihre Bibel übernommen wurden, und im textgeschichtlichen Sinn auf die griechische Übersetzung des Alten Testaments. Beides hängt miteinander zusammen, ist aber sachlich auseinanderzuhalten.

Kanon. Die Septuaginta enthält über die Bücher der hebräischen Bibel hinaus zusätzliche griechische Schriften. Ob in ihrem Hintergrund eine genuin jüdische Schriftensammlung in griechischer Sprache gestanden hat, die in der jüdisch-hellenistischen Diaspora in Gebrauch gewesen ist, wissen wir nicht. Die Annahme eines solchen »alexandrinischen Kanons« hat sich nicht beweisen lassen. Man wird daher auch nicht behaupten können, dass sich die kanonische Ausbildung einer christlichen Schriftensammlung in Absetzung gegen eine »jüdische« Septuaginta vollzogen habe. Vielmehr handelt es sich bei der Kanonbildung der griechischen Bibel um einen komplexen Vorgang, der hier vom Osterfestbrief des Athanasius (376 n. Chr.) rückblickend beleuchtet werden soll.[1] Athanasius orientiert sich am hebräischen Schriftenkanon durch die »magische« Zahl von 22 Büchern, die den 22 Buchstaben des hebräischen Alphabets entspricht.[2] Dabei integriert Athanasius das 1. Esrabuch (= 3. Esra), das er mit dem 2. Esrabuch (= Esr/Neh) zu einem Buch zusammenfasst, ebenso die Schriften Baruch und Brief Jeremias, die er als Anhänge dem Jeremiabuch zuschlägt, und schließlich die Zusätze zum Danielbuch. Darüber hinaus nimmt er die Schriften Weisheit Salomos, Sirach, Ester (!), Judit

[1] Vgl. dazu M. Hengel, Die Septuaginta als ›christliche Schriftensammlung‹, ihre Vorgeschichte und das Problem ihres Kanons, in: M. Hengel / A. M. Schwemer (Hg.), Die Septuaginta zwischen Judentum und Christentum, WUNT 72, Tübingen 1994, 219–235.

[2] Die Differenz zwischen der Zählung von 22 bzw. 24 Büchern des Alten Testaments ergibt sich daraus, dass im hebräischen Kanon die Bücher Rut und Klagelieder nicht bei den vorderen bzw. hinteren Propheten eingeordnet sind, sondern bei den Hagiographen als zwei Bücher gezählt werden.

und Tobit zur Sammlung hinzu. Er hält sie zwar für nicht kanonisch, empfiehlt sie aber ausdrücklich für den Unterricht. (1.–4. Makk werden nicht erwähnt und fehlen übrigens auch im Codex Vaticanus.) Schließlich werden weitere Bücher, die offenbar in manchen christlichen Schriftensammlungen enthalten oder ihnen angehängt waren, insbesondere das apokalyptische Henochbuch, aus dem Kanon ausgeschieden. Folgt man pragmatisch dem Schriftenkanon, den Alfred Rahlfs seiner Handausgabe der Septuaginta zugrunde legt, lassen sich folgende zusätzliche Schriften aufführen: a) geschichtliche Bücher: 1. Esra, Judit, Tobit, 1.–4. Makkabäer; b) poetische Bücher: Psalm 151, Oden, Weisheit (= Sapientia), Sirach, Psalmen Salomos; c) Anhänge zum Jeremiabuch: Baruch, Brief Jeremias; d) Zusätze zum Danielbuch: Susanna, Gebet des Asarja, Gesang der drei Männer im Feuerofen, Bel und der Drache.

Unter ihnen befinden sich auch rein griechisch verfasste Schriften wie die im 1. Jh. n. Chr. in Alexandria verfasste Weisheit Salomos, die Zusätze zum Danielbuch oder das 2.–4. Makkabäerbuch, die nicht auf eine hebräische oder aramäische Vorlage zurückgehen. Darüber hinaus handelt es sich bei den Oden um eine überhaupt erst von christlichen Autoren zusammengestellte hymnische Sammlung. Damit zählen zur Septuaginta auch Bücher, die keine Übersetzung darstellen. Vor diesem Hintergrund muss man die griechische Bibel als ein Ganzes würdigen, weil sie nicht nur die alttestamentlichen Schriften der hellenistisch-römischen Welt vermittelt, sondern selbst in das hellenistische Judentum und frühe Christentum hineingehört und Einblicke in ihre Glaubensüberzeugungen und kulturellen Gegebenheiten eröffnet.

Text. Neben der griechischen Bibel wird auch die Übersetzungsarbeit des Alten Testaments ins Griechische mit dem Namen Septuaginta bezeichnet. Die folgenden Ausführungen beziehen sich hauptsächlich auf diese Bedeutung der Septuaginta, weil sie als die älteste Übersetzung eine wertvolle Zeugin für die Überlieferung des hebräischen Bibeltextes darstellt. In der Textkritik wird dann noch einmal genauer unterschieden zwischen dem griechischen Septuagintatext, der sich als autoritativer Standardtext herausgebildet hat und in den großen Kodizes des 4. Jh.s n. Chr. greifbar ist, und den altüberlieferten griechischen Übersetzungen, die durch Handschriften wie beispielsweise 4QLXXLev[a] (= 4Q119) und 4QLXXNum (= 4Q121) repräsentiert sind. Im Englischen finden sich dazu die Bezeichnungen *Septuagint* und *Old Greek*.[3]

[3] Für *Old Greek* verwenden wir den deutschen Ausdruck »altüberlieferter Septuagintatext«. In der Literatur begegnen gelegentlich auch die Bezeichnungen »alte Septuaginta« oder »ursprüngliche Septuaginta«.

Hebräische Bibel	Lutherbibel	Septuaginta
Tora	**Geschichtsbücher**	**Pentateuch**
Im Anfang	1. Buch Mose	Genesis
Namen	2. Buch Mose	Exodus
Er rief	3. Buch Mose	Leviticus
In der Wüste	4. Buch Mose	Numeri
Reden	5. Buch Mose	Deuteronomium
Vordere Propheten		**Geschichtliche Bücher**
Jehoschua	Josua	Josua
Richter	Richter	Richter
	Rut	Rut
Schmuel	1.–2. Samuel	1.–2. Könige [= 1.–2. Samuel]
Könige	1.–2. Könige	3.–4. Könige [= 1.–2. Könige]
	1.–2. Chronik	1.–2. Chronik
Hintere Propheten	Esra	1. Esra
Jeschajahu	Nehemia	2. Esra [= Esra/Nehemia]
Jirmejahu	Ester	Ester (+ Zusätze)
Jecheskel		Judit
Buch der Zwölf		Tobit
		1.–4. Makkabäer
Schriften	**Lehrbücher und Psalmen**	**Poetische Bücher**
Buch der Preisungen	Hiob	Psalmen (+ Ps 151)
Ijob	Psalter	Oden
Gleichsprüche	Sprüche Salomos	Sprichwörter
	Prediger Salomo	Kohelet
Rut	Hohelied Salomos	Hohelied
Gesang der Gesänge		Ijob
Versammler		Weisheit
Wehe		Jesus Sirach
Ester		Psalmen Salomos
Daniel	**Prophetenbücher**	**Prophetische Bücher**
Esra/Nechemja	Jesaja	Hosea bis Maleachi
Begebenheiten der Tage	Jeremia	Jesaja
[= 1.–2. Chronik]	Klagelieder	Jeremia
	Hesekiel	Baruch
	Daniel	Klagelieder
	Hosea bis Maleachi	Brief Jeremias
		Ezechiel
		Daniel (+ Zusätze)
		Susanna
	(Anhang:)	Bel und der Drache
	Apokryphen	

Abb. 9: Kanonübersicht (Bezeichnungen der hebräischen Bücher nach: M. Buber, Die Schrift. Verdeutscht von M. Buber gemeinsam mit F. Rosenzweig, Bd. 1–4, Neuausgabe Darmstadt 1997).

Sprache. Auch nach dem Zerfall des Alexanderreiches diente das sogenannte Koine-Griechisch im gesamten östlichen Mittelmeerraum bis weit in die Gebiete Persiens hinein als allgemeine Verkehrssprache und beherrschte das öffentliche und wirtschaftliche Leben weitgehend in Ägypten, teilweise in Palästina. Besonders unter den hellenistischen Juden der ägyptischen Diaspora wurde Koine gesprochen und war für viele sogar die Muttersprache. Das *Koine-Griechisch* ist denn auch die Sprache der Septuaginta, eine Feststellung, die keineswegs belanglos ist. Denn sie macht deutlich, dass die biblischen Bücher nicht einfach in ein spezielles Übersetzungsgriechisch, sondern in die Gemeinsprache der hellenistischen Epoche und damit in die griechische Lebenswelt übertragen worden sind. Man kann sich deshalb der Einsicht nicht verschließen, dass sich in den Übersetzungen sowohl möglichst treue Wiedergaben des hebräischen Grundtextes als auch eigenständige hellenistisch-jüdische Neuinterpretationen finden und miteinander einhergehen. Und das bedeutet textkritisch zugespitzt, dass nicht jede Übersetzungsabweichung der Septuaginta tatsächlich einen anderen hebräischen Text bzw. eine nicht-masoretische »bessere« Vorlage voraussetzt, sondern ebenso in einer vom Textsinn geleiteten hellenistischen Deutung ihren Grund haben kann. Vor diesem Hintergrund versteht es sich von selbst, dass man das kulturelle Umfeld der Septuaginta[4] nicht ausblenden und sich nur auf ihren »Textzeugencharakter« beziehen darf; denn in diesem Fall würde man bei textkritischen Problemen zu keiner begründeten Entscheidung gelangen.

5.1 Die Entstehungslegende

Unter den antiken Texten, die von der Entstehung der Septuaginta handeln, bietet der um etwa 100 v. Chr. entstandene Aristeasbrief zweifellos das wichtigste Zeugnis. Obwohl sein legendarischer Charakter auf der Hand liegt, gestattet sein Bericht dennoch einige geschichtlichen Rückschlüsse. Weitere Zeugnisse finden sich bei Philon von Alexandria (De vita Mosis, II,29–41), Flavius Josephus (Antiquitates, XII,11–119), Justin (Dialogus cum Tryphone) und in der wirkungsgeschichtlich bedeutsamsten Fassung der Entstehungslegende bei Irenäus (Adversus haereses, III,21,2).

Aristeasbrief. In dem Brief berichtet Aristaios seinem Bruder Philokrates davon, dass der Vorsteher der königlichen Bibliothek von Alexan-

[4] Vgl. dazu H.-J. Gehrke, Das sozial- und religionsgeschichtliche Umfeld der Septuaginta, in: S. Kreuzer / J. P. Lesch (Hg.), Im Brennpunkt: Die Septuaginta. Studien zur Entstehung und Bedeutung der Griechischen Bibel Bd. 2, BWANT 161, Stuttgart 2004, 44–60.

dria, Demetrios von Phaleron, große Geldsummen erhielt, um alle Bücher der Welt zu sammeln. Auch das jüdische Gesetz sollte in einer Übersetzung in die Bibliothek aufgenommen werden. Um das Vorhaben in die Tat umzusetzen, lässt der König Ptolemaios II. (285–247) einen Brief mit einem Hilfegesuch an den Hohepriester Eleasar nach Jerusalem schreiben und durch Aristaios überbringen. Eleaser bestimmt als Übersetzer sechs tüchtige Männer aus jedem Stamm, also insgesamt 72 Weise, und schickt sie mit Schriftrollen des jüdischen Gesetzes nach Ägypten. Sie werden ehrenvoll empfangen und ergehen sich nach dem Gastmahl in weisheitlichen Tischgesprächen vor dem König, in denen sie ihre hohe Bildung unter Beweis stellen. Nach drei Tagen werden sie auf die Insel Pharos in ein am Strand gebautes Haus geführt und dort mit der Übersetzung betraut (»Und sie führten die Übersetzung aus, indem sie durch gegenseitige Vergleiche in e i n e m Wortlaut übereinkamen.«) Nachdem sie ihre Übersetzungsarbeit in 72 Tagen vollenden konnten, wird die griechische Tora zunächst der jüdischen Gemeinde vorgelesen und von ihr bestätigt. Anschließend wird sie dem König vorgelegt und in Bewunderung angenommen. Die Übersetzer werden ehrenvoll und mit Geschenken nach Jerusalem entlassen.

Auswertung. Der Aristeasbrief lässt sich als Pseudepigraph ansprechen. Denn er behauptet zwar, dass er von einem Heiden und höheren Beamten des ägyptischen Königs geschrieben worden sei. Doch verbirgt sich dahinter ein späterer jüdischer Verfasser, den man deshalb auch Pseudo-Aristeas nennt. Dieser schreibt nicht in apologetischer, sondern in werbender Absicht, indem er die griechische Übersetzung der Tora als einzigartig herausstellt und durch den Mund eines heidnischen Herrschers (rabbinisch: König Talmai) verherrlichen lässt. Seinen Adressatenkreis darf man im alexandrinischen Diasporajudentum vermuten. Der Aristeasbrief verlegt die Tora-Übersetzung legendarisch in die Regierungszeit Ptolemaios II., erwähnt aber auch ältere Übersetzungen, die allerdings mangelhaft gewesen seien (Aristeasbrief, 314). Möchte man danach die Entstehungszeit der Septuaginta bestimmen, kommt man in die Zeit um 300 v. Chr., in der mit ersten Übersetzungen ins Griechische zu rechnen ist. Auch der Entstehungsort, der im Aristeasbrief mit Ägypten angegeben wird, ist glaubwürdig und wird insofern bestätigt, als typische Wörter aus der hellenistischen Verwaltungssprache in die Übersetzungen eingegangen sind. Gleichwohl handelt es sich um jüdische Übersetzer, die mit der Ausgangs- und Zielsprache vertraut sind und sich durch Verwendung bestimmter kultischer Fachausdrücke als Juden zu erkennen geben. Dass sie aus Jerusalem gekommen seien und von dort das jüdische Gesetz in luxuriösen Musterhandschriften mit sich führten, ist allerdings aus einem anderen Grund unwahrscheinlich. Denn die hebräischen Vorlagetexte, nach denen die einzelnen Bücher des Alten Testaments ins Griechische übersetzt wurden, werden von der gegenwärtigen Forschung eher als singuläre und fallweise unsorgfältig ausgeführte Texte beurteilt. Eine direkte Verbindung zur Jerusalemer Tempelbibliothek und ihren Musterhandschriften ist deshalb wohl auszuschließen, auch wenn der Aristeasbrief gerade in dieser Hinsicht einen anderen Eindruck erwecken möchte. Umstritten ist schließlich die Frage, von wem die Initiative zur Herstellung einer griechischen Tora-Übersetzung ausging: vom hellenistischen König oder von der jüdischen Synagoge? Dabei liegt der Beantwortung voraus, dass die Juden der alexandrinischen Gemeinde zweifellos ein Interesse daran hatten, einen autorisierten griechischen Text der Tora zu besitzen; denn die Verlesung des Gesetzes in hebräischer Sprache wurde von vielen Juden in der Hauptstadt des Ptolemäerreiches nicht mehr verstanden. Ob sie die Übersetzung jedoch in eigener Regie herstellen ließen, könnte man dem Aristeasbrief allenfalls indirekt und gegen seine literarische Absicht entnehmen. Immerhin ließe sich damit erklären, warum der fertige Übersetzungstext nicht sofort dem ägyptischen König, sondern zunächst der jüdischen Gemeinde vorgelegt und von ihr für gültig und unabänderlich erklärt worden ist. Vor diesem Hintergrund wird die Darstellung des Pseudo-Aristeas, wonach sich die griechische Tora-Übersetzung einem königlichen Bibliothekswunsch verdanken soll, mehrheitlich abgelehnt und statt dessen auf die praktischen Bedürfnisse der alexandrinischen Gemeinde verwiesen. Allerdings lässt sich der Sachverhalt auch anders beurteilen, wenn man die bildungspolitischen Anstrengungen ptolemäischer Herrscher berücksichtigt und das Übersetzungsunternehmen in einen erforderlichen und durchaus gewollten kulturellen Dialog zwischen Juden und Griechen einzeichnet.[5] Dann wäre die königliche Protektion der Tora-Übersetzung, wie sie der Aristeasbrief in seiner Rückschau darstellt, keineswegs ungewöhnlich gewesen. Möchte man eine Kompromissformel gebrauchen, lässt sich das Übersetzungswerk als ein vom »wohlwollenden Interesse« der Ptolemäer begleitetes Unternehmen darstellen.[6] Freilich wird man auch in diesem Fall hinter die Annahme eines einheitlichen

[5] Vgl. dazu W. Orth, Ptolemaios II. und die Septuaginta-Übersetzung, in: H.-J. Fabry/U. Offerhaus (Hg.), Im Brennpunkt: Die Septuaginta. Studien zur Entstehung und Bedeutung der Griechischen Bibel [Bd. 1], BWANT 153, Stuttgart 2001, 97–114.

[6] Vgl. M. Tilly, Einführung in die Septuaginta, Darmstadt 2005, 47; dazu R. Hanhart, Septuaginta, in: W. H. Schmidt/W. Thiel/R. Hanhart, Altes Testament, Grundkurs Theologie 1, Stuttgart 1989, 181, der die innerjüdische Initiative als *causa prima* beurteilt, der gegenüber die ptolemäische Kulturpolitik lediglich die *causa secunda* darstelle.

Übersetzungs*werkes* ein Fragezeichen setzen müssen, weil der Aristeasbrief lediglich fokussiert, was sich historisch-kritisch als ein längerer und vielschichtiger Vorgang darstellt. Denn schon beim Pentateuch lässt sich feststellen, dass sich sowohl die hebräischen Vorlagen der einzelnen Bücher als auch ihre Übersetzer unterscheiden.

Christliche Rezeption. An dieser Stelle ist zu betonen, dass das hellenistische Judentum die »Übersetzung der 72 Gelehrten« ausschließlich auf die Bücher der Tora bezog. Die Ausweitung auf die ganze Schriftensammlung der Septuaginta ist erst das Ergebnis frühchristlicher Rezeption der Entstehungslegende. Dabei verbindet die christliche Kirche ihr Interesse am kanonischen Rang der gesamten griechischen Bibel mit dem Gedanken der Inspiration und bedient sich dazu eines bereits bei Philon angelegten wunderhaften Motivs, das sie zur Septuaginta-Legende ausgestaltet: Auf der Insel Pharos übersetzen die 70 Ältesten[7] nunmehr voneinander getrennt in 70 Zellen. Als sie wieder zusammenkommen und ihre Übersetzungen miteinander vergleichen, stimmen diese wörtlich überein. Daran erkennen sogar die Heiden, dass die Bücher durch göttliche Inspiration übersetzt worden sind. Durch das Inspirationswunder verfügte die Kirche fortan über einen göttlich-autorisierten Bibeltext. Die Septuaginta ist endgültig zu einem christlichen Buch geworden.

5.2 Die frühe Textgeschichte

Die Übersetzung des Alten Testaments ins Griechische erstreckt sich über einen längeren Zeitraum und beginnt mit der Tora im frühen 3. Jh. v. Chr. Nach dem Vorwort zum Buch Jesus Sirach, das sein Enkel und Übersetzer um 117 v. Chr. verfasste, scheinen bereits zu diesem Zeitpunkt die Tora, die Propheten und die übrigen Schriften in griechischer Sprache vorzuliegen. Der Eindruck, dass damit die Übersetzungstätigkeit abgeschlossen wäre, täuscht allerdings. Denn die Befunde der überlieferten Septuaginta ergeben ein deutlich komplexeres Bild. Danach erstreckt sich die Übersetzungsarbeit besonders an den Hagiographen (den Schriften des dritten Kanonteils) noch bis ins 2. Jh. n. Chr. Offenbar kam es auch zu Mehrfachübersetzungen wie beim Richterbuch. So bietet der Codex Alexandrinus (A) eine ältere Fassung, die weitgehend mit Origenes und anderen Handschriften zusammenstimmt und in der christlichen Kirche verbreitet war. Dagegen bringt der Codex Vaticanus (B) eine sonst nicht

[7] Im Griechischen wird die Septuaginta durch die Zahlzeichen ο′ (= 70) bzw. οβ′ (= 72) abgekürzt. Die Abrundung der Zahl von 72 auf 70 besitzt ihren Hintergrund in der biblischen Tradition. Man denkt jetzt an die 70 Ältesten Israels, die Gott mit seinem Geist ausstattete (Num 11,16f; vgl. Ex 24,1-11).

überlieferte, andere Übersetzung.[8] Sie gilt als die jüngere Fassung, weil sie stärker wörtlich übersetzt und konsequenter vorgegebene Vokabelgleichungen durchführt (z.B. ἐνώπιον für לִפְנֵי »im Angesicht von«). Für das Buch Ester existierte wiederum eine im 1.Jh.v.Chr. entstandene griechische Langfassung, die gegenüber dem masoretischen Text ca. 100 zusätzliche Verse enthielt, sowie eine etwas kürzere griechische Fassung aus dem 1.Jh.n.Chr., die als Alpha-Text bezeichnet wird. Schließlich bietet die Septuaginta beim Buch Kohelet einen Text, der wahrscheinlich erst im 2.Jh.n.Chr. übersetzt worden ist und der Rezension des Aquila (siehe 5.3) nahesteht, falls sie nicht von Aquila selbst stammt. Die Beispiele lassen erkennen, dass die Entstehung der Septuaginta nicht als ein punktuelles Ereignis, sondern als ein geschichtlicher Vorgang zu fassen ist, dem offenkundig die Entwicklung und Verfeinerung von Übersetzungstechniken parallel laufen.

Am Anfang steht die Übersetzung der Genesis, die insofern eine außerordentliche Leistung darstellt, als damals weder hebräisch-griechische Wörterbücher existierten noch Übersetzungstheorien bekannt waren. Die Erfahrung des Dolmetschers, der praktisch und spontan arbeitet, mochte jedoch für die Übertragung orientalisch-religiöser Literatur ins Griechische kaum hinreichen. Es ist darum sehr wahrscheinlich, dass die Genesis-Übersetzung nicht voraussetzungslos geschah, sondern ihr mindestens lexikographische Überlegungen vorausgingen, in denen für den hebräischen Grundwortschatz der Genesis die wichtigsten griechischen Äquivalente in Übereinstimmung mit dem Sprachgebrauch der (griechischsprechenden) Gemeinde festgelegt wurden.[9] Diese Feststellung ist wichtig, weil sich spätere Übersetzer sowohl am vorliegenden Septuaginta-Vokabular der Genesis bzw. der Tora als auch an ihrem übersetzungstechnischen Vorbild orientierten. Freilich ist das Übersetzungsprofil der Septuaginta in den einzelnen Büchern auch noch von anderen Faktoren abhängig. An erster Stelle stehen natürlich Herkunft und Bildung der verschiedenen Übersetzer, die Stil und Ausführung in ihrer Eigenart prägen. Zweitens macht es einen Unterschied, ob gesetzliche oder narrative

[8] Aus diesem Grund wird der griechische Text des Richterbuchs in der Handausgabe der Septuaginta von Alfred Rahlfs in beiden Fassungen parallel abgedruckt. Zur Sache vgl. noch S.Kreuzer, Eine Schrift, zwei Fassungen: Das Beispiel des Richterbuches, BuK 56 (2001), 88–91, der hinter den Fassungen A und B noch eine älteste Übersetzung des Richterbuchs ausmacht, die teilweise durch die antiochenische und hexaplarische Rezension bezeugt werde.

[9] So das Ergebnis der Untersuchung von M.Rösel, Übersetzung als Vollendung der Auslegung. Studien der Genesis-Septuaginta, BZAW 223, Berlin/New York 1994, 248f.

Jh.	Bearbeitung	zielsprachliche Übersetzung	ausgangssprachliche Übersetzung
	freier	← mittel →	wörtlicher
3. v. Chr		*Genesis*	
		Exodus	
		Leviticus	
		Numeri, Deuteronomium	
2. v. Chr.			*Richter* (A)
			Richter (B)
	1. Esra		*1.–4. Könige, 1.–2. Chronik*
		Psalmen	
		Jesaja *Josua*	
		Jeremia	
			Dodekapropheton
		Hiob (Urbestand)	*Ezechiel*
	Sprüche, Sirach		
	Daniel (LXX)		*Klagelieder*
			1. Makkabäer
1. v. Chr.			*Judit*
			Ester
1. n. Chr.			*Daniel* (θ), *Esr–Neh*
			Hoheslied
2. n. Chr.			*Kohelet*

Abb. 10: Ungefähre Entstehungszeit und Profil der einzelnen Übersetzungen (nach Folker Siegert)

Texte übersetzt werden.[10] Gesetzliche Bestimmungen erfordern eine stärker wörtlich orientierte, Erzählungen ermöglichen eine deutlich freiere Wiedergabe. Darüber hinaus können etwa bei prophetischen Texten aktualisierende Tendenzen hinzutreten. Drittens wird eine Übersetzung auch durch ihren Zweck bestimmt. So führen gottesdienstliche Interessen zu einem eher archaischen Text, in dem umgangssprachliche und profanisierende Wendungen vermieden werden, während pädagogische Absichten zu sprachlichen Verdeutlichungen, aber auch zu Harmonisierungen neigen. Viertens und nicht zuletzt spielt die Qualität der hebräischen Vorlage eine Rolle; denn die frühen Übersetzungen wurden nach individuellen Handschriften angefertigt, die weder zu einer Textfamilie gehörten noch kollationiert wurden. Eben dieser Umstand ist auch noch in einer

[10] Vgl. dazu die jüdische Unterscheidung zwischen Halacha (gesetzliche Regel, von hebr. »gehen, wandeln«) und Haggada (lehrhafte Erzählung, von hebr. »mitteilen, erzählen«).

anderen Hinsicht bedeutsam. Denn der hebräische Text, der die Grundlage der einzelnen Septuaginta-Übersetzungen bildet, darf nicht von vornherein mit dem masoretischen Text gleichgesetzt werden. Vielmehr verhält es sich so, dass manche hebräischen Vorlagen in ein vormasoretisches Textstadium weisen und damit fallweise einen anderen und älteren Text bieten als den später in Jerusalem autorisierten Standardtext der protomasoretischen Tradition.

Vor diesem Hintergrund darf man davon ausgehen, dass die Schlussredaktion einiger biblischen Bücher oder auch Kompositionen wie das Zwölfprophetenbuch erst während der hellenistischen Epoche erfolgte und damit in einem Zeitraum, in dem bereits erste griechische Übersetzungen begonnen worden sind. Im Grunde genommen bestätigt sich dadurch das oben skizzierte Bild eines Übergabe-Bereichs, in dem sich die Schlussredaktion biblischer Texte und die Anfertigung von Abschriften resp. Übersetzungen zeitlich überschneiden (siehe 3.4). Konkret bedeutet dies, dass im erwähnten Übergabe-Bereich frühe Ausgaben biblischer Bücher in Umlauf kamen, die man bereits als abgeschlossen betrachtete und als Vorlagetexte für Übersetzungen verwenden konnte. Da die Phase produktiven Textwachstums jedoch noch nicht zum Erliegen gekommen war, konnten solche biblischen Bücher in ihrer hebräischen Textgestalt eine weitere redaktionelle Bearbeitung erfahren, die in späteren Ausgaben ebenfalls in Umlauf gesetzt wurden. Man spricht dann in der Phase der Texttransmission von verschiedenen Editionen biblischer Bücher. In der *frühen Textgeschichte* war dieser Vorgang – die Überlieferung mehrerer Ausgaben nebeneinander – vermutlich nicht die Ausnahme, sondern die Regel, obwohl nur wenige alttestamentlichen Texte davon zeugen. Der beschriebene Sachverhalt lässt sich im übrigen an einem modernen Beispiel verdeutlichen. Das Handbuch der Textkritik von Emanuel Tov, von dem schon verschiedentlich die Rede war, erschien 1989 in der hebräischen Originalausgabe und wurde vom Autor für die 1992 publizierte englische Edition teilweise umgeschrieben, erweitert und verbessert. Die deutsche Übersetzung von 1997, die in Regie von Heinz-Josef Fabry angefertigt wurde, basiert wiederum auf der englischen Ausgabe und wurde in Abstimmung mit dem Autor ebenfalls kritisch durchgesehen und revidiert. Schließlich erschien die englische Edition 2001 in einer zweiten, jedoch nur noch mit geringfügigen Änderungen versehenen Auflage.[11] Mithin existieren vom Handbuch der Textkritik vier unterschiedliche Editionen. Ein wesentlicher Unterschied besteht natürlich darin, dass es sich bei den

[11] E. Tov, Textual Criticism of the Hebrew Bible, Second Revised Edition, Minneapolis / Assen und Maastricht 2001.

alttestamentlichen Schriften nicht um Autoren-, sondern um *Traditionsliteratur* handelt (siehe 7.1). Bearbeitungen, Fortschreibungen und Aktualisierungen sind anonym. Ihre Untersuchung fällt methodisch in den Bereich der Redaktionsgeschichte. Gleichwohl darf man nicht übersehen, dass die einschlägigen Redaktoren im angesprochenen Übergabe-Bereich eben nicht nur als Redaktoren, sondern auch als Abschreiber tätig gewesen sind und im Zuge ihrer (gemeinschaftlichen?) Bearbeitung zugleich Editionen herstellten. Die bekanntesten Beispiele aus dem Alten Testament, bei denen sich frühe und späte Ausgaben bzw. Textfassungen unterscheiden lassen, sind das Jeremiabuch und die David-Goliat-Geschichte in 1. Sam 17–18.[12]

Jeremia (G). Der Septuagintatext des Jeremiabuches unterscheidet sich vom Masoretentext durch seinen kürzeren Textumfang, seinen Gesamtaufbau sowie seine Reihenfolge der Fremdvölkersprüche. In der Anordnung folgt G dem auch sonst bei Prophetenbüchern üblichen dreigliedrigen eschatologischen Schema: Gerichtsworte gegen Israel und Juda – Fremdvölkersprüche – Heilsworte, während MT die Fremdvölkersprüche ans Buchende und damit hinter die in der Prophetenerzählung enthaltenen Heilsworte stellt. Ob der Septuagintatext die ursprüngliche Anordnung bewahrt hat, wird kontrovers diskutiert. Dagegen dürfte der gegenüber MT etwa um 3000 Wörter kürzere griechische Text tatsächlich eine ältere Textform widerspiegeln; denn eine bewusste Textkürzung in diesem Umfang kann für sich keine Wahrscheinlichkeit beanspruchen.[13] Eine solche mutmaßlich später vorgenommene Kürzung des Jeremiatextes wird man auch nicht auf das Konto seines Übersetzers verbuchen dürfen. Vielmehr geht die Kurzfassung der Septuaginta ziemlich sicher auf eine hebräische Vorlage zurück, die durch die beiden Qumranfragmente $4QJer^b$ (= 4Q71) und $4QJer^d$ (= 4Q71a) bezeugt wird (siehe 3.5.3). Nimmt man noch hinzu, dass auch die masoretische Langfassung durch alte Textzeugen wie 2QJer (= 2Q13), $4QJer^a$ (= 4Q70) und $4QJer^c$ (= 4Q72) bestätigt wird, darf man beim Jeremiabuch mit Fug und Recht von zwei verschiedenen Ausgaben sprechen.

1. Sam 17–18 (G^B). Etwas anders verhält es sich bei der David-Goliat-Erzählung, weil hier nicht nur innerhalb eines Textabschnitts, sondern auch innerhalb der Septuagintaüberlieferung ein Dissens besteht. Der Codex

[12] Zu weiteren Beispielen vgl. E. Tov, Der Text der Hebräischen Bibel. Handbuch der Textkritik, Stuttgart/Berlin/Köln 1997, 265–289.

[13] Vgl. dazu J. Ch. Gertz (Hg.), Grundinformation Altes Testament. Eine Einführung in Literatur, Religion und Geschichte des Alten Testaments, Göttingen 2006, 335–338 (mit Übersichtstabellen zur hebräischen und griechischen Fassung).

Alexandrinus (A) und mit ihm die Mehrheit der griechischen Handschriften folgen dem masoretischen Text, dagegen bietet der Codex Vaticanus (B) eine um etwa 39 Verse kürzere Fassung, in der ganze Abschnitte fehlen (1. Sam 17,12-31.41.48b.50.55-58; 18,1-6a.10f.12b.17-19.21b.29b-30). Obwohl es keine frühen Textzeugen gibt, die eine hebräische Vorlage belegen könnten, scheint auch in diesem Fall mit der knapperen griechischen Textform die ältere Version vorzuliegen. Denn das Plus von MT lässt sich als midraschartige Erweiterung besser erklären als das Minus von G^B, für das man ein Kürzungsinteresse postulieren muss, das in der Beseitigung von Doppelungen und Spannungen bestehen soll.[14]

Frühe Textzeugen. Es ist sicher richtig, dass sich die Textkritik besonders auf die Septuaginta als Zeugin eines hebräischen Vorlagetextes konzentriert, um sich auf diesem Weg der ältesten erreichbaren Textgestalt der hebräischen Bibel zu nähern. Ebenso wichtig ist aber auch, den Septuagintatext selbst in den Blick zu nehmen und bis zur Entstehung seiner unterschiedlichen Übersetzungen zurückzuverfolgen. Dabei spielen die frühen Textzeugen eine wesentliche Rolle, weil sie aus einer Zeit stammen, bevor die Hexapla des Origenes (siehe 5.4) die weitere Textüberlieferung wesentlich beeinflusst und ältere Texttraditionen weitgehend verdrängt hat. Leider wurden in Qumran nur wenige griechische Bibelhandschriften gefunden. Sie sind zudem ausgesprochen fragmentarisch überliefert wie beispielsweise das älteste Lederfragment 4QLXXDtn (= 4Q122), das aus dem frühen 2. Jh. v. Chr. stammt und nur einzelne Wörter aus Dtn 11,4 enthält. Unter den vier Tora-Texten aus Höhle 4 ist besonders das Fragment 4QLXXLev[a] (= 4Q119) von textgeschichtlicher Bedeutung. Sein überlieferter Text von Lev 26,2-16 bietet eine etwas freiere Übersetzung und bezeugt in einigen Lesarten eine frühe Form des Septuagintatextes (Old Greek).[15] Aus Höhle 7 stammen noch ca. 20 weitere Papyrusfragmente. In den meisten Fällen ist ihr Textumfang jedoch äußerst gering und damit eine Identifizierung ihrer Bibeltexte kaum möglich. Sicher identifiziert sind nur 7QpapLXXEx (= 7Q1) und 7QpapLXXEpJer (= 7Q2). Die wichtigsten Textzeugen außerhalb von Qumran sind die bereits beschriebene griechische Zwölfpropheten-Rolle aus dem Nahal Hever (siehe 3.3) sowie Papyrusfunde aus Ägypten.

[14] So jedenfalls W. Dietrich, Die Erzählungen von David und Goliat in I Sam 17, ZAW 108 (1996), 172–191; und zur Sache den Diskussionsband von D. Barthélemy / u. a. (ed.), The Story of David and Goliath. Textual and Literary Criticism, OBO 73, Freiburg, Schweiz / Göttingen 1986.

[15] Vgl. P. W. Skehan, The Qumran Manuscripts and Textual Criticism, in: Congress Volume Strasbourg 1956, VT.S 4, Leiden 1957, 157–160.

Papyrus Greek 458 (Rahlfs-Sigel: 957). Der Papyrus, der heute in der John Rylands Library in Manchester aufbewahrt wird, stammt aus der Mitte des 2. Jh.s v. Chr. und gehört zu den ältesten griechisch überlieferten Bibeltexten überhaupt (Bildtafel 28). Die Fragmente a–h wurden aus zwei Stücken Mumienkartonage herausgelöst und enthalten Texte aus Dtn 23–28. Wie üblich ist der griechische Text in Unzialen (siehe 5.6) ausgeführt, zeigt aber eine Besonderheit; während nämlich die frühen griechischen Handschriften für gewöhnlich keine Worttrennung kennen, hat der Schreiber des Papyrus Greek 458 seinen Text durch Leerräume (Spatien) zwischen Wortgruppen und Sätzen gegliedert und dadurch eine Art Verseinteilung tradiert, die sich in ähnlicher Weise auch bei einigen hebräischen Manuskripten aus Qumran findet. Hinzu kommen eine Reihe eigentümlicher Lesarten, die sonst nicht oder nur bei ganz wenigen Textzeugen belegt sind.[16]

Papyrus Fouad 266 (Rahlfs-Sigel: 942 sowie 847 und 848). Die Papyrusfragmente stammen aus Faijum, einer Oasenstadt am Rand der libyschen Wüste, und wurden als Konvolut 1943 gekauft. Nach der neueren Forschung gehören sie zu drei verschiedenen Schriftrollen, denen jeweils eine eigene Rahlfs-Nr. zugewiesen wurde. Die ersten beiden Schriftrollen stammen aus dem 1. Jh. v. Chr. und enthalten Texte aus Gen bzw. Dtn (Bildtafel 29), die dritte etwas jüngere Handschrift bietet ebenfalls fragmentarische Stücke aus Dtn 10–11 und 31–33. Ein interessantes Detail zeigt die ältere der beiden Deuteronomium-Schriftrollen in ihrer Wiedergabe des heiligen Gottesnamens (*nomen-sacrum*-Schreibung). Ihr erster griechischer Schreiber ließ nämlich jeweils eine Lücke, in die eine zweite Hand das Tetragramm in althebräischer Schrift eintrug. Dass man den Gottesnamen in althebräischen Buchstaben ausführte, ist übrigens mehrfach in 8HevXIIgr belegt und wahrscheinlich eine in jüdischen Handschriften geübte Praxis. Doch begegnen auch andere nomen-sacrum-Schreibungen wie beispielsweise Ιαω in 4QLXXLev^{b} (= 4Q120) aus dem 1. Jh. v. Chr.[17] Die für die Septuaginta typische Wiedergabe des Tetragramms durch Kyrios dürfte ebenfalls in vorchristliche Zeit zurückreichen,[18] obwohl es da-

[16] Vgl. J. W. Wevers, The Earliest Witness to the LXX Deuteronomy, CBQ 39 (1977), 240–244.

[17] Vgl. P. W. Skehan / E. Ulrich / J. E. Sanderson, Qumran Cave 4.IV: Palaeo-Hebrew and Greek Biblical Manuscripts, DJD IX, Oxford 1992, 170 und 174. Die Schreibung Ιαω ist bezeugt in Fragment 20, Z. 4 (Lev 4,27), und wahrscheinlich auch in Fragment 6, Z. 12 (Lev 3,12).

[18] Vgl. dazu R. Hanhart, Textgeschichtliche Probleme der LXX von ihrer Entstehung bis Origenes, in: ders., Studien zur Septuaginta und zum hellenistischen Judentum, FAT 24, Tübingen 1999, 32–33.

für m. W. keinen sicheren Beleg in den frühen Handschriften gibt (vgl. aber vielleicht: Papyrus Greek 458, Fragment d: Dtn 26,18).

Chester Beatty Papyri (Rahlfs-Sigel: 961–967 und 2149–2151). Bei den Chester Beatty Papyri IV–XV handelt es sich um Reste von 11 Kodizes mit Teilen der Bücher Gen, Num, Dtn, Jes, Jer, Ez, Dan, Est und Fragmenten von Sir (Bildtafel 31). Ebenfalls enthalten sind Stücke von Henoch, 15 neutestamentliche Schriften und dazu eine Homilie des Kirchenvaters Melito von Sardes. Die Papyri stammen aus dem 2.–4. Jh. n. Chr. und übertreffen in ihrem Textumfang die bisher genannten frühen Handschriften um ein Vielfaches.[19] Sie sind damit die wichtigsten Zeugen für den Septuagintatext in vorhexaplarischer Zeit. Bedeutsam ist im Weiteren die griechische Fassung des Danielbuches, die den ursprünglichen und später durch den »Theodotion-Text« verdrängten Septuagintatext bezeugt. Ein wertvoller Textzeuge ist auch der Papyrus 967, der für das Ezechielbuch gegenüber der masoretischen Textfassung eine ältere Buchform repräsentiert.[20] Den Hauptbestand dieser Papyri erwarb der Engländer Chester Beatty um das Jahr 1929. Sie befinden sich heute bis auf einige Ausnahmen in der Chester Beatty Library in Dublin.

Ferner seien noch zwei weitere Papyri erwähnt: zum einen der *Papyrus Bodmer XXIV* (Rahlfs-Sigel: 2110) aus dem 3. Jh. n. Chr., der auf paginierten Kodexseiten den Text der Psalmen 17–118 mit zahlreichen Fehlern und irregulären Schreibweisen bietet, zum anderen die *Berliner Fragmente* einer Genesis-Handschrift (Rahlfs-Sigel: 911) aus dem 3./4. Jh. n. Chr., die in einer zur Kursive übergehenden Unzialschrift ausgeführt sind und den Text von Gen 1–35 enthalten. Sie befindet sich heute in der Papyrusabteilung der Universität Warschau (Bildtafel 32).

5.3 Die jüdischen Rezensionen

Die unterschiedliche Qualität der griechischen Übersetzungen und hebräischen Vorlagen sowie die Differenzen zum masoretischen Text lassen nachvollziehen, dass Bearbeitungen der griechischen Fassung einzelner biblischer Bücher schon früh einsetzten. Solche Bearbeitungen werden allgemein als Revisionen bezeichnet, wobei darunter sowohl Korrekturen

[19] Zum genauen Textbestand vgl. A. Rahlfs, Verzeichnis der griechischen Handschriften des Alten Testaments Bd. I,1: Die Überlieferung bis zum VIII. Jahrhundert, bearb. von D. Fraenkel, Septuaginta Vetus Testamentum Graecum. Supp. I,1, Göttingen 2004, 68–107.

[20] Vgl. dazu K.-F. Pohlmann, Ezechiel. Der Stand der theologischen Diskussion, Darmstadt 2008, 22–27. Die in Köln aufbewahrten Ezechiel-Fragmente sind im Internet zugänglich: http://www.uni-koeln.de/phil-fak/ifa/NRWakademie/papyrologie/Ezechiel/bildereze.html

nach dem hebräischen Text als auch Verbesserungen des Griechischen und andere Veränderungen verstanden werden können. Die *Revision* gilt als Oberbegriff, dem sich die Rezension ein- und unterordnet. Jedenfalls hat sich in der wissenschaftlichen Begrifflichkeit eingebürgert, die *Rezension* in einem engeren Sinne zu fassen und durch zwei Merkmale zu definieren: Rezensionen müssen erstens einen gemeinsamen Grundbestand von Wortübersetzungen mit dem altüberlieferten Septuagintatext besitzen und zweitens in Richtung einer originalgetreueren Übersetzung korrigieren.[21] Neben den Rezensionen spricht man gelegentlich auch von Editionen. Als *Edition* bezeichnet man dann das erneute In-Umlauf-Setzen eines Textes mit Verbesserung von Einzelstellen, deren Übersetzung als unvollkommen empfunden wurde.[22]

Kaige-Rezension (oder palästinische Rezension). Diese Rezension verdankt ihre Bezeichnung einem signifikanten Sprachmerkmal. Denn in ihrem Bemühen um eine Angleichung an den hebräischen Text übersetzt sie das hebräische גַּם bzw. וְגַם regelmäßig mit der griechischen Wendung καί γε und unterscheidet es dadurch von der einfachen Kopula. Früher wurde die Rezension dem Theodotion zugeschrieben und damit um 190 n. Chr. datiert. Doch tat sich schon die ältere Textforschung schwer mit dem Befund, dass »theodotianische« Lesarten bereits in neutestamentlichen Zitaten belegt sind und damit eigentlich älter als die Rezension des Theodotion sein müssten. Dieses »proto-theodotianische« Problem wurde durch die Textfunde vom Toten Meer ebenfalls gelöst. Denn die griechische Zwölfpropheten-Rolle, die 1952 im Nahal Hever gefunden wurde (Bildtafel 30), bezeugt einen Text, in dem die kaige-Rezension und die Theodotion-Rezension zusammengehen. Man spricht deshalb auch von *kaige-Theodotion*, ohne beide Rezensionen in eins zu setzen. Vielmehr bezeugt die kaige-Rezension eine sehr frühe Bearbeitung des griechischen Textes, die zwischen 50 v. Chr. und 50 n. Chr. angesetzt wird. Ihre Kennzeichen sind: Verzicht auf die Übersetzung des Tetragramms und seine Wiedergabe in althebräischer Schrift, Übernahme von Transkriptionen des altüberlieferten Septuagintatextes (z. B. bei Personen- und Ortsnamen), Orientierung an der sich herausbildenden masoretischen Texttradition sowie hebraisierende Korrekturen. Welche biblischen Bücher allerdings nach Maßgabe der kaige-Rezension bearbeitet wurden, lässt sich im einzelnen nicht mehr feststellen. Wie kompliziert die Dinge liegen, zeigen nicht zu-

[21] Vgl. E. Tov, Die griechischen Bibelübersetzungen, in: ANRW II/20.1, Berlin/New York 1987, 171f.

[22] Vgl. F. Siegert, Zwischen Hebräischer Bibel und Altem Testament. Eine Einführung in die Septuaginta, MJSt 9, Münster 2001, 287.

letzt die Samuel- und Königebücher. Ihr griechischer Text bietet nur in bestimmten Textbereichen die kaige-Rezension, nämlich in 2. Sam 10,1–1. Kön 2,11 (Textabschnittsbezeichnung: βγ) und 1. Kön 22,1–2. Kön 25,30 (γδ). In den übrigen nicht-revidierten Passagen findet sich dagegen ein alter Septuagintatext, der Differenzen zum masoretischen Text und Gemeinsamkeiten mit der lukianischen Rezension bzw. dem antiochenischen Text (siehe 5.4) zeigt.

Aquila (α′). Während die kaige-Rezension noch dem Ringen um den griechischen Bibeltext zwischen Judentum und Christentum voraus liegt, rücken die späteren jüdischen Rezensionen in diese Auseinandersetzung ein. Das Werk des Aquila, der als Proselyt zum Judentum übertrat, ist die bekannteste Neu-Übersetzung und wird um 130 n. Chr. datiert. Er war angeblich ein Schüler des Rabbi Aqiba und folgte ihm in seinem Schriftverständnis, wonach in der hebräischen Bibel jedes Wort und jeder Buchstabe seine eigene Bedeutung besitzt. Daraus erklärt sich mancher Zug seiner Rezension, die sich sklavisch wörtlich an ihren masoretischen Ausgangstext hält. Man darf geradezu von einer Technik ausgangssprachlichen Übersetzens sprechen, die sich konsequent an den hebräischen Wortwurzeln orientiert und ihnen bestimmte griechische Äquivalente zuweist[23] (Primat der Ausdrucksäquivalenz). Anders als etwa im Septuagintatext, der beispielsweise für das hebräische הלך »gehen« eine Fülle unterschiedlicher und kontextbezogener Verben verwendet (Primat der Inhaltsäquivalenz), übersetzt es Aquila durchgängig und nicht immer stimmig mit πορεύομαι. Sogar das Akkusativzeichen אֶת־ wird vorzüglich durch die Präposition σύν wiedergegeben, besonders in der Aquila nahestehenden Übersetzung des Koheletbuches. Es liegt auf der Hand, dass manche Bibelstellen durch dieses technische Verfahren in ihrer griechischen Wiedergabe verunklart werden. Dagegen behauptet der Aquila-Text seinen uneingeschränkten Verweischarakter auf die hebräische Ausgangssprache, so dass man natürlich fragen könnte, ob er überhaupt als ein eigenständiger Text gedacht war und in einem konkreten »Sitz im Leben« verwendet wurde.[24] Wie dem auch sei, darf man seine Rezension als die wirkungsvollste Konkurrenzübersetzung ansprechen, nachdem sich das Judentum von der Septuaginta distanzierte und deren Übersetzungstext dem Christentum überließ. Vor diesem Hintergrund lässt sich verste-

[23] Die Wortgleichungen bei Aquila werden erschlossen durch J. Reider, An Index to Aquila, completed and revised by N. Turner, VT.S 12, Leiden 1966; vgl. dazu die kritische Besprechung von R. Hanhart, ThRev 64 (1968), 391–394.

[24] Vgl. F. Siegert, Register zur »Einführung in die Septuaginta«, MJSt 13, Münster 2003, 362f.

hen, warum Aquila besonders solche Septuaginta-Ausdrücke vermied, die ihm durch ihren neutestamentlichen Gebrauch quasi als christlich »besetzt« erschienen. Bezeichnend dafür ist die Wiedergabe des Wortes Messias, das er nicht mit Χριστός, sondern mit ἠλειμμένος übersetzte.

Symmachus (σ′). Nach dem Zeugnis des Epiphanius war Symmachus ein zum Judentum übergetretener Samaritaner (De mensuris et ponderibus, 16). Gelegentlich wird er mit dem in rabbinischen Quellen erwähnten Somchos gleichgesetzt, der ein Schüler des Rabbi Meir gewesen sein soll. Sein Werk, das sich zwischen Übersetzung und Rezension bewegt, soll etwa um 170 n. Chr. entstanden sein. Es gründet einerseits auf den Vorarbeiten Aquilas und bemüht sich andererseits um eine angemessene Wortwahl und um Verbesserung des Stils, der sich an die späte römisch-hellenistische Kunstprosa anlehnt.[25] Damit versucht Symmachus einen Ausgleich zwischen ausgangssprachlicher Fixierung und zielsprachlicher Orientierung, ohne dabei den Primat der Ausdrucksäquivalenz preiszugeben. Hieronymus hat seine Übersetzung besonders geschätzt. Leider sind von ihr nur wenige Zitate und Hexapla-Fragmente erhalten geblieben. Darum bleibt die Bestimmung ihres Textcharakters weiter in der Diskussion.

Theodotion (θ′). Von Theodotion war bereits die Rede. Seine Rezensionstätigkeit stützt sich auf die oben beschriebene sehr frühe kaige-Rezension, die er fortführt und ausdehnt. Umfang und Bestand seiner Bearbeitung lassen sich jedoch nicht genau feststellen. Damit bleibt im Einzelfall zu prüfen, ob der Theodotion-Text die ältere kaige-Rezension bietet oder das Ergebnis seiner eigenen Revisionsbemühung wiedergibt. Manche Forscher verzichten sogar ganz auf die Annahme, dass Theodotion an der Herstellung dieser griechischen Textfassung beteiligt gewesen sei, und sprechen nur noch von der kaige-Theodotion-Rezension. Nach altkirchlicher Tradition soll besagter Theodotion aus Kleinasien stammen und ebenfalls ein Proselyt gewesen sein (Irenäus, Adversus haereses, III,23). Da er unter Kaiser Commodus wirkte, lässt sich sein Werk um 190 n. Chr. ansetzen. Ähnlich wie seine Vorgänger orientiert er sich beim Rezensieren des griechischen Bibeltextes an den hebräischen Wortwurzeln (etymologisierendes Übersetzen). Dabei werden ggf. auch unübliche Äquivalente geprägt, damit zwei verschiedene hebräische Wörter nicht mit demselben griechischen Wort übersetzt werden müssen. Fehlen dagegen passende Äquivalente in der Zielsprache wie beispielsweise bei Tier- und Pflanzennamen, werden diese bei ihm häufiger transkribiert. In gewisser

[25] Vgl. Hanhart, Septuaginta, 188f.

Weise kann man der Theodotion-Rezension aufgrund ihrer engen Anlehnung an das hebräische Original bei gleichzeitiger Schonung des Septuagintatextes eine Mittelstellung zwischen Aquila und Symmachus zuweisen. Um ein Sonderproblem handelt es sich dagegen beim sogenannten »θ«-Text im Danielbuch, der in fast allen Handschriften den älteren, etwas freier übersetzten Septuagintatext verdrängen konnte. Denn dieser »θ«-Text zeigt nicht die gleiche Homogenität und Konsistenz, die das Revisionsbemühen des Theodotion sonst kennzeichnet. In der Forschung wird darum angenommen, dass der »θ«-Text bei Daniel definitiv nichts mit Theodotion zu tun habe. Vielmehr handele es sich um eine frühe Rezension, die teils aus einem hebräisch-aramäischen Original übersetzt, teils den Septuagintatext bearbeitet.[26] Sollte dies zutreffen, darf der »θ«-Text neben der kaige-Rezension als ein weiterer Beleg dafür gelten, dass man bereits um die Zeitenwende mit Revisionen des Septuagintatextes zu rechnen hat.

Die Drei (οἱ γ′ oder οἱ λ′). Bereits in antiken Quellen werden die jüdischen Rezensionen des Aquila, Symmachus und Theodotion zusammenfassend als »die Drei« (γ′ grie. Zahlzeichen) bzw. einschließend als die übrigen Übersetzer (λ′ grie. Abkürzung für λοιποί) bezeichnet. Unter dem entsprechenden Sigel werden sie auch in den Apparaten der Göttinger Septuaginta sowie der Biblia Hebraica Stuttgartensia bzw. Quinta geführt. Neben den drei jüdischen Rezensionen, die durch ihre Zusammenstellung in der Hexapla des Origenes (siehe 5.4) größtenteils erhalten geblieben sind, gibt es auch noch weitere vorhexaplarische Rezensionen, die Origenes aufgespürt und in sein Werk einbezogen hat. Obwohl sie anonym überliefert sind, zählt man sie ebenfalls zu den jüdischen Rezensionen. Damit stellt sich mindestens in methodischer Hinsicht das Problem, wie sich eigentlich jüdische und christliche Rezensionen voneinander unterscheiden lassen. Als Merkmale jüdischer Herkunft werden für gewöhnlich genannt, dass sie erstens für den Gottesnamen eine Form des Tetragramms und nicht die in der Septuaginta übliche Übersetzung κύριος »Herr« verwenden und dass sie zweitens in Rollenform und nicht in Buchform aufgezeichnet sind (sofern sie überhaupt im Original vorliegen!).

Die Entstehung jüdischer Rezensionen, das soll hier nochmals abschließend vermerkt werden, muss in einem Zusammenhang mit der wachsenden Distanzierung des rabbinischen Judentums von der Septuaginta gesehen werden. Das bedeutet zunächst nicht, dass die Rabbinen den Sep-

[26] Vgl. A. Schmitt, Die griechischen Danieltexte (»ϑ′« und o′) und das Theodotionproblem, BZ 36 (1992), 1–29.

tuagintatext verwarfen.[27] Jedoch haben sie ihn weder bearbeitet noch verbessert, sondern statt dessen Konkurrenzübersetzungen gefördert. In den häufigen Disputationen zwischen Juden und Christen über die korrekte Auslegung bestimmter Bibelstellen, bei denen sich die Christen natürlich auf den gängigen Septuagintatext beriefen, waren es dann die Konkurrenzübersetzungen, die von jüdischer Seite gegen den Septuagintatext ins Feld geführt wurden. Unter ihnen erlangte besonders die stark originalsprachlich orientierte Übersetzung des Aquila maßgebliche Bedeutung. Es versteht sich darum von selbst, dass das Judentum durch die Disputationen mehr und mehr vom überlieferten Septuagintatext abrückte, ein Vorgang, der schließlich auf eine Preisgabe der Septuaginta hinauslaufen musste. Ihren Ausdruck findet sie erst spät in einem nachtalmudischen Traktat, der im Anschluss an die Entstehungslegende der Septuaginta erklärt, dass der Tag ihrer Fertigstellung für Israel genauso schlimm gewesen sei wie der Unglückstag, an dem das goldene Kalb gebildet wurde (Sopherim 1,8).

5.4 Die Hexapla des Origenes

Die Hexapla des Origenes ist ein Knotenpunkt in der Textgeschichte. Sie bündelt den Hauptstrom der Septuagintaüberlieferung und dient dazu, den griechischen Text mit den Juden zu diskutieren. Der alexandrinische Theologe, der das kirchliche Revisionswerk zwischen 230 und 240 n. Chr. geschaffen hat, ordnet den Bibeltext parallel in sechs Spalten: 1) hebräischer Text, 2) derselbe in griechischer Umschrift, 3) Übersetzung des Aquila, 4) Übersetzung des Symmachus, 5) Septuagintatext, 6) Übersetzung des Theodotion. Neben der Hexapla schuf Origenes noch ein zweites Werk, die sogenannte *Tetrapla*, die nur die vier Übersetzungen enthielt. Ob es sich um die Vorgängerin der Hexapla handelt oder um eine spätere, auf vier Kolumnen verkürzte Ausgabe, lässt sich kaum entscheiden. Jedenfalls ist der Umfang beider Werke beträchtlich gewesen. Bei der Hexapla schätzt man 6000 Blätter in 50 Bänden. Schon deshalb wurde sie in ihrer Gesamtheit selten abgeschrieben. Von ihrer äußeren Anlage vermitteln noch die als Palimpsest erhaltenen Mailänder Hexapla-Fragmente (Rahlfs-Sigel: 1098) einen Eindruck (Bildtafel 34).

1. Kolumne. Die Hexapla bringt in ihrer ersten Spalte den hebräischen Text. Allerdings ist von dieser in hebräischen Buchstaben geschriebenen

[27] Vgl. dazu G. Veltri, Gegenwart der Tradition. Studien zur jüdischen Literatur und Kulturgeschichte, JSJ.S 69, Leiden/Boston/Köln 2002, 95–98, mit der zugespitzten These, dass die Septuaginta nicht durch ihre christliche Inbesitznahme aus der jüdischen Liturgie verschwand, sondern durch den Umstand, dass die Rabbinen die Übersetzung des Aquila als griechisches Targum für den gottesdienstlichen Einsatz als besser geeignet betrachteten.

Spalte rein gar nichts erhalten geblieben. Deshalb wird die Existenz einer solchen hebräischen Kolumne überhaupt in Zweifel gezogen, zumal die bereits erwähnten Mailänder Hexapla-Fragmente, die nach ihrem Herausgeber auch die »mercatischen Fragmente« genannt werden,[28] nur die 2.–6. Kolumne überliefern. Doch sind die Zweifel nicht hinreichend begründet; denn erstens handelt es sich bei der Mailänder Minuskelhandschrift um eine erst im 9.–11. Jh. n. Chr. und damit relativ spät entstandene Hexapla-Abschrift und zweitens ist anzunehmen, dass das christliche Überlieferungsinteresse vornehmlich den griechischen Texten der Hexapla galt und man den hebräischen Text auch weglassen mochte (was vor allem dann der Fall gewesen ist, wenn der Schreiber die hebräische Quadratschrift nicht beherrschte). Umgekehrt darf man vermuten, dass bei der Disposition der Hexapla, also bei ihrer Vorbereitung in der Textwerkstatt des Origenes, der hebräische Grundtext die entscheidende Rolle spielte, weniger der an seine Seite gestellte griechische Umschrifttext. Man wird deshalb die Streitfrage zugunsten einer hebräischen Spalte im Original entscheiden dürfen und dafür sogar einen indirekten Beweis liefern können. Dieser stützt sich auf ein Handschriften-Fragment, das aus der Kairoer Geniza stammt und auf einem Doppelblatt den Text von Ps 22 (LXX Ps 21) nach der Hexapla bietet (Rahlfs-Sigel: 2005). Es handelt sich ebenfalls um ein Palimpsest, dessen untere Schrift ins 7. Jh. n. Chr. datiert. Bei seiner Zweitbeschreibung im 11. Jh. n. Chr. wurde allerdings nicht nur der hexaplarische Text abgeschabt, sondern auch das Doppelblatt am oberen und an seinen äußeren Rändern auf ein neues Format zugeschnitten. Das so beschnittene Doppelblatt bezeugt jetzt nur noch den Text der 2.–5. Kolumne. Trotzdem lässt sich relativ exakt berechnen, dass es in seinem originalen Format auch die 1. Kolumne enthalten haben muss.[29] Vor diesem Hintergrund stellt sich die interessante Frage, welche hebräische Textfassung die Hexapla ursprünglich verwendet hat. In seiner Hexapla-Ausgabe von 1875 ergänzte Frederick Field noch ganz selbstverständlich den masoretischen Text. Doch zeigen neuere Rekonstruktionsbemühungen, dass man von Fall zu Fall einen anderen, sogar in seinem Konsonantenbestand abweichenden Text voraussetzen muss. Dadurch bestätigt sich nochmals,

[28] Psalterii Hexapli Reliquiae, cura et studio Johannis Card. Mercati, pars prima, Rom 1958.

[29] Vgl. ausführlich R. G. Jenkins, The First Column of the Hexapla: The Evidence of the Milan Codex (Rahlfs 1098) and the Cairo Genizah Fragment (Rahlfs 2005), in: A. Salvesen (ed.), Origen's Hexapla and Fragments, TSAJ 58, Tübingen 1998, 88–102; sowie die Beiträge von G. J. Norton, Observations on the First Two Columns of the Hexapla, 103–124; und P. W. Flint, Columns I and II of the Hexapla: The Evidence of the Milan Palimpsest (Rahlfs 1098), 125–132.

dass man zwar im 3. Jh. n. Chr. über eine verfestigte Textform der hebräischen Bibel verfügte, aber noch nicht von einer definitiv festgelegten und damit letztgültigen masoretischen Textgestalt gesprochen werden kann.

2.–6. Kolumne. Die zweite Kolumne bietet eine griechische Umschrift und sollte offenbar beim Lesen bzw. Vokalisieren des hebräischen Konsonantentextes behilflich sein. Wahrscheinlich handelt es sich bei diesen Transliterationen um eine jüdische Schöpfung, die etwa im 2. Jh. n. Chr. hergestellt und von Origenes übernommen worden ist. Der zweiten Kolumne folgen die griechischen Übersetzungen, deren Anordnung vielleicht ihre Nähe zum hebräischen Text widerspiegeln soll. Die dritte Kolumne bringt die Übersetzung des Aquila, die sich besonders eng an den Wortlaut hält, während die vierte Kolumne mit Symmachus eine stärker zielsprachlich orientierte Übersetzung bietet. In der fünften Kolumne steht der Septuagintatext, wie er von Origenes durchgesehen und revidiert worden ist. Schließlich folgt in der sechsten Kolumne für gewöhnlich die kaige-Theodotion-Rezension, beim Zwölfprophetenbuch (Dodekapropheton) und in Teilen der Samuel- und Königebücher steht dort jedoch eine andere Übersetzung.

Weitere Übersetzungen. Nach einer Notiz des Eusebius (Kirchengeschichte, VI, 16,1-4) hat Origenes in seiner Psalmen-Hexapla den vier bekannten Übersetzungen (3.–6. Kolumne) noch eine fünfte, sechste und siebte Übersetzung folgen lassen (»7.–9. Kolumne«).[30] Entsprechend werden sie als Quinta, Sexta und Septima gezählt. Das bedeutet: Die fünfte Kolumne der Hexapla ist nicht identisch mit der als Quinta bezeichneten Übersetzung, die unter dem Sigel ε′ (griechisches Zahlzeichen) geführt wird. Die eine (deutsche) Zählung bezieht sich auf die Kolumnen, die andere (lateinisch/griechische) auf die Übersetzungen.[31] Von den genannten anonymen Übersetzungen ist uns leider wenig erhalten. Immerhin bieten die mercatischen Fragmente mit ca. 150 Versen des Hexpla-Psalters die Quinta, allerdings nicht in einer siebten Spalte, sondern anstelle der Theodotion-Übersetzung in der sechsten (Bildtafel 34). Ferner erfahren wir noch ein interessantes Detail durch eine unter die Sexta (sechste Übersetzung) gesetzte Unterschrift des Origenes: nämlich dass diese Übersetzung zusammen mit anderen hebräischen und griechischen Büchern bei Jericho

[30] Diese weiteren Übersetzungen wurden sehr wahrscheinlich nicht in Spaltenform dargeboten, sondern auszugsweise am Rand oder unter dem Text notiert.

[31] Die bei M. Tilly, Einführung in die Septuaginta, Darmstadt 2005, 85–93, wechselweise Verwendung von Quinta zur Bezeichnung der fünften Spalte der Hexapla und der fünften griechischen Übersetzung (= Quinta) führt in die Irre. Aus diesem Grund sollte man auch die teilweise noch in der älteren Literatur benutzte Bezeichnung der zweiten Kolumne (griechische Umschrift-Spalte) mit Secunda vermeiden.

in einem Krug gefunden worden sei. Textfunde wie die von Qumran gab es also bereits in der Antike. Manche Forscher vermuten sogar, dass die Sexta tatsächlich aus Höhle 7 von Qumran stammt, in der man vier Tonkrüge (sic!) und spärliche Reste von ca. 20 griechischen Schriftrollen fand.[32]

Obelos und Asteriskos. Die Besonderheit der fünften Kolumne besteht darin, dass der überlieferte Septuagintatext in einer Rezension dargeboten wird, die Origenes selbst besorgte. Dabei benutzte er Revisionszeichen, die er aus der alexandrinischen Textkritik homerischer Epen kannte: Mit dem *Obelos* (÷)[33] wurde »Überflüssiges« markiert, nämlich solche Textstellen, die nur im griechischen, aber nicht im hebräischen Text enthalten waren. Dagegen wurde mit dem *Asteriscos* (※) »Fehlendes« und damit Textstücke gekennzeichnet, die zwar im hebräischen Original standen, aber in der Septuaginta aus irgendwelchen Gründen fehlten. Als Schlusszeichen, das die markierten Textpassagen begrenzte, gebrauchte Origenes den *Metobelos*, der verschiedene Formen annehmen konnte (÷, ⋌). In deutscher Übersetzung ließe sich danach Gen 1,7 wie folgt wiedergeben: »Und Gott machte die Wölbung und Gott schied eine Hälfte des Wassers, die unterhalb der Wölbung war, und eine Hälfte des Wassers oberhalb der Wölbung. ※ Und es geschah so. ⋌« Die sogenannte Vollzugsformel, die im hebräischen Text steht und in der Septuaginta wahrscheinlich durch Homoioarkton (siehe 8.1.7) ausgelassen worden ist, wird also von Origenes aus den übrigen Übersetzungen nachgetragen und als »Fehlendes« ausgewiesen. Wie man sehen kann, wird der Textvergleich durch die Markierungen wesentlich erleichtert. Allerdings muss man bei der Verwendung der aristarchischen Zeichen[34] in der Hexapla beachten, dass sie nicht im strengen textkritischen Sinne als Tilgungs- und Ergänzungszeichen übernommen wurden. In gewisser Weise wird sogar ihre Wertigkeit umgekehrt. Denn was Origenes als »Überflüssiges« (Plus der Septuaginta) kennzeichnet, wagte er offensichtlich nicht zu tilgen. Vielmehr rechnete er es zum verbindlichen Septuagintatext hinzu, wodurch dieses Sondergut zum unveräußerlichen Besitz der christlichen Kirche geworden ist. Demgegenüber erklärte er das »Fehlende« (Minus der Septuaginta), das nur im hebräischen Original geboten wird, zu optionalen Lesarten.[35]

[32] Vgl. H. Stegemann, Die Essener, Qumran, Johannes der Täufer und Jesus, Freiburg/Basel/Wien 1993, 111–113.

[33] Grie. ὀβελός bedeutet »Spieß« und bezeichnet das »Aufgespießte«, nämlich unechte Stellen in Schriftwerken, die herauszunehmen sind.

[34] Die diakritischen Zeichen werden nach dem alexandrinischen Grammatiker Aristarch, der sie im 2. Jh. v. Chr. eingeführt hat, auch aristarchische Zeichen genannt.

[35] Die Stellungnahme des Origenes in seinem Matthäuskommentar (zu Mt 19,19) ist übersetzt bei P. E. Kahle, Die Kairoer Genisa, Berlin 1962, 254.

Hexaplarische Rezension (G^O). Die Septuaginta-Kolumne enthält aber nicht nur die Revisionszeichen. Vielmehr hat Origenes auch in den Text selbst eingegriffen und Verbesserungen angebracht, ohne dies kenntlich zu machen. Bisweilen wurden auch Umstellungen von Wörtern und Satzteilen vorgenommen – sehr wahrscheinlich dazu, um die Vergleichbarkeit mit den übrigen Übersetzungen zu vereinfachen. Wenn man also einen ursprünglichen Text der Septuaginta zu ermitteln versucht, muss man dabei berücksichtigen, dass die Hexapla den überlieferten Septuagintatext eben nicht in »Reinform« bietet, sondern in einer Rezension des Origenes. Diese hat rasch an Ansehen gewonnen und darum die spätere Textgeschichte der Septuaginta weitgehend beeinflusst. Da der hexaplarische G^O-Text häufiger und separat abgeschrieben wurde, ist sein Überlieferungsbefund günstiger als beim hexaplarischen Gesamtwerk zu beurteilen. Wichtige Textzeugen, die auch Obelos und Asteriskos überliefern, sind der *Codex Colberto-Sarravianus* (G) aus dem 4./5. Jh. n. Chr. (Bildtafel 35) sowie aus dem 6. Jh. n. Chr. der *Codex Marchalianus* (Q), bei dem die hexaplarischen Lesarten am Rand nachgetragen sind (Bildtafel 36). Ferner ist zu beachten, dass in späteren und weniger guten Handschriften die Revisionszeichen teilweise oder ganz ausgelassen, bisweilen falsch verstanden oder nur noch als Ornamente tradiert worden sind. Ein unverzichtbares Hilfsmittel für die Textkritik ist noch immer die 1875 erschienene und in den meisten Universitäts- und Seminarbibliotheken vorhandene Ausgabe von Frederick Field, in der das bis zu dieser Zeit bekannte hexaplarische Textmaterial zusammengestellt ist.[36]

Syrohexapla (Syh). Für den hexaplarischen Gesamttext ist die sogenannte Syrohexapla von großem Wert. Bei ihr handelt es sich um eine von Bischof Paul von Tella sehr sorgfältig angefertigte syrische Übersetzung aus dem 7. Jh. n. Chr. Sie gilt als beste Zeugin für den G^O-Text, den sie mit den aristarchischen Zeichen bewahrt. Zudem bietet sie auch Lesarten von Aquila, Symmachus und Theodotion. Der syrohexaplarische Text ist u. a. erhalten in einer Handschrift der Ambrosianischen Bibliothek in Mailand (C. 313 Inferiore), die aus dem 9. Jh. n. Chr. stammt und die zweite Hälfte des Alten Testaments bietet (Propheten und Hagiographen), als auch in einer Reihe weiterer Manuskripte einzelner Bücher wie die in London aufbewahrte Exodushandschrift Add. 12.134 (Bildtafel 37).

Mit der Hexapla wollte Origenes einer wachsenden Vielfalt von Textüberlieferungen der griechischen Bibel begegnen und zugleich im Gespräch mit dem Judentum durch seine Rezension G^O einen fehler- und lü-

[36] F. Field (Hg.), Origenis Hexaplorum quae supersunt, Vol. I–II, Oxford 1875 (Nachdruck: Hildesheim 1964).

ckenlosen Septuagintatext vorweisen. Sein mit enormem Arbeitsaufwand betriebenes Unternehmen war insofern auch erfolgreich, als die hexaplarische Edition rasch Verbreitung fand und die weitere Textgeschichte der Septuaginta dominierte. In textkritischer Hinsicht wird der Wert seines Werkes gegenwärtig unterschiedlich beurteilt bis hin zu der Einschätzung, dass die Hexapla als »größter anzunehmender Unfall« der Textüberlieferung zu betrachten sei.[37] Dieses extreme Urteil bezieht sich auf den Umstand, dass die Kirchenväter teilweise wahllos aus allen Spalten der Hexapla zitierten und auch die großen Kodizes hexaplarische Lesarten aufnahmen, so dass man oft nicht mehr entscheiden kann, wann ein bestimmtes Wort in die Septuaginta hineingekommen ist. Die textkritische Arbeit und damit die Ermittlung eines ursprünglichen Septuagintatextes wird dadurch wesentlich erschwert. Es ist eben dieser »hexaplarische Knoten«, der heute mit großer Mühe entwirrt werden muss und dafür verantwortlich ist, dass die Herstellung eines kritischen Textes durch das Göttinger Septuaginta-Unternehmen (siehe 5.8) nur langsam vorankommt. Abgesehen von diesem Umstand muss freilich auch gesehen werden, dass uns ohne die hexaplarische Werkstatt des Origenes viele Lesarten und wahrscheinlich auch die jüdischen Rezensionen nicht überliefert worden wären. Für die Rekonstruktion der Textgeschichte zwischen den frühen Handschriften und den späteren großen Kodizes ist darum die hexaplarische Überlieferung ein unverzichtbares und eben doch bedeutsames Bindeglied.

5.5 Der antiochenische Text (lukianische Rezension)

Aus nachhexaplarischer Zeit ist eine weitere christliche Rezension der griechischen Bibel bekannt, die in das 4. Jh. n. Chr. datiert wird. Nach der Tradition verbindet man sie mit dem Presbyter Lukian von Antiochia, der 312 n. Chr. den Märtyrertod starb, und nennt sie die *lukianische Rezension* (G^L). Wie bei den Rezensionen üblich lassen sich auch bei Lukian eine Reihe von Angleichungen an den hebräischen Text beobachten, wobei die Frage, nach welcher hebräischen Texttradition korrigiert wurde, umstritten bleibt. Gegenüber den Angleichungen überwiegen jedoch Verbesserungen des griechischen Stils, die im Blick auf den liturgischen Vortrag dafür sorg-

[37] Vgl. F. Siegert, Register zur »Einführung in die Septuaginta«, MJSt 13, Münster 2003, 369. Dazu lässt sich bereits J. Wellhausen anführen in F. Bleek, Einleitung in das Alte Testament, 5. Aufl. Berlin 1886, 546: »Wie weit Origenes die Septuaginta zu praktischen Zwecken, als Kirchenbibel, brauchbarer gemacht hat, muss hier unerörtert bleiben; für den wissenschaftlichen Zweck, wozu sie uns dient, nemlich zur Reconstruction des den alten Übersetzern vorliegenden hebräischen Originals, hat er … sie eher verdorben.«

ten, dass der lukianische Text der Psalmen in der griechischen Kirche besonders geschätzt worden ist. Lukian benutzte natürlich auch die Hexapla, wobei er sich stärker an der Symmachus-Übersetzung orientierte,[38] während Origenes bekanntlich den Theodotion-Text bevorzugte. Die lukianische Rezension ist jedoch aus einem anderen Grund von entscheidender Bedeutung. Denn beim griechischen Text, der seiner Rezension zugrunde liegt, handelt es sich nicht um den von Origenes rezensierten Septuagintatext, sondern um einen viel älteren griechischen Text, der teilweise schon von Flavius Josephus bezeugt bzw. benutzt worden und ebenfalls durch einige Fragmente der altlateinischen Übersetzung (*Vetus Latina*) belegt ist. Dieser ältere Text ist zudem von der frühen kaige-Rezension verschieden, wie sich an den Samuel- und Königebüchern beobachten lässt. Wie oben bereits erwähnt (siehe 5.3) folgt nämlich die Septuaginta in den Abschnitten 2. Sam 10,1–1. Kön 2,11 (βγ) und 1. Kön 22,1–2. Kön 25,30 (γδ) der kaige-Rezension, während die übrigen Abschnitte einen nicht-revidierten Text bieten, der Differenzen zum masoretischen Text und Gemeinsamkeiten mit der lukianischen Rezension aufweist. Dabei ist bemerkenswert, dass die Gruppe der antiochenischen Textzeugen durchgängig, also auch in den kaige-Abschnitten βγ und γδ, einen nicht-revidierten Text bietet.[39] Der Befund lässt sich kaum anders deuten, als dass der Text der lukianischen Rezension gegenüber der kaige-Rezension noch näher bei der ursprünglichen Septuaginta zu stehen kommt. Genau genommen muss man also auch hier – ähnlich wie bei Theodotion – von einem *proto-lukianischen Text* sprechen oder sachgemäß von einer in der lukianischen Rezension enthaltenen Basisstufe, weil diese schon lange vor den Revisionsbemühungen des Lukian existierte. Um dem Benennungsproblem zu entgehen, wird heute die allgemeine Bezeichnung *antiochenischer Text* bevorzugt, zumal die Zitate antiochenischer Kirchenväter bezeugen, dass dieser Text sehr wahrscheinlich aus dem Gebiet von Antiochia stammt. Festzuhalten bleibt damit, dass G^L in manchen Fällen eine reinere Form des altüberlieferten Septuagintatextes (Old Greek) bewahren konnte als die Hauptzeugen in den drei großen Kodizes (siehe 5.6). Man erklärt den Befund recht über-

[38] Vgl. N. Fernández Marcos, The Textual Context of the Hexapla: Lucianic Texts and Vetus Latina, in: A. Salvesen (ed.), Origen's Hexapla and Fragments, TSAJ 58, Tübingen 1998, 409f.

[39] Vermutlich handelt es sich beim lukianischen Text der Samuel- und Königebücher nicht nur um eine Rezension, sondern auch um eine Edition. Deren auffälligstes Merkmal besteht darin, dass der Text von 2. Sam bis zum Tod Davids in 1. Kön 2,11 weitergeführt und damit die Buchgrenze nach hinten verschoben wird. In der Textausgabe von Fernández Marcos und Busto Saiz werden die Kapitel als 2. Sam 25,1–26,11 gezählt (= 1. Kön 1,1–2,11).

zeugend durch die Annahme, dass sich der protolukianische Text bereits zu einem sehr frühen Zeitpunkt, etwa um das 1. Jh. n. Chr., von der Septuaginta-Tradition löste, ohne danach nochmals mit ihr in Kontakt zu kommen.[40] An seinem rezensionellen Charakter wird man vorläufig festhalten müssen, weil seine unmittelbare Gleichsetzung mit der originalen griechischen Übersetzung, also dem ursprünglichen Septuagintatext, zunächst weitere ungelöste Probleme nach sich zieht. Vor allem ist noch nicht hinreichend geklärt, wie sich die antiochenische Basisstufe zum hebräischen Text von 4QSam^a (= 4Q51) und dieser zum altüberlieferten Septuagintatext verhält.

Bestand. Ob sich die lukianische Rezension einmal über die ganze griechische Bibel erstreckt hat, ist nicht mehr auszumachen und eher unwahrscheinlich. Für den Pentateuch ist nämlich kein lukianischer Text bezeugt. Beim Josuabuch spricht man zwar auch von einem »lukianischen« Text, doch scheint es sich hier eher um den altüberlieferten Septuagintatext zu handeln; denn Chrysostomos (345–407) und Theodoret (393–460), die den griechischen Bibeltext für gewöhnlich nach der lukianischen Version zitieren, beziehen sich beim Josuabuch gerade nicht auf den als »lukianisch« eingestuften Text. Sicher belegt ist G^L erst ab Rut 4,11 und in den einschlägigen Passagen der Samuel- und Königebücher sowie in den Chronikbüchern, bei Esra-Nehemia, bei den Psalmen und im Jesajabuch. Umstritten bleibt hingegen der Alpha-Text des Esterbuches.[41]

Textzeugen. Die lukianische Rezension, die man durch die Tradition kannte und in antiochenischen Kirchenväter-Zitaten belegt fand, wurde eigentlich erst im 19. Jahrhundert (wieder-)entdeckt, und zwar überraschenderweise in einigen aus dem 9.–13. Jh. n. Chr. (!) stammenden Minuskelhandschriften, die offenbar von der Hexapla unberührt geblieben waren. Es handelt sich um vier bzw. fünf Handschriften, die für gewöhnlich mit den Sigelbuchstaben der Cambridger Ausgabe (siehe 5.8) benannt werden: b (+ b'), o, c_2, e_2. In der Neuausgabe des antiochenischen Textes werden die Handschriften nach ihren Manuskriptnummern zitiert und in zwei Untergruppen eingeteilt: 19, 108 (b' + b) sowie 82, 93, 127 (o, e_2, c_2).[42]

[40] Vgl. N. Fernández Marcos, Der antiochenische Text der griechischen Bibel in den Samuel- und Königbüchern, in: S. Kreuzer / J. P. Lesch (Hg.), Im Brennpunkt: Die Septuaginta. Studien zur Entstehung und Bedeutung der Griechischen Bibel Bd. 2, BWANT 161, Stuttgart 2004, 191.

[41] Vgl. K. De Troyer, Der lukianische Text. Mit einer Diskussion des A-Textes des Estherbuches, in: S. Kreuzer / J. P. Lesch (Hg.), Im Brennpunkt: Die Septuaginta. Studien zur Entstehung und Bedeutung der Griechischen Bibel Bd. 2, BWANT 161, Stuttgart 2004, 236–244.

[42] Beschreibung der antiochenischen Manuskripte bei Fernández Marcos, Text, 177–188.

Allgemein wird der textkritische Wert der zweiten Untergruppe etwas höher beurteilt, wobei natürlich stets der Einzelfall auf Bewahrung einer ursprünglichen Lesart zu prüfen ist. Die gegenwärtige Forschung konzentriert sich vor allem auf die Samuel- und Königebücher, weil dafür mit 4QSam^{a} (= 4Q51) und 4QSam^{c} (= 4Q53) zwei frühe hebräische Textzeugen vorliegen, denen der antiochenische Text sehr nahe steht. Man verspricht sich davon eine Antwort auf die Frage, ob sich die antiochenische Basisstufe, also der sogenannte proto-lukianische Text, tatsächlich als eine sehr frühe Rezension bestätigt und vor allem, ob die rezensionellen Angleichungen einen hebräischen Text zu erkennen geben, der älter und vom masoretischen Text zu unterscheiden ist.

Textausgabe. Es ist sehr zu begrüßen, dass für den antiochenischen Text eine inzwischen drei Bände umfassende Textausgabe mit zwei kritischen Apparaten (direkte und indirekte Textzeugen) vorliegt, die den antiochenischen Septuagintatext der Samuel-, Könige- und Chronikbücher so wiedergibt, wie er sehr wahrscheinlich um das 5. Jh. n. Chr. in der Gegend von Antiochia gelesen worden ist.[43] Um Missverständnisse zu vermeiden, muss jedoch hervorgehoben werden, dass die Herausgeber mit guten Gründen den vollentwickelten antiochenischen Text zur Verfügung stellen, der nicht mit der Rekonstruktion einer ältesten Schicht innerhalb der antiochenischen Gruppe oder gar mit dem altüberlieferten Septuagintatext verwechselt werden darf. Das bedeutet konkret: Die Textausgabe bietet nicht die Lösung des proto-lukianischen Problems, sondern eine solide wissenschaftliche Ausgangsbasis für die gebotene textkritische Rückfrage. Schließlich ist noch auf ein weiteres Verdienst der Forschergruppe um Natalio Fernández Marcos aufmerksam zu machen. Vor dem Hintergrund, dass das griechische Vokabular der lukianischen Rezension in nicht wenigen Fällen vom üblichen Septuaginta-Wortschatz abweicht und deshalb in den einschlägigen Lexika und Konkordanzen nicht verzeichnet ist, hat sie Wortschatz und Äquivalente des antiochenischen Textes durch Indizes zusätzlich erschlossen.[44]

Hesychius. Neben Origenes und Lukian erwähnt Hieronymus in seiner Einleitung zu den Chronikbüchern noch eine weitere Rezension, die er dem ägyptischen Bischof Hesychius (um 300 n. Chr.) zuschreibt. Danach sollen diese drei Septuaginta-Ausgaben in verschiedenen geographischen Bereichen seiner Zeit verbreitet gewesen sein: die hexaplarische Version

[43] N. Fernández Marcos / J. R. Busto Saiz, El texto antioqueno de la Biblia Griega I, TECC 50, Madrid 1989; II, TECC 53, Madrid 1992; III, TECC 60, Madrid 1996.

[44] Vgl. N. Fernández Marcos / M. V. Spottorno Días-Caro / J. M. Cañas Reíllo, Indice Griego-Hebreo del Texto Antioqueno en los libros históricos, Vol. I–II, TECC 75, Madrid 2005.

des Origenes in Palästina, der Lukian-Text in Antiochia und der Hesychius-Text in Ägypten. Es konnte jedoch nicht nachgewiesen werden, ob es eine hesychianische Textfassung tatsächlich gegeben hat. Die textgeschichtlichen Bemühungen der älteren Forschung, Reste einer solchen »hesychianischen« Rezension zu ermitteln, sind jedenfalls nicht zum Ziel gelangt.

5.6 Die grossen Kodizes

Von der Spätantike bis ins Mittelalter wurde die Septuaginta in griechischen Großbuchstaben (*Majuskel*) geschrieben, also in einer Kapitalschrift, die sich aus den zu einer quadratischen Grundform tendierenden Inschriftenbuchstaben entwickelt hat. Dabei wurden die Buchstaben unverbunden und durchlaufend ohne Worttrennung (*scriptio continua*) aneinander gereiht. Man kann sogar sagen, dass die Majuskelschrift weniger geschrieben als gemalt worden ist, wobei Grund- und Haarstriche unterschieden wurden. Die etwas gerundete Form der griechischen Großbuchstaben nennt man auch *Unziale*, weshalb man gelegentlich von einer Unzialhandschrift spricht. Zunächst wurde der griechische Bibeltext ohne die Akzente geschrieben. Es gibt aber auch Majuskelhandschriften wie den Codex Marchalianus (Q), in dem Akzente gesetzt sind sowie Ober- und Unterlängen der Buchstaben vorkommen (Bildtafel 36). Die Anfertigung einer Vollbibel in Majuskelschrift ist damit relativ aufwendig. Um die Herstellung etwas zu erleichtern, wurden gerne auch Ligaturen verwendet sowie Abkürzungen für besonders häufig vorkommende Wörter, die durch einen Oberstrich gekennzeichnet werden: Gebräuchlich sind (und hier in griechischen Kleinbuchstaben wiedergegeben): $\overline{\vartheta\varsigma}$ Gott, $\overline{\kappa\varsigma}$ Kyrios, $\overline{\chi\varsigma}$ Christos, $\overline{\iota\sigma\lambda}$ Israel, $\overline{\alpha\nu o\varsigma}$ Mensch, $\overline{\mu\eta\rho}$ Mutter, etc. In der Majuskelschrift sind uns ca. 250 Bibelhandschriften überliefert, viele aber nur in einem Umfang von ein bis zwei Blatt. Als Sigel erhalten sie einen lateinischen oder griechischen Großbuchstaben.

Die Majuskelschrift wurde ungefähr bis ins 9. Jh. n. Chr. als Normalschrift für Bibeltexte verwendet und danach durch eine zur Kursive weiterentwickelte Gebrauchsschrift in Kleinbuchstaben (*Minuskel*) abgelöst. Diese hatte nicht zuletzt den ökonomischen Vorteil, dass sie weniger Platz und damit weniger Schreibmaterial beanspruchte sowie schnelleres Schreiben ermöglichte. Die Minuskeltexte bieten jetzt auch Wortabstände sowie Akzente, Spiritus und Punkte. Abkürzungen werden ebenfalls benutzt. Man kann also bereits an der Verwendung der Minuskelschrift erkennen, dass es sich um eine junge Bibelhandschrift handeln muss (9.–16. Jh. n. Chr.). Doch über ihren Wert als Textzeugin ist damit noch nichts ausgesagt; denn sie könnte ja als Abschrift eines sorgfältig ausgeführten Majuskeltextes durchaus alte Lesarten bewahrt haben. Unter den Minuskeln sind außerdem die oben erwähnten Handschriften b, o, c_2, e_2 bedeutsam. Sie stammen zwar aus dem 9.–13. Jh. n. Chr., bezeugen aber in der Hauptsache die lukianische Rezension.

Die folgende Übersicht über die in Majuskeln ausgeführten Kodizes beschränkt sich auf die christlichen Vollbibeln, die Altes und Neues Testament umfassen.[45] Sofern sie in BHS und BHQ als Textzeugen verzeichnet werden, erscheinen ihre Sigelbuchstaben im Exponenten. Im Neuen Testament werden die Kodizes ebenfalls mit einem Buchstaben versehen und zusätzlich nummerisch gezählt, wobei eine vorgesetzte Null anzeigt, dass es sich um eine Majuskelhandschrift handelt. Gemeinsamkeiten in den Sigeln bestehen freilich nur bei den Vollbibeln.[46]

Name	Alter	Merkmale	Sigel
Vaticanus	4. Jh. n. Chr.	beste, fast vollständig erhaltene Handschrift, wenig Textverderbnisse	B
Sinaiticus B.M.	4. Jh. n. Chr.	von späteren Revisionen beeinflusst, häufige Übereinstimmung mit B	S
Alexandrinus B.M.	5. Jh. n. Chr.	uneinheitlicher Text, teilweise hexaplarisch orientiert, Sonderlesarten	A
Ephraemi Syri rescriptus	5. Jh. n. Chr.	Palimpsest mit Fragmenten der poetischen Bücher, Besonderheiten bei Hiob	C
Codex Venetus	8. Jh. n. Chr.	zwei Teile, Verluste von Gen–Lev und Pss, unterschiedliche Texttraditionen	V

Codex Vaticanus (G^B). Die in der Vatikanischen Bibliothek aufbewahrte Handschrift besteht aus 768 Pergamentblättern und stammt aus dem 4. Jh. n. Chr. Sie bietet den vollständigen griechischen Text des Alten Testaments, jedoch nicht die in der Septuaginta enthaltenen Schriften

45 Zur Darstellung vgl. A. Rahlfs, Verzeichnis der griechischen Handschriften des Alten Testaments Bd. I,1: Die Überlieferung bis zum VIII. Jahrhundert, bearb. von D. Fraenkel, Septuaginta Vetus Testamentum Graecum. Supp. I,1, Göttingen 2004.

46 Sinaiticus = א (!) 01, Alexandrinus = A 02, Vaticanus = B 03, Ephraemi Syri rescriptus = C 04. Vgl. K. und B. Aland, Der Text des Neuen Testaments, Stuttgart 1982, 113–137.

1.–4. Makk, Oden und Psalmen Salomos. Ein fehlendes Stück am Anfang mit dem Text von Gen 1,1–46,28 sowie die LXX Pss 105,27–137,6 wurde im 15. Jahrhundert nachgetragen. Bis heute gilt der Vaticanus als wichtigster Zeuge für einen vorrezensionellen Septuagintatext. Eine Ausnahme bildet lediglich das Jesajabuch, das einen hexaplarischen Text bietet. Als Herkunftsort wird Ägypten vermutet, doch gibt es darüber keine Nachrichten. Von der Existenz des Vaticanus zeugt erstmals ein Eintrag im vatikanischen Bibliothekskatalog aus dem Jahr 1475. Durch den Napoleon-Feldzug von 1797 gelangte der Kodex kurzzeitig nach Paris, wurde aber nach dem Sturz Napoleons wieder zurückgegeben.

Codex Sinaiticus (G^S). Von dieser Handschrift, die in die Zeit zwischen 340 und 360 n. Chr. datiert wird, sind heute 407 Blätter bekannt. Drei Schreiber haben an ihr gearbeitet (Bildtafel 33). Darüber hinaus lassen sich aus dem 6. Jahrhundert zwei Korrektoren identifizieren, die Schreibversehen bereinigten und eine andere Handschrift kollationierten, deren alternative Lesarten sie in den Text eintrugen. Einer der beiden Korrektoren hat zwei Kolophone zu Esr–Neh und Est verfasst, in denen er die Benutzung eines von Pamphilius korrigierten hexaplarischen Textes anzeigte. Vom Alten Testament sind erhalten: Gen 23,19–24,46; Lev 20,27–22,30; sowie Teile von Num, Dtn, Ri, 1. Chr, Esr–Neh, Est; mit kleineren Lücken die Propheten und poetischen Bücher sowie die zusätzlichen Schriften Tob, Judit, 1.–4. Makk, Weish, Sir. Der vom Sinaiticus präsentierte Text steht bei den prophetischen und poetischen Büchern sehr nahe beim Vaticanus, bietet dagegen bei Esr–Neh einen weitgehend unrezensierten Text, während andere Bücher auch hexaplarisch beeinflusst sind. Der Kodex wurde tatsächlich erst im 6. Jh. n. Chr. gebunden, ist also zuvor nicht transportfähig gewesen. Als Herkunftsort vermutet man Caesarea. Von dort müsste er dann bald nach Gründung des Katharinenklosters nach Ägypten gekommen sein.

Die Geschichte seiner Wiederentdeckung für die Wissenschaft, die zugleich die unterschiedlichen Aufbewahrungsorte erklärt, ist untrennbar mit dem Namen Konstantin von Tischendorf (1815–1874) verbunden.[47] Auf seiner ersten Reise in den Orient, die er im Mai 1844 unternahm, fand er im Katharinenkloster 129 Blätter der Bibelhandschrift, nach der Legende in einem Abfallkorb mit schadhaften Pergamenten. 43 Blätter davon durfte Tischendorf mitnehmen, die von ihm der Leipziger Universitätsbibliothek übergeben und dort zunächst als *Codex Friderico-Augus-*

[47] Vgl. dazu den Bericht von L. Schneller, Tischendorf-Erinnerungen. Merkwürdige Geschichte einer verlorenen Handschrift, Leipzig 1927 (Nachdruck zuletzt 1991 mit dem Untertitel: Die abenteuerliche Entdeckung des »Codex Sinaiticus«).

tanus geführt wurden. Nach einer zweiten, jedoch erfolglosen Reise besuchte er 1859 ein drittes Mal das Katharinenkloster und konnte dort nicht nur die Hauptmasse des Kodex mit 347 Blätter aufspüren, sondern auch in Kairo eine Abschrift davon anfertigen und ihre Schenkung an den russischen Zaren Alexander II. in die Wege leiten. So gelangte dieser Teil zunächst in den Besitz der Öffentlichen Bibliothek von St. Petersburg und wurde 1933 von der Britischen Regierung erworben. Ein Blatt des Londoner Teils blieb jedoch in St. Petersburg, zusammen mit vier weiteren Fragmenten, die auf andere Weise dorthin gelangt sind. Schließlich fanden sich 1975 bei Bauarbeiten an der nördlichen Mauer des Katharinenklosters noch weitere 12 Blätter und 14 Fragmente, die jedoch bislang weder ediert noch kollationiert worden sind. Eine Zusammenführung der Teile des Sinaiticus soll jetzt virtuell erfolgen und 2010 über ein Internet-Portal der Öffentlichkeit zugänglich sein. Die Digitalisierung und Bildbearbeitung der Kodexblätter erfolgt in Kooperation der beteiligten Bibliotheken sowie der Mönchsgemeinschaft des Katharinenklosters und wird durch die Deutsche Forschungsgemeinschaft gefördert.[48]

Codex Alexandrinus (G^A). Die dritte der großen Bibelhandschriften stammt aus der Mitte des 5. Jh.s n. Chr. und liegt heute in vier Bänden vor. Aus dem Alten Testament fehlen lediglich 1. Sam 12,19–14,9 sowie LXX Pss 49,20–79,11. Gegenüber den anderen beiden Kodizes bietet der Alexandrinus einen ausgesprochen uneinheitlichen Text. Im Pentateuch steht er dem Vaticanus nur im Buch Levitikus nahe, in den Geschichtsbüchern 1. Sam–2. Kön bezeugt er die hexaplarische Rezension, während Jes nur noch wenig hexaplarische Einflüsse erkennen lässt und Jer sogar einen vorrezensionellen Text bezeugt. Hinzu kommen eine Vielzahl von Sonderlesarten, so dass textkritisch besondere Vorsicht geboten ist. Der Kodex befand sich 1627 in Konstantinopel, bevor ihn der Patriarch von Konstantinopel dem König Karl I. von England schenkte. Offenbar hatte der Donator, der zuvor Patriarch von Alexandria gewesen ist, die Handschrift aus der Patriarchalbibliothek von Alexandria mitgebracht, wonach sie benannt wird. Wann die Handschrift allerdings nach Alexandria gekommen ist und wo sie geschrieben wurde, ist bislang ungeklärt.

Codex Ephraemi Syri rescriptus (G^C). Wie der Name verrät, handelt es sich um ein Palimpsest, das im 12. Jh. n. Chr. mit 38 Traktaten des Ephraim Syrus neu beschrieben wurde. Die untere Schrift bezeugt Reste einer

[48] Information auf der homepage: http://www.codex-sinaiticus.net/. Die 43 Blätter der Leipziger Universitätsbibliothek sind bereits digitalisiert und können unter der angegebenen Internet-Adresse oder auch auf der website: http://www.e-manuscripts.org/ nach Installation eines Zusatzprogramms in komfortabler Weise eingesehen und gelesen werden.

Vollbibel: 64 Blatt enthalten Textstücke aus den Hagiographen (Hi, Spr, Koh, Hld, Weish, Sir) und 145 Blatt neutestamentliche Schriften. Die Handschrift, die sich heute in der Nationalbibliothek von Paris befindet, zeigt einige Besonderheiten im Buch Hiob. Leider ist sie in einem sehr schlechten Zustand und heute nur noch mit großer Mühe zu lesen. Der Grund dafür liegt in den Bemühungen Konstantin von Tischendorfs, der sich 1840/41 daran setzte, die untere Schrift des Palimpsests mit chemischen Mitteln sichtbar zu machen.

Codex Venetus (G^{V}). Der Kodex aus dem 8. Jh. n. Chr. besteht aus zwei Hälften. Die erste befindet sich in der Vatikanischen Bibliothek in Rom und die zweite in Venedig. Ihre Zusammengehörigkeit wurde Ende des 19. Jahrhunderts von Erich Klostermann erkannt. Der römische Teil bietet den Pentateuch ohne Gen–Lev 13,59 und die Geschichtsbücher, der venezianische Teil beginnt mit Hiob und bringt die poetischen Bücher, die Propheten und die deuterokanonischen Schriften Tob, Judit, 1.–4. Makk. Zwischen den beiden Teilen sind die Psalmen vermutlich ausgefallen. Eine Durchsicht des Alten Testaments ergibt, dass die gebotenen Texttraditionen recht unterschiedlich sind. Am Ende des zweiten Teils findet sich schließlich noch ein Text von Euseb, der zweifellos einmal zum Neuen Testament überleiten sollte. Obwohl von den neutestamentlichen Schriften nichts erhalten geblieben ist, darf man den Venetus darum zu den Vollbibeln rechnen.

5.7 Die Septuaginta und der hebräische Text

Wer der Darstellung bis hierher gefolgt ist, wird dem Fazit nicht widersprechen, dass es sich bei der Überlieferungsgeschichte der Septuaginta um eine ausgesprochen verwickelte Angelegenheit handelt. Um einen zuverlässigen ältesten Septuagintatext zu ermitteln, sind Studierende und Exegeten mithin auf Textausgaben, Hilfsmittel und die Mitteilungen des Septuaginta-Unternehmens (MSU) angewiesen (siehe 5.9). Unter textkritischer Perspektive rücken besonders die Schnittstellen zur hebräischen Bibel in den Blick. Dabei haben die Schriftrollenfunde von Qumran zu erkennen gegeben, dass sich die in vielerlei Hinsicht von der masoretischen Texttradition abweichenden griechischen Übersetzungen auf konkrete hebräische Vorlagen zurückführen lassen. Bislang wurde jedoch keine einzige Schriftrolle gefunden, die sich als exakte Vorlage eines Septuagintatextes erwies.[49] Um die Septuaginta dennoch als Textzeugin für den heb-

[49] Zur Sache vgl. A. Aejmelaeus, What Can We Know about the Hebrew *Vorlage* of the Septuagint?, ZAW 99 (1987), 58–89 (= On the Trail of the Septuagint Translators: Collected Essays. Revised and Expanded Edition, CBET 50, Kampen 2007, 77–115).

räischen Bibeltext heranziehen zu können, lassen sich hypothetische Rückübersetzungen nicht umgehen. Hebräische Wortwahl, Syntaxfragen und die Unterscheidung von interpretativen und wörtlichen Elementen im griechischen Text bilden dabei die größten Schwierigkeiten. Bei der Rekonstruktion einzelner Wörter, Wendungen oder Satzteile lassen sich dennoch begründete Ergebnisse erzielen.[50] Daher ist das Vorhaben der Oxford Hebrew Bible (OHB), eine kritische Ausgabe des hebräischen Bibeltextes zu erstellen (siehe 2.8), nicht von vornherein zum Scheitern verurteilt. Zu ihren textgeschichtlichen Voraussetzungen gehört freilich ein zuverlässiger griechischer Ausgangstext. Deshalb stellt sich die Frage, ob und wie man zu einem annäherungsweise ältesten Septuagintatext gelangen kann. Wir nähern uns ihrer Beantwortung vor dem Hintergrund der Theoriediskussion, die in der älteren Forschung geführt worden ist.

Urtext-Theorie (Paul de Lagarde). Wenngleich hier hauptsächlich von dem Orientalisten und Bibelwissenschaftler Paul de Lagarde (1827–1891) zu reden ist, soll nicht verschwiegen werden, dass er zu denjenigen Kulturpessimisten des späten 19. Jahrhunderts gehörte, die sich in Deutschland als Antisemiten hervortaten und mit ihren auch sprachlich entgleisten Hasstiraden der späteren nationalsozialistischen Propaganda vorarbeiteten.[51] Man muss es bedauern, kann aber trotzdem nicht über die Verdienste Lagardes in der Septuaginta-Forschung hinwegsehen, die er durch seine Urtext-Theorie wesentlich befördert hat. Sein ehrgeiziges Vorhaben, eine umfassende Textgeschichte der Bibel zu entwerfen, beruht im Bereich der griechischen Textüberlieferung auf der Annahme, dass sich die drei großen Septuaginta-Handschriften auf die frühen Rezensionen – (kaige-)Theodotion, (Proto-)Lukian und Hesychius – zurückführen lassen. Anschließend könne man dann durch Ausscheidung der in ihnen enthaltenen jüdischen und christlichen Rezensionselemente einen ursprünglichen Text der Septuaginta herstellen. Dieser von Lagarde eingeschlagene Weg hat sich im Grunde genommen als richtig erweisen. Dennoch bedarf seine textgeschichtliche Voraussetzung, dass die Erstübersetzung der Septuaginta auf einem einheitlichen Text basiere, der Berichtigung durch das inzwischen gewonnene Bild von der frühen Textgeschichte (siehe 5.2). Da-

[50] Vgl. dazu E. Tov, Die griechischen Bibelübersetzungen, in: ANRW II/20.1, Berlin/New York 1987, 153–157.

[51] Hinzuweisen ist in diesem Zusammenhang auf die kürzlich erschienene wissenschaftliche Biographie, die eine differenzierte Einordnung des bedeutenden Orientalisten und fatalen Denkers Paul de Lagarde in seine Zeit versucht; vgl. U. Sieg, Deutschlands Prophet. Paul de Lagarde und die Ursprünge des modernen Antisemitismus, München 2007; dazu R. Hanhart, Paul Anton de Lagarde und seine Kritik an der Theologie, in: B. Möller (Hg.), Theologie in Göttingen. Eine Vorlesungsreihe, Göttingen 1987, 271–305.

nach beruht die Septuaginta weder auf einem einheitlichen Text noch auf einem einzigen Übersetzungsvorgang. Vielmehr muss jedes biblische Buch der Septuaginta für sich betrachtet und dabei berücksichtigt werden, dass sich die Erstübersetzungen hinsichtlich ihrer zeitlichen Entstehung, ihrer hebräischen Vorlagetexte und ihres Übersetzungscharakters voneinander unterscheiden. Lagarde behält jedoch insofern Recht, als die Erstübersetzungen der einzelnen Bücher in sich homogen sind und jeweils auf eine einheitliche Textvorlage zurückgehen.[52] Wenn man so will, könnte man pluralisch von »Urtexten« der Septuaginta sprechen, nämlich von den Erstübersetzungen und ihren Vorlagetexten, aber nicht von einer Ur-Septuaginta. Nimmt man die Urtext-Theorie als Programm, so meinte Lagarde, einen wichtigen Schritt in diese Richtung tun zu können, indem er den lukianischen Text von Genesis bis Ruth herauszugeben unternahm.[53] Dass er mit seinem ehrgeizigen Vorhaben scheiterte, sei hier erwähnt, weil sich an diesem Beispiel nochmals die verwickelten Probleme der Textgeschichte beleuchten lassen. Lagarde stützte sich nämlich auf die Minuskelhandschriften 19 und 108, die im Bereich der Samuelbücher nachweislich der lukianischen Rezension folgen. Dabei bedachte er nicht, dass Handschriften auch ihre Vorlagen wechseln können. Eben dies ist jedoch der Fall. So konnte sein Schüler Alfred Rahlfs zeigen, dass beide Handschriften 19 und 108 zunächst einer anderen Textform folgen und erst ab Ruth 4,11 zur lukianischen Rezension wechseln. Daraus folgt, dass die gesamte Textausgabe von Lagarde praktisch nur in den letzten 12 Versen des Buches Ruth einen lukianischen Text bietet.

Targum-Hypothese (Paul Kahle). Die Anschauung von Paul Kahle (1875–1964) wird häufig als Gegenthese zur Urtext-Theorie angeführt. Sie behauptet die Entstehung einer Vielzahl griechischer Übersetzungen und erklärt sie nach dem Paradigma aramäischer Targume (siehe 6.1). Danach rechnet Kahle mit der zeitgleichen Existenz unterschiedlicher griechischer Bibelübersetzungen an mehreren Orten, die teils mündlich, teils schriftlich entstanden seien. Diese sollen aus dem Bedürfnis der griechisch sprechenden Diaspora, in Gottesdienst und Unterweisung einen verständlichen Bibeltext verwenden zu können, hervorgegangen sein. Die Annahme solcher *ad hoc* entstandenen Übersetzungen begründete Kahle mit einer Bemerkung im Aristeasbrief, nach der es schon vor dem offiziellen Unternehmen griechische Übersetzungen der Tora gegeben habe, die je-

[52] Vgl. F. Siegert, Zwischen Hebräischer Bibel und Altem Testament. Eine Einführung in die Septuaginta, MJSt 9, Münster 2001, 74.

[53] P. de Lagarde, Librorum Veteris Testamenti canonicorum pars prior graece, Göttingen 1883.

doch mangelhaft gewesen seien (Aristeasbrief, 314). Der spätere Septuagintatext sei deshalb nicht auf eine einheitliche Erstübersetzung zurückzuführen (gegen Lagarde), sondern durch das Zusammenfließen einer Vielzahl von nebeneinander existierenden und alternativen Übersetzungen entstanden. Man kann sagen, dass Kahle die Pluralität der Textüberlieferung und ihrer vom Hauptstrom der Septuaginta abweichenden Lesarten schärfer als Lagarde in den Blick rückte, daraus jedoch falsche Schlüsse zog. Berücksichtigt man nämlich, wie oben vermerkt, dass sich die Septuaginta aus ganz verschiedenartigen Übersetzungen biblischer Schriften zusammenfügt, ist schon dadurch der Eindruck einer Pluralität gegeben. Dem widerspricht es nicht, dass sich die einzelnen biblischen Bücher – je für sich betrachtet – auf einheitliche Erstübersetzungen zurückführen lassen und man die textgeschichtlich entstandenen Varianten durch Abschriften, Korrekturen und Rezensionsbemühungen hinreichend erklären kann. Die Targum-Hypothese besitzt also auch dann, sollte es vor und neben den sogenannten »Erstübersetzungen« weitere griechische Übersetzungsversuche gegeben haben, keine textkritische Relevanz.

Mit der Ermittlung der ältesten erreichbaren Septuaginta und den hypothetischen Rückübersetzungen, die sich teilweise durch die in Qumran erhaltenen hebräischen Vorlagetexte bestätigen lassen, ist der Ausgangspunkt der gegenwärtigen Diskussion erreicht. Sie entzündet sich an der Frage, ob die altüberlieferte Septuaginta gegenüber der protomasoretischen Texttradition tatsächlich ein älteres hebräisches Textstadium widerspiegelt. Eine pauschale Antwort lässt sich auch hier nicht geben. Grundsätzlich ist jedoch mit dieser Möglichkeit zu rechnen, weil sich in der frühen Textgeschichte die Schlussredaktion biblischer Bücher mit der Anfertigung von Abschriften zeitlich überschneiden kann. Vor diesem Hintergrund lässt sich folgendes Szenario entwerfen: Eine Schriftrolle mit einem als fertig betrachteten biblischen Text kommt in den Umlauf und wird nachfolgend zum hebräischen Vorlagetext einer griechischen Erstübersetzung. Unterdessen wird eben dieser biblische Text in der protomasoretischen Tradition nochmals nachbearbeitet, verändert und ggf. erweitert. In diesem Fall würde dann der ursprüngliche Septuagintatext zu einer gegenüber MT älteren hebräischen Textform führen.

Den weitestgehenden Versuch in diese Richtung hat jüngst Adrian Schenker in seiner textgeschichtlichen Untersuchung der Königebücher unternommen.[54] Um hierbei den altüberlieferten Septuagintatext als

[54] Vgl. A. Schenker, Älteste Textgeschichte der Königsbücher. Die hebräische Vorlage der ursprünglichen Septuaginta als älteste Textform der Königsbücher, OBO 199, Freiburg, Schweiz/Göttingen 2004.

Schlüssel zu einer vormasoretischen Textgestalt verwenden zu können, müssen allerdings drei negative Bedingungen erfüllt sein: Erstens dürfen sich die abweichenden griechischen Lesarten nicht als Textverderbnisse ihrer hebräischen Vorlage erklären lassen. Zweitens dürfen sie sich nicht als Ergebnis eines Übersetzungsvorgangs und damit als innergriechische Varianten deuten lassen. Drittens dürfen sie sich nicht als redaktionelle Veränderungen eines protomasoretischen Textes zu erkennen geben, weil sie sonst von dieser Textform abhängig wären. Nach diesen methodischen Vorgaben rekonstruiert Schenker den altüberlieferten Septuagintatext. Als Textzeugen benutzt er sachgemäß den Codex Vaticanus, den antiochenischen bzw. lukianischen Text und außerdem noch Fragmente der altlateinischen Übersetzung, der sogenannten *Vetus Latina* (siehe 6.4), die offenbar in manchen Fällen eine besonders ursprüngliche Form der Septuaginta bezeugt (d. h.: an einzelnen Stellen, die im Fortgang der Septuaginta-Überlieferung an MT angeglichen worden sind, bewahrt nur die Vetus Latina den altüberlieferten Septuagintatext!). Ausgewählte Textvergleiche zwischen MT und der alten LXX untermauern schließlich den Verdacht, dass die Septuaginta-Lesarten in der Regel auf die älteste Textgestalt der Königebücher hinführen, während sich die protomasoretischen Lesarten als eine Nachbearbeitung eben dieser Textgestalt, sozusagen als eine literarisch veränderte Neuausgabe, deuten lassen. Schenker kommt deshalb zu dem Ergebnis, dass die altüberlieferte Septuaginta das älteste erreichbare Textstadium der Königebücher »in griechischer Hülle« abbildet, und zwar nicht (!) in Abzweigung von einem etwaigen protomasoretischen Textstrom, sondern als dessen direkter Vorläufer. Beide Textformen – die hebräische Vorlage der ursprünglichen Septuaginta und der protomasoretische Text – verhalten sich zueinander wie Ausgangs- und Ankunftstext.[55] Oder noch pointierter formuliert: Der Ankunftstext, nämlich die bearbeitete Edition, markiert die Geburtsstunde der protomasoretischen Texttradition, davor gab es sie nicht! Die Plausibilität der zur Debatte stehenden Auffassung hängt gleichwohl an den Nachweisen, dass eben diese protomasoretischen Lesarten der Königebücher nicht zufällig und divers entstanden sind, sondern zu einer bewusst gestalteten und in ihren theologischen Tendenzen erkennbaren Neuausgabe gehören, die antisamaritanisch ausgerichtet gewesen sei und sich wahrscheinlich noch vor dem endgültigen Bruch zwischen den beiden Religionsgemeinschaften datieren lasse. Demgegenüber macht die in der griechischen Übersetzung greifbare und älteste Textform, die wahrscheinlich schon im 3. Jh. v. Chr.

[55] Vgl. Schenker, Textgeschichte, 174; und dazu die Rezension von S. Kreuzer, ThLZ 132 (2007), 636–638.

bestand, noch stärker den Eindruck eines allmählich gewachsenen literarischen Werkes.

Unter textkritischer Perspektive ist herauszustellen, dass Schenker keineswegs den Grundsatz der Einzelfallprüfung aussetzt. Jedes Textproblem ist zunächst für sich zu beschreiben und zu erörtern. Jedoch fordert er ein, dass dort, wo es die Befunde zulassen, auch ein textgeschichtliches Gesamtbild zu entwerfen ist, das die Einzelfallentscheidungen abzusichern vermag. Es bleibt abzuwarten, ob sich die von Schenker skizzierte frühe Textgeschichte im Bereich der Königebücher bestätigt. Die Diskussion darüber ist in Gang gekommen und berührt grundsätzlich auch die Frage nach dem Gewicht der griechischen Übersetzung als Textzeugin.[56] Es könnte sein, dass die Septuaginta mindestens für bestimmte Textbereiche des Alten Testaments – also in differenzierter Weise – wieder an Bedeutung gewinnt und damit das Pendel zu einer Hochschätzung zurückschwingt, die sie schon einmal im 19. Jahrhundert (allerdings unter anderen Voraussetzungen und noch vor den Qumranfunden!) besessen hat.

5.8 Wissenschaftliche Textausgaben

In die Vorgeschichte der wissenschaftlichen Textausgaben gehört die 1514–1517 gedruckte, aber erst 1520 veröffentlichte *Complutensische Polyglotte*, die einen aus römischen Minuskelhandschriften hergestellten Septuagintatext bietet (Bildtafel 47), sowie die 1587 von Papst Sixtus V. in Auftrag gegebene sogenannte *Sixtina*, die den griechischen Text nach dem Codex Vaticanus abdruckt. Weitere Ausgaben folgen der Sixtina in ihrer Textdarbietung bis hin zu der 1906–1940 herausgegebenen großen Cambridger Ausgabe *The Old Testament in Greek*.[57] In ihr sind die Bücher Genesis bis Tobit mit umfänglichen kritischen Apparaten erschienen, das Unternehmen wurde jedoch nicht fortgeführt.

Göttinger Septuaginta (1926ff). Das Göttinger Septuaginta-Unternehmen wurde im Jahr 1908 gegründet und feierte kürzlich das hundertjährige Bestehen. Sein Ziel ist die Herstellung eines eklektischen Textes und damit die Rekonstruktion der ältesten erreichbaren, allen rezensionellen oder sonstigen Bearbeitungen vorausliegenden griechischen Textform der Septuaginta. Dazu werden diejenigen Lesarten in den Text aufgenommen, die durch kritische Prüfung der Zeugen dem ursprünglichen Septuagintatext am nächsten kommen. Bei der Göttinger Septuaginta handelt es sich

[56] Vgl. z. B. M. Pietsch, Von Königen und Königtümern. Eine Untersuchung zur Textgeschichte der Königsbücher, ZAW 119 (2007), 39–58.

[57] A. E. Brooke / N. McLean (ed.), The Old Testament in Greek according to the Text of Codex Vaticanus, Bd. I/1–III/1, Cambridge 1906–1940.

um eine *editio critica major*, die den Anspruch erhebt, das gesamte handschriftliche Material zu sichten und ihre textkritischen Entscheidungen durch einen kritischen Apparat so vollständig wie nötig zu dokumentieren. In ihm werden alle Varianten samt Zeugen zum rekonstruierten Text aufgeführt. Die meisten Bände bieten darüber hinaus einen zweiten (Hexapla-)Apparat, der auch alle Zeugen der frühen jüdischen Rezensionen auflistet. Studierende, die zu einem bestimmten biblischen Buch mit der Göttinger Septuaginta arbeiten möchten, informieren sich zunächst in der Einleitung des betreffenden Editionsbandes bzw. in den Mitteilungen des Septuaginta-Unternehmens (MSU) über die dort zusammenfassend dargestellte Text- und Überlieferungsgeschichte. Bislang sind in der Göttinger Reihe 23 Einzelbände erschienen. Es fehlen noch die Ausgaben der Geschichtsbücher Josua bis Chronik[58] sowie unter den poetischen Büchern Sprüche, Kohelet, Hoheslied sowie die Psalmen Salomos. Ein wichtiges Hilfsmittel zur Göttinger Septuaginta ist das von Alfred Rahlfs erstellte Handschriftenverzeichnis, das durch Detlef Fraenkel in vorbildlicher Weise bearbeitet und wesentlich vermehrt in einem ersten Teilband neu erschienen ist. Dieser enthält die Beschreibung sämtlicher herangezogener Handschriften einschließlich der Qumrantexte bis ins 8. Jh. n. Chr. Das Verzeichnis ist nach den Aufbewahrungsorten der Bibliotheken alphabetisch gegliedert und bietet in seinem Register zehn Sigelkonkordanzen.

Alfred Rahlfs (1935). In weiser Voraussicht, dass es sich bei der Göttinger Septuaginta um ein Jahrhundert-Unternehmen handeln würde, hat Alfred Rahlfs bereits 1935 bei der Württembergischen Bibelanstalt eine kritische Handausgabe als *editio minor* erscheinen lassen, deren blauer Einband über Generationen das akademische Gesicht der Septuaginta prägte. Der eklektische Text, den die Handausgabe ebenfalls bietet, basiert hauptsächlich auf den drei großen Kodizes Vaticanus (B), Sinaiticus (S) und Alexandrinus (A). Wo die Handausgabe dem Text von B nicht folgt, werden in der Regel alternative Lesarten aus S oder A dargeboten. Nur selten wird auch eine andere Lesart oder eine Konjektur in ihren Text aufgenommen. Die Herstellung des Textes stützt sich damit, wie leicht zu ersehen ist, auf ein ziemlich behelfsmäßiges Verfahren. Dass die Handausgabe trotzdem einen verlässlichen Text bietet, verdankt sich vor allem dem Sachverstand und Spürsinn ihres Herausgebers Alfred Rahlfs, dessen textkritische Urteile noch heute bemerkenswert sind. Freilich lassen sich diese durch die Angaben im Apparat – verzeichnet werden Varianten der Kodizes und manchmal auch Lesarten der Rezensionen – nicht immer

[58] Zuletzt erschienen: U. Quast (Hg.), Septuaginta. Vetus Testamentum Graecum, Bd. IV,3: Ruth, Göttingen 2006.

nachvollziehen, was den Wert der Handausgabe deutlich einschränkt. Hinzu kommt als ein weiteres Manko, dass Rahlfs die Bedeutung der lukianischen Rezension deutlich unterschätzte (Qumranrollen wie 4QSam[a] waren damals noch nicht entdeckt!) und deshalb nur wenige ihrer Lesarten aufnahm. In jüngster Zeit wurde die Handausgabe noch einmal sehr sorgfältig von Robert Hanhart durchgesehen und verbessert. Seit 2006 steht damit ein revidierter Text zur Verfügung.[59]

Septuaginta Deutsch (2009). Angesichts der enormen Bedeutung der Septuaginta im antiken Judentum und in der christlichen Kirche mag es verwundern, dass ihr Text bislang in keiner deutschen Übersetzung zugänglich war. Diese Lücke wurde jetzt durch das Unternehmen »Septuaginta Deutsch« geschlossen, an dem neben dem Herausgeberkreis rund 100 Mitarbeiterinnen und Mitarbeiter beteiligt waren. Es ist sehr zu begrüßen, dass es gelungen ist, den gesamten Übersetzungstext des griechischen Alten Testaments (also einschließlich seiner zusätzlichen Bücher) in einem einzigen Band vorzulegen.[60] Dies ist in doppelter Weise ein Gewinn: Einerseits wird dadurch die Kenntnis der Septuaginta im deutschen Sprachraum wesentlich befördert, andererseits den Studierenden ein grundlegendes Hilfsmittel für das Studium der Text- und Kulturgeschichte im Schnittpunkt zwischen Judentum und Christentum an die Hand gegeben. Dabei haben die Herausgeber besonders auf die wissenschaftliche Benutzbarkeit geachtet. Die Textgrundlage für die Übersetzungen liefern die Göttinger Septuaginta, soweit sie erschienen ist, und die Handausgabe von Rahlfs. Wer nur sie benutzt, wird den Übersetzungstext gleicherweise nachvollziehen können, weil Abweichungen zwischen den beiden Textausgaben in den Fußnoten vermerkt werden. Einige Teile der Septuaginta wurden in den kritischen Textausgaben in zwei Fassungen editiert. Entsprechend übersetzt auch die Septuaginta Deutsch beide Textfassungen. Sie werden in Parallelspalten mit durchgezogenem Mittelstrich dargestellt (Ri, Est, Tobit, Hab 3, Dan mit Zusätzen). Darüber hinaus haben sich die Herausgeber entschieden, auch in den Bereichen der Königebücher, in denen neben den kaige-Abschnitten der antiochenische Text greifbar ist (siehe 5.5), beide Fassungen aufzunehmen und zu übersetzen. Wer mit der Auslegung der Königebücher beschäftigt ist, wird es ihnen danken.

[59] A. Rahlfs, (Hg.), Septuaginta. Id est Vetus Testamentum graece iuxta LXX interpretes, Duo volumina in uno. Editio altera quam recognovit et emendavit R. Hanhart, Stuttgart 2006.

[60] Dem Übersetzungsband soll ein Erläuterungsband folgen, in dem die wesentlichen Übersetzungsentscheidungen begründet und Abweichungen vom hebräischen Text erklärt werden.

Schließlich ist noch hervorzuheben, dass in der Übersetzung ein kursiv gesetzter Text signalisiert, dass an diesen Stellen LXX und MT voneinander abweichen. Ein hochgestelltes Plus ⁺ zeigt dagegen an, dass MT erkennbar mehr Text als die Septuaginta bietet. Diese Notationen sind für das textgeschichtliche Studium hilfreiche Ausrufezeichen, die dazu auffordern, die Unterschiede in den griechischen und hebräischen Ausgangstexten nachzuprüfen. Alle weiteren Details zur Septuaginta Deutsch und ihrer Benutzung lassen sich der Einleitung entnehmen.[61] Es versteht sich von selbst, dass die Septuaginta Deutsch künftig zur Grundausstattung im Theologiestudium gehören wird. Es sollte aber nicht versäumt werden, auch auf die verdienstvollen Unternehmungen in französischer und in englischer Sprache hinzuweisen: *La Bible d'Alexandrie* (1986ff) und *A New English Translation of the Septuagint* (2007).

5.9 Literatur

Textausgaben

Göttinger Akademie der Wissenschaften (Hg.), Septuaginta. Vetus Testamentum Graecum, Göttingen 1926ff [noch nicht abgeschlossene Septuaginta-Ausgabe in Einzelbänden].
Informationen unter: http://www.septuaginta-unternehmen.gwdg.de/

A. Rahlfs, (Hg.), Septuaginta. Id est Vetus Testamentum graece iuxta LXX interpretes, Vol. I–II, Stuttgart 1935 (Editio altera quam recognovit et emendavit R. Hanhart, Stuttgart 2006).

Faksimiles

Codex Vaticanus: Bibliorum Sacrorum Codex Vaticanus B. Bibliorum Sacrorum Graecus 1209, Bibliotheca Apostolica Vaticana, Rom 1999 [farbige Reproduktion im Originalformat].

Codex Sinaiticus: http://www.codex-sinaiticus.net/

Hexapla

J.-P. Migne (Hg.), Origenis Opera Omnia VI/1–3: Hexaplorum quae supersunt, Patrologiae Graecae XVI/1–3, Paris 1862–1863.

F. Field, (Hg.), Origenis Hexaplorum quae supersunt, Tomus I–II, Oxford 1875 (Nachdruck: Hildesheim 1964).

Antiochenischer Text (Sam, Kön, Chr)

N. Fernández Marcos / J. R. Busto Saiz, El texto antioqueno de la Biblia Griega I, TECC 50, Madrid 1989; II, TECC 53, Madrid 1992; III, TECC 60, Madrid 1996.

[61] M. Karrer / W. Kraus (Hg.), Septuaginta Deutsch. Das griechische Alte Testament in deutscher Übersetzung, Stuttgart 2009, XVII–XXIV. Im Anhang finden sich u. a. eine Zusammenstellung der Stellen, an denen der von Robert Hanhart revidierte Text von Rahlfs Handausgabe abweicht, ein Verzeichnis der Lesungen in den orthodoxen Gottesdiensten und eine Kurzdarstellung der Aristeas-Legende und ihrer Wirkungsgeschichte.

Hilfsmittel zur Septuaginta

E. Hatch / H. A. Redpath, A Concordance to the Septuagint and the Other Greek Versions of the Old Testament, Vol. I–II, Oxford 1897–1906 (Neudruck: Graz 1954).

T. Muraoka, Hebrew/Aramaic Index to the Septuagint Keyed to the Hatch-Redpath Concordance, Grand Rapids, Michigan 1998.

F. Rehkopf, Septuaginta-Vokabular, Göttingen 1989 [knappes, aber nützliches Hilfsmittel zum Übersetzen von Septuagintatexten].

J. Lust / E. Eynikel / K. Hauspie, A Greek-English Lexicon on the Septuagint, 2. Aufl. Stuttgart 2003.

A. Rahlfs, Verzeichnis der griechischen Handschriften des Alten Testaments Bd. I,1: Die Überlieferung bis zum VIII. Jahrhundert, bearb. von D. Fraenkel, Septuaginta Vetus Testamentum Graecum. Supp. I,1, Göttingen 2004.

Einführungen

E. Tov, Die griechischen Bibelübersetzungen, ANRW II/20.1, Berlin / New York 1987, 121–189.

R. Hanhart, Septuaginta, in: W. H. Schmidt / W. Thiel / R. Hanhart, Altes Testament, Grundkurs Theologie 1, Stuttgart 1989, 176–196.

K. H. Jobes / M. Silva, Invitation to the Septuagint, Grand Rapids, Michigan 2000.

F. Siegert, Zwischen Hebräischer Bibel und Altem Testament. Eine Einführung in die Septuaginta, MJSt 9, Münster 2001 [mit einer Auswahlbibliographie, 6–20].

F. Siegert, Register zur »Einführung in die Septuaginta«, MJSt 13, Münster 2003.

M. Tilly, Einführung in die Septuaginta, Darmstadt 2005.

Textgeschichte

E. Tov, The Text-critical Use of Septuagint in Biblical Research. Revised and Enlarged Second Edition, Jerusalem Biblical Studies 8, Jerusalem 1997.

N. Fernández Marcos, The Septuagint in Context. Introduction to the Greek Version of the Bible, Leiden 2000.

S. McKendrick / O. A. O'Sullivan (ed.), The Bible as Book. The Transmission of the Greek Text, London 2003 [Sammelband].

Aristeasbrief

N. Meisner, Aristeasbrief, JSHRZ II/1, Gütersloh 1973, 35–87.

K. Brodersen, Aristeas. Der König und die Bibel, Griechisch/Deutsch, Stuttgart 2008.

A. und D. J. Wasserstein, The Legend of the Septuagint: From Classical Antiquity to Today, Cambridge 2006.

Forschungsbeiträge

R. Hanhart, Studien zur Septuaginta und zum hellenistischen Judentum, FAT 24, Tübingen 1999.

H.-J. Fabry / U. Offerhaus (Hg.), Im Brennpunkt: Die Septuaginta. Studien zur Entstehung und Bedeutung der Griechischen Bibel [Bd. 1], BWANT 153, Stuttgart 2001.

A. Schenker, Älteste Textgeschichte der Königsbücher. Die hebräische Vorlage der ursprünglichen Septuaginta als älteste Textform der Königsbücher, OBO 199, Freiburg, Schweiz / Göttingen 2004.

S. Kreuzer / J. P. Lesch (Hg.), Im Brennpunkt: Die Septuaginta. Studien zur Entstehung und Geschichte der Griechischen Bibel Bd. 2, BWANT 161, Stuttgart 2004.

M. Karrer / W. Kraus (Hg.), Die Septuaginta – Texte, Kontexte, Lebenswelten, WUNT 219, Tübingen 2008 [Sammelband].

Moderne Übersetzungen

M. Harl / u. a. (Hg.), La Bible d'Alexandrie, trad. du texte grec de la Septante, Paris 1986ff.

A. Pietersma / B. G. Wright, A New English Translation of the Septuagint, Oxford 2007. http://ccat.sas.upenn.edu/nets/edition/

M. Karrer / W. Kraus (Hg.), Septuaginta Deutsch. Das griechische Alte Testament in deutscher Übersetzung, [Bd. 1] Stuttgart 2009 [Bd. 2: Erläuterungsband, in Vorbereitung].

Kommentarreihe zur Septuaginta

S. E. Porter / R. S. Hess / J. Jarick (ed.), Septuagint Commentary Series, Leiden 2005ff. [bisher erschienen: A. G. Auld, Joshua, 2005; N. C. Croy, 3 Maccabees, 2006; D. deSilva, 4 Maccabees, 2006; S. Brayford, Genesis, 2007; R. J. Littman, Tobit, 2008.]

6
WEITERE ÜBERSETZUNGEN

Neben der griechischen Septuaginta und ihren verschiedenen Rezensionen wurde das Alte Testament noch in andere Sprachen übersetzt. Diese alten Übersetzungen beruhen zum einen auf dem hebräischen Text wie die aramäischen Targume, die syrische Peschitta und die lateinische Vulgata, zum anderen sind sie aus dem Septuagintatext übersetzt wie die Vetus Latina, die koptische, äthiopische und armenische Übersetzung. Letztere werden deshalb als *Tochterübersetzungen* bezeichnet und sind besonders, aber nicht nur, für die Textgeschichte der Septuaginta bedeutsam.

6.1 Die aramäischen Targume

Das Aramäische gehört zur semitischen Sprachfamilie und ist mit dem Hebräischen ausgesprochen eng verwandt. Wie bekannt wurde in Palästina zur Zeit Jesu aramäisch (und griechisch) gesprochen. Freilich hatte sich der Übergang vom Hebräischen zum Aramäischen als der im Judentum gesprochenen Volkssprache bereits in persischer Zeit vollzogen, also ungefähr im 5./4. Jh. v. Chr. Das Hebräische wurde zwar weiterhin als Literatursprache der heiligen Schriften gepflegt, aber in weiten Kreisen der Bevölkerung nicht mehr verstanden (Neh 13,24). Das hatte zur Folge, dass auch die Lesung der Tora in der Synagoge nicht mehr verstanden und deshalb ihre Verbindung mit einer Übertragung ins Aramäische notwendig geworden ist. Aus dieser Notwendigkeit entwickelten sich die aramäischen Übersetzungen, die Targume genannt werden (hebr. תַּרְגּוּם *targûm* »Erklärung, Kommentar, Übersetzung«).[1] Die ersten schriftlichen Targume dürften etwa im 4./3. Jh. v. Chr. entstanden sein und stehen damit zeitlich sehr nahe bei der Entstehung der Septuaginta resp. der griechischen Übersetzung des Pentateuchs. Im Allgemeinen wird angenommen, dass

[1] Der Plural »Targume« ist eingedeutscht. In der Literatur begegnen auch die Bezeichnungen »Targumim« mit der hebräischen Pluralendung *-îm* bzw. »Targumin« mit der aramäischen Pluralendung *-în*. Beim grammatischen Geschlecht hat sich im Deutschen weitgehend das Neutrum »das Targum« durchgesetzt. Ältere Darstellungen verwenden dagegen häufig das Maskulinum »der Targum« wie im Hebräischen bzw. Aramäischen.

sich die Targume aus der mündlichen Vers-für-Vers-Übersetzung entwickelt haben. Danach wurden die vorgesehenen Abschnitte der Tora in der Synagoge versweise verlesen und von einer weiteren Person, dem Übersetzer (aram. מְתוּרְגְּמָן *meturgeman*), in freiem Vortrag ebenfalls versweise ins Aramäische übertragen. Schriftliche Targume sollen dagegen im öffentlichen Synagogengottesdienst ausdrücklich verboten gewesen sein (mMegilla 4,4). Ob dies eher dem Wunsch als der Wirklichkeit entsprach, lässt sich kaum entscheiden. Dagegen darf man aus dem Verbot der Mischna den Umkehrschluss ziehen, dass schriftliche Targume in Umlauf und Gebrauch gewesen sind. Auch für die rabbinischen Lehrhäuser ist das Studium schriftlicher Targume belegt. Obwohl man zwischen dem mündlichen Targumvortrag und der schriftlichen Targumtradition einen Zusammenhang annehmen darf, führt dennoch kein direkter Weg von der mündlichen zur schriftlichen Übersetzungsform und umgekehrt.[2] Das bedeutet, dass man die schriftlichen Targume als eine eigene literarische Gattung in den Blick nehmen muss, die mit und neben dem Targumvortrag entstanden ist.

Worin besteht die Eigenart der aramäischen Targume? Bei ihnen handelt es sich nicht um wörtliche Übersetzungen in einem strengen Sinne. Vielmehr übersetzen sie stärker an den Adressaten orientiert und bemühen sich, ihnen den Bibeltext in einer verständlichen und durchaus auch erbaulichen Weise näher zu bringen. Man könnte auch sagen: In ihren Übersetzungen wird der Text auf den Weg zur Predigt gebracht. Jedenfalls ist das deutende Element in keiner Bibelübersetzung so stark wie in den Targumen: Sie umschreiben, sie erläutern durch Einschübe, sie entschärfen missverständliche Aussagen über Gott, sie verwandeln verderbte Stellen in sinnvolle Sätze, sie kleiden den biblischen Text in religiöse Auffassungen ihrer Zeit, sie ziehen ihn in den Horizont ihrer Gegenwart u. a. m. Dabei zeigen sie in ihrer Art der Textbehandlung eine enorme Bandbreite. Diese reicht von relativ wörtlichen Übertragungen bis hin zu frei paraphrasierenden sowie haggadisch bzw. halachisch erweiterten Texten, die dadurch in eine gewisse Nähe zum Midrasch rücken. Nicht selten erstaunt auch das Maß ihrer literarischen Kreativität, mit der sie die biblischen Texte über den Fluss der Zeiten »übersetzen«. Umgekehrt mindert diese Art der Textbehandlung ihren Wert für die Textkritik. Möchte man deshalb die Targume als Textzeugen für die hebräische Bibel heranziehen, muss man stets im Einzelfall prüfen, ob sich von ihrer aramäischen Übersetzung her verlässliche Rückschlüsse auf den hebräischen Vorlagetext

[2] Vgl. P. Schäfer, Art. Bibelübersetzungen II. Targumim, TRE 6, Berlin / New York 1980, 217.

ziehen lassen. Abgesehen vielleicht von den frühen Targumen zeigt sich dabei in vielen Fällen und keineswegs überraschend, dass die mutmaßliche Vorlage sehr nahe beim Masoretentext zu stehen kommt. Gleichwohl wird man in zweifelhaften Fällen eine Textausgabe des fraglichen Targums heranziehen und in ihr die Textstelle nachschlagen müssen.

Wer sind die Verfasser der schriftlichen Targume gewesen? Diese spannende Frage lässt sich weder pauschal noch abschließend beantworten. Priester dürften jedoch aus ihrem Verfasserkreis ausscheiden, weil sie das Hebräische beherrschten und keinen Bedarf hatten, neben den heiligen Schriften aramäische Übersetzungen beizuziehen resp. diese anzufertigen. Darüber hinaus geben manche Targume zu erkennen, dass bestimmte hebräische Wörter, die in der biblischen Vorlage standen, ihren Übersetzern nicht (mehr) bekannt gewesen sind. Auch die Pharisäer und Rabbinen scheinen als Schöpfer der Targume kaum in Betracht zu kommen, sonst hätte das Targum-Studium in ihren Lehrhäusern eine größere Rolle gespielt. Statt dessen wird den Rabbinen nachgesagt, dass sie streng zwischen dem offenbarten Bibeltext und den aramäischen Übersetzungen unterschieden und deshalb eher dazu neigten, die Targume sowie ihren Gebrauch zurückzudrängen. Das belegt jedenfalls eine Geschichte, die man von Rabbi Gamaliel, dem Lehrer des Paulus (Act 22,3), erzählte, auch wenn man sie nicht zu hoch bewerten darf: Als man dem Rabbi auf dem Tempelberg ein Targum des Buches Hiob vorlegte, wollte er es nicht anerkennen und ließ es durch den Baumeister unter Mauerwerk vergraben (bShabbat 115a). Schließlich hat man für die Verfasser der frühen Targume eine Herkunft aus weisheitlichen Kreisen des Judentums erwogen.[3] Das mag wahrscheinlich sogar auf das in Qumran entdeckte Hiobtargum zutreffen, zumal das Buch Hiob nicht zu den synagogalen Leseabschnitten zählt. Doch lässt sich diese Annahme weder auf die frühen Targume insgesamt noch auf die spätere Targumliteratur übertragen. Überhaupt scheint die Frage nach den Verfassern zu kurz zu greifen. Man muss sich nämlich vor Augen halten, dass die schriftlichen Targume zwar aus der Übersetzungsarbeit ins Aramäische hervorgegangen, aber im Laufe der Zeit überarbeitet, erweitert, zusammengeführt und redigiert worden sind. Mithin treten die Schöpfer der einzelnen Targume mehr und mehr hinter ihre Trägerkreise zurück. Die dadurch angeschnittenen Fragen nach dem Überlieferungsinteresse der Tradenten und dem »Sitz im Leben« der Targume müssen als Problemanzeige stehen bleiben.

Frühe Targume aus Qumran. Das mit Abstand älteste Zeugnis eines Targums repräsentieren die beiden Fragmente aus dem *Targum Leviticus*

[3] Vgl. dazu K. Beyer, Die aramäischen Texte vom Toten Meer, Göttingen 1984, 274.

(4QtgLev = 4Q156). Die Handschrift wird um 100 v. Chr. datiert. Ihre erhaltenen Bruchstücke Lev 16,12-15 und 16,18-21 bieten eine weitgehend wörtliche Übersetzung und stehen in dieser Beziehung dem Text des Targum Onkelos nahe. Doch ist die Textbasis zu schmal, als dass man daraus irgendwelche Schlüsse ziehen könnte.[4] Bemerkenswert ist allerdings eine singuläre Erscheinung im Targum Leviticus. Es verwendet nämlich als Verstrenner den Doppelpunkt (*Sof Pasuq*), der sich in den Qumran-Handschriften sonst nicht findet, sondern erst in den Bibel- und Targumhandschriften aus der Kairoer Genisa (wieder) auftaucht. Diese Art der Interpunktion ist auffällig und lässt mindestens einen Bezug zur versweisen Übertragung der Tora-Leseabschnitte im Synagogengottesdienst als möglich erscheinen. Ein weiteres Targum, das in Höhle 11 von Qumran zum Vorschein kam, ist das bereits erwähnte *Targum Hiob* (11QtgHiob = 11Q10).[5] Von dieser Schriftrolle sind 32 Kolumnen erhalten, und zwar jeweils 8 bis 11 Zeilen ihrer oberen Hälfte, mit dem fragmentarischen Text von Hi 17,14–42,12. Die Handschrift stammt etwa aus der Mitte des 1. Jh.s n. Chr., doch scheint ihr Text erheblich älter zu sein und könnte bis ins 3. Jh. v. Chr. hinaufreichen.[6] Insgesamt zeigt das Hiobtargum eine relativ wörtliche Übertragung, die weitgehend den masoretischen Konsonantentext widerspiegelt. Allerdings folgt die aramäische Übersetzung nicht der poetischen Versstruktur seiner hebräischen Vorlage, sondern bietet einen weniger anspruchsvollen Prosatext. Gegenüber dem Original werden die Unschuld und das Wissen Hiobs betont. Schließlich stammen aus Höhle 4 noch zwei weitere Fragmente eines Hiobtargums (4QtgHiob = 4Q157), auf denen der Text von Hi 3,5-9 (drei Wörter!) und Hi 4,16–5,4 (ebenfalls sehr fragmentarisch) erhalten ist. Sonst fanden sich keine weiteren Targume in den Höhlen vom Toten Meer.

Palästinische Targume. Im Allgemeinen unterscheidet man die palästinischen Targume von den babylonischen Targumen resp. dem Targum Onkelos, das wahrscheinlich auch in Palästina entstanden, aber schon früh nach Babylonien gebracht und dort redigiert worden ist. Die Bezeichnungen »palästinisch« und »babylonisch« benennen also nicht den Herkunftsort, sondern den Hauptüberlieferungsort. Von den palästinischen Targumen spricht man meist im Plural oder zusammenfassend von der »palästinischen Targum-Tradition«, weil die betreffenden Handschrif-

[4] Zur Sache vgl. U. Gleßmer, Einleitung in die Targume zum Pentateuch, TSAJ 48, Tübingen 1995, 77–81.

[5] Vgl. F. García Martínez/et. al., Qumran Cave 11.II (11Q2–18, 11Q20–31), DJD XXIII, Oxford 1998, 79–180.

[6] Dafür sprechen einige Wörter, die noch im Reichsaramäischen üblich waren, später aber nicht mehr verwendet wurden; vgl. Beyer, Texte, 282.

ten in größerem oder geringerem Umfang voneinander abweichen und es niemals zu einer offiziellen Redaktion gekommen ist. Demgemäß bietet diese Gruppe eine große Textvielfalt. Charakteristisch für die palästinischen Targume sind ihr relativ freier Umgang mit dem biblischen Wortlaut, ihre Umschreibungen und midraschartigen Einschübe. Es ist davon auszugehen, dass sie Materialien aus verschiedenen Zeiten aufnahmen, die sich nur schwer bestimmen und datieren lassen. Das einzige, vollständig erhaltene palästinische Targum zum Pentateuch bietet der *Codex Neofiti* (BHQ: T^N). Es handelt sich um eine relativ späte Handschrift aus dem Jahr 1506, die in Rom zunächst in der Bibliothek des Kollegs der Neophyten aufbewahrt und dann gegen Ende des 19. Jahrhunderts von der Vatikanischen Bibliothek erworben worden ist. Allerdings wurde das Manuskript in den bibliothekarischen Katalogen fälschlich als Targum Onkelos verzeichnet, bis im Jahr 1956 Alejandro Díez Macho die Entdeckung gelang, dass hier tatsächlich der Text eines alten palästinischen Targums vorlag. Der Kodex umfasst 449 Blätter, auf seinen Rändern finden sich zahlreiche Varianten, die mit Lesarten der palästinischen Targum-Tradition übereinstimmen. Manche Passagen lassen sich auf einen nicht-masoretischen hebräischen Text zurückführen, so dass man früher an eine Entstehung in vorchristlicher Zeit denken wollte. Gegenwärtig datiert man jedoch die Hauptmasse der im Codex Neofiti enthaltenen Traditionen in das 1./2. Jh. n. Chr. oder später.[7] Als ein weiteres bedeutsames Zeugnis der palästinischen Targum-Tradition ist das *Fragmenten-Targum* (BHQ: T^F) zu nennen, das auch als *Targum Jeruschalmi II* zitiert wird.[8] Im Allgemeinen bevorzugt man heute jedoch den Namen »Fragmenten-Targum«, weil er zugleich seine Eigenart kennzeichnet: Sein Text bietet nämlich kein vollständiges Targum, sondern eine »fragmentarische« Zusammenstellung einzelner oder mehrerer Wörter, Verse und längerer Abschnitte. Ob dahinter einmal ein komplettes Targum zum Pentateuch stand oder ob von Anfang an »nur« eine Art Variantensammlung beabsichtigt war, steht ebenso in der Diskussion wie der eigentliche Zweck dieser Zusammenstellung. Anders als beim Codex Neofiti wird das Fragmenten-Targum durch vier Rezensionen bezeugt. Da sich diese wiederum mehr oder weniger voneinander unterscheiden, kann man nur bedingt von dem *einen* Fragmenten-Targum sprechen. Überhaupt zeigt die palästinische Targum-Tradition eine außergewöhnliche Vielfalt. Sie wird durch

[7] Vgl. Schäfer, Art. Bibelübersetzungen, 219.

[8] In der älteren Literatur werden unter dem Namen »Targum Jeruschalmi« folgende Targume gezählt: Jeruschalmi I = Pseudo-Jonathan, Jeruschalmi II = Fragmenten-Targum, Jeruschalmi III = Zusatz-Targume; vgl. dazu Gleßmer, Einleitung, 95–98.

weitere targumische Texte erhellt, die sich reichlich in der Kairoer Genisa fanden.[9]

Babylonische Targume. Das bekannteste und am besten bezeugte Targum zum Pentateuch ist das *Targum Onkelos* (BHQ: T^{O}). Es wurde in Babylonien redigiert, wie eine Reihe von Genisa-Fragmenten mit babylonischer Punktation bestätigen. Dort erhielt es auch seine endgültige schriftliche Form, wahrscheinlich im 3. Jh. oder im 5. Jh. n. Chr.[10] Schon im frühen Mittelalter erlangte es offiziellen Status im Judentum, so dass es nach und nach die palästinische Targum-Tradition verdrängte. Bei dem Namen »Onkelos« handelt es sich um die babylonische Schreibweise für »Aquila«, dessen wortgetreue griechische Übersetzung der hebräischen Bibel im frühen Judentum weithin angesehen war (siehe 5.3). Dass ihm im Babylonischen Talmud ebenfalls die aramäische Bibelübersetzung zugeschrieben wurde (bMegilla 3a), beruht entweder auf einem beabsichtigten Bezug oder wahrscheinlicher auf einem Missverständnis.[11] Charakteristisch für das Targum Onkelos ist seine relativ wörtliche Übersetzung, die fast durchweg dem Masoretentext folgt. Umfangreiche midraschartige Erweiterungen, die für die palästinischen Targume typisch sind, fehlen und konnten auch fehlen, weil die babylonische Redaktion das Targum Onkelos inzwischen auf die Halacha der jüdisch-babylonischen Tradition abgestimmt hatte. Dennoch blieb auch im Targum Onkelos genügend Raum, um interpretative Elemente und exegetische Deutungen einzubetten. Es ist deshalb für die Textkritik nicht so leicht zu durchschauen, ob im Einzelfall eine wörtliche oder eine bereits deutende Wiedergabe des hebräischen Bibeltextes vorliegt. Neben dem Targum Onkelos existierte in Babylonien auch ein Targum zu den Propheten (vordere und hintere Propheten!), das unter dem Namen *Targum Jonathan* geführt wird. Hinter der hebräischen Namensform mit der Bedeutung »Jahwe hat gegeben« steckt wiederum ein griechischer Namen, nämlich »Theodotion«. Man verbindet ihn mit dem Verfasser der griechischen Rezension, die sich für gewöhnlich in der sechsten Spalte der Hexapla findet (siehe 5.3). Später hat man das Targum dann

[9] Vgl. M. L. Klein, Genizah Manuscripts of Palestinian Targum to the Pentateuch, Cincinati/Rom 1986.

[10] Allgemein wird angenommen, dass die jüdischen Gelehrten nach der Zerstörung der Akademie von Nehardea um 259 n. Chr. nach Pumbedita übersiedelten, das bis ins hohe Mittelalter ein führendes Zentrum jüdischer Studien gewesen ist. Doch ist auch hier Vorsicht geboten, weil wir über Existenz und Organisation babylonischer Akademien in amoräischer Zeit (bis etwa 500 n. Chr.) keine historisch gesicherten Nachrichten besitzen; vgl. dazu G. Stemberger, Einführung in die Judaistik, München 2002, 80f.

[11] Vgl. Gleßmer, Einleitung, 84f.

Jonathan ben Uzziel, einem Schüler des Hillel (2. Jh. n. Chr.), zugeschrieben. Doch weder er noch Theodotion haben etwas mit der Entstehung des Prophetentargums zu tun. Auch das Targum Jonathan gilt als offizielles Targum. Es wird im Talmud zitiert und zeigt sprachlich eine enge Verwandtschaft mit dem Targum Onkelos. Seine Übersetzung paraphrasiert dagegen wieder etwas mehr und bietet neben dem Bibeltext umfangreiche Erweiterungen, die dem Midrasch entnommen sind und oft interessante Auslegungen enthalten. Manche seiner Bestandteile dürften wiederum in sehr frühe Zeit zurückreichen. Dass die beiden Targume ihren Hauptüberlieferungsort in Babylonien hatten, wurde bereits gesagt. Doch darf dies nicht dahingehend missverstanden werden, dass Onkelos und Jonathan nur dort gelesen und tradiert worden seien. Vielmehr haben beide offiziellen Targume auch ihre Verbreitung nach Palästina erfahren, und zwar nicht erst im 10. Jahrhundert, wie man früher annahm.

Targum Pseudo-Jonathan (= Jeruschalmi I). Mit dem soeben beschriebenen Prophetentargum Jonathan hat das Pentateuchtargum Pseudo-Jonathan nichts weiter zu tun. Sein Name verdankt sich sogar einer falschen Auflösung der Abkürzung ת"י. Sie stand ursprünglich für Targum Jeruschalmi, doch wurde das Jod auf Jonathan ben Uzziel gedeutet. Seit dieser Irrtum im 18. Jahrhundert aufgedeckt worden ist, hat sich für das Targum die Bezeichnung »Pseudo-Jonathan« eingebürgert. Zur Verwendung seines ursprünglichen Namens musste man dagegen die römische Zahl I als Index hinzusetzen, um es vom Fragmenten-Targum (= Jeruschalmi II) zu unterscheiden. Das Targum Pseudo-Jonathan (BHQ: T^J) ist mit Abstand das umfangreichste Targum zum Pentateuch. Es übersetzt am wenigsten wörtlich, enthält die meisten haggadischen und halachischen Erweiterungen und berührt sich außerdem mit Stoffen aus der zwischentestamentlichen Literatur. Der Grund, warum es hier neben den palästinischen und babylonischen Targumen separat aufgeführt wird, liegt in bisher ungeklärten Fragen seiner Herkunft und Datierung. Dabei bewegt sich die Diskussion zwischen zwei gegensätzlichen Polen: Nach der einen Auffassung geht das Targum Pseudo-Jonathan auf einen Onkelos-Text zurück, der mit umfangreichen Materialien aus den palästinischen Targumen angereichert worden sei. Nach der anderen und entgegengesetzten Position handelt es sich um ein ursprünglich palästinisches Targum, das später unter dem Einfluss des Targum Onkelos bearbeitet und dem offiziellen Targum angepasst worden sei. Ein Mittelweg wird durch die Annahme einer gemeinsamen Vorstufe eingeschlagen (»Proto-Onkelos«), aus der sich Pseudo-Jonathan und Onkelos entwickelt haben sollen.[12]

[12] Vgl. Schäfer, Art. Bibelübersetzungen, 222; Gleßmer, Einleitung, 181–196.

Textausgaben. Für die babylonischen Targume ist der Text in dem vierbändigen Werk von *Alexander Sperber* zugänglich, das als Standardausgabe gilt. 1992 wurde das Gesamtwerk nachgedruckt, 2004 erschienen die ersten drei Bände in einer einbändigen Ausgabe.[13] Die Textausgabe leistet noch immer ihre Dienste, lässt sich aber heute nicht mehr uneingeschränkt empfehlen, weil ihre Auswahl der Hauptzeugen nicht durchweg überzeugt und ihr kritischer Apparat hinter den Anforderungen zurücksteht. Für die palästinischen Targume ist zum einen auf die Ausgabe des Codex Neofiti von *Alejandro Díez Macho* und zum andern auf die Edition der Fragmenten-Targume von *Michael L. Klein* hinzuweisen. Das Targum Pseudo-Jonathan wurde von *Ernest George Clarke* neu ediert (siehe 6.6). Sehr hilfreich sind im übrigen die englischen Übersetzungen der Targume, die seit 1987 im Rahmen des Projekt »The Aramaic Bible« von *Martin McNamara* herausgegeben werden. Erschienen sind bisher rund 20 Bände.

6.2 Die syrische Übersetzung (Peschitta)

Die syrische Sprache ist als ostaramäischer Dialekt etwa im 1. Jh. v. Chr. aus dem Aramäischen hervorgegangen. Als Ursprungsgebiet gilt die Umgebung von Edessa (heute: Urfa in der südöstlichen Türkei unweit der türkisch-syrischen Grenze). Dort fand man auch einen ersten paganen inschriftlichen Beleg. Zudem hat das Syrische aus dem aramäischen Alphabet eine eigene kursive Schrift entwickelt, die mehr und mehr dazu überging, einzelne Buchstaben miteinander zu verbinden (ähnlich der arabischen Schrift). Man unterscheidet drei Entwicklungsstufen: Die älteste Ausprägung der syrischen Schrift wird *Estrangelo* (grie. στρογγύλος »rund«) genannt (Bildtafel 39). Im 5. Jh. n. Chr. sind durch die Kirchenspaltung noch zwei weitere und bündigere Schriftformen in Gebrauch gekommen, die nestorianische Schrift in der ostsyrischen Kirche und die jakobitische Schrift in der westsyrischen Kirche, die auch als *Serto* bezeichnet wird. Im Apparat der BHS werden syrische Lesarten in Umschrift notiert, im Apparat der BHQ dagegen in Estrangelo. Dazu benötigt man dann eine syrische Zeichentabelle und eine gewisse Übung beim Lesen, weil sich durch die verbindende Schrift einige Verwechslungsmöglichkeiten ergeben.[14]

Peschitta. Für die in der syrischen Kirche gebräuchliche Übersetzung des Alten Testaments verwendet man allgemein die Bezeichnung *Peschit-*

[13] A. Sperber (ed.), The Bible in Aramaic. Based on Old Manuscripts and Printed Texts. One Volume Edition, Leiden / Boston 2004 (ohne die Hagiographen).

[14] Vgl. T. Muraoka, Classical Syriac for Hebraists, Wiesbaden 1987, 3–13.

ta (BHS: 𝔖 bzw. BHQ: S). Der Name bedeutet »die einfache« oder »die verbreitete« (Übersetzung). Er dient zur Unterscheidung von den anderen syrischen Versionen, der Syrohexapla und der syrischen Revision des Jakob von Edessa. Heute ist allgemein anerkannt, dass die Peschitta aus dem Hebräischen übersetzt worden ist, teilweise unter Berücksichtigung der Septuaginta. Die Umstände ihrer Entstehung, ihre Herkunft und ihr Textcharakter sind dagegen umstritten. Nach der älteren Auffassung entstand die syrische Übersetzung des Alten Testaments im Königreich von Adiabene (östlich des Tigris), dessen Herrscherhaus im 1. Jh. n. Chr. den jüdischen Glauben angenommen hatte.[15] Da sich das Königreich jedoch nicht lange halten konnte – Adiabene wurde von Trajan unterworfen und der römischen Provinz Assyria eingegliedert –, kam für die Peschitta nur eine relativ frühe Datierung etwa um die Mitte des 1. Jahrhunderts in Betracht. Diese Annahme ist jedoch sehr hypothetisch und stützt sich auf historisch unsichere Nachrichten. Wahrscheinlicher ist deshalb, und davon geht man heute aus, dass die Peschitta ca. 150 n. Chr. in jüdischen Kreisen der Gegend von Edessa (und Nisibis?) entstanden ist. Ihre Gemeinschaft scheint wenige Jahrzehnte später zum Christentum übergetreten zu sein, wodurch ihre Übersetzung zur Bibel der syrischen Christen und die Kirche zu ihrer Überlieferungsträgerin geworden ist. Auch für die Übersetzung der Bücher Esra–Chronik, die etwas später um 200 n. Chr. erfolgte, wird eine jüdische Herkunft angenommen, während sich die zuvor übersetzten Bücher bereits in christlichem Gebrauch befanden.[16] Danach scheint die Frage, ob jüdische oder (juden-)christliche Übersetzer am Werk gewesen sind, zugunsten einer jüdischen Autorenschaft entschieden und eine gewisse Einheitlichkeit der Peschitta voraussetzt. Dem widerspricht jedoch, dass sich die Übersetzungen der einzelnen Bücher in ihrem Textcharakter deutlich voneinander unterscheiden und deshalb die Einschätzung nahelegen, dass sie von verschiedenen Übersetzern und zu verschiedenen Zeiten angefertigt worden sind.[17] Man wird folglich mit einer komplexeren Entstehungsgeschichte rechnen müssen.

Textcharakter. Es ist schon lange bekannt, dass die Peschitta-Übersetzung des Pentateuchs einerseits dem Masoretentext weitgehend folgt und andererseits enge Verbindungen zur Targum-Tradition erkennen lässt. Zur

[15] Vgl. P. E. Kahle, Die Kairoer Genisa, deutsche Ausgabe bearbeitet von R. Meyer, Berlin 1962, 285–288, mit Verweis auf Josephus, Antiquitates, XX,17–96.

[16] Vgl. M. P. Weitzman, The Syriac Version of the Old Testament. An Introduction, University of Cambridge Oriental Publications 56, Cambridge 1999 (Taschenbuchausgabe 2005), 258–262.

[17] Vgl. S. P. Brock, The Bible in the Syriac Tradition (English Version), Georgias Handbooks 7, Piscataway, New Jersey 2006, 23.

Veranschaulichung seien zwei Beispiele gegeben: MT liest in Ex 3,12 »ihr sollt Gott dienen«, Peschitta und Onkelos interpretieren »ihr sollt *vor* Gott dienen«. MT bezeichnet in Gen 8,4 den Berg, an dem die Arche strandete, als Gebirge Ararat, Peschitta sowie Onkelos, Neofiti und Pseudo-Jonathan identifizieren ihn mit dem Berg *Qardu* am linken Ufer des oberen Tigris in der südöstlichen Türkei.[18] Neben dem Pentateuch zeigen auch die Chronikbücher in ihrer Bevorzugung des Begriffs der *Schechina* (Einwohnung Gottes) enge Beziehungen zur Targum-Tradition, weichen jedoch in größerem Umfang vom Masoretentext ab. Noch einmal anders ist der Textcharakter des Sprüchebuchs und seine Nähe zu den Targumen zu beurteilen. Denn hier verhält es sich umgekehrt: Die Targum-Tradition ist von der Peschitta abhängig. In anderen Büchern des Alten Testaments sind die Einflüsse der Targum-Tradition wiederum gering, während die Gemeinsamkeiten zwischen Peschitta und Septuaginta stärker hervortreten (Jesaja, Dodekapropheton und Psalter). Sofern hier die Lesarten von S und G zusammengehen, lassen sich unterschiedliche Erklärungen denken:[19] Entweder benutzten beide eine (vormasoretische) hebräische Textform, die sich vom masoretischen Konsonantentext unterschied, oder sie bezogen sich in ihrer Übersetzungsarbeit auf eine gemeinsame exegetische Tradition.[20] Schließlich darf man noch eine dritte Möglichkeit in Betracht ziehen, nämlich dass die betreffenden Übersetzer neben ihrem hebräischen Ausgangstext auch Septuagintahandschriften beizogen und sich fallweise ihrer Version anschlossen. So wird etwa bei der Peschitta des Jesajabuchs angenommen, dass es im 2. Jh. n. Chr. von einem Judenchristen übersetzt worden sei, der als Vorlage einen protomasoretischen Text benutzte und sich gleichzeitig gut im Septuagintatext auskannte.[21] Übrigens bietet die Peschitta auch die Übersetzung der Apokryphen ins Syrische. Dabei gilt bis auf eine bedeutsame Ausnahme, dass sie aus dem griechischen Text übersetzt wurden. Bei der Ausnahme handelt es sich um das Buch Jesus Sirach, das auf einen hebräischen Text zurückgeht. Die syrische Sirach-Version ist besonders deshalb ein ausgesprochen wichtiger Textzeuge, weil der Gesamttext des hebräischen Sirach bisher nur zu 68 % durch Textfunde aus der Kairoer Geniza und einzelne Qumranfragmente

[18] Vgl. S. P. Brock, Art. Bibelübersetzungen I, 4.1. Die Übersetzungen ins Syrische. Altes Testament, TRE 6, Berlin / New York 1980, 182.

[19] Vgl. Brock, Art. Bibelübersetzungen, 183.

[20] Vgl. dazu auch Y. Maori, Methodological Criteria for Distinguishing between Variant *Vorlage* and Exegesis in the Peshitta Pentateuch, in: P. B. Dirksen / A. van der Kooij (ed.), The Peshitta as a Translation, MPIL 8, Leiden / New York / Köln 1995, 102–120.

[21] Vgl. A. van der Kooij, Die alten Textzeugen des Jesajabuches. Ein Beitrag zur Textgeschichte des Alten Testaments, OBO 35, Freiburg, Schweiz / Göttingen 1981, 291–298.

bekannt geworden ist. Die hier gegebene knappe Übersicht unterstreicht, dass man bei der Beurteilung von Peschitta-Lesarten nicht allein auf ihr hohes Alter setzen darf, sondern ebenfalls die Eigenart der Übersetzung berücksichtigen muss, die das einzelne biblische Buch kennzeichnet.

Handschriften. Die Peschitta ist durch eine Reihe früher Handschriften aus dem 5. Jh. n. Chr. gut bezeugt. Eine der ältesten Handschriften datiert in das Jahr 464 und stammt aus einem Mönchskloster der nitrischen Wüste (Wadi Natrun in Unterägypten). Sie wird heute in der British Library in London aufbewahrt (Add. 14.425) und enthält den größten Teil des Pentateuchs mit Ausnahme des Buches Levitikus (Bildtafel 39). Die bedeutendste Peschitta-Handschrift ist der in Mailand vorhandene *Codex Ambrosianus* (B. 21 Inferiore) aus dem 6./7. Jh. n. Chr. Er umfasst das gesamte Alte Testament, was in dieser frühen Zeit eine Seltenheit darstellt.[22] Ein Vorzug syrischer Handschriften besteht übrigens darin, dass sie häufig ein Kolophon mit einem Datierungshinweis enthalten. Für gewöhnlich wird nach der sogenannten seleukidischen (Kontrakten-)Ära datiert. Dabei wird das Jahr 311 v. Chr. als das erste Jahr der seleukidischen Ära gezählt. Der Beginn dieser Zeitrechnung bezieht sich historisch auf den Sieg Seleukos I. über Babylon und seine Begründung einer Dynastie der Seleukiden.

Peschitta-Institut Leiden. Eine Textausgabe der Peschitta, die erste textkritische Ausgabe überhaupt, wird gegenwärtig vom Peschitta-Institut an der Universität Leiden veranstaltet.[23] Ihr liegt der bereits erwähnte Codex Ambrosianus zugrunde, doch handelt es sich bei ihr nicht im strengen Sinne um eine diplomatische Ausgabe. Vielmehr werden im Text sowohl offensichtliche Schreibfehler emendiert als auch Korrekturen vorgenommen, wo Lesarten des Basistextes (zumeist der Codex Ambrosianus) als unzuverlässig erscheinen und nicht durch zwei oder mehrere frühe Handschriften bestätigt werden. Die Änderungen werden im Druck zwischen die beiden Symbole † † gesetzt und der verworfene Text in einem ersten Apparat wiedergegeben. Im zweiten Apparat werden in der Form eines negativen Apparats die Varianten notiert, d. h. es werden nur abweichende Lesungen aufgeführt, aber keine positiven Zeugen für die im Text gebotene Lesart benannt. Die Verszählung folgt im Übrigen der BHS, was ihrem wissenschaftlichen Gebrauch sehr entgegenkommt. Das Gesamtwerk wird in vier Abteilungen herausgegeben, dazu sind bislang 14 Faszi-

[22] Seiner Bedeutung gemäß wurde der Kodex bereits 1876 in einer photolithographisch hergestellten Ausgabe publiziert, vgl. A. M. Ceriani, Translatio Syra Pesitto Veteris Testamenti ex codice Ambrosiano, Vol. I–II, Mailand 1876.

[23] Vgl. dazu Peshitta Institute Leiden (ed.), The Old Testament in Syriac according to the Peshitta, General Preface, Leiden 1972; und ausführlich P. A. H. de Boer, Towards an Edition of the Syriac Version of the Old Testament, VT 31 (1981), 346–357.

kel erschienen. In einer fünften Abteilung wurde zuletzt eine Konkordanz zum Pentateuch publiziert.[24]

Syrohexapla (Syh). Die Syrohexapla, die auf Bischof Paul von Tella zurückgeht, bietet eine syrische Übersetzung aus der Septuaginta. Genauer: Sie übersetzt ziemlich exakt die 5. Kolumne der Hexapla und damit die hexaplarische Rezension des Origenes. Sie ist deshalb bereits oben vorgestellt worden (siehe 5.4). Sie ist von herausragender Bedeutung für die Textkritik bzw. die griechische Textgeschichte. Sie erlaubt nämlich zum einen die weitgehende Rekonstruktion der 5. Spalte der ursprünglichen Hexapla, die nur fragmentarisch überliefert ist. Zum anderen belegt sie eine sehr feine Übersetzungstechnik, die das griechische Original en détail wiederzugeben versteht. Unter den Handschriften befindet sich auch eine sehr frühe Exodushandschrift aus dem Jahr 697 n. Chr. (Add. 12.134). Sie zeigt, dass in der Syrohexapla nicht nur die aristarchischen Zeichen weiter tradiert wurden, sondern auch Lesarten der drei Rezensionen Aquila, Symmachus und Theodotion an ihrem Rand vermerkt sind (Bildtafel 37).

Jakob von Edessa (633–708). Der syrisch-orthodoxe Gelehrte und spätere Bischof von Edessa gehört zur Jakobitischen Kirche,[25] die sich im 6. Jh. n. Chr. in ihrer Ablehnung der Beschlüsse von Chalcedon von der byzantinischen Reichskirche trennte. Sein Bischofsamt, zu dem er 684 n. Chr. berufen wurde, legte er bereits nach wenigen Jahren nieder und zog sich in verschiedene syrische Klöster zurück. Zuletzt wirkte er im Kloster von Tell-'Adda. Dort erstellte er etwa um 705 n. Chr. eine (Teil-)Revision des syrischen Alten Testaments. Sie ist insofern bemerkenswert, als sich Jakob von Edessa darum bemühte, einen eklektischen Text zwischen Peschitta und Syrohexapla herzustellen. Auch einige griechische Handschriften, die den antiochenischen Text bieten (siehe 5.5), zog er zu seiner Bearbeitung heran, die im Ergebnis auf einen Mischtext hinauslief. Ob er in dieser Weise das ganze Alte Testament bearbeitet hat, lässt sich nicht mehr entscheiden, weil die erhaltenen Handschriften aus dem 8. Jh. n. Chr. nur einen Teil davon überliefern. Jakob von Edessa hat u. a. auch einen umfassenden Kommentar zum ersten Schöpfungsbericht vorgelegt (*Hexaemeron* »Sechstagewerk«), sich mit grammatischen Fragen des Syrischen beschäftigt und die Einführung von Vokalzeichen und diakritischen Punkten in die syrische Schrift befördert.

24 Part 5. Concordance, Vol. 1: The Pentateuch, prep. by P. G. Borbone, Leiden 1997 [Syrisch / Englisch].

25 Der Namensgeber ist Jakob Baradaios (ca. 490–578), der die monophysitischen Gemeinden Westsyriens zur Gegenkirche formierte. Heute spricht man nicht mehr von den Jakobiten, sondern von der (westsyrischen) Syrisch-orthodoxen Kirche.

Diatessaron. Das Diatessaron gehört bereits in die Textgeschichte des Neuen Testaments. Es soll hier jedoch erwähnt werden, weil es in der frühen syrischen Kirche eine bedeutende Rolle spielte. Beim Diatessaron handelt es sich um eine Evangelienharmonie, d.h. um den planmäßigen Versuch, den Inhalt der vier Evangelien in einer einzigen fortlaufenden Erzählung darzubieten (grie. διὰ τεσσάρων »durch vier«). Diese Evangelienharmonie wurde etwa um 170 n.Chr. von dem syrischen Theologen Tatian hergestellt. Ob er sie ursprünglich in griechischer oder in syrischer Sprache verfasste, konnte in der Forschung noch nicht definitiv geklärt werden. Sicher ist aber, dass die syrische Fassung gegen Ende des 2.Jahrhunderts im gesamten syrischen Kirchengebiet eingeführt wurde und dort längere Zeit als autoritativer Evangeliumstext in Gebrauch gewesen ist. Der Text des Diatessarons ist hauptsächlich durch einen Kommentar des Ephraim Syrus (306–373) erhalten geblieben, der allerdings nur in einer armenischen Übersetzung vollständig überliefert ist. Deshalb lässt sich auch nicht mehr sicher entscheiden, ob Tatian die Evangeliumszitate aus dem Alten Testament bereits der Peschitta entnommen hat. Wäre es so, hätte man für die Entstehung der Peschitta zusätzlich einen *terminus ad quem* gewonnen, der ihre ungefähre Datierung um 150 n.Chr. untermauert.

6.3 Die Vulgata (Hieronymus)

Bei den lateinischen Bibelübersetzungen unterscheidet man die *Vetus Latina*, d.h. die altlateinischen Bibeltexte, die aus der Septuaginta übersetzt worden sind (siehe 6.4), und die *Vulgata* (BHS: 𝔙 bzw. BHQ: V), die auf den hebräischen Bibeltext zurückgeht. Die Bezeichnung »Vulgata« kommt etwa ab dem 16.Jahrhundert in Gebrauch und bedeutet »die allgemein Verbreitete«.

Hieronymus. Die meisten Bücher des Alten Testaments, die heute in der Vulgata stehen, wurden von Hieronymus übersetzt, weshalb ihn die Kirche zu den Doctores ecclesiae (Kirchenlehrer) zählt. Hieronymus wurde zwischen 340 und 350 in Dalmatien geboren, studierte in Rom Grammatik und Rhetorik und ließ sich dort taufen. Zunächst wirkte er als Mönche längere Zeit in Syrien und lernte bei einem Judenchristen Hebräisch. Als er 382 nach Rom zurückkehrt, tritt er in die Dienste von Papst Damasus I. und wird mit der Revision der lateinischen Bibel betraut. Nach dessen Tod reist er 386 nach Jerusalem und gründet mit seiner Freundin Paula ein Kloster und eine Klosterschule bei Betlehem. Dort wirkt er bis zu seinem Tod 420 und arbeitet an der lateinischen Bibelübersetzung weit über seinen ursprünglichen Plan hinaus.

Psalterium Gallicanum (Psalmi iuxta Septuaginta emendati). Hieronymus begann seine Revision der lateinischen Bibel zunächst 383 mit einer

Bearbeitung der Evangelien. Ihr folgte eine Revision des Psalters, den er aber nur flüchtig (cursim)[26] nach dem Septuagintatext durchsah und korrigierte. Ob es sich dabei um den selben Text handelt, der später in die Liturgie der Stadt Rom eingeführt wurde und danach den Namen *Psalterium Romanum* erhielt, ist weder bewiesen noch wahrscheinlich. Als Hieronymus später nach Palästina übersiedelte, beschäftigte er sich nochmals mit den Psalmen und konnte dazu die Hexapla des Origenes heranziehen, die sich in Caesarea befand. Auch in dieser Phase spielte der hebräische Urtext offenbar noch keine grundlegende Rolle. Vielmehr erstellte Hieronymus zunächst einen verbesserten altlateinischen Psaltertext nach der hexaplarischen Rezension des Origenes und fügte ihm wahrscheinlich auch die aristarchischen Zeichen ein. Diese Textversion wurde zuerst in Gallien eingeführt und heißt danach *Psalterium Gallicanum*. Obwohl sie nicht direkt aus dem Hebräischen übersetzt worden ist, zählt sie ausnahmsweise zum offiziellen Text der Vulgata, und zwar aus folgendem historischen Grund: Im Zusammenhang mit der karolingischen Liturgiereform hatte sich Alkuin (ca. 730–804) dafür entschieden, nicht die Psalter-Übersetzung aus dem Hebräischen, sondern das Psalterium Gallicanum in seine Vollbibel aufzunehmen. Da Alkuins Bibelausgaben im Hochmittelalter bestimmend wurden und an der Sorbonne schließlich die Pariser Bibel normative Bedeutung erlangte, konnte sich die Vulgatafassung des Psalters in dieser Form durchsetzen und wurde 1546 auf dem Tridentinum (Tridentinisches Konzil) für verbindlich erklärt.[27] Wahrscheinlich hat Hieronymus nicht nur die Psalmen, sondern auch die übrigen Bücher des Alten Testaments nach der hexaplarischen Textgestalt der Septuaginta rezensiert. Eine solche Revision ist mindestens für das Hohelied bezeugt sowie für das Buch Hiob, das in der Auseinandersetzung zwischen Hieronymus und Augustin eine gewisse Rolle spielte.

Psalterium iuxta Hebraeos (Psalmi iuxta Hebraicum translati). Die eigentliche, textgeschichtlich und kulturgeschichtlich herausragende Leistung des Hieronymus besteht jedoch in seiner Übersetzung des Alten Testaments aus dem Hebräischen, die er etwa in den Jahren 390–405 bewerkstelligte. Dass Hieronymus nicht darauf aus war, durch seine lateinische Fassung den Septuagintatext zu ersetzen oder zu überwinden, ist vorauszuschicken und lässt sich durch seine Psalmen-Übersetzung aus dem Hebräischen un-

[26] Hieronymus, Praefatio in libro psalmorum: »Psalterium Romae dudum positus emendaram et iuxta Septuaginta interpretes, licet cursim, magna illud ex parte correxeram.« Vgl. R. Weber / R. Gryson (Hg.), Biblia Sacra iuxta Vulgatam Versionem, Editio quinta, Stuttgart 2007, 765.

[27] Für das Brevier ließ das Päpstliche Bibelinstitut optional eine Übersetzung des Psalters aus dem Urtext anfertigen, vgl. Pontificio Istituto Biblico (Hg.), Liber Psalmorum cum Canticis Breviarii Romani, Rom 1945.

termauern. Sie ist nämlich durchaus traditionsorientiert, indem sie die Satzstrukturen, wo dies möglich ist, nach dem Septuagintatext erhält, Änderungen jedoch dort vornimmt, wo der hebräische Text etwas anderes sagt oder die Anpassung an ein zeitgemäßeres Vokabular nötig erscheint.[28] In gewisser Weise darf man darüber urteilen, dass Hieronymus nicht allein ein philologisches, sondern auch ein theologisches Ziel verfolgte, nämlich durch seine vom Urtext ausgehende Übersetzung zu einem besseren Verständnis der Bibel beizutragen und dadurch der christlichen Wahrheit zu dienen. Dennoch war sein Unternehmen für viele neuartig und beunruhigend. Ja, es konnte sogar unter den Verdacht rücken (oder gerückt werden!), Hieronymus wolle die inspirierte Septuaginta und damit das Fundament der christlichen Kirche durch den Text der Juden ablösen – ein fast schon blasphemischer Gedanke. Dagegen hatte sich Hieronymus natürlich zu wehren, was er auch tat, freilich ohne besondere Zurückhaltung und Feingefühl.[29] In unserem Zusammenhang ist sein Disput mit dem Kirchenvater Augustin von einigem Interesse. Er soll hier wenigstens en passant Erwähnung finden.

Veritas hebraica. Im Gespräch zwischen Hieronymus und Augustin geht es um die Veritas hebraica, womit zunächst einmal ganz schlicht das »hebräische Original« gemeint ist, das Hieronymus zur Basis seiner Übersetzungsarbeit erklärt und rechtfertigt. Freilich hängen daran eine Reihe grundlegender und strittiger Fragen. Als Konsens darf man voraussetzen, dass beide Kirchenväter der Ansicht waren, man müsse die unbefriedigende Situation der umlaufenden und unterschiedlichen lateinischen Bibelversionen beheben und diese durch eine einheitliche Revision ersetzen (Augustinus ad Hieronymum, Epistula 71,6). Doch der Weg, wie dies zu bewerkstelligen sei, ist zwischen beiden umstritten. Offenbar wünschte sich Augustin eine Neufassung der lateinischen Bibel nach dem griechischen Text und konnte sich dazu auf das hohe Ansehen berufen, in dem die Septuaginta bei allen Kirchen stand.[30] Hieronymus hat jedoch

[28] Zur Sache vgl. E. Schulz-Flügel, Hieronymus, Feind und Überwinder der Septuaginta? Untersuchungen anhand der Arbeiten an den Psalmen, in: A. Aejmelaeus/U. Quast (Hg.), Der Septuaginta-Psalter und seine Tochterübersetzungen, MSU 24, Göttingen 2000, 31–50.

[29] Karl Heussi, Art. Hieronymus, RGG II, 2. Aufl. Tübingen 1928, 1880, urteilte seinerseits über ihn: »H. ist als Charakter wenig erfreulich, maßlos eitel, in seiner Polemik scharf, ungerecht, verlogen, ohne Feinfühligkeit.«

[30] Fälschlich wird behauptet, dass Augustin hier die Inspiration der Septuaginta gegen Hieronymus ins Feld führe. Doch hielt Augustin die hebräische und die griechische Bibel in gleicher Weise für inspiriert, vgl. De civitate Dei, 18,44: »Unde etiam ego pro meo modulo vestigia sequens apostolorum, quia et ipsi ex utrisque, id est ex Hebraeis et ex Septuaginta, testimonia prophetica posuerunt, utraque auctoritate utendum putavi, quoniam utraque una atque divina est.«

schärfer als Augustin gesehen, dass auch die griechische Überlieferung der Septuaginta uneinheitlich ist und sich deshalb ein verlässlicher lateinischer Bibeltext ohne den Rückgang auf das hebräische Original kaum erreichen lässt. Freilich ist damit noch nicht der Haupteinwand Augustins berührt, der auf einer etwas anderen Ebene liegt und hinter einer in seinem Brief zitierten Geschichte aus Oea (Tripolis) zu stehen kommt. Darin berichtet er von einer Gemeinde der nordafrikanischen Stadt, in der eine von Hieronymus aus dem Hebräischen angefertigte Übersetzung des Buches Jona vorgelesen worden sei. Als aber der Prophet Jona nicht mehr unter einem »Kürbis«, sondern – nach Hieronymus – unter einem »Efeu« Schatten gefunden haben soll,[31] kam es zu Tumulten. Die Spannungen ließen sich nur lösen, indem man wegen der strittigen Stelle bei den ortsansässigen Juden nachfragte, die freilich die althergebrachte Übersetzung als zutreffend bestätigten. Hieronymus konnte und wollte in dieser Geschichte einen Angriff auf seine Sprachkompetenz finden und antwortete darauf mit Spott, verkannte aber die grundsätzliche Anfrage, die in dem geschilderten Vorfall steckt:[32] Nach Ansicht Augustins ist nämlich die Hieronymus-Übersetzung aus dem Hebräischen insofern problematisch, als sie sich nicht kontrollieren lässt; denn weder er noch sonst jemand in den christlichen Gemeinden verfügte dazu über die nötigen Sprachkenntnisse. Daraus folgen zwei Argumente: Erstens möchte sich Augustin nicht auf die Sprachkompetenz eines Einzelnen (Hieronymus) verlassen, der sich auch einmal irren kann. Selbst die Septuaginta wurde von 70 Übersetzern verantwortet! Zweitens hält er die Befragung einer jüdischen Instanz bei Übersetzungsproblemen für keinen gangbaren Weg, zumal »die Juden« in den ideologischen Kämpfen der christlichen Kirchen unter den polemischen Verdacht gestellt wurden, dass sie Schriftverfälscher seien.[33] Vor diesem Hintergrund favorisiert Augustin eine pragmatische Lösung. Der lateinische Bibeltext des Alten Testaments soll schon deshalb aus dem griechischen Grundtext übersetzt werden, weil er sich nachprüfen lässt und dadurch keine Unruhe stiften oder die Gemeinschaft mit den griechischsprechenden Gemeinden gefährden kann. Hieronymus vertritt dagegen die Position, dass sich die gewünschte Verlässlichkeit (integritas) der lateinischen

[31] Interessanterweise übersetzte Hieronymus hier gar nicht das – schon an sich schwierige – hebräische Hapaxlegomenon, sondern folgt der Aquila-Übersetzung κιττός »Efeu«, während die Septuaginta κολοκύνθη »Kürbis« liest (Hieronymus ad Augustinum, Epistula 75,21–22).

[32] Vgl. grundlegend A. Fürst, Veritas Latina. Augustins Haltung gegenüber Hieronymus' Bibelübersetzung, Revue des Études Augustiniennes 40 (1994), 105–126.

[33] Dass trotz dieser Anwürfe der Kontakt und Meinungsaustausch mit gelehrten Juden bestand, sei wenigstens am Rande erwähnt.

Übersetzung überhaupt nur durch die Veritas hebraica erweisen lässt. Er hat damit freilich die Wissenschaft auf seiner Seite.

Was die Sprachgestalt der von Hieronymus hergestellten Übersetzung betrifft, zeichnet sie sich vor allem dadurch aus, dass sie sich zielsprachlich stärker an einem flüssigen und klassischen Latein orientiert und dadurch das teilweise unliterarische Latein älterer Übersetzungen ablöst, das den wörtlichen Übertragungen aus dem Griechischen geschuldet ist und eine Reihe von Vereinfachungen und Vulgarismen enthält. Außerdem darf man sagen, dass die Vulgata und damit die Übersetzung des Hieronymus auch deshalb so erfolgreich war, weil ihm mit dem Lateinischen eine Sprache zur Verfügung stand, mit der sich die schlichte hebräische Ausdrucksweise vorzüglich nachahmen ließ.[34]

Für die Textkritik ist nun bedeutsam, dass Hieronymus offensichtlich einen hebräischen Text benutzt hat, der recht genau dem zu seiner Zeit und später im Mittelalter üblichen Masoretentext entspricht. Da dem Hieronymus natürlich nur ein reiner Konsonantentext vorlag, ist seine Übersetzung auch insofern interessant, als sie das Verständnis des noch unvokalisierten Textes dokumentiert. Vor diesem Hintergrund erweist sich die Vulgata als eine wichtige Textzeugin des masoretischen Textes. Schwieriger zu beurteilen ist dagegen ihr textkritischer Wert in den Fällen, in denen die Vulgata mit der Septuaginta oder dem Samaritanus zusammen gegen den Masoretentext steht. Hier ist jeweils sehr sorgfältig der Zeugenbefund zu prüfen und nach möglichen Ursachen für die betreffende Abweichung zu fragen. Die Annahme nämlich, dass Hieronymus eine solche Lesart bereits in seinem hebräischen Vorlagetext gefunden habe, dürfte sich nur in manchen Fällen bestätigen lassen.

Codex Amiatinus. Als Beispiel für die handschriftliche Überlieferung der Vulgata lässt sich der Codex Amiatinus anführen, der nach seinem mittelalterlichen Aufbewahrungsort in der Abtei Monte Amiata benannt ist und 1029 Blätter umfasst (Bildtafel 43). Der Kodex wurde allerdings in England geschrieben und vom damaligen Abt der Klöster zu Jarrow und Wearmouth als ein Geschenk an den Papst in Rom gesandt. Seine Herstellung dürfte in die Zeit zwischen 690 und 716 fallen. Obwohl sich damals ein lateinischer Kodex mit der hexaplarischen Revision des Hieronymus im Besitz der Klöster befand, wählte man für den Amiatinus nicht diesen Text, sondern den Vulgata-Text und entsprach damit offenkundig einem Bedürfnis jener Zeit. Denn die Entscheidung war insofern mit Schwierigkeiten verbunden, als die Schreiber nicht auf eine einheitliche

[34] Vgl. F. Siegert, Register zur »Einführung in die Septuaginta«, MJSt 13, Münster 2003, 377.

Textvorlage zurückgreifen konnten. Für das Alte und Neue Testaments mussten sie vielmehr verschiedene Vulgata-Handschriften heranziehen, die sich in ihrer Qualität deutlich unterschieden. So stand beispielsweise für die Psalmen nur eine schlechte irische Vorlage zur Verfügung. Dessen waren sich die Mönche allerdings bewusst. Entsprechend bemühte man sich um eine Verbesserung des vorhandenen Textes.[35]

Textausgaben. Mit der Festlegung der katholischen Kirche auf den Vulgatatext, der auf dem bereits erwähnten Konzil von Trient erfolgte, verband sich gleichzeitig die Notwendigkeit, eine verbindliche Textausgabe dafür zu schaffen. Nach mehreren Anläufen erschien zunächst 1589 eine von Papst Sixtus V. bearbeitete, aber unzureichende Ausgabe. Sie wurde nach dessen Tod zurückgezogen und 1592/1593 bzw. 1598 durch eine dritte Ausgabe von Clemens VIII. (*Clementina*) ersetzt. Damit besaß man eine allgemein anerkannte und verbindliche Vulgata, die freilich nicht den Anspruch erheben konnte, den Text des Hieronymus wiederhergestellt zu haben. Dies gilt im Übrigen auch für die *Nova Vulgata*, die 1979 als offizieller Text der katholischen Kirche promulgiert wurde.[36]

Anfang des 20. Jahrhunderts wurde der Benediktinerorden und nachfolgend die Benediktinerabtei von San Girolamo in Rom mit der Herausgabe eines eklektischen Vulgata-Textes beauftragt. Es handelt sich dabei um eine *editio critica major*, die etwa 8000 Handschriften berücksichtigt und fragliche Varianten (mit Ausnahme der reinen Orthographica) in einem Apparat verzeichnet. Diese große wissenschaftliche Vulgata-Ausgabe wurde 1926 begonnen und konnte mit der zuletzt erschienenen Edition der beiden Makkabäerbücher 1995 abgeschlossen werden. In ihr werden die von Hieronymus nicht übersetzten Schriften wie Baruch, Brief Jeremias, Sapientia, Sirach, 1. und 2. Makkabäer in einer altlateinischen Übersetzung geboten.

Noch vor Abschluss dieses textkritischen Werkes erschien 1969 eine von Robert Weber herausgegebene *editio minor*, deren grüner Einband seitdem die Handausgabe der Vulgata kennzeichnet. Sie ermöglicht Studierenden einen schnellen und bequemen Zugang zur Vulgata. Ihr Text ist aus der großen Ausgabe übernommen, kontrolliert und wo nötig verbessert. Der Apparat unterscheidet Hauptzeugen, die für die Textherstellung grundlegend sind, und Nebenzeugen, die weitere Einblicke in die Textge-

[35] Vgl. B. Fischer, Bibelausgaben des frühen Mittelalters, in: ders., Lateinische Bibelhandschriften im frühen Mittelalter, AGLB 11, Freiburg i. B. 1985, 67–69.

[36] Nova Vulgata Bibliorum Sacrorum editio. Sacros. Oecum. Concilii Vaticani II ratione habita, iussu Pauli PP. VI recognita, auctoritate Ioannis Pauli PP. II promulgata, Rom 1979. Für die Clementina von 1598 steht eine Textversion im Internet zur Verfügung, aufbereitet von M. Tvveedale, Biblia Sacra iuxta Vulgatam Clementinam, Editio electronica, London 2005: http://vulsearch.sourceforge.net/html/

schichte geben. Dazu werden Varianten der kritischen Ausgaben und der Clementina geboten. Jeweils am Rand des Apparats werden die Siglen der herangezogenen Textzeugen zusätzlich angeführt. Eine Besonderheit bietet die Textdarstellung bei den Psalmen. Hier werden beide Versionen – das Psalterium Gallicanum und das Psalterium iuxta Hebraeos – parallel abgedruckt. Inzwischen liegt die Handausgabe in einer fünften, verbesserten und von Roger Gryson herausgegebenen Auflage vor.

Onomastikon. Abschließend sei noch auf ein anderes Übersetzungswerk des Hieronymus hingewiesen, das nur mittelbar mit dem Bibeltext zu tun hat. Es handelt sich um die lateinische Übersetzung von Eusebs griechisch verfasstem Onomastikon der biblischen Ortsnamen, die Hieronymus etwa im Jahr 390 anfertigte und teilweise mit Ergänzungen und Berichtigungen versah. Das Werk steht mithin im Hintergrund seiner Bibelübersetzungen und wurde im lateinischen Westen zur maßgeblichen Quelle der Palästinakunde und -geographie.[37]

6.4 Die altlateinischen Fragmente (Vetus Latina)

Wie bereits erwähnt existierten schon vor und neben Hieronymus eine Reihe altlateinischer Bibelübersetzungen, die nach der Septuaginta bzw. nach Septuagintatexten vorgenommen wurden und deshalb als Tochterübersetzungen gelten. Sie sind unterschiedlicher Herkunft als auch Qualität und werden unter der Sammelbezeichnung *Vetus Latina* (BHS: 𝔏 bzw. BHQ: La) bzw. altlateinische Bibel geführt. Zu ihr zählen praktisch alle altlateinischen Bibeltexte, die man nicht zur Vulgata rechnet.[38]

Die Vetus Latina ist insgesamt nur sehr bruchstückhaft überliefert. Das hat seinen Grund darin, dass die altlateinischen Bibeltexte bereits im frühen Mittelalter durch die Vulgata weitgehend verdrängt worden sind. Viele Handschriften verschwanden oder haben sich nur als Palimpseste erhalten, d.h. auf abgeschabten Pergamentseiten, die mit anderen Texten überschrieben worden sind (z.B. Würzburger Palimpsest-Kodex). Manche altlateinischen Lesarten wurden wenigstens noch am Rand von Vulgata-Handschriften bewahrt. Eine der wichtigsten Quellen sind freilich die biblischen Zitate und Anspielungen bei den lateinischen Kirchenschriftstel-

[37] Vgl. die zweisprachige Ausgabe von E. Klostermann (Hg.), Eusebius. Das Onomastikon der biblischen Ortsnamen, Leipzig 1904 (Nachdruck: Hildesheim 1966).

[38] In der älteren Literatur findet sich im Anschluss an Augustin auch die Bezeichnung »Itala« für die altlateinische Bibel. Sie wird jedoch heute nicht mehr verwendet, weil sie zwei Missverständnisse impliziert: Erstens lässt sie an eine Entstehung in Italien denken, obwohl viele altlateinischen Fragmente und Zitate aus Nordafrika stammen. Zweitens erweckt die Bezeichnung »Itala« neben »Vulgata« den Eindruck einer einheitlichen Übersetzung, was jedoch dem Textbefund widerspricht.

lern. Unter ihnen spielen die frühen Zitate bei *Cyprian*, dem Bischof von Karthago (gestorben 258), eine bedeutende Rolle, zumal sie teilweise erheblich von den späteren Textformen abweichen. Man wird davon ausgehen müssen, dass die altlateinischen Bibeltexte nicht nur verschiedene Übersetzungen repräsentieren, sondern auch einem fortwährenden Prozess der Revision auf der Grundlage verschiedener (!) griechischer Texte unterworfen waren.[39] Schon diese wenigen Bemerkungen zum Überlieferungsbefund lassen ermessen, dass die Vetus Latina ein vielgestaltiges Phänomen darstellt und der Umgang mit ihr ein schwieriges und vor allem von Spezialisten betriebenes Geschäft ist.

Für die Textkritik besitzt die altlateinische Bibel einige Bedeutung, weil manche ihrer Texte in die vorhexaplarische Zeit der Septuaginta zurückführen und damit Rückschlüsse auf die Textgestalt der altüberlieferten Septuaginta (Old Greek) erlauben. Damit sind sie ggf. wichtige Textzeugen für die griechische Überlieferung einschließlich des antiochenischen Textes. Dennoch bleibt zu bedenken, dass es sich bei den Texten der Vetus Latina um Tochterübersetzungen handelt und deshalb ihr Zeugenwert bei Übereinstimmung mit der Septuaginta relativ gering ist, sofern sich nicht zeigen lässt – etwa im Verbund mit anderen alten Zeugen wie dem proto-lukianischen Text –, dass ihre Lesarten auf eine frühe altlateinische Tradition zurückgehen. Umgekehrt kann es aber auch vorkommen, dass allein die Vetus Latina eine Lesart der altüberlieferten Septuaginta bewahrt hat. Allerdings gehören solche Fälle gespaltener Überlieferung – Vetus Latina steht gegen die (hexaplarische) Septuaginta – noch immer zu den schwierigsten Fragen der Textforschung und bedürfen einer sorgfältigen Prüfung. Die Probleme sind besonders vor dem Hintergrund zu sehen, dass die altlateinischen Textstücke häufig fragmentarisch überliefert und ihrer Herkunft nach unbekannt sind. Darüber hinaus muss man mit Kontaminationen rechnen, die sich oft nicht mehr aufklären lassen.

Das Interesse an der Vetus Latina gilt freilich nicht nur der Frage nach der ursprünglichen Textform der Septuaginta. Gleicherweise ist von Belang, ob sie eventuell auch als Zeugin für den hebräischen Text herangezogen werden darf, wenn ihre Lesarten gegen G mit M übereinstimmen. Leider ist diese Frage ebenso vertrackt. Denn für die altlateinischen Texte lässt sich zwar annehmen, dass einige von ihnen eine frühe, den griechischen Rezensionen parallel laufende *correctio hebraica* erfahren haben, aber eindeutige Nachweise sind dafür kaum beizubringen. Außerdem muss man damit rechnen, dass die Vulgata von Fall zu Fall auf die altlatei-

[39] Vgl. S. P. Brock, Art. Bibelübersetzungen I, 3.2. Die altlateinischen Übersetzungen des Alten Testaments, TRE 6, Berlin/New York 1980, 177.

nische Übersetzung zurückwirkte und manche ihrer Lesarten beeinflusst haben kann. Für das praktische Geschäft der Textkritik bedeutet dies nicht nur für den Anfänger: aufmerksame Beachtung der altlateinischen Varianten, zurückhaltendes Urteil und im Zweifelsfall eingehendes Studium. Dass die Vetus Latina trotzdem auch einmal den Ausschlag für eine textkritische Entscheidung geben kann, zeigt die Diskussion der Stelle Dtn 27,4 (siehe 9.5.2).

Vetus Latina-Institut Beuron. Die Fortschritte in der Erforschung der altlateinischen Bibel verdanken sich vor allem dem von Bonifatius Fischer aufgebauten Vetus Latina-Institut in der Erzabtei des Benediktinerklosters Beuron.[40] Den Grundstock dazu legte der bayerische Pfarrer Joseph Denk, der Ende des 19. Jahrhunderts die Zitate der lateinischen Bibel in den Schriften der Kirchenväter zu sammeln begonnen hat. Seine Kollektion, die er dem Kloster zu Beuron vermachte, zählte mehrere Hunderttausend Karteikarten und wird vom Vetus Latina-Institut laufend erweitert und erneuert. Die so entstandene, umfassende patristische Kartei ist inzwischen auch in einer elektronischen Version verfügbar.[41]

Ein weiteres grundlegendes Unternehmen des Vetus Latina-Instituts ist die 1949 begonnene textkritische Edition der altlateinischen Bibel, die auf 27 Bände angelegt ist.[42] In der alttestamentlichen Abteilung sind bisher vollständig erschienen die Bände zur Genesis und Sapientia sowie zu Sirach (erste Hälfte) und Jesaja, weitere Bände zu Rut, Esr, Tob, Jud, Est, Cant sind in Arbeit. Trotzdem bleibt die einzige Ausgabe, die das gesamte Alte Testament umfasst, noch immer die Zusammenstellung altlateinischer Zitate durch *Pierre Sabatier* (1682–1742).[43] Ein wichtiges Hilfsmittel zur Vetus Latina ist schließlich das zweibändige, vom derzeitigen Leiter des Instituts herausgegebene Verzeichnis der altlateinischen Handschriften. Einige der wichtigsten altlateinischen Manuskripte und Kodizes sind die Folgenden:

Codex Wirceburgiensis (Würzburger Palimpsest-Kodex). Erhalten sind 22 Blätter mit Resten von Gen, Ex, Lev und Dtn (Ms 103) sowie eine Prophetenhandschrift (Ms 177), die um 700 n. Chr. überschrieben worden sind. Die Pentateuchhandschrift stammt aus dem 5. Jh., wahrscheinlich aus Italien, und gehört seit dem 8. Jh. der Würzburger Dombibliothek. Sie wird heute in der Universitätsbibliothek aufbewahrt.

40 Informationen unter: http://www.vetus-latina.de/index.html

41 Vetus Latina Institut, Beuron (Hg.), Vetus Latina Database (18 CD-ROMs).

42 R. Gryson (Hg.), Vetus Latina. Die Reste der altlateinischen Bibel nach Petrus Sabatier neu gesammelt und hg. von der Erzabtei Beuron unter Leitung von R. Gryson, Freiburg 1951ff.

43 P. Sabatier, Bibliorum Sacrorum latinae versiones antiquae seu Vetus Italica, Reims 1739–1749.

Codex Lugdunensis (Ms 100). Die Handschrift lässt sich nach der Form ihrer lateinischen Großbuchstaben (Unziale) in die zweite Hälfte des 6. Jh.s n. Chr. datieren (Bildtafel 41) und bietet mit Lücken den Text der ersten sieben Bücher des Alten Testaments (Heptateuch). Sie gehörte vormals dem Kapitel der Kathedrale von Lyon und wurde bis ins 9. Jh. zur liturgischen Lesung verwendet; deshalb finden sich in ihr zahlreiche Randeinträge, aber auch Textkorrekturen, die man offensichtlich nach der Vulgata vornahm.

Codex Vindobonensis (Ms 101). Bei dieser Handschrift handelt es sich abermals um ein Palimpsest. Es besteht aus 24 Blättern mit Fragmenten aus Gen, Ex und Lev. Die untere Schrift lässt sich ins 5. Jh. n. Chr. datieren, wurde jedoch im 8. Jh. abgeschabt und im Kloster von Bobbio mit grammatischen Traktaten überschrieben. Die Handschrift gelangte zunächst im 16. Jh. nach Neapel, wurde dann 1718 nach Wien gebracht und schließlich 1919 der öffentlichen Bibliothek von Neapel zurückgegeben.

Konstanzer altlateinische Prophetenbruchstücke (Ms 175). Die Geschichte dieser Prophetenhandschrift, die wohl im 5. Jh. n. Chr. in Oberitalien geschrieben wurde, ist besonders interessant, aber sicher kein Einzelfall. Sie wurde nämlich in der Dombibliothek zu Konstanz (wahrscheinlich um 1450) zerschnitten und zum Binden verschiedener Pergamenthandschriften verwendet. 26 dieser Handschriften, die in ihren Einbänden Bruchstücke der alten Handschrift enthielten, konnten in Fulda, Darmstadt, Stuttgart, Donaueschingen und in Kärnten festgestellt werden. Überliefert sind Fragmente von Hos, Am, Mi, Joel, Jona, Nah, Ez, Dan.

Codex Veronensis (Ms 300). Der sogenannte Verona-Psalter stammt aus dem 5./6. Jh. n. Chr. Es handelt sich um eine zweisprachige, griechisch-lateinische Ausgabe, die insofern bemerkenswert ist, als in ihr das Griechische in lateinischer Schrift geschrieben ist. Den Psalmen sind außerdem folgende Cantica angefügt: Moselied (Ex 15 und Dtn 32), Lobgesang der Hanna (1. Sam 2,1-10), Weinberglied (Jes 5,1-7), Jonas Danklied im Walfisch (Jon 2,3-10), Habakuk-Psalm (Hab 3,2-19), Magnifikat (Lk 1,46-55) und der Lobgesang im Feuerofen (Dan 3,51-90).

6.5 Die übrigen Übersetzungen

Nach der Entdeckung der Handschriften vom Toten Meer ist das Interesse an den übrigen Übersetzungen stark zurückgegangen und ihre Bedeutung für die Textkritik deutlich geschwunden. Im Allgemeinen wird ihnen in den kritischen Textausgaben nur noch eine ergänzende und kontrollierende Funktion zugestanden.

Koptisch. Am Ende der Entwicklungslinie des Altägyptischen steht die koptische Sprache. Sie hat das Demotische (7. Jh. v. Chr.–ca. 1. Jh. n. Chr.)

zunächst als Volkssprache und dann als Literatursprache abgelöst. Koptisch wurde vornehmlich in den ländlichen Gegenden Ägyptens gesprochen. Dagegen gebrauchte man in seinen hellenistisch-römischen Zentren das Griechische als Verkehrs- und Verwaltungssprache. Da sich das Christentum besonders unter der ägyptischen Landbevölkerung ausbreiten konnte, wurde die christliche Kirche zur Traditionsträgerin der koptischen Sprache. Im koptischen Christentum entstand deshalb schon früh das Bedürfnis, die Bibel auch in der Landessprache lesen zu können. Die Bibelübersetzung ins Koptische war damit nicht nur für die christliche Kirche, sondern auch für die koptische Sprache ein bedeutsamer Vorgang. Sie stand sehr wahrscheinlich mit der Erfindung der koptischen Schrift in Zusammenhang. Im Interesse einer Vereinfachung übernahm man nämlich die griechische Buchstabenschrift und ergänzte sie – zum Ausdruck ägyptischer Laute – um sechs weitere demotische Zeichen (Bildtafel 44). Das griechische Alphabet schien auch deshalb gut geeignet, weil das Koptische zahlreiche griechische Lehnwörter kennt. Dass das Alte Testament, zumal im Land der Septuaginta, aus dem Griechischen ins Koptische übersetzt wurde, versteht sich von selbst. Der koptische Bibeltext ist deshalb in erster Linie ein Textzeuge für die Septuaginta. Seine Bedeutung besteht darin, dass erste koptische Übersetzungen wahrscheinlich schon ab dem 2. Jh. n. Chr. entstanden sind und damit in die vorhexaplarische Zeit der Septuaginta zurückreichen.

Die Bewertung koptischer Lesarten ist freilich kompliziert, weil das Koptische nie zu einer einheitlichen Sprache geworden ist, sondern in einer Vielfalt von Dialekten existiert.[44] Folglich kam es in den verschiedenen Landesteilen zu unterschiedlichen (selbständigen) Übersetzungen. Die wichtigsten unter ihnen sind die *sahidische* (oberägyptische) und die *bohairische* (unterägyptische) Übersetzung. Dabei gelten die sahidischen Bibeltexte als die älteren Zeugnisse und besitzen einen höheren Wert für die Textkritik. Dagegen konnte sich die bohairische Übersetzung ab dem 8. Jh. n. Chr. als offizieller Bibeltext der koptischen Kirche durchsetzen und ist es bis heute geblieben. Eine textkritische Ausgabe der koptischen Bibel wäre natürlich wünschenswert, konnte aber bislang nicht erstellt werden.[45] Die Schwierigkeiten gründen besonders in dem Befund, dass

[44] Sahidisch, Faijumisch, Achmimisch, Subachmimisch, Mittelägyptisch, Protobohairisch, Bohairisch.

[45] Eine kritische Ausgabe des bohairischen Pentateuch wurde unternommen von M. K. H. Peters (ed.), A Critical Edition of the Coptic (Bohairic) Pentateuch, Chico, California 1983ff. Erschienen sind Vol. 1: Genesis, SBL.SCS 19, 1985, Vol. 2: Exodus, SBL.SCS 22, 1986, Vol. 5: Deuteronomy, SBL.SCS 15, 1983. Doch wurde das Unternehmen m. W. nicht fortgeführt.

kein einziger Kodex erhalten ist, der die sahidische Übersetzung vollständig bezeugt. Statt dessen existieren eine Fülle von Handschriftenfragmenten, die zudem noch über die verschiedenen Bibliotheken der Welt verstreut sind. Es ist deshalb zwingend geboten, zunächst alle koptischen Handschriftenblätter zu erfassen, zu untersuchen und ggf. ihre Zusammengehörigkeit festzustellen. Diesem Unternehmen widmet sich gegenwärtig das von Karlheinz Schüssler begründete Projekt *Biblia Coptica. Die koptischen Bibeltexte*, das bislang etwa 240.000 Blätter verzeichnen und auswerten konnte.[46] Das Werk wird künftig den Befund an koptischen Bibeltexten umfassend erschließen. Doch ist es noch ein langer Weg, bis sich der eigentliche Zeugenwert der einzelnen Handschriften erheben lässt und die Frage geklärt werden kann, welcher Septuagintatext tatsächlich hinter den koptischen Versionen des Alten Testaments steht. Zur Debatte stehen nicht nur die hexaplarische Rezension des Origenes, sondern auch die in der Hexapla erwähnte Quinta oder Sexta (siehe 5.4). Besonders bei den Psalmen könnte auch eine vorhexaplarische Textversion in Frage kommen. Bei der sahidischen Übersetzung der kleinen Propheten vermutet man wiederum eine Beziehung zur kaige-Rezension (siehe 5.3). Die Ergebnisse der weiteren Forschung bleiben abzuwarten.

Äthiopisch. Etwa um die Mitte des 4. Jh. n. Chr. bildete sich in Äthiopien eine christliche Reichskirche. Wenig später dürfte mit der Bibelübersetzung ins Äthiopische begonnen worden sein. Auch bei ihr handelt es sich um eine Tochterübersetzung der griechischen Bibel. Sie umfasst das gesamte Alte Testament und weitere Bücher wie das Jubiläenbuch und die Henochapokalypse, die man entsprechend als *äthiopischer Henoch* bezeichnet.[47] Der Charakter der äthiopischen Übersetzung ist aus zwei Gründen schwer zu fassen. Zum einen ist keine einzige äthiopische Bibelhandschrift erhalten geblieben, die in die Zeit vor dem 13./14. Jahrhundert zurückreicht (Bildtafel 45). Zum anderen wurde die altüberlieferte äthiopische Bibelübersetzung im Mittelalter mehrfach überarbeitet. Man unterscheidet eine erste Revision, die nach griechischen oder arabischen Handschriften vorgenommen wurde (»vulgäre« Rezension), und eine weitere

[46] K. Schüssler (Hg.), Das sahidische Alte und Neue Testament, Biblia Coptica. Die koptischen Bibeltexte, Forschungsinstitut für Ägyptenkunde und Koptologie der Universität Salzburg, Wiesbaden 1995ff. Inzwischen liegen Bd. 1 (sa 1–120) zum Alten Testament und Bd. 3 (sa 500–585) zum Neuen Testament vollständig vor.

[47] In seinem Gesamtumfang ist das Henochbuch nur in äthiopischer Sprache überliefert. Die Übersetzung geht freilich auf eine ältere griechische Fassung zurück. Darüber hinaus sind durch die Textfunde von Qumran älteste Teile des Henochbuches in aramäischer Sprache bekannt geworden, vgl. S. Uhlig, Das äthiopische Henochbuch, JSHRZ V/6, Gütersloh 1984.

Bearbeitung, zu der hebräische Handschriften beigezogen worden sind (»akademische« Rezension).[48] Als Textzeugen für die Septuaginta kommen freilich nur die nicht revidierten äthiopischen Bibeltexte in Betracht.

Armenisch. Im armenischen Christentum, das bereits um 300 n. Chr. zur Staatsreligion erhoben worden ist, verwendete man zunächst das Griechische und das Syrische als Literatur- und Kirchensprache. Eine armenische Schrift existierte noch nicht. Sie wurde Anfang des 5. Jh.s n. Chr. von einem armenischen Priester – wahrscheinlich ebenfalls auf der Basis des griechischen Alphabets – entwickelt und bestand aus 36 Buchstaben. Danach konnte auch eine armenische Bibelübersetzung ins Werk gesetzt werden. Sie beruht im Wesentlichen auf dem Text der Septuaginta, jedoch wurde auch die Peschitta zur Übersetzung herangezogen. Die textkritische Bedeutung der armenischen Bibel besteht darin, dass eine Reihe von Handschriften hexaplarische Zeichen enthalten und damit die Rezension des Origenes bezeugen. Darüber hinaus konnte für die armenische Version des Psalters eine Nähe zur lukianischen Rezension (siehe 5.5) festgestellt werden.[49]

Arabisch: Mit dem Siegeszug des Islam im 7./8. Jh. n. Chr. breitete sich auch die arabische Sprache aus und wurde für Juden und Christen in den eroberten Ländern zur Umgangssprache. So kam es in den verschiedenen Regionen des Orients zu mehreren und voneinander unabhängigen arabischen Bibelübersetzungen. In hohem Ansehen stand besonders die arabische Übersetzung des jüdischen Gelehrten Saadja Gaon (arab. *Said al-Fajjumi*), der 928 n. Chr. zum Haupt (Gaon) der Akademie von Sura in Babylonien berufen worden ist. Seine Übersetzung, die selbstverständlich aus dem Hebräischen vorgenommen wurde, umfasst zum großen Teil die Bücher des Pentateuch. Ihre hebräische Textgrundlage entspricht dem damals verbreiteten Masoretentext. Die Vielfalt arabischer Bibelübersetzungen beruht nicht zuletzt auf ihren unterschiedlichen Vorlagen. So ist beispielsweise vom Buch Hiob eine frühe arabische Übersetzung überliefert, die auf eine syrohexaplarische Grundlage zurückgeht (Bildtafel 46). Andere arabische Hiob-Versionen wurden aus der Peschitta und aus dem Koptischen übersetzt. Der unterschiedliche und nicht immer zu erhellende Charakter arabischer Übersetzungen schmälert natürlich ihren textkritischen Wert. Für die Textkritik sind sie deshalb von geringem Interesse.

[48] Vgl. S. P. Brock, Art. Bibelübersetzungen I, 8.2. Die Übersetzungen ins Äthiopische. Altes Testament, TRE 6, Berlin / New York 1980, 206f.

[49] Vgl. C. E. Cox, The Armenian Version and the Text of the Old Greek Psalter, in: A. Aejmelaeus / U. Quast (Hg.), Der Septuaginta-Psalter und seine Tochterübersetzungen, MSU 24, Göttingen 2000, 174–246.

Gleichwohl – und das gilt auch für die koptische, äthiopische und armenische Übersetzung – handelt es sich bei ihnen um bedeutsame Leistungen, die das kulturelle Schaffen im Orient zu dieser Zeit beleuchten. Darauf sei abschließend hingewiesen.

6.6 Literatur

Targum

Textausgaben

K. Beyer, Die aramäischen Texte vom Toten Meer, Göttingen 1984, 273–299 [Targum Leviticus = 4Q156, Targum Hiob = 4Q157 und 11Q10; Tobit = 4Q196–199].

E. G. Clarke, Targum Pseudo-Jonathan of the Pentateuch. Text and Concordance, Hoboken, New Jersey 1984.

A. Diez Macho, Neophyti 1. Targum Palestinense, Ms de la Biblioteca Vaticana, Tom. I–VI, Madrid 1968–1979.

M. L. Klein, The Fragment-Targums of the Pentateuch, Bd. I–II, AnBib 76, Rom 1980 [Text und Übersetzung].

M. L. Klein, Genizah Manuscripts of Palestinian Targum to the Pentateuch, Cincinati / Rom 1986.

A. Sperber (ed.), The Bible in Aramaic. Based on Old Manuscripts and Printed Texts, Vol. I–IVb, Leiden 1959–1973 (Nachdruck: Leiden 1992, Vol. I–III in einem Band: Leiden / Boston 2004).

Hilfsmittel zu den Targumen

E. M. Cook, A Glossary of Targum Onkelos. According to Alexander Sperber's Edition, Studies in the Aramaic Interpretation of Scripture 6, Leiden 2008.

G. H. Dalman, Aramäisch-Neuhebräisches Handwörterbuch zu Targum, Talmud und Midrasch, 3. Aufl. Göttingen 1938 (Nachdruck: Hildesheim 2005).

M. Jastrow, A Dictionary of the Targumim, the Talmud Babli and Yerushalmi, and the Midrashic Literature, Vol. I–II, London / New York 1903 (Nachdruck: New York 1989).

Einführungen

P. Schäfer, Art. Bibelübersetzungen II. Targumim, TRE 6, Berlin / New York 1980, 216–228.

U. Gleßmer, Einleitung in die Targume zum Pentateuch, TSAJ 48, Tübingen 1995.

D. R. G. Beattie / M. J. McNamara (ed.), The Aramaic Bible. Targums in their Historical Context, JSOT.S 166, Sheffield 1994 [Sammelband].

Übersetzung

M. J. McNamara (ed.), The Aramaic Bible: The Targums, Edinburgh 1987ff [bisher rund 20 Bände erschienen].

Peschitta

Textausgaben

Peshitta Institute Leiden (ed.), The Old Testament in Syriac according to the Peshitta Version, Leiden 1972ff [noch nicht abgeschlossene Peschitta-Ausgabe in vier Abteilungen, der syrische Text ist in Estrangelo gedruckt].

Einführungen

S. Brock, The Bible in the Syriac Tradition (English Version), Georgias Handbooks 7, Piscataway, New Jersey 2006.

M. P. Weitzman, The Syriac Version of the Old Testament. An Introduction, University of Cambridge Oriental Publications 56, Cambridge 1999 (Taschenbuch 2005).

Vulgata

Textausgaben

R. Weber / R. Gryson (Hg.), Biblia Sacra iuxta Vulgatam Versionem, Editio quinta, Stuttgart 2007.

Biblia Sacra iuxta latinam vulgatam versionem ad codicum fidem iussu Pii PP. XI, Pii PP. XII, Ioannis XXIII, Pauli VI, Ioannis Pauli PP. II cura et studio monachorum abbatiae pontificiae sancti Hieronymi in urbe ordinis sancti Benedicti edita, Rom, 1926–1995 [18 Bände].

Vetus Latina

Textausgaben

R. Gryson (Hg.), Vetus Latina. Die Reste der altlateinischen Bibel nach Petrus Sabatier neu gesammelt und herausgegeben von der Erzabtei Beuron unter Leitung von Roger Gryson, Freiburg 1951ff [insgesamt auf 27 Bände angelegt, vom Alten Testament bisher erschienen: Bd. 2: Genesis, 1951–1954; Bd. 11/1: Sapientia Salomonis, 1977–1985; Bd. 11/2: Sirach, 1987–2005 (bis 24,47); Bd. 12: Esaias 1987–1997].
Informationen unter: http://www.vetus-latina.de/index.html

Hilfsmittel

R. Gryson, Altlateinische Handschriften / Manuscrits vieux latins, Part. I: Mss 1–275, Vetus Latina 1/2A, Freiburg 1999; Part. II: Mss 300–485, Vetus Latina 1/2B, Freiburg 2004 [Beschreibung der altlateinischen Dokumente: ab Ms 100 Handschriften zum Alten Testament, Mss 300–486 Psalmenhandschriften].

Vetus Latina Institut, Beuron (Hg.), Vetus Latina Database, 18 CD-ROMs [Datenbank mit Nachweis sämtlicher biblischer Zitate und Anspielungen lateinischer Kirchenschriftsteller].

Einführung

K. Sallmann (Hg.), Handbuch der lateinischen Literatur der Antike Bd. 4: Die Literatur des Umbruchs. Von der römischen zur christlichen Literatur 117 bis 284 n. Chr., HdA VIII/4, München 1997, 352–367 (§ 468 Vetus Latina).

Koptische Übersetzung

Textausgaben

M. K. H. Peters (ed.), A Critical Edition of the Coptic (Bohairic) Pentateuch, Vol. 5: Deuteronomy, SBL.SCS 15, Chico, California 1983 [weiter sind erschienen: Vol. 1: Genesis, SBL.SCS 19, 1985; Vol. 2: Exodus, SBL.SCS 22, 1986].

Hilfsmittel

K. Schüssler (ed.), Das sahidische Alte und Neue Testament, Biblia Coptica. Die koptischen Bibeltexte, Forschungsinstitut für Ägyptenkunde und Koptologie der Universität Salzburg, Wiesbaden 1995ff [keine Textausgabe, sondern eine Handschriftenübersicht, Bd. 1: sa 1–120, Wiesbaden 1995–2000; Bd. 3: sa 500–585, Wiesbaden 2001–2006; Bd. 4, Lfg. 1 und 2: sa 586–690, Wiesbaden 2007–2008].

Zu den übrigen antiken Übersetzungen

Im Rahmen dieser Einführung sei hier lediglich darauf aufmerksam gemacht, dass die Londoner Polyglotte u. a. eine syrische, arabische, äthiopische und persische Version jeweils mit lateinischer Übersetzung bietet. Studierende und Lehrende ohne entsprechende Sprachkenntnisse können sich hier lateinisch informieren:

B. Walton (Hg.), Biblia sacra polyglotta, I–VI, London 1653–1657 (Nachdruck: Graz 1963–1965).

Zu den deutschen Bibelübersetzungen

Vgl. U. Becker, Exegese des Alten Testaments. Ein Methoden- und Arbeitsbuch, 2. Aufl. Tübingen 2008, 161–163.

Vgl. Deutsche Bibelgesellschaft / Katholisches Bibelwerk e. V. (Hg.), Deutsche Bibelübersetzungen. Aktualisierte Neuausgabe, bearbeitet von R. Schäfer, Wissenswertes zur Bibel 6, Stuttgart 2008.

Informationen unter: http://www.die-bibel.de/wissen/bibeluebersetzung/deutsche-uebersetzungen/

C

DIE TEXTKRITIK

7

ZIEL UND AUFGABE DER TEXTKRITIK

Die Textkritik ist das Tor zur Exegese, eine Hintertür gibt es nicht. Viel zu selten rückt in den Blick, dass weder Kirche noch Wissenschaft den *einen* Bibeltext besitzen, sondern immer nur eine durch die Geschichte seiner Überlieferung vermittelte Kopie. Daraus geht hervor, dass der Text nicht nur das Fundament der Auslegung bildet, sondern selbst Gegenstand seiner historischen Erforschung ist. Abschreibfehler auszulegen, ergibt keinen Sinn. Deshalb stehen Kirche und Wissenschaft in der Pflicht, durch Berichtigung von überlieferungsbedingten Fehlern einen zuverlässigen Bibeltext herzustellen und zu verantworten. Die Textkritik widmet sich dieser Aufgabe und schafft dadurch die Grundlage aller weiteren Interpretationsarbeit. In der älteren Forschung wurde sie auch als *niedere Kritik* bezeichnet, weil sie der sogenannten *höheren Kritik* vorarbeitet, die sich um die Erklärung des Textsinnes bemüht.[1]

Niedere Kritik bedeutet freilich nicht, dass es sich bei ihr um ein einfaches oder technisches Verfahren zur Textherstellung handelt, das man als eine akademische Pflichtübung zu absolvieren habe. Eine Technik ist sie nur im griechischen Wortsinn, sofern die τέχνη eine Kunst und Kunstfertigkeit bezeichnet, die ihre Verhandlung eines textkritischen Problems differenziert und ausgewogen zu führen vermag. Dabei beansprucht jeder textkritische Fall seine eigene Diskussion und Aufmerksamkeit. Schon deshalb ist es ausgeschlossen, die Textkritik lediglich als ein Ausbesserungsverfahren für den Masoretentext zu gebrauchen und die übrigen Textzeugen nur dann zu konsultieren, wenn das Verständnis des masoretischen Textes grammatische oder inhaltliche Schwierigkeiten bereit hält. Ein solches Vorgehen wäre subjektiv und setzte von vornherein den Masoretentext, der freilich nur einen Hauptstrom der Textüberlieferung repräsentiert, als Ziel der Textkritik voraus. Jedoch lassen sich die komplexen und verwickelten Befunde der frühen Textgeschichte in dieser Weise nicht umgehen. Vielmehr erfordern sie eine Theorie der Textkritik, die in

[1] Vgl. U. Becker, Exegese des Alten Testaments. Ein Methoden- und Arbeitsbuch, 2. Aufl. Tübingen 2008, 17.

der gegenwärtigen Forschung verhandelt wird. Einige Aspekte dieser Debatte sollen in den folgenden Abschnitten angesprochen werden. Dabei rückt zunächst die Frage, welcher Text denn eigentlich durch die Textkritik ermittelt werden soll, in den Brennpunkt der Diskussion.

7.1 Urtext und Endtext

Die Diskussion um das Ziel der Textkritik ist gegenwärtig von zwei Begriffen in gleicher Weise bestimmt: dem Urtext und dem Endtext. Der eine Begriff stammt aus der älteren und ältesten Forschung, die für jedes biblische Buch eine Urschrift voraussetzte, auf die sich sämtliche Abschriften zurückführen lassen. So wollte man Jer 36 dafür in Anspruch nehmen, dass vom Propheten Jeremia eine Urrolle existiert habe, die nach ihrer Verbrennung durch den König nochmals nach dessen Diktat aufgeschrieben und seitdem durch Handschriften im Wesentlichen unverändert überliefert worden sei. Nach diesem Paradigma meinte man dann, den Urtext eines biblischen Buches mit seiner jeweils ältesten Fassung identifizieren zu können. Der andere Begriff, der gegenwärtig von der kanonischen Bibelauslegung in die Debatte eingeführt wird und in einem Zusammenhang mit der von ihr propagierten »Endtext-Exegese« steht, nähert sich der Sache sozusagen von der entgegengesetzten Seite. Nicht das einzelne biblische Buch, sondern der abgeschlossene Kanon als ein durchdachtes und durchkomponiertes Ganzes bestimmt den Endtext, der als eine etwa um 100 n. Chr. feststehende Größe vorausgesetzt wird und durch eine Glaubensgemeinschaft, im christlichen Horizont durch die Kirche(n), als ihre verbindliche Text- und Glaubensgrundlage angenommen worden sei. Beide Begriffe, Urtext und Endtext, sind jedoch in ihrem jeweiligen Verwendungszusammenhang problembehaftet.

Urtext. Die Textgeschichte eines literarischen Werkes setzt im allgemeinen einen definitiven Text voraus, gleichsam eine Ausgabe letzter Hand, die durch die Zeiten hindurch weitergegeben wird.[2] Dass sich bei handschriftlicher Überlieferung nach und nach Textfehler einstellen und bewusste Veränderungen vorgenommen werden, ist freilich nicht die Ausnahme, sondern die Regel. Dadurch treten Urschrift und Abschrift resp. Urtext und spätere Textformen auseinander. Vor diesem Hintergrund lässt sich der Urtext vorläufig definieren: Bei ihm handelt es sich um einen abgeschlossenen Text, der publiziert wird und dadurch in den Bereich der *Texttransmission* übergeht. Ab diesem Zeitpunkt werden Veränderungen nicht mehr vom Autor selbst vorgenommen. Alles, was jetzt noch umge-

[2] Vgl. A. Schenker, Urtext, Kanon und antike Bibelausgaben, in: ders., Studien zu Propheten und Religionsgeschichte, SBA 36, Stuttgart 2003, 202.

staltet oder ergänzt wird, fällt in die Verantwortung der Tradenten oder der mit der Überlieferung betrauten Institutionen. Für das Alte Testament lässt sich das mit dem Urtext Gemeinte noch näher bestimmen, und zwar im Rückgriff auf die von Odil Hannes Steck geprägte und hier ebenfalls vorläufig eingeführte Rede von einem *produktiven Textwachstum* (literary growth). Danach durchläuft jedes biblische Buch in seiner Entstehung zunächst eine Phase produktiven Textwachstums, bevor es seine tatsächliche und im Wesentlichen abgeschlossene Textgestalt erreicht. Am Endpunkt dieses produktiven literarischen Prozesses steht der ursprüngliche Text resp. der Urtext.[3] Er lässt sich umgekehrt als Ausgangstext der folgenden Transmissionsphase (textual transmission) bestimmen.

Urfassung. Aus dem Gesagten geht hervor, dass die Urfassung einer biblischen Schrift nicht mit ihrem Urtext identisch ist. Man kann sich diesen Sachverhalt an Johann Wolfgang Goethes *Urfaust* klar machen. Die älteste Fassung des Faust fällt in die Jahre 1772–1775 und wurde nach Vorlage einer Handschrift überhaupt erst 1887 gedruckt. Dieser sogenannte Urfaust ist noch überwiegend in Prosa verfasst und bietet nur eine Reihe der in der Endfassung enthaltenen Szenen. Zudem wurden manche Passagen später umgearbeitet. Eine erweiterte Fassung vollendete Goethe 1788 und ließ sie 1790 unter dem Titel *Faust. Ein Fragment* erscheinen. Jahre später nahm er die Arbeit am Faust wieder auf und schrieb bis 1806 an der endgültigen Fassung, die schließlich 1808 als *Faust. Eine Tragödie* veröffentlicht wurde. Trotz der zwischenzeitlichen Herausgabe des Fragments lässt sich die über drei Jahrzehnte währende Beschäftigung Goethes mit dem Faust gleicherweise als eine Phase produktiven Textwachstums beschreiben. Da es sich bei der Urfassung und der Endfassung unbestritten um zwei verschiedene Texte (!) handelt, lässt sich der Urfaust schlechterdings nicht als Urtext des Faust bezeichnen. So instruktiv der Vergleich mit diesem neuzeitlichen Literaturwerk ist, muss nun umgehend ein fundamentaler Unterschied benannt werden. Bei den alttestamentlichen Schriften handelt es sich nämlich nicht um Autorenliteratur, sondern um Traditionsliteratur.[4]

Traditionsliteratur. Für gewöhnlich kennen wir von den biblischen Büchern weder ihr Erscheinungsdatum noch die Autoren, weshalb in der alttestamentlichen Wissenschaft eine Reihe von Kunstnamen wie Deutero-

[3] Vgl. O.H. Steck, Exegese des Alten Testaments. Leitfaden der Methodik, 14. Aufl. Neukirchen-Vluyn 1999, 37f.

[4] Im Gegensatz zu unserer modernen Schrift- und Buchkultur gibt es in der alttestamentlichen Literatur keine Urheberrechte. Die produktive Weitergabe von Texten ist der Normalfall.

jesaja, der Jahwist oder der Deuteronomistische Historiker an die Stelle der Autorensubjekte treten. Obwohl hinter den biblischen Texten natürlich auch Verfasser stehen, verdankt sich das Werden alttestamentlicher Literatur im Grunde genommen weniger dem Genius eines Erstverfassers als vielmehr dem Prozess allmählicher Traditionsbildung und -pflege. Das bedeutet freilich nicht, dass die alttestamentlichen Texte wild gewachsen wären oder sich gleichsam selbst zu Literaturwerken organisiert hätten. Im Gegenteil: Traditionsliteratur wird bewusst gestaltet. Hinter ihr stehen Redaktionen mit vernünftigen Konzepten und theologischen Interessen, die sich in Bearbeitung, Aktualisierung, Fortschreibung und Relecture äußern und fassen lassen. Als Merkmal der Traditionsliteratur darf man somit die Mehrstimmigkeit ihrer Texte betrachten. Ihr lassen sich drei Perspektiven entnehmen: Erstens spiegelt sich in den Texten fast durchgängig ein produktives Bewahren der Überlieferung wider (kaum Textkürzungen). Zweitens lassen sich in der Mehrstimmigkeit theologische Debatten entdecken, die sich Stufe um Stufe ihres Wachstums redaktionsgeschichtlich nachzeichnen lassen (Prophetenbuch-Exegese). Drittens verhilft die Wahrnehmung biblischer Traditionsbildung dazu, die Texte in ihrer geschichtlichen Dimension zu entfalten (Interaktion unterschiedlicher Lebenswelten).[5] Vor diesem Hintergrund ist es geradezu selbstverständlich, dass die oben erwähnte Phase produktiver Textgestaltung keineswegs abrupt zu einem Ende kam, sondern allmählich und wiederum nach Schriften und Schriftgruppen differenziert in die Phase der Texttransmission überging. Verhält es sich so, ist freilich damit zu rechnen, dass im bezeichneten Übergangsbereich ein biblisches Buch oder Textcorpus, das man zunächst als abgeschlossen betrachtete und herausgab, trotzdem noch weiter produktiv bearbeitet werden konnte (siehe 5.7). Da sich diese erste Ausgabe jedoch nicht mehr zurücknehmen ließ (obwohl sie durch die zweite Ausgabe ersetzt werden sollte!), bedeutet dies, dass der Text einer biblischen Schrift ggf. in zwei oder mehreren Ausgaben in die Öffentlichkeit und damit in die Phase der Textüberlieferung gelangte. Streng genommen muss man dann den einen Urtext bezogen auf die verschiedenen Ausgaben des gleichen biblischen Buches in ältere und jüngere Urtexte differenzieren. Dabei hätte zu gelten, dass diese ermittelten Urtexte, von denen wir freilich keine Erstexemplare besitzen, nicht fiktiv sind, sondern als Schriftrollen existierten und sich in irgendeiner Weise durch Abschriften und spätere Textzeugen verifizieren lassen. Für die anstehende Aufgabe, das Ziel der Textkritik zu bestimmen, wird darum eine einfache Lösung nicht hinreichen.

[5] Nebenbei bemerkt bedeutet ein *Close Reading* das Ausblenden dieser Prozesse und der damit verbundenen und beschriebenen Sinn- und Deutungspotentiale.

Endtext. Mit dem Rückzug auf einen kanonischen Endtext könnte man sich aller Fragen, die durch die frühe Textgeschichte (3. Jh. v. Chr. bis 70 n. Chr.) aufgeworfen werden, mit einem Schlag entledigen. Denn in kanonischer Betrachtung beginnt die Textgeschichte erst mit dem angeblich um 100 n. Chr. feststehenden und als verbindlich angenommenen Endtext, den man dann zum Ziel der Textkritik erklären kann. Alle davor liegenden textgeschichtlichen Prozesse gehören in seine Vorgeschichte und sind für eine sich als kanonisch definierende Auslegungsgemeinschaft irrelevant. Möchte man diesen Weg einschlagen, bleibt zu prüfen, ob es diesen auf das Kanonganze bezogenen und verbindlichen Endtext gegeben hat und wie er zu fassen ist. Versucht man, die zunächst abstrakte Größe auf die konkrete hebräische Textebene zu beziehen, ergeben sich erste Schwierigkeiten, die seine Existenz und Legitimation betreffen. Führt man sich nämlich vor Augen, dass die hebräische Bibel um 100 n. Chr. in einer Reihe von separaten Schriftrollen vorlag, existierte der kanonische Endtext praktisch gesehen (noch) nicht als ein zusammenhängender Text. Nach dem jüdischen Kanonverständnis ist dies auch gar nicht notwendig, weil das rabbinische Judentum mit der Rolle der Tora über einen zusammenhängenden kanonischen Text verfügte, dem sie die übrigen nach Offenbarungsqualitäten abgestuften Schriftgruppen und Schriften als ihre kanonische Auslegung zuordnete. Wenn man freilich das christliche Kanonverständnis auf den hebräischen Gesamttext bezieht, wie dies die kanonische Exegese tut, und ihn als ein durchdachtes und durchkomponiertes Ganzes betrachtet, muss man einräumen, dass dieser »hebräische Endtext in christlich-kanonischer Perspektive« für seine Lese- und Rezeptionsgemeinschaft vorläufig nur in der Zusammenschau verschiedener Schriftrollen und damit als eine fiktive Größe existierte. Es ist also nicht unproblematisch, das christliche Kanonverständnis, das sich in verschiedener Hinsicht von der jüdischen Konzeption unterscheidet, auf den Gesamttext der hebräischen Bibel zu beziehen und als *den* kanonischen Endtext zu definieren. Damit stellt sich folgerichtig die Frage nach seiner Legitimation. Sie wird in der kanonischen Betrachtung dadurch erreicht, dass der kanonische Endtext (final form) durch die christliche Glaubensgemeinschaft angenommen und als verbindlich erklärt worden sei.[6] Wiederum bezogen auf die hebräische Textebene erweist sich die dadurch behauptete, normative Festlegung auf den Masoretentext um 100 n. Chr. als

[6] Bei Brevard S. Childs u. a. droht die »Glaubensgemeinschaft« zu einer zeitlosen, theologisch abstrakten Größe und damit ersatzweise zu einer dogmatischen Festlegung des kanonischen Endtextes zu werden; vgl. dazu J. Taschner, Kanonische Bibelauslegung – Spiel ohne Grenzen?, in: E. Ballhorn / G. Steins (Hg.), Der Bibelkanon in der Bibelauslegung, Methodenreflexionen und Beispielexegesen, Stuttgart 2007, 39.

ein reiner Machtspruch, der durch keine (früh-)christliche Tradition gedeckt ist. Denn die Alte Kirche hat sich nachweislich bis ins Spätmittelalter weder um die Überlieferung noch um eine kanonische Feststellung des hebräischen Textes bemüht. Wohl erhob sie Anspruch auf die jüdischen Schriften der Bibel, die sie in den christlichen Kanon als ein übergeordnetes Ganzes einband, aber nicht auf ihren hebräischen Text. An und für sich geschah die christliche Hinwendung zur hebräischen Bibel resp. zum masoretischen Text verhältnismäßig spät und kam schließlich in der altprotestantischen Orthodoxie dadurch zum Ausdruck, dass man Konsonantentext und Vokalisation für gleichursprünglich und verbalinspiriert erklärte.[7] Vor diesem Hintergrund kann man kaum behaupten, dass sich die christliche Glaubensgemeinschaft auf den Masoretentext um 100 n. Chr. festgelegt hätte und dadurch ein der Auslegung vorgegebener, verbindlicher und normativer Bibeltext erreicht worden sei. Der kanonische Endtext kann deshalb für die Zielbestimmung der Textkritik keine bzw. keine exklusive Option sein.[8]

Vom Endtext lässt sich aber nicht nur in kanonischer Betrachtung reden, sondern auch im textgeschichtlichen Sinn. Danach bezieht sich der Endtext nicht auf den gesamten Kanon(text) als einer normativen, etwa um 100 n. Chr. feststehenden Größe, sondern auf diejenige Textgestalt eines biblischen Buches, die es im Verlauf seiner Entstehungsgeschichte durch die End- oder Schlussredaktion erhalten hat. Man spricht auch von der *Endgestalt* eines biblischen Buches, die sich als eine feste Textgröße beschreiben und danach als Endtext bezeichnen lässt. Ein exaktes Datum für das Erreichen einer solchen Endgestalt lässt sich nicht angeben, sondern immer nur annäherungsweise und getrennt nach Texten oder Textgruppen bestimmen. Dazu muss die Textkritik freilich hinter den kanonischen Endtext zurückgehen und die frühe Textgeschichte in ihre Untersuchung einbeziehen. So gesehen stellt sich natürlich die Frage, wie sich Urtext und Endtext zueinander verhalten. Dabei lässt sich der bisherigen Erörterung entnehmen, dass beide Begriffe – Urtext und Endtext – nicht absolut zu nehmen, sondern *perspektivisch* zu verstehen sind. In dieser Weise lassen sie sich sinnvoll einander zuordnen. Im Sinne einer Definition steht der Endtext am Ende der produktiven Phase des Textwachs-

[7] Vgl. Johannes Buxtorf d. Ä., Tiberias sive commentarius Masorethicus, Basel 1620; Johann Gerhard, Exegesis sive uberior explicatio articulorum de scriptura sacra, de Deo et de persona Christi, Jena 1625, Locus primus, Caput XIV–XV (Bearbeitung des 1610 erschienenen ersten Bands der Loci theologici).

[8] Zur Sache vgl. J. Trebolle Barrera, The Jewish Bible and the Christian Bible. An Indroduction to the History of the Bible, translated from the Spanish by W. G. E. Watson, Leiden / Grand Rapids, Michigan 1998, 416–421.

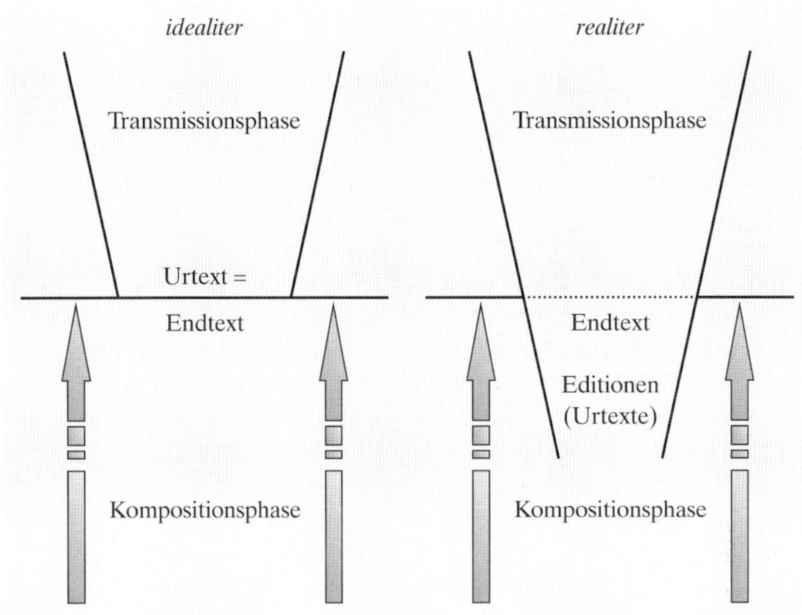

Abb. 11: Verhältnis von Endtext und Urtext (Alexander A. Fischer)

tums, während der Urtext am Anfang der textgeschichtlichen Überlieferungsphase steht. Im Idealfall sind danach Urtext und Endtext einer biblischen Schrift oder Schriftengruppe identisch (idealiter). Es hat sich jedoch herausgestellt, dass sich die Transmissionsphase und die Kompositionsphase nicht strikt voneinander trennen lassen, sondern ineinander übergehen (realiter). Denn Fortschreibung und Redaktion biblischer Bücher vollziehen sich nicht abstrakt, sondern laufen dem Abschreiben parallel. Es ist darum schon im Stadium der Textproduktion damit zu rechnen, dass Kopien angefertigt und schließlich auch Erst- und Zweitausgaben hergestellt wurden. Nur in der Betrachtung dieses Ineinander-Greifens wird man folglich den Befunden der frühen Textgeschichte gerecht, in der gewisse Bücher oder Teile von biblischen Büchern in mehr als einer Edition existiert haben.[9] Damit berühren wir aber ein weiteres

[9] Vgl. Schenker, Urtext, 203–206, mit Verweis auf verschiedene (Teil-)Editionen der Bücher Exodus, 1. und 2. Samuel, 1. und 2. Könige, Jeremia, Ezechiel, Daniel, Esra-Nehemia. Zur Sache vgl. E. C. Ulrich, The Canonical Process, Textual Criticism, and Latter Stages in the Composition of the Bible, in: M. Fishbane / E. Tov (ed.), »Shar'arei Talmon«. Studies in the Bible, Qumran, and the Ancient Near East, Winona Lake 1992, 267–291.

methodisches Problem, das die Arbeitsbereiche von Textkritik und Literarkritik sowie ihre Unterscheidung betrifft.

7.2 Abgrenzung zur Literarkritik

Grundsätzlich lassen sich drei Möglichkeiten denken, um die beiden Methodenschritte – Textkritik und Literarkritik – gegeneinander abzugrenzen. Als Ausgangspunkt der Erörterung bietet sich an, mit der bereits erwähnten Unterscheidung einzusetzen, dass jedes biblische Buch bzw. seine Urfassung eine Phase produktiver Textgestaltung (literary growth) durchläuft und nach einer abschließenden Redaktion in die Phase der Textüberlieferung (textual transmission) übergeht. Diese Unterscheidung macht sich die herkömmliche Methodologie zu eigen und verweist absichtliche Textänderungen, die *vor* dem Ende des produktiven Textwachstums vorgenommen werden, in den Bereich der Literarkritik, während alle übrigen Änderungen, die *nach* diesem Einschnitt liegen, in das Stadium verfestigter Textüberlieferung gehören und textkritische Probleme darstellen.[10] Diese erste Möglichkeit einer methodischen Abgrenzung ist in der Theorie durchaus hilfreich, in der Praxis dennoch problematisch, weil sich der vorausgesetzte Einschnitt bei Schriften mit mehreren Textabschlüssen im Stadium produktiver Textgestaltung nicht mehr eindeutig bestimmen lässt und darum keine saubere Grenzziehung zwischen Literarkritik und Textkritik gestattet. Davon abgesehen zeigt die herkömmliche Methodologie noch einen weiteren Mangel, den sie freilich hinter einer geschickten Formulierung versteckt. Für die Phase der Texttransmission wird nämlich zutreffend erklärt, dass sämtliche in ihr vorkommenden, absichtlichen und unabsichtlichen Textveränderungen zum Gegenstand der Textkritik gehören. Dagegen wird im Bereich produktiver Textgestaltung nur noch von absichtlichen Änderungen gesprochen, die der Literarkritik zugeschlagen werden. Über versehentliche Textfehler im Stadium des produktiven Textwachstums wird keine Aussage gemacht. Damit bleibt jedoch die entscheidende Frage in der Schwebe, ob und inwiefern man in bestimmten Fällen auch solche Textänderungen resp. Textverderbnisse, die vor dem Ende der produktiven Textgestaltung liegen, textkritisch zu untersuchen hat.[11]

Eine zweite Möglichkeit der methodischen Abgrenzung bezieht ihr Kriterium aus der Klassifizierung eines vorliegenden Textproblems in ver-

[10] Vgl. Steck, Exegese, 38.

[11] Vgl. jedoch E. Tov, The Text-Critical Use of the Septuagint in Biblical Research, Jerusalem 1981, 307: »These early readings should not be evaluated by the usual textual criteria, as they were not created by textual transmission.«

sehentlich unterlaufene Schreibfehler und bewusst vorgenommene Textänderungen (siehe 8.1 und 8.2). Danach wird die Grenze zur Literarkritik so gezogen, dass alle unbewussten Änderungen (und nur diese!) in den Bereich der Textkritik verwiesen werden, während alle beabsichtigten Änderungen im Bereich der Literarkritik zu verhandeln sind.[12] Auch dieser Versuch kann nicht überzeugen, zumal sich Absichtlichkeit und Unabsichtlichkeit bei textkritischen Fällen nicht immer sicher entscheiden lassen.[13] Schwerer fällt jedoch ins Gewicht, dass auch diejenigen bewussten Textänderungen, die mit der produktiven Textgestaltung nichts zu tun haben, *per definitionem* in die Literarkritik verschoben werden. Um sie zu untersuchen, kann man jedoch kaum anders verfahren als neben dem herkömmlichen literarkritischen Vorgehen wiederum auf das methodische Instrumentarium der Textkritik, insbesondere auf die Abwägung von Textzeugen, zurückzugreifen. Kurzum bedeutet die Anwendung der in dieser Weise definierten Trennlinie zwischen Literarkritik und Textkritik im Ergebnis eine Vermischung der Methodenschritte in ihrer Durchführung.

Anders und restriktiver in ihrer Abgrenzung zur Literarkritik verfährt eine dritte Position, die ihren Maßstab der äußeren Textkritik (siehe 9.2) entnimmt. Bei ihr handelt es sich um eine pragmatische und vom Komitee des *Hebrew Old Testament Text Project* (HOTTP) entwickelte Konzeption: Danach werden die textkritischen Fälle dadurch definiert, dass sie durch externe Textzeugen, d. h. handschriftlich belegt sind. Von ihnen werden dann die literarkritischen Fälle unterschieden, die nicht durch Textzeugen belegbar sind, sondern nur nach internen Kriterien beurteilt werden können und deshalb andere wissenschaftliche Methoden erfordern. Diese Art der Textkritik wurde vom Weltbund der Bibelgesellschaften für die neue Ausgabe der *Biblia Hebraica* vorgesehen.[14] Das Kriterium ist fraglos eindeutig und anwendbar. Trotzdem zeigt es sich durch und durch vom jeweils zufallsbedingten Überlieferungsbestand abhängig. Ein nach den internen Kriterien der Textkritik (!) eindeutig bestimmbares Textproblem wie beispielsweise das in der Einleitung vorgestellte vom Löwen auf dem Wachturm (Jes 21,8) hätte man also solange als einen literarkritischen Fall betrachten müssen, bis es durch die Entdeckung der Jesajarolle aus Qumran zu einem textkritischen Fall geworden wäre. Aber hat sich dadurch etwas an der eigentlichen Problemstellung verändert?

12 Vgl. L. Schwienhorst, Die Eroberung Jerichos, SBS 122, Stuttgart 1986, 21.

13 Vgl. dazu H.-J. Stipp, Das Verhältnis von Textkritik und Literarkritik in neueren alttestamentlichen Veröffentlichungen, BZ 34 (1990), 34f.

14 Vgl. A. Schenker / u. a. (Hg.), Biblia Hebraica Quinta, Fascicle 18: General Introduction and Megilloth, Stuttgart 2004, XXXIII.

Es ist klar, dass sich das Abgrenzungsproblem vornehmlich auf dem Feld der produktiven Textgestaltung stellt, das von Hause aus durch die Literarkritik und Redaktionsgeschichte beackert wird. Dabei lässt sich in der Methodendiskussion die Tendenz beobachten, die Textkritik gänzlich aus dem eigentlichen Untersuchungsgebiet der Literarkritik herauszuhalten und auf den Bereich der Texttransmission zu beschränken. Dennoch vermag auch eine solche Grenzziehung nicht zu überzeugen, weil ja nicht ausgeschlossen werden kann, dass Bearbeiter und Redaktoren in der Phase des produktiven Textwachstums zugleich als Schreiber und mindestens auch als Kopisten ihrer literarischen Quellen tätig gewesen sind. Konsequenterweise muss man auch in diesen Fällen zu einer perspektivischen Betrachtung kommen. Nimmt man die Bearbeiter im Bereich der produktiven Textgestaltung unter der Perspektive ihrer redaktionellen und fortschreibenden Tätigkeiten in den Blick, sind diese Gegenstand der Literarkritik bzw. Redaktionsgeschichte und erhellen Entstehung und Bestand eines oder mehrerer Endtexte. Betrachtet man sie dagegen unter der Perspektive ihrer schreibenden und kopierenden Tätigkeiten, kann von Fall zu Fall auch die textkritische Methode zur Anwendung kommen und zur Herstellung eines oder mehrerer Urtexte beitragen.

Vor diesem Hintergrund ergibt sich die Notwendigkeit, die Abgrenzung beider Methodenschritte nach der herkömmlichen Methodologie zu präzisieren. Dabei hält auch die vorliegende Darstellung die Annahme einer Zäsur zwischen produktivem Textwachstum und verfestigter Textüberlieferung für sinnvoll, weil sie mindestens die Untergrenze der Literarkritik markiert. Darüber hinaus wird man jedoch den Umgang mit »frühen Lesungen«, die sich aus der besonderen Situation der frühen Textgeschichte ergeben, näher bestimmen müssen, so dass sich folgende Position bzw. Definition einer Unterscheidung von Textkritik und Literarkritik formulieren lässt: Alle absichtlichen und unabsichtlichen Textänderungen, die *nach* dem Ende des produktiven Textwachstums vorgenommen werden oder entstanden sind, gehören in das Stadium der Textüberlieferung und sind Gegenstand der Textkritik (allgemeiner Konsens). Fälle von Textänderungen, die *vor* diesem Einschnitt (oder in einem Übergabe-Bereich) liegen, sind nur dann textkritisch zu untersuchen, wenn zwei Bedingungen erfüllt sind: Erstens müssen sie sich als textkritische Probleme nach den externen und/oder internen Kriterien der Textkritik beschreiben lassen und zweitens müssen sie in ihrer Entstehung durch einen Abschreibevorgang plausibel erklärbar sein. Alle übrigen, nicht eindeutig bestimmbaren Fälle sind dagegen Gegenstand der Literarkritik.

Die Zweckmäßigkeit dieser Differenzierung ist gegeben, weil nicht einzusehen ist, warum man bei entsprechenden Fällen ohne Not auf das durch die Textkritik bereitgestellte methodische Instrumentarium verzichten oder dasselbe in den Arbeitsschritt der Literarkritik verschieben sollte. Umgekehrt kann die Literarkritik resp. Redaktionsgeschichte bei ihrer Sache und Methode bleiben und muss nicht, sofern verschiedene Editionen vorliegen, textkritische Verfahren einbeziehen. Auch wenn sich Textkritik und Literarkritik im praktischen Vollzug oft eng berühren, so ist grundsätzlich an einer methodisch sauberen Unterscheidung ihrer Arbeitsgebiete festzuhalten.[15] Ein Dialog zwischen beiden Methodenschritten ist dadurch nicht ausgeschlossen, sondern möglich und erwünscht.[16]

7.3 Definitionen der Textkritik

Alfred Jepsen (1900–1979), ein Schüler Albrecht Alts, brachte die Aufgabe der Textkritik auf die kurze Formel: »Herstellung des ursprünglichen Textes.«[17] An sich ließe sich diese Aufgabe problemlos bewältigen, sofern der ursprüngliche Text in irgendeiner Form vorliegt oder durch Vergleich zeitnaher Abschriften wieder gewonnen werden kann, indem man mögliche Fehler und Abweichungen erkennt und rückgängig macht. Beim Alten Testament verhält es sich allerdings komplizierter und verwickelter, weil reichlich Textzeugen unterschiedlicher Qualität und Sprache zur Verfügung stehen, aber keine Erstexemplare erhalten geblieben sind. Darüber hinaus darf der gesuchte ursprüngliche Text resp. Urtext weder mit der Urfassung eines biblischen Buches noch mit seiner später verfestigten masoretischen Textfassung verwechselt werden. Im Bemühen um eine möglichst genaue Aufgabenbeschreibung der Textkritik stellen die Methodenbücher verschiedene Definitionen bereit.

Odil Hannes Steck. Nach Steck hat die Textkritik die Aufgabe, »durch kritische Sichtung der hebräischen (bzw. in Teilen des Esra- und Danielbuches aramäischen) Textüberlieferung sowie der alten Übersetzungen die in der Textgeschichte unterlaufenen Fehler aufzufinden und nach Möglichkeit den ›ursprünglichen Text des AT‹ (›Urtext‹, ›ursprünglichen Wortlaut‹) festzustellen.«[18] Die in der Klammer genannten Begriffe, die verdeutlichen sollen, was mit dem »ursprünglichen Text« gemeint sei, zeigen das Problem und erfordern eine nähere Bestimmung, die Steck denn

[15] Vgl. E. Würthwein, Der Text des Alten Testaments. Eine Einführung in die Biblia Hebraica, 5. Aufl. Stuttgart 1988, 117f.

[16] Vgl. A. van der Kooij, Art. Textgeschichte/Textkritik der Bibel I. Altes Testament, TRE 33, Berlin/New York 2002, 154. Zur Interdependenz der historisch-kritischen Methodenschritte vgl. auch Steck, Exegese, 18f.

[17] A. Jepsen, Von den Aufgaben der alttestamentlichen Textkritik, in: Congress Volume Bonn 1962, VT.S 9, Leiden 1963, 332.

[18] Steck, Exegese, 37.

auch seiner Definition folgen lässt. Danach bezeichnet der ursprüngliche Text im Wesentlichen diejenige Textgestalt, die am Ende des produktiven Textwachstums steht. Sie sei *spätestens* mit dem Erlangen kanonischer Geltung eines Textes erreicht, wofür getrennt nach Schriften und Schriftgruppen ein ungefährer Zeitraum zwischen dem 4. Jh. v. Chr. und dem 1. Jh. n. Chr. angegeben wird. Die umgekehrte Frage, wann diese definitive Textgestalt resp. der ursprüngliche Text *frühestens* erreicht ist, wird nicht beantwortet und eröffnet einen Interpretationsspielraum. Herkömmlich wird davon ausgegangen, dass die früheste abgeschlossene Textgestalt mit dem Vorliegen der protomasoretischen Textform gegeben ist. Lässt man aber auch zeitlich vorausgehende Editionen als Endgestalten eines biblischen Buches gelten, verschiebt sich der früheste Zeitpunkt vom protomasoretischen Text auf eine ihr vorausliegende ältere Textform, sofern diese ebenfalls als ein abgeschlossener Text existiert und als ein solcher überliefert wird. Danach darf die Textkritik nicht bei der Rekonstruktion der protomasoretischen Texttradition stehen bleiben, sondern muss die frühe und früheste Textgeschichte einbeziehen und ggf. auch einen vormasoretischen Text als ihr Ziel definieren.[19]

Reinhard Wonneberger. Um dem Urtext-Problem zu entgehen, gibt es auch Definitionen der Textkritik, die von ihm absehen und die textkritische Aufgabe unter rein pragmatischen Gesichtspunkten bestimmen. Nach Wonneberger unternimmt die Textkritik den Versuch, »unabsichtliche und absichtliche Veränderungen der Texte durch den Prozess des Abschreibens zu erkennen, zu verstehen und rückgängig zu machen.«[20] Diese Negativdefinition intendiert die Herstellung eines besseren Bibeltextes, in dem versehentliche Schreibfehler und sekundäre Veränderungen bereinigt sind. Dabei werden textkritische Entscheidungen ausdrücklich an den Prozess des Abschreibens gebunden: Lesarten, die sich *nicht* von anderen Lesarten ableiten und auch *nicht* durch irgendeinen Abschreibevorgang erklären lassen, gelten danach als ursprünglich. Der an sich galante Versuch, die Textkritik als ein Verfahren der Rückbildung des Masoretentextes in Richtung auf einen hypothetisch »fehlerfreien« Text zu beschreiben (»regressive Methode«), funktioniert freilich nur, wenn man als Arbeitshypothese voraussetzt, dass sich alle Abschriften und Übersetzungen eines biblischen Buches auf einen einzigen ursprünglichen (protomasore-

[19] Vgl. dazu A. van der Kooij, Zum Verhältnis von Textkritik und Literarkritik. Überlegungen anhand einiger Beispiele, in: J. A. Emerton (ed.), Congress Volume Cambridge 1995, VT.S 66, Leiden 1997, 201f.

[20] R. Wonneberger, Leitfaden zur Biblia Hebraica Stuttgartensia, 2. Aufl. Göttingen 1986, 5. Vgl. Becker, Exegese, 17.

tischen) Text zurückführen lassen. Dann aber müsste man sich in sämtlichen Fällen, in denen sich abweichende Lesarten nicht textgenealogisch erklären lassen, streng genommen mit ihrer Beurteilung als »gleich ursprünglich« begnügen. Diese an sich unbefriedigende Situation ließe sich textkritisch nur dadurch begründen, dass das vorhandene Textmaterial eben nicht ausreicht, um abweichende Lesarten ins Verhältnis zu setzen. Rechnet man jedoch mit der Möglichkeit, dass solche »gleich ursprünglichen« Lesarten zu verschiedenen Editionen resp. Endgestalten biblischer Bücher gehören, muss man die zugrundeliegende Arbeitshypothese eines einzigen gemeinsamen Urtextes in Zweifel ziehen. Es sind also besonders die bewussten Textänderungen, die sich textgenealogisch schwer fassen und kaum in die Negativdefinition einholen lassen. Deshalb betont Wonneberger zu Recht, dass in diesen Fällen die Textgeschichte beizuziehen ist, deren tiefere Einsichten die Bestimmung handschriftlicher Profile und inhaltlicher Intentionen erlauben und dadurch das textkritische Geschäft vorantreiben können.

Siegfried Kreuzer. Eine weitere Definition, die ebenfalls ohne die Theorie eines Urtextes auskommt, möchte vor allem den Studierenden im Proseminar eine klare Direktive an die Hand geben. »Aufgabe der Textkritik ist es, die Textüberlieferung zu prüfen, die älteste erreichbare Textgestalt herauszufinden und die Entstehung der Varianten zu erklären.«[21] Wie man leicht ersehen kann, wird hier der Urtext durch die Rede von der ältesten erreichbaren Textgestalt ersetzt und dadurch wiederum ein pragmatisches Ziel formuliert. Dabei vertraut Kreuzer darauf, dass die Grenzen der Textkritik bereits durch das Kriterium der Erreichbarkeit in natürlicher Weise, d. h. überlieferungsbedingt abgesteckt sind. Wenn man so will, lässt sich die Definition hierdurch von der theoretischen Diskussion entlasten, welchen Text die Textkritik eigentlich herstellen soll. Dem fügt sich ein, dass Kreuzer die Erklärung von Varianten ausdrücklich in seine Definition einbezieht, wodurch die Annäherung an ein älteres Textstadium kontrolliert geschehen kann. Im Fokus steht damit die Erarbeitung von textkritischen Daten und textgeschichtlichen Prozessen, die eine Rückführung auf eine soweit als möglich älteste Textform gestatten.

Ernst Würthwein. Im Vorgängerband dieser Darstellung nennt Würthwein zwei Feststellungen, die bei der Zielsetzung der Textkritik zu berücksichtigen sind. Zum einen darf man die Kanonisierung biblischer Schriften nicht mit der Fixierung ihres Wortlauts im Sinne einer Unantastbarkeit gleichsetzen. Vielmehr ist der Text des Alten Testaments noch bis ins

[21] S. Kreuzer, Textkritik, in: S. Kreuzer / D. Vieweger / u. a., Proseminar I. Altes Testament. Ein Arbeitsbuch, 2. Aufl. Stuttgart 2005, 26.

2. Jh. n. Chr. im Fluss, so dass man davor nicht mit einem festen, unveränderbaren Text rechnen darf. Zum anderen finden sich im heute vorliegenden Masoretentext veränderte oder verdorbene Textstellen, die schon sehr früh entstanden sind und bis ins 4. Jh. v. Chr. hinaufreichen können. Das bedeutet, dass sich für den hebräischen Text eines biblischen Buches, den die Textkritik herstellen soll, kein festes Datum angeben lässt. Außerdem ist zu bedenken, dass die einzelnen Schriften und Schriftgruppen zu unterschiedlichen Zeitpunkten abgeschlossen wurden und in die Texttransmission übergegangen sind. Vor diesem Hintergrund bestimmt Würthwein in besonnener Zurückhaltung die Arbeit der Textkritik: »In ihr sucht man allen Fehlern und Abweichungen (Varianten) in den überlieferten Texten nachzugehen und nach wissenschaftlichen Grundsätzen einen hebräischen Text zu erarbeiten, der eine zuverlässige Grundlage für die weitere Arbeit – höhere Kritik, Exegese usw. – bilden kann.«[22] Diese Definition ist insofern interessant, als sie den festzustellenden Text weder als ursprünglich noch als ältest erreichbar bestimmt, sondern als *zuverlässig* qualifiziert. Dadurch wird ins Bewusstsein gehoben, dass die Textkritik immer nur einen eklektischen Text produzieren kann.[23] Natürlich soll dieser auch im Sinne Würthweins einen tatsächlich existierenden Urtext annäherungsweise erreichen. Doch wird die textkritische Arbeit dadurch begrenzt und qualifiziert, dass sie den rekonstruierten Bibeltext methodisch zu verantworten hat und für ihn die größte innere und äußere Wahrscheinlichkeit beanspruchen können muss. Mit einem rein hypothetischen Urtext ist nichts gewonnen. Vielmehr hat die Textkritik ihr Ziel durch Erarbeitung einer textlich sicheren Basis erreicht, die von der Exegese weiter verwendet werden kann. Die sehr vorsichtigen Äußerungen Würthweins über den festzustellenden Text sind vor dem Hintergrund zu lesen, dass die Textforschung in den 1980er Jahren noch wesentlich mit der Edition der Qumrantexte und der Aufarbeitung des umfänglich vorhandenen Textmaterials beschäftigt war. In der Zwischenzeit mehren sich jedoch die Untersuchungen, die sich den Überlieferungsbefunden einzelner biblischer Schriften und Schriftgruppen widmen und zu einem neuen textgeschichtlichen Gesamtbild beitragen. Trotzdem darf man Würthwein auch weiterhin beipflichten, dass das Leistungsvermögen der Textkritik nach dem Kriterium einer zuverlässigen Textherstellung zu bemessen und zu begrenzen ist.

Durch die gegebene Auswahl der Definitionen lassen sich die verschiedenen Aspekte der Textkritik zusammenschauen und diskutieren. Es

[22] Würthwein, Text, 116.

[23] Vgl. auch G. Veltri, Gegenwart der Tradition. Studien zur jüdischen Literatur und Kulturgeschichte, JSJ.S 69, Leiden / Boston / Köln 2002, 4f.

ist deshalb nicht erforderlich, dem eine weitere und alternative Definition hinzuzufügen. Statt dessen sollen Ziel und Aufgabe der Textkritik in vier Sätzen zusammengefasst werden: Die Textkritik leistet einen Beitrag zur Textgeschichte, indem sie in den Schriften des Alten Testaments die im Vollzug des Abschreibens entstandenen Textfehler und absichtlichen Änderungen feststellt, rückgängig macht und zur Kontrolle ihrer textkritischen Entscheidungen die Entstehung der Varianten erklärt. Ihr Ziel besteht darin, einen zuverlässigen und wissenschaftlich verantworteten Text herzustellen, der annäherungsweise einen vormals existierenden, aber nicht überlieferten Urtext wiedergibt. Dabei versteht man unter dem Urtext – er entspricht in redaktionsgeschichtlicher Perspektive dem Endtext – diejenige abgeschlossene Textgestalt, die eine biblische Schrift oder Schriftengruppe durch ihre End- oder Schlussredaktion erhalten hat und durch Edition zum Traditum der Textgeschichte geworden ist. Da die neueste Textforschung festgestellt hat, dass manche Texte oder Textteile eines biblischen Buches in mehr als einer Edition vorliegen, darf sich die Textkritik in diesen Fällen nicht auf die Herstellung einer einzigen abgeschlossenen literarischen Textkomposition beschränken,[24] sondern muss die jeweils ältere und jüngere Ausgabe textlich feststellen und ihre Textfassungen für die weitere Untersuchung durch die Literar- und Redaktionsgeschichte bereitstellen.[25]

7.4 Konjekturen

Ein Spezialfall der Textkritik ist die sogenannte Konjektur. Unter ihr versteht man eine mutmaßlich richtige Lesart (lat. *coniectura* »Vermutung«), die zwar durch keinen externen Textzeugen belegt ist, aber durch interne Kriterien und exegetische Überlegungen, insbesondere durch grammatische und kontextuelle Beobachtungen, erschlossen und wahrscheinlich gemacht werden kann. Eine Konjektur gilt textkritisch als »ultima ratio« und wird nur dann erwogen, wenn die äußere und innere Textkritik zu einer bestimmten Lesart führt, die man als ursprünglich annehmen müsste, obwohl sie weder verständlich ist noch sinnvoll in den Kontext passt. Man spricht dann auch von einer Textverderbnis oder einer Textkorruption (lat. *corruptio* »Verdorbensein«). Diese Fälle lassen sich gegebenenfalls durch

[24] Vgl. jedoch E. Tov, Der Text der Hebräischen Bibel. Handbuch der Textkritik, Stuttgart 1997, 146, der die textkritische Arbeit auf diejenige literarische Komposition begrenzen möchte, die in der jüdischen Tradition als autoritativ festgestellt wurde und im Masoretentext enthalten ist.

[25] Die Aufgabe ist insofern komplex, als sich die verschiedenen Editionen in der weiteren Textgeschichte gegenseitig beeinflusst haben und durcheinander geraten sind; vgl. Schenker, Urtext, 203.

eine Konjektur berichtigen, sofern dafür stichhaltige Argumente vorgetragen werden können. Ein anderer Ausdruck für die Konjektur, der sich ebenfalls in der Fachdiskussion findet, ist die Emendation (lat. *emendatio* »Verbesserung«). Als eine Emendation werden häufig Korrekturen einfacher Schreibfehler bezeichnet. Den Korrekturvorgang nennt man »emendieren«. Allerdings sollte man in allen Fällen, in denen eine solche Verbesserung durch Textzeugen (!) belegt ist, nicht von einer Emendation sprechen. Denn in diesen Fällen handelt es sich um eine Textvariante, die durch die Textkritik geprüft und gegebenfalls als die bessere und ursprünglichere Lesart bevorzugt wird.[26] Im Interesse einer eindeutigen Terminologie wird deshalb in der vorliegenden Darstellung der Begriff der Konjektur bevorzugt und von Emendation nur synonym im Sinne einer konjekturalen Verbesserung gesprochen.

Aus dem Gesagten geht hervor, dass die Konjektur sozusagen eine neue, bisher unbekannte Lesart findet, von der sie annimmt, dass sie im ursprünglichen Text gestanden habe, jedoch im Verlauf der Textüberlieferung verlorengegangen sei. Zwischen Finden und Erfinden liegt freilich ein schmaler Grad und die Gefahr, aus exegetischen Gründen eine Lesart zu ersinnen, die sich besser in das eigene Textverständnis einfügt oder dieses überhaupt begründet. So hat man in der älteren Textkritik, als die Textzeugen vom Toten Meer noch nicht entdeckt und die textgeschichtlichen Prozesse noch nicht zureichend erforscht waren, von der konjekturalen Möglichkeit großzügigen Gebrauch gemacht, auch wenn sich die Verbesserungsvorschläge oft nicht stichhaltig begründen ließen. Denn es erschien leichter, eine Vermutung über die ursprüngliche Lesart aufzustellen, als den Vorgang zu erklären, wie es zu der Textverderbnis gekommen sei. Willkür ersetzte somit ein methodisch kontrolliertes Verfahren der Konjekturalkritik. Man kann deshalb nachvollziehen, dass die jüngere Textkritik der konjekturalen Möglichkeit eher skeptisch gegenüberstand, bis hin zu der Forderung, dass man sich textkritisch überhaupt nur mit Lesarten beschäftigen sollte, die handschriftlich bezeugt sind. In diesem Fall wären freilich Konjekturen per definitionem ausgeschlossen.

In der Diskussion über die Zulässigkeit von Konjekturen spielte schließlich auch die textkritische Regel der *lectio difficilior probabilior* (siehe 9.4.2) eine Rolle, die besagt, dass eine schwierigere Lesart als die wahrscheinlich ursprüngliche Lesart zu gelten habe. Streng genommen bezieht und begrenzt sie sich auf schwer verständliche oder ungewöhnlich

[26] Ein auch in der Fachdiskussion verbreitetes Missverständnis besteht in der Einschätzung, dass sämtliche Lesarten, die gegenüber dem Masoretentext eine Verbesserung bieten, als Emendationen zu betrachten seien; vgl. Tov, Text, 291.

formulierte Textstellen. Man versuchte nun, die soeben erwähnte Regel auch auf Lesarten auszuweiten, die an sich unverständlich sind oder in ihrem Kontext keinen passenden Sinn ergeben. Dadurch glaubte man, auch solche problematischen Textstellen als die lectio difficilior (freilich im Sinne einer lectio difficillima »der schwierigsten Lesart«!) festhalten zu können, wodurch sich die konjekturale Möglichkeit fast gänzlich aus der Textkritik drängen ließ. Doch vermag eine solche Überdehnung der lectio difficilior die anstehende Frage nicht zu lösen, ob und inwiefern freie Konjekturen berechtigt sind.

Zu ihrer Beantwortung muss man sich zunächst vor Augen halten, dass der Textkritik nur ein kleiner Ausschnitt und zufälliger Bestand an Textzeugen zur Verfügung steht. Die Möglichkeit, dass im Vollzug des Abschreibens resp. in der Textüberlieferung auch ursprüngliche Lesarten verlorengegangen sein könnten, lässt sich deshalb nicht grundsätzlich ausschließen. Vor diesem Hintergrund ist die Zulässigkeit von Konjekturen theoretisch begründet. Ihre praktische Berechtigung lässt sich durch drei weitere Argumente untermauern: Erstens haben die Handschriftenfunde in den Höhlen von Qumran eine Reihe von zuvor empfohlenen Konjekturen bestätigt. Dadurch wird bezeugt, dass man durch Konjekturalkritik mutmaßliche Lesarten finden kann, die von Fall zu Fall tatsächlich den ursprünglichen Wortlaut wiedergeben.[27] Zweitens geben manche Stellen in den alten Übersetzungen zu erkennen, dass schon ihren Übersetzern ein sinnloser und verdorbener Text vorlag, den sie durch eigene Vermutungen zu verbessern oder in anderer Weise zu kaschieren suchten. Diese Stellen lassen darauf schließen, dass der ursprüngliche Text von der Überlieferung nicht bewahrt worden ist, und berechtigen ebenfalls dazu, den verlorengegangenen Text durch Erarbeitung eines Konjekturvorschlags wiederherzustellen. Drittens finden sich auch Textstellen, die grammatisch verkehrt formuliert oder syntaktisch unmöglich konstruiert sind, so dass man diese Sätze kaum als ursprünglich wird annehmen dürfen.[28] Andernfalls müsste man davon ausgehen, dass bereits die schriftkundigen Redaktoren und ausgebildeten Schreiber, die als Erstverfasser tätig waren, fehlerhaft formulierten. Dadurch würde aber nicht nur die konjekturale Möglichkeit, sondern überhaupt die Voraussetzung textkritischer Arbeit in Zweifel gezogen.

[27] Vgl. dazu den in unserer Einleitung erwähnten textkritischen Fall Jes 21,8 sowie Tov, Text, 293 (Tabelle 1: In Qumran gefundene Lesarten, die vorherige Emendationen bestätigen).

[28] Natürlich gibt es auch vom üblichen Sprachgebrauch abweichende grammatische Erscheinungen wie numerische oder generische Inkongruenzen. Diese sind jedoch in den einschlägigen grammatischen Regelwerken als Ausnahmen aufgeführt und berechtigen nicht zu einer Emendation.

Konjekturalkritik. Unter der Konjekturalkritik versteht man das Verfahren, bei einer festgestellten Textverderbnis durch einen indiziengestützten Beweisgang eine mutmaßliche, d. h. handschriftlich nicht belegte Lesart zu erschließen, die als die ursprüngliche behauptet und wahrscheinlich gemacht werden kann. Die Konjekturalkritik steht freilich nicht am Anfang der Textkritik, sondern an ihrem Ende. Sie setzt voraus, dass ein Textproblem bereits nach den externen und internen Kriterien untersucht worden ist und sich im Ergebnis herausgestellt hat, dass die als zuverlässig ermittelte Lesart offensichtlich nicht den ursprünglichen Wortlaut wiedergeben kann. Dabei versteht es sich von selbst, dass in die abschließende Beurteilung der textkritisch erhobenen Lesart auch philologische, exegetische und ggf. literarkritische Überlegungen einfließen können und dürfen. Eben deshalb ist ein gewisses subjektives Moment bei der Feststellung einer korrupten Lesart nicht zu leugnen und führt zu der Forderung, dass die Handhabung der Konjekturalkritik nach restriktiven Vorgaben zu erfolgen hat, wenn nicht reine Willkür Platz greifen soll.[29] Vor diesem Hintergrund lassen sich drei Leitlinien formulieren, an denen sich die Erarbeitung einer freien Konjektur zu orientieren hat: Erstens müssen hinreichend Indizien beigebracht werden, die eine Textstelle als sicher verderbt begründen, und alle anderweitigen Erklärungsmöglichkeiten textkritisch ausgeschöpft sein. Zweitens muss die vermutete und bislang unbekannte Lesart in einer Beziehung zu den vorhandenen Varianten stehen, aus denen sie konjiziert wird. Anschließend ist der Weg offenzulegen, wie aus der mutmaßlich erschlossenen Lesart die vorliegende Textentstellung entstanden sein kann. Drittens hat die Erarbeitung einer Konjektur im engsten Anschluss an das überlieferte Schriftbild zu erfolgen und sollte mit möglichst geringen Änderungen am hebräischen Konsonantentext auskommen. Je nachdem ist der Grad ihrer Wahrscheinlichkeit anzugeben. Dabei können die verschiedenen Ursachen von Textverderbnissen (siehe 8.1) zu Rate und zu Hilfe gezogen werden. In jedem Fall erfordert die Konjekturalkritik eine gewisse Erfahrung und ein Gespür dafür, welche textgeschichtlichen Vorgänge als möglich angesehen werden können. Dem Anfänger ist darum zu empfehlen, die bei Emanuel Tov aufgeführten und besprochenen Fälle von kontextuellen und linguistischen Emendationen sowie Emendationen aus metrischen Gründen durchzuarbeiten.[30]

[29] Vgl. M. Noth, Methode der textkritischen Arbeit, in: ders., Die Welt des Alten Testaments. Eine Einführung, Taschenbuchausgabe Freiburg 1992, 320f.

[30] Vgl. Tov, Text, 295–305.

8
TEXTVERDERBNISSE, TEXTÄNDERUNGEN UND VARIANTEN

Grundsätzlich lassen sich die Ursachen, die in der Textüberlieferung zu Abweichungen führen, in zwei Gruppen einteilen: versehentliche *Textfehler* und absichtliche *Änderungen*. Zur ersten Gruppe zählen alle Lese- und Schreibfehler, die beim Abschreiben durch ein unbewusstes, mechanisches oder akustisches Versehen entstanden sind. Dazu gehört auch das in der Einleitung erwähnte Beispiel Jes 21,8, bei dem der »Löwe« auf dem Wachturm durch eine fehlerhafte Umstellung zweier Buchstaben aus dem hebräischen Wort für Seher hervorgegangen ist. Zur zweiten Gruppe zählen alle Textänderungen, die sich auf einen bewussten und nachvollziehbaren Denkvorgang zurückführen lassen. Dafür lässt sich als Beispiel Gen 2,2 anführen. Während es im masoretischen Text heißt, dass Gott am siebten Tag seine Arbeit vollendete, lesen Samaritanus, Septuaginta und Peschitta den »sechsten« Tag. Der Denkvorgang, der hinter dieser Textänderung steht, ist leicht zu ermitteln. Die Versionen empfanden es offenbar als schwierig, dass Gott auch noch am siebten Tag und damit am Sabbattag gearbeitet habe. Deshalb änderten sie den siebten in den sechsten Tag, weil gesagt wird, dass Gott an eben diesem Tag die beiden letzten Schöpfungswerke geschaffen hat. Mithin gehört es zum Geschäft der Textkritik, von Fall zu Fall zu entscheiden, ob das vorliegende Textproblem der einen oder der anderen Gruppe zuzurechnen ist. Hilfestellung dazu geben die meisten Methodenbücher, indem sie einerseits über die wichtigsten Fehlerquellen informieren und andererseits eine Reihe von Beweggründen angeben, die zu einer mutmaßlichen Textänderung geführt haben können.

8.1 Gruppe der Lese- und Schreibfehler

Unabsichtliche Textverderbnisse entstehen aus ganz unterschiedlichen und vielfältigen Gründen. Zustand und Qualität der Textvorlagen können ebenso zu einer Verschreibung führen wie Müdigkeit, Unachtsamkeit, Schnelligkeit oder Ablenkung des betreffenden Kopisten. Oft ist auch der Zufall im Spiel, so dass sich solche Textverderbnisse nicht mehr aufklären lassen. Gleichwohl belegt die Textgeschichte eine Reihe typischer Lese- und Schreibfehler, die bei einem ähnlich gelagerten Fall die Annahme eines Irrtums sehr wahrscheinlich machen. Diese typischen Textfehler lassen sich wie folgt klassifizieren:

8.1.1 *Verwechslung graphisch ähnlicher Buchstaben bzw. Buchstabengruppen beim Abschreiben in der althebräischen Schrift* (maßgeblich hierfür sind die handschriftlich kursiven Formen, wie sie mit Tinte auf Tonscherben oder andere Schriftträger geschrieben wurden).[1]
א und ת (Aleph / Taw)
י und צ (Jod / Sade)
נ und פ (Nun / Pe)

8.1.2 *Verwechslung graphisch ähnlicher Buchstaben bzw. Buchstabengruppen beim Abschreiben in der Quadratschrift.*
ב und כ (Bet / Kaph)
ד und ר (Daled / Resch)
ה und ח / ת (He / Het / Taw)
ו und י (Waw / Jod)
ע und צ (Ajin / Sade)
יו und ה (Jod-Waw / He)
וי und מ (Waw-Jod / Mem)

8.1.3 *Verwechslung hebräischer Buchstaben durch Gleichklang.*
Kehllaute: א und ע (Aleph / Ajin)
Lippenlaute (in weicher Aussprache): ב und פ (Bet / Pe)
Gaumenlaute (in harter Aussprache): כ und ק (Kaph / Qoph)
Zischlaute: ז, ס, שׂ und שׁ (Zajin / Samech / Sin / Schin)

8.1.4 *Umstellung von Buchstaben (Metathese).* Nicht selten begegnet auch die Umstellung von Buchstaben, die umgangssprachlich als Buchstabendreher bezeichnet wird. Beim hebräischen Konsonantentext kann eine solche Metathese entweder durch gedankenloses Abschreiben verursacht werden oder durch ein dem Buchstabendreher entsprechendes Parallelwort beeinflusst sein.

Ez 21,27 (Umstellung von צ und ר): Statt M בְּרֶצַח lies (mit G) בצרח »dass er den Mund öffne *mit Geschrei*«.

[1] Die Buchstaben werden hier in der Quadratschrift notiert. Für die Verwechslungsmöglichkeiten vgl. man die dritte und vierte Spalte auf der Bildtafel 48. Da die Kursive der althebräischen Schrift einem starken Wandel unterworfen ist, sollte man bei einer mutmaßlichen Verwechslung auch die paläographischen Tabellen konsultieren; vgl. J. Renz / W. Röllig, Handbuch der althebräischen Epigraphik III, Darmstadt 1995.

8.1.5 *Einfachschreibung (Haplographie).* Zu den typischen Flüchtigkeitsfehlern gehört die Auslassung eines von zwei gleichen Buchstaben, Buchstabengruppen oder Wörtern, die unmittelbar aufeinander folgen. Dieser Fall kann auch bei einander ähnlichen Buchstaben oder Buchstabenfolgen auftreten.

> Jes 5,8 (Einfachschreibung von ב): Statt 1QJes^{a} בית בית lies mit M בַּ֫יִת בְּבַ֫יִת »Weh euch, die ihr Haus *an* Haus reiht.«

8.1.6 *Doppelschreibung (Dittographie).* Der umgekehrte Fall der Einfachschreibung ist die versehentliche Doppelschreibung von Buchstaben, Buchstabengruppen und Wörtern.

> Jes 30,30 (Wiederholung von »erschallen«): Statt 1QJes^{a} והשמיע השמיע יהוה lies mit M (G) וְהִשְׁמִיעַ יְהוָה »Und dann lässt Jahwe erschallen seine hehre Stimme.«

8.1.7 *Auslassung durch Überspringen bei ähnlicher Wortfolge (aberratio oculi).* Auslassungen können rein zufallsbedingt sein, so dass sie sich ohne Textzeugen nicht verifizieren lassen. Es gibt aber auch Fälle, in denen Auslassungen durch den abzuschreibenden Text befördert werden. Recht häufig beruhen solche Auslassungen auf dem sogenannten *Homoioteleuton*, dem gleichlautenden Ende eines Wortes, das im Kontext noch einmal vorkommt. Beim Abschreiben konnte es nun passieren, dass das Auge des Schreibers abirrte *(aberratio oculi)*, nämlich dass es vom ersten gleichlautenden Wortende zum zweiten gleichlautenden Wortende nach vorne sprang und dadurch das gesamte dazwischen stehende Textstück überlas. Seltener wird die Auslassung durch das sogenannte *Homoioarkton*, den gleichlautenden Wort- oder Satzanfang bedingt.

> Jes 4,5-6 (Auslassung infolge eines Abirrens des Auges vom ersten zum zweiten יוֹמָם »bei Tag«): In 1QJes^{a} ergänze mit M (G) den in Klammer stehenden Textpassus »Dann wird Jahwe über der ganzen Stätte des Berges Zion und über ihrem Versammlungsplatz eine Wolke schaffen *bei Tag* (und Rauch und den Schein lodernden Feuers bei Nacht; denn über der ganzen Herrlichkeit wird ein Schutzdach sein. Und es wird ein Laubdach geben als Schatten *bei Tag*) vor der Hitze und als Zuflucht und Versteck vor Wolkenbruch und Regen.«

8.1.8 *Fehlerhafte Worttrennung oder Wortverbindung.* Im Unterschied zur griechischen Majuskel- oder Unzialschrift, die fortlaufend ohne Worttrennung geschrieben wurde, lässt sich im Hebräischen kein strikter Beweis für die *scriptio continua* führen. Vielmehr zeigen bereits die in althebräischer Schrift ausgeführten Inschriften wie die berühmte Tel-Dan-Inschrift (um 820 v. Chr.) sogenannte Worttrennungszeichen, die entweder durch einen Punkt oder durch kurze vertikale Striche die Worttrennung markieren. In der Quadratschrift, in der die meisten Qumranrollen geschrieben sind, werden die Wörter in der Regel durch Zwischenräume voneinander getrennt. Je nachdem, wie viele Wörter in einer Kolumnenzeile unterzubringen waren, konnten manchmal die Zwischenräume sehr gering ausfallen. Damit ist eine weitere Fehlerquelle gegeben; denn bei schmalen oder fehlenden Zwischenräumen lässt sich nicht immer unzweifelhaft erkennen, wo ein Wort endet und ein neues beginnt. Außerdem können Flüchtigkeit und mangelndes Textverständnis gleicherweise zu fehlerhaften Worttrennungen führen, sei es, dass ein einzelnes Wort in zwei Wörter zerlegt oder zwei aufeinander folgende Wörter an der falschen Stelle getrennt werden. Natürlich kommt auch der umgekehrte Fall vor, dass zwei einzelne Wörter fehlerhaft zusammengeschrieben werden.

2. Sam 21,1 (falsche Worttrennung): Statt M אֶל־שָׁאוּל וְאֶל־בֵּית הַדָּמִים ziehe den Artikel von דמים zum voranstehenden Nomen und lies das Suffix 3. sg. m. in archaischer Schreibung ואל־ביתה »auf Saul und auf *seinem Haus* liegt eine Blutschuld«.
Am 6,12 (falsche Wortverbindung): Statt MT בַּבְּקָרִים lies zur Herstellung des synonymen Parallelismus בבקר ים wobei בָּקָר kollektiv zu deuten ist: »Rennen denn Pferde über Felsen / oder pflügt man mit Rindern *das Meer*?«

8.1.9 *Fehler durch Vokalbuchstaben.* Wie bereits erwähnt, lässt sich im Hebräischen schon früh beobachten, dass bestimmte Konsonantenzeichen wie Waw und Jod, teilweise auch Aleph und He zur Andeutung von Vokalen verwendet wurden (*matres lectionis*). Diese »Lesehilfen« konnten jedoch in manchen Fällen zu einem fehlerhaften Text führen, sofern der Vokalbuchstabe als ein Stammkonsonant missverstanden wurde.[2]

[2] Beim nachfolgenden Beispiel möchten die Lexika für Ps 58,8 und Hi 7,15 eine Wurzel מאס II ansetzen, die im Passiv die Bedeutung »vergehen« tragen soll; vgl. HAL 513b. Doch ist diese Annahme nicht zwingend.

Ps 58,8 (Annahme der Wurzel מאס anstelle von מסס): Statt M יִמָּאֲסוּ. lies יִמַּאסוּ = יִמַּסוּ. »sie sollen *zerfließen* wie Wasser«.

Beispiele zu den genannten Fehlerquellen ließen sich reichlich vermehren und beweisen, dass solche Missgeschicke der Schreiber keine Einzelfälle waren, sondern durchweg vorkamen. Einen Einblick in den Vorgang geben uns eine Reihe von Handschriften aus Qumran, die nachträglich durchgesehen und berichtigt worden sind. Dabei wurden die Korrekturen, sei es von derselben oder von einer späteren Hand, entweder in den Text direkt eingetragen oder supralinear nachgetragen (siehe 3.2). Vor diesem Hintergrund versteht es sich von selbst, dass keine einzige Schrift des Alten Testaments fehlerfrei überliefert worden ist. Mithin gehört die Textkritik als ein sachlich unentbehrlicher Arbeitsschritt zur Exegese. Dabei fördert die Kenntnis *typischer Fehlerquellen* nicht nur das Erkennen von Fehlern, um sie anschließend rückgängig zu machen und einen zuverlässigeren Text herzustellen. Vielmehr leistet sie auch einen wichtigen Dienst bei der Kontrolle einer getroffenen textkritischen Entscheidung, indem sie von Fall zu Fall abweichende und zugleich gut bezeugte Lesarten in ihrer Entstehung aufzuklären vermag.

Gelegentlich ist es notwendig, zur Herstellung des altüberlieferten Septuagintatextes die griechischen Textzeugen ebenfalls auf ihre Lese- und Schreibfehler zu überprüfen.[3] Analog zu den unter 8.1.1 bis 8.1.9 behandelten Fehlerquellen lassen sich auch für das Griechische die einzelnen Fehlermöglichkeiten und -häufigkeiten aufzeigen. Am Beispiel des Buches Ruth bietet dazu Udo Quast in dem kürzlich erschienenen Band der Göttinger Septuaginta einen hilfreichen Überblick.[4]

8.2 Gruppe der absichtlichen Änderungen

Im Sinne der Schreiber handelt es sich bei den Lesarten dieser Gruppe nicht um Textänderungen im strengen Sinne, sondern um redliche Textwiedergaben (bona fide). Sie versuchen, das Richtige zu sagen und ein fal-

[3] Dies gilt insbesondere für die deuterokanonischen Schriften, die nicht auf ein hebräisches Original zurückgehen, sondern in griechischer Sprache verfasst sind.

[4] Vgl. U. Quast (Hg.), Septuaginta. Vetus Testamentum Graecum, Bd. IV,3: Ruth, Göttingen 2006, 194-207 (Anhang I: Orthographica und Grammatika: 1. Paläographisch bedingte Verschreibungen, 2. Orthographischer Vokal- und Konsonantenwechsel, 3. Grammatischer Vokal- und Konsonantenwechsel); ferner F. Siegert, Zwischen Hebräischer Bibel und Altem Testament. Eine Einführung in die Septuaginta, MJSt 9, Münster 2001, 341-342 (Anhang: Terminologie der Septuaginta-Abweichungen).

sches Verständnis auszuschließen. Zu ihren Voraussetzungen gehört, dass in einer frühen Phase der Texttransmission noch nicht eine autoritative Textfassung, sondern der im und durch den Text überlieferte autoritative Inhalt dominierte und dadurch einen relativ freien Umgang mit biblischen Texten ermöglichte.[5] Es handelt sich darum auch nicht um »Textfehler« im eigentlichen Sinn, sondern um bewusste und ggf. sinnfällige Änderungen, auch wenn sie dadurch von ihrer Vorlage abweichen. Gegenüber der Gruppe der Lese- und Schreibfehler sind sie schwerer zu erkennen, weil sie für gewöhnlich keine Unebenheit im Text hinterlassen haben.[6] Textänderungen, die in diese Sparte fallen, liegen auf unterschiedlichen Ebenen und lassen sich wie folgt klassifizieren:

8.2.1 *Angleichung an den üblichen Wortschatz.* Da Abschriften biblischer Schriftrollen nicht nur im Tempel aufbewahrt wurden, sondern auch in den jüdischen Gemeinden gelesen und gehört werden wollten, lässt sich nachvollziehen, dass hier und dort ein schwieriges durch ein einfacheres Wort ersetzt werden konnte, um den Text den sprachlichen Bedürfnissen seiner Hörer anzupassen. Dies betrifft im Besonderen das sogenannte *Hapax legomenon*. Darunter versteht man ein Wort, das in den alttestamentlichen Texten und damit im Biblischen Hebräisch nur ein einziges Mal belegt ist und deshalb in seiner Bedeutung oft nicht mehr genau bestimmt werden kann. Überall dort, wo in der Textüberlieferung ein Hapax legomenon, ein ungewöhnliches Wort oder eine seltene Wortbedeutung vorkommt, während die Versionen an seiner Stelle eine geläufige Vokabel bieten, hat sich die Textkritik für die schwierigere Lesart zu entscheiden.

Ps 95,4: M hat das Hapax legomenon מֶחְקָר, für das die Lexika die Bedeutung »(unerforschte) Tiefe« ansetzen (vgl. dazu Hi 11,7 und 1. Kor 2,10). Dagegen liest eine hebräische Handschrift (und G) das in Verbindung mit »Erde« häufiger belegte מֶרְחָק: »In seiner Hand sind die *Weiten* der Erde.« Das Hapax legomenon wird durch ein einfacheres Wort ersetzt. Dabei scheint die graphische Ähnlichkeit beider Wörter den Austausch zusätzlich befördert zu haben.

[5] Vgl. J. Maier, Zur Frage des biblischen Kanons im Frühjudentum im Licht der Qumranfunde, in: Studien zur jüdischen Bibel und ihrer Geschichte, SJ 28, Berlin/New York 2004, 35.

[6] Vgl. M. Noth, Methode der textkritischen Arbeit, in: ders., Die Welt des Alten Testaments. Eine Einführung, Taschenbuchausgabe Freiburg 1992, 314.

8.2.2 *Grammatische Änderung.* Da in der frühen Textgeschichte noch keine grammatischen Regelwerke existierten, wird die Grammatik im Wesentlichen durch den allgemeinen Sprachgebrauch bestimmt. Gelegentlich begegnen in den biblischen Texten auch schwierige oder grammatisch ungewöhnliche Formulierungen, die den Schreibern Anlass boten, vermeintlich fehlerhafte Formen zu korrigieren. Darunter fallen besonders die Inkongruenzen, bei denen Subjekt und Prädikat in Numerus oder Genus voneinander abweichen.[7] Aber auch andere Erscheinungen gehören hierher, beispielsweise die nachträgliche Einfügung der Partikel אשר in eine als zweifelhaft empfundene Satzkonstruktion. Grammatische Angleichungen finden sich öfters im samaritanischen Pentateuch (Smr), aber auch in zahlreichen Handschriften aus Qumran.

Ex 17,12 (Anpassung des Verbs an den Numerus des Nomens): Nachdem Aaron und Hur die Arme des Mose stützten, »waren seine Hände fest (erhoben)«. M formuliert mit der 3. Sing. masc. וַיְהִי יָדָיו אֱמוּנָה. Dagegen bieten 4QpalaeoEx^{m} und Smr (vgl. G, Syr, Tg) die Verbform im Plural und beseitigen dadurch die Inkongruenz. Die Lesart ist als grammatische Glättung zu beurteilen, zumal das Biblische Hebräisch den Fall zulässt, dass ein vorangehendes Prädikat im Singular stehen kann, auch wenn das nachfolgende Subjekt den Plural hat.

8.2.3 *Stilistische Änderung.* Auch diese Art der Korrektur zielt auf einen flüssigen und besser verständlichen Text. Sie betrifft Wortformen, Wörter und Wendungen, die sich nach Auffassung des Schreibers besser in den Satz-und Sinnzusammenhang einfügen. Dabei lassen sich bewusste und intuitive Änderungen nicht immer auseinander halten. Zu nennen sind beispielsweise die Ersetzung einer Qalform durch die gebräuchlichere Hifilform oder des Infinitivus absolutus durch einen Imperativ. Gelegentlich wird auch ein Ausdruck zu einer geläufigen Phrase ergänzt, wie im Fall der masoretischen Textfassung von Dtn 9,5, die den Gottesnamen zu der Formel »Jahwe, dein Gott« erweitert (> Smr, G). Schwieriger zu beurteilen sind diejenigen Fälle, in denen kleine und häufige Wörter wie ו, כל, אחד, עתה, לאמר in den Text eingeschoben werden. Wahrscheinlich wird man dafür nicht nur das stilistische Empfinden des Schreibers anführen dürfen, sondern auch seine Absicht, den Textsinn in eine bestimmte Richtung zu lenken.

[7] Vgl. dazu jedoch GK^{28}, § 145.

Jes 45,7 (Verwendung eines den Parallelismus membrorum besser ergänzenden Wortes): M liest »ich mache Frieden und schaffe Böses« und bietet damit die schwierigere Lesart. Die Qumranrolle 1QJes[a] glättet den Text, indem sie mit טוב »Gutes« das ihr besser erscheinende Antonym zu »Böses« einsetzt: »ich mache *Gutes* und schaffe Böses«.

8.2.4 *Beeinflussung durch Parallelstellen.* Je genauer ein Kopist mit den Inhalten biblischer Texte vertraut war, desto stärker ist auch mit der Möglichkeit zu rechnen, dass er sich beim Abschreiben an eine Parallelstelle erinnerte und sich durch diese beeinflussen ließ. Solche Anpassungen an ähnliche Textstellen im engeren und weiteren Kontext oder auch in parallelen Abschnitten des Alten Testaments werden als *Harmonisierung* bezeichnet. Mit ihnen ist besonders in der ersten Phase der Texttransmission zu rechnen, in der sich die Tradenten mehr um die sichere Weitergabe des überlieferten *Inhalts* bemühten als um die exakte Niederschrift des überlieferten Wortlauts (siehe 2.1). In dieser frühen Phase lassen sich auch Einflüsse durch außerbiblische Traditionen nicht ausschließen. Zu denken ist an Texte der in Qumran vorgefundenen sogenannten *rewritten biblical compositions*, an midraschartige Texte wie das Jubiläenbuch oder an Stücke der frühen Henochtradition.

Lev 5,25 (Ergänzung aufgrund einer Parallelstelle): M liest »er soll einen fehlerlosen Widder … als Schuldopfer *zum Priester* bringen.« In Smr (und G) fehlt die Angabe אֶל־הַכֹּהֵן »zum Priester«. Sie findet sich wenige Verse vorher in einer ähnlichen Formulierung. M hat sinnentsprechend nach Lev 5,18 ergänzt.

8.2.5 *Beseitigung von Anstößigem (Euphemismus).* Manche biblischen Texte enthalten Stellen, die der Schreiber als anstößig betrachten konnte oder dem sittlich-religiösen Empfinden der jüdischen Gemeinde nicht zumuten wollte. Solche Stellen ließen sich durch eine kleine Veränderung in der Formulierung oder durch einen *Euphemismus* bereinigen. Darunter versteht man eine abmildernde oder verhüllende Umschreibung eines als unangenehm empfundenen Wortes oder seine Ersetzung durch einen beschönigenden Ausdruck. Manche Euphemismen begegnen im Bereich der Sexualität, andere betreffen Formulierungen, die sich direkt auf Gott beziehen. Hierher gehören auch eine Reihe von Verbesserungen der Schreiber, die in die Masora als *Tiqqune sopherim* (siehe 2.2.8) Eingang gefunden haben. Umstritten ist die Deutung von Hi 1,5.11; 2,5.9, in der die sinnentsprechende Formulierung »Gott fluchen« offenbar durch die beschönigende Umschreibung »Gott segnen« ersetzt worden ist. Da jedoch kein einziger Textzeuge die anstößige Formulierung belegt, könnte der Euphemismus auch vom Erstverfasser stammen.

2. Sam 12,9 (Einfügung eines abmildernden Wortes in eine anstößige Formulierung): Die lukianische Rezension G^L liest »Warum hast du den Herrn verachtet?« Demgegenüber bieten M und weitere Textzeugen eine vorsichtigere Formulierung. Sie versuchen, den Vorwurf des Propheten Natan an David durch den Einschub von אֶת־דְּבַר abzuschwächen: »Warum hast du *das Wort* Jahwes verachtet?« Der Fall ist freilich schwer zu beurteilen, weil M sehr gut bezeugt ist und eventuell auch eine Auslassung im antiochenischen Text in Betracht zu ziehen ist.

8.2.6 *Dogmatische, ideologische oder nomistische Korrektur.* Den euphemistischen Änderungen stehen die *dogmatischen* Korrekturen nahe, die aus theologischen Gründen in den überlieferten Text eingreifen. Sie verraten, dass die betreffenden Schreiber nicht nur Kopisten, sondern auch Schriftgelehrte gewesen sind und einen eigenen Standpunkt einnahmen. Ihre Änderungen, die nicht besonders zahlreich sind, lassen sich auf theologische Überlegungen zurückführen. Die in der Einleitung zu diesem Kapitel erwähnte Textvariante zu Gen 2,2 liefert dafür ein anschauliches Beispiel. Von *ideologischen* Änderungen wird besonders im Zusammenhang mit dem samaritanischen Pentateuch gesprochen. In ihm finden sich eine Reihe von Textstellen, die aus samaritanischer Sicht die Erwählung der zentralen Kultstätte Jahwes mit dem Berg Garizim verbinden (siehe 4.2). Hierher gehört auch die Umwandlung der deuteronomistischen Formel in die Vergangenheitsform »der Ort, den Jahwe erwählt hat«. Dadurch ließ sich die Erwählung auf die schon in der Vätergeschichte erwähnte Kultstätte von Sichem und im Anschluss daran auf den bei Sichem auf dem Garizim errichteten Tempel der Samaritaner beziehen (vgl. Ex 20,24; Dtn 12,5). Wiederum anders verhält es sich mit Korrekturen, hinter denen ein wachsender Einfluss der in der Tora enthaltenen Gesetzgebung zu erkennen ist. Danach erklären sich manche Bemühungen der Schreiber, bestimmte Textstellen mit den gesetzlichen Ausführungen der Tora in Übereinstimmung zu bringen. Solche Änderungen lassen sich dann als *nomistisch* bezeichnen.

1. Sam 2,16 (Angleichung an eine gesetzliche Bestimmung der Tora): In M antwortet der Besitzer einer Opfergabe dem Dienstburschen des Heiligtums von Schilo: »Man muss doch erst das Opferfett in Rauch aufgehen lassen!« Da dieser Vorgang nach Lev 7,31 zu den priesterlichen Aufgaben zählt, formuliert 4QSam[a] entsprechend: »*Der Priester* muss doch erst …«

8.2.7 *Änderung infolge einer Fehlinterpretation.* Hin und wieder lässt sich beobachten, dass ein Schreiber ein Wort oder eine Wendung missversteht. Hat er im Vollzug des Abschreibens die (fehlerbedingte) Sinnentstellung des Textes bemerkt, aber nicht die Ursache dafür erkannt, kann es vorkommen, dass er selbst den vermeintlichen Sinn zu erraten oder einen besser verständlichen Text herzustellen versucht. Im Ergebnis sieht es dann so aus, als ob zwei voneinander unabhängige Varianten existierten. Lässt sich jedoch eine der beiden Lesarten als eine durch einen Fehler oder ein Missverständnis hervorgerufene und bewusste Verbesserung erklären, ist sie damit als sekundär identifiziert. Das folgende Beispiel stammt aus der Septuagintaüberlieferung.

Ri 8,32 (fehlerbedingte Änderung): Die (auch textgeschichtlich ältere) Fassung des Codex Alexandrinus (vgl. M) liest ἐν πολιᾷ ἀγαθῇ »und Gideon, der Sohn des Joasch, starb in einem guten Alter«. Dagegen bietet G^B die Lesart ἐν πόλει αὐτοῦ »und Gideon, der Sohn des Joasch, starb *in seiner Stadt*«. Die Fehlschreibung oder Fehldeutung von πολιᾷ als πόλει führte offenkundig dazu, dass die Näherbestimmung ἀγαθῇ keine rechten Sinn mehr ergab und vom Schreiber kurzerhand in das Possessivpronomen αὐτοῦ abgeändert wurde.

8.2.8 *Erklärende Zusätze und Glossen.* Einen Grenzfall der Textkritik bilden die Glossen. Unter einer Glosse versteht man die Erläuterung eines erklärungsbedürftigen Ausdrucks, die entweder in den Text geschrieben (Interpolation), zwischen die Zeilen gesetzt (Infralinearglosse) oder am Rand vermerkt wurde (Marginalglosse). Allgemein gesprochen bezeichnet man sie auch als erklärende Zusätze (add = additum). Solche Zusätze können natürlich ebenso vom Verfasser selbst wie von den Redaktoren stammen, die beispielsweise einen Ortsnamen näher erläutern wollten. Nach der oben gezogenen Grenzlinie zwischen Textkritik und Literarkritik (siehe 7.2) müssen solche Zusätze dann literarkritisch verhandelt werden (vgl. z. B. Jes 7,17b). Zum Gebiet der Textkritik gehören lediglich diejenigen Fälle, in denen Glossen im Vollzug des Abschreibens in den Text eingeschrieben wurden oder eingedrungen sind. Besonders sind hier die Infralinear- und Randglossen in Betracht zu ziehen, die man zunächst außerhalb des laufenden Textes einem bestimmten Wort als Anmerkung beifügte.[8] Sie konnten jedoch beim weiteren Abschreiben – versehentlich oder absichtlich – in den Text hineingezogen werden. Solche Fälle lassen sich textkritisch identifizieren, sofern die Glosse syntaktisch ungeschickt eingeführt, an unpassender Stelle eingesetzt oder durch ihre der Textintention widersprechende Erläuterung als späterer Zusatz zu einem bereits abgeschlossenen Text zu erkennen ist. Ein ähnlicher Vorgang lässt sich vermutlich auch für Korrekturen und Varianten annehmen, die man am Rand oder über der Zeile notiert hat und später irgendwie in den Text gelangt sind. Für das Alte Testament fehlen jedoch bislang Textzeugen, die beides – sowohl die am Rand vermerkte Glosse als auch die später in den Text einbezogene Glosse – an einem Beispiel handschriftlich belegen könnten.

> Jos 18,13 (an falscher Stelle eingedrungene Glosse): M und alle Textzeugen lesen in der Grenzbeschreibung: »Von dort geht die Grenze hinüber nach Lus, zum Bergrücken von Lus nach Süden hin, *das ist Bet-El*.« Das zuletzt notierte Sätzchen הִיא בֵּית־אֵל »das ist Bet-El« bezieht sich als erklärende Glosse auf die Stadt Lus, steht aber syntaktisch an falscher Stelle. Deshalb ist die Annahme wahrscheinlich, dass die Erläuterung zunächst am Rand stand und im Vollzug des Abschreibens an unpassender Stelle in den Text geraten ist.

Zu den Glossen ist abschließend zu bemerken, dass ältere Kommentare, aber auch einzelne Herausgeber der BHS, freizügiger mit der Annahme solcher Zusätze umgingen und dabei die Grenze zur Literarkritik öfters überschritten, wie das folgende Beispiel zeigt. Bekanntlich endet der Text

[8] Wird das Bezugswort nochmals am Rand wiederholt, spricht man auch von einer Stichwortglosse. Noth, Methode, 315, verweist als Beispiel für eine solche in den Text gelangte Stichwortglosse auf 2. Kön 9,4. Danach notierte der Glossator am Rand das Stichwort »der junge Mann« und dazu die Erläuterung »(nämlich) der Prophet«. Später seien Stichwort und Glosse zusammen in den Text gesetzt worden und dadurch die sprachlich unmögliche Formulierung entstanden: »So ging der junge Mann, der junge Mann, der Prophet nach Ramot-Gilead.«

Jes 6,1-13bα mit dem Drohwort: »Und ist in ihm [dem Land Juda] noch ein Zehntel, so muss es wieder ins Feuer, wie Eiche und Terebinthe, von denen beim Fällen (nur noch) ein Stumpf bleibt.« Diesem Vers folgt das Sätzchen: »Heiliger Same ist sein Stumpf.« Der Herausgeber der BHS hat das Sätzchen offenkundig als eine Glosse interpretiert und dazu im textkritischen Apparat vermerkt, dass es zu tilgen sei (dl = delendum). Freilich handelt es sich bei ihm nicht um einen erklärenden, sondern um einen interpretierenden Zusatz, der sich mit der voranstehenden Gerichtsansage kritisch auseinandersetzt. Mit dem Stumpf, jetzt als ein heiliger Rest interpretiert, wird der Gesamtsinn auf die Heilszusage festgelegt, dass aus dem vernichtenden Gericht ein neues Israel hervorgehen wird. Zusätze solcher Art, die vor oder während der endgültigen Redaktionsarbeit entstanden sind, müssen als Fortschreibung oder Relecture betrachtet werden und sind Gegenstand der Redaktionsgeschichte.[9] Damit gehören Teilverse wie Jes 6,13bβ zweifellos in den Text und sind nicht zu tilgen.[10]

Die beschriebenen Klassen bewusster Textänderungen sind nicht als ein festes Regelwerk zu verstehen. Vielmehr sollen sie dazu anleiten, ein vorliegendes Textproblem daraufhin zu befragen, ob es sich durch die Annahme einer absichtlichen Korrektur erklären lässt. In allen Fällen, bei denen sich Varianten auf bewusste Texteingriffe zurückführen lassen, handelt es sich aller Wahrscheinlichkeit nach nicht um die ursprüngliche, sondern um sekundäre Lesarten.

8.3 Alternative Lesarten

Neben der Gruppe der Lese- und Schreibfehler sowie der bewussten Änderungen hat es die Textkritik noch mit einer dritten Art von Varianten zu tun. Bei ihnen handelt es sich um verschiedene Lesarten einer Textstelle, die sich weder auf ein mechanisches Verschreiben noch auf eine absichtliche Änderung zurückführen lassen. Den Blick für diese Art von Varianten haben vor allem die vielen unbekannten Lesarten geschärft, die man in den Texten der freien, unabhängigen Texttradition in Qumran vorgefunden hat (siehe 3.5.4). Sie scheinen sich von Fall zu Fall der spontanen Eingebung ihrer Schreiber zu verdanken, die sich im Abschreibevorgang *intuitiv* für eine zwar von ihrer Vorlage abweichende, aber den Textsinn treffende Variante entschieden haben. Dies betrifft vor allem orthographi-

[9] Vgl. dazu W. Werner, Eschatologische Texte in Jesaja 1–39. Messias, Heiliger Rest, Völker, FzB 46, 2. Aufl. Würzburg 1986, 100–102.

[10] Die textkritische Anweisung im Apparat der BHS ist also an dieser Stelle nicht sachgemäß.

sche Varianten und synonyme Lesarten, bei denen man im nachhinein nicht mehr feststellen kann, welche der beiden Varianten dem ursprünglichen Text am nächsten kommt. Es können aber auch zwei Lesarten vorliegen, die sich inhaltlich voneinander unterscheiden, aber durch die textkritische Untersuchung als gleichermaßen zuverlässig ermittelt wurden. Das mag einerseits daran liegen, dass der zufällige und unzureichende Überlieferungsbefund eine weitere Aufklärung des Textproblems schlichtweg verwehrt. Andererseits kann aber auch der ursprüngliche Wortlaut verloren gegangen sein, so dass jetzt nur noch die Varianten zu der betreffenden Textstelle erhalten geblieben sind. Lassen sie sich nicht ins Verhältnis setzen oder durch sonstige Beobachtungen bewerten, müssen sie textkritisch als gleich zuverlässig gelten und sind entsprechend als »gleich ursprünglich« festzuhalten.[11] Solche Varianten bezeichnet man dann als *Alternativlesarten*, die streng genommen in der Exegese und der Kommentarliteratur parallel darzustellen wären.

1. Sam 2,29: M bietet das Verb בעט »missachten«, das nicht anzufechten ist, und liest entsprechend »warum *missachtet ihr* mein Schlachtopfer und meine Opfergabe.« Demgegenüber bezeugen G und 4QSam[a] die Alternativlesart »warum *schaust du missgünstig* auf ...« mit dem Verb נבט im Singular, verbunden mit dem Partizip מעוין »scheelblickend, missgünstig«. Beide Varianten passen in ihren jeweiligen Kontext, ohne dass sich die eine aus der anderen beweiskräftig erklären ließe. Sie sind darum als Alternativlesarten zu betrachten.

Die Annahme nicht weiter ableitbarer alternativer Lesarten und damit der Verzicht auf eine *Vorzugsentscheidung* bedeutet jedoch keine Kapitulation der Textkritik. Vielmehr ist sie den speziellen Textbefunden und der methodischen Beschränkung geschuldet, einen zuverlässigen Text festzustellen und ihn der Exegese als ihre Arbeitsgrundlage zur Verfügung zu stellen. Das Anliegen der Textkritik, durch Abwägung der Varianten diejenige Lesart zu bestimmen, die den anderen vorzuziehen ist, bleibt deshalb in Kraft, begründet aber keinen Zwang, eine textkritische Entscheidung zu treffen, wenn dies die vorhandenen Daten und ihre Auswertung nicht hergeben.

11 Zur Sache vgl. Tov, Text, 140f.

8.4 Literatur
(zu den Methodenbüchern siehe 9.7)

Lese- und Schreibfehler

F. Delitzsch, Die Lese- und Schreibfehler im Alten Testament, Berlin/Leipzig 1920.

Textkritische Referenzwerke

A. B. Ehrlich, Randglossen zur hebräischen Bibel, Bd. I–VII, Leipzig 1910ff (Nachdruck: Hildesheim 1968). [Fundgrube für kluge Textbeobachtungen, in vielen Fällen aber auch unhaltbare oder problematische Entscheidungen, die ohne kritische Überprüfung nicht verwendbar sind.]

D. Barthélemy, Critique textuelle de l'Ancien Testament. Tome 1–3, OBO 50/1–3, Freiburg, Schweiz/Göttingen 1982–1992, sowie hg. von S. D. Ryan und A. Schenker, Tome 4: Psaumes, OBO 50/4, Freiburg, Schweiz/Göttingen 2005. [Textkritische Diskussion schwieriger Stellen mit tendenzieller Bevorzugung von MT und gelegentlicher Überdehnung der textkritischen Regel *lectio difficilior probabilior*.]

Vgl. die textkritischen Erläuterungen im Kommentarteil der bisher erschienenen Faszikel der BHQ.

Kommentare

Vgl. besonders die textkritischen Noten in den Kommentarreihen: Anchor Bible (AncB); Biblischer Kommentar. Altes Testament (BKAT); International Critical Commentary (ICC); Kommentar zum Alten Testament (KAT).

9

DIE METHODE DER TEXTKRITIK

Das abschließende Kapitel behandelt die praktische Durchführung der Textkritik. Das Verfahren entspricht der allgemeinen wissenschaftlichen Textkritik in ihrer Anwendung auf die besonderen Verhältnisse der hebräischen Bibel. Ihre Grundlage bildet die Biblia Hebraica Stuttgartensia (BHS), die als einzige moderne textkritische Ausgabe alle biblischen Bücher des Alten Testaments enthält. In diesem Zusammenhang ist daran zu erinnern, dass es sich bei der BHS um eine diplomatische Edition handelt (siehe 2.8). Sie bietet den Text einer einzigen hebräischen Handschrift, nämlich des *Codex Leningradensis*, der um 1008 n. Chr. entstanden ist. Im textkritischen Apparat der BHS werden dazu die Varianten und ihre Textzeugen notiert. Diese Informationen bilden den Ausgangspunkt des textkritischen Geschäftes. Studierende der Theologie werden beachten müssen, dass der textkritische Apparat der Biblia Hebraica eine wesentlich andere Funktion erfüllt als der des Novum Testamentum Graece (Nestle-Aland), auf den sich die neutestamentliche Textkritik bezieht. Denn im Nestle-Aland basiert der dargebotene griechische Text des Neuen Testaments bereits auf den Ergebnissen der Textkritik. Der Apparat dient lediglich dazu, die von den Herausgebern getroffenen und verantworteten textkritischen Entscheidungen durch Auflistung und Gewichtung der Textzeugen und ihrer Lesarten zur wissenschaftlichen Kontrolle zu dokumentieren. Demgegenüber kann sich die alttestamentliche Textkritik (noch) nicht auf die Ergebnisse einer eklektischen Edition stützen, sondern hat die textkritische Untersuchung selbständig durchzuführen, einen zuverlässigen hebräischen Text herzustellen und ihre Entscheidungen wissenschaftlich zu begründen. Dazu ist sie auf die Daten der Textüberlieferung angewiesen, die im textkritischen Apparat der Biblia Hebraica zur weiteren Untersuchung bereitgestellt werden.

Die Textkritik folgt gemeinhin dem Grundsatz der Einzelfallprüfung. Sie kann sich also nicht durchgängig einer alten, als besonders textgetreu empfundenen Einzelhandschrift oder Handschriftengruppe anschließen; denn Textfehler können sich auch in diese eingeschlichen haben. Umgekehrt sind auch solche Handschriften zu prüfen, die als fehlerhaft, schlampig oder unzuverlässig gelten; denn trotz ihrer schlechten Überlieferungsqualität wird man nicht ausschließen können, dass sie von Fall zu Fall eine ursprüngliche Lesart bewahrt haben. In der Theorie bedeutet das, dass man bei einem ausgewählten Textabschnitt der Bibel das textkritische Verfahren für jedes einzelne Problem der Textüberlieferung wiederholt durchführen muss. In der Praxis werden dagegen häufig nur solche Stellen ausführlich behandelt, die nach einer kurzen Durchsicht des textkritischen Apparats als strittige oder exegetisch relevante Textprobleme erkannt werden. Hinter einer solchen Auswahl stehen natürlich ebenfalls textkritische Entscheidungen, die dann aber nicht offengelegt werden.

Das Verfahren der Textkritik lässt sich in drei Schritte gliedern: Vorbereitung, Durchführung, Entscheidung. Zur Vorbereitung gehört die Entschlüsselung des textkritischen Apparats, um die dort gebotenen Informationen für die weitere Analyse verwenden zu können. Anschließend ist das vorfindliche Textproblem samt den dazu vorliegenden Varianten genau zu beschreiben. In der Durchführung der Textkritik werden dann die ermittelten Daten verarbeitet. Dies geschieht in zwei Untersuchungsgängen: In der *äußeren* Textkritik werden zunächst die externen Textzeugen der Varianten zusammengestellt, verglichen und gegeneinander abgewogen. In der *inneren* Textkritik werden sodann die Varianten nach internen Kriterien untersucht und daraufhin befragt, ob sie sich als versehentliche Textfehler oder als bewusste Textänderungen zu erkennen geben. Auf Grundlage der in der äußeren und inneren Textkritik erzielten Ergebnisse wird schließlich im dritten Schritt eine Entscheidung herbeigeführt und mit Hilfe textkritischer Regeln diejenige Lesart bestimmt, die dem ursprünglichen Text am nächsten kommt. Abschließend ist die getroffene Entscheidung nochmals zu kontrollieren und zu substantiieren, indem die übrigen Lesarten, sofern möglich, in ihrer Entstehung textgeschichtlich erklärt werden. Die saubere Unterscheidung der drei Schritte soll besonders ins Bewusstsein heben, dass eine textkritische Entscheidung erst nach Abschluss sämtlicher Teiluntersuchungen zu fällen ist.[1]

9.1 Dechiffrierung des Apparats der Biblia Hebraica

Bei einem konkreten Textproblem stellt sich zunächst die Frage: Welche Informationen enthält der textkritische Apparat der BHS? Die Frage lässt sich gar nicht so leicht beantworten, weil man dazu die Apparatsprache übersetzen und sachgerecht interpretieren muss. Die Schwierigkeit besteht darin, dass die Textzeugen nur durch Kurzzeichen (Sigeln) bezeichnet werden. Hinzu treten eine Reihe lateinischer Abkürzungen, die aufzu-

[1] Ein häufiges Missverständnis besteht darin, dass man bei einem klaren Zeugenbefund die innere Textkritik nicht mehr durchführen zu müssen meint.

lösen und zu deuten sind. In der Einleitung der BHS sind die Kurzzeichen und Abkürzungen in einer Liste zusammengestellt.[2] Um sich mit der Apparatsprache vertraut zu machen, empfiehlt sich eine Sortierung der im Apparat enthaltenen Kürzel in drei Gruppen: Sigel der Textzeugen, Bewertungsausdrücke, Handlungsanweisungen der Herausgeber.[3]

Textzeugen. Am häufigsten wird im Apparat auf die Hauptgruppenzeugen verwiesen. Streng genommen handelt es sich dabei um Sammelausdrücke, die Handschriften einer bestimmten Texttradition oder Übersetzungstradition zusammenfassen. Abgesehen vom Samaritanus und den griechischen Rezensionen werden sie in der BHS durch lateinische Buchstaben in Fraktur-Schrift angegeben. Dagegen hat die Biblia Hebraica Quinta (BHQ) die heute kaum noch gebräuchlichen Frakturbuchstaben aufgegeben und durch lateinische Buchstaben ersetzt. Die wichtigsten Sigeln der Hauptgruppenzeugen sind in Auswahl (erste Spalte: BHS, zweite Spalte: BHQ):

ש	Smr	Samaritanischer Pentateuch
α′	α′	Rezension des Aquila
θ′	θ′	Rezension des Theodotion / Kaige-Theodotion
σ′	σ′	Rezension des Symmachus
𝔊	G	Altgriechische Übersetzung / Septuaginta
𝔏	La	Altlateinische Übersetzung / Vetus Latina
𝔐	M	Masoretischer Text
𝔔		Texte aus Qumran
𝔖	S	Syrische Übersetzung / Peschitta
𝔗	T	Aramäische Targume
𝔙	V	Lateinische Übersetzung des Hieronymus / Vulgata

Die Überlieferungsbefunde erfordern jedoch in vielen Fällen, dass die Hauptgruppenzeugen weiter differenziert werden. Zu diesem Zweck werden ihren Sigeln die Abkürzungen von Untergruppen und Kodizes als Exponenten beigegeben. Wird etwa eine Variante der Septuaginta nur durch den Codex Alexandrinus bezeugt, steht im Apparat die Abkürzung $\mathfrak{G}^{A}$

[2] Vgl. K. Elliger / W. Rudolph (Hg.), Biblia Hebraica Stuttgartensia, Stuttgart 1967–1977, 5. verbesserte Aufl. Stuttgart 1997, XLIV–L (Sigla et compendia apparatuum). Für die BHQ vgl. A. Schenker / u. a. (Hg.), Biblia Hebraica Quinta, Fascicle 18: General Introduction and Megilloth, Stuttgart 2004, LXXVI–LXXXIV (Sigla, Symbols, and Abbreviations).

[3] Eine noch weiter differenzierte Darstellung der Apparatsprache findet sich bei R. Wonneberger, Leitfaden zur Biblia Hebraica Stuttgartensia, 2. Aufl. Göttingen 1986, 33–78. Besonders nützlich ist dort das ausführliche Register, 120–127 (Termini und Symbole), das in allen schwierigen Fällen weiterhilft.

bzw. G^{A}. Die lukianische Rezension bzw. der antiochenische Text wird mit $\mathfrak{G}^{L}$ bzw. G^{L} angegeben, während der Chester Beatty Papyrus 967 als G^{P967} erscheint. In der BHQ wird dieses Verfahren auch auf das Hauptgruppensigel des Masoretentextes angewandt. Verweise auf Einzelhandschriften und Kodizes erscheinen damit grundsätzlich nur noch im Exponenten wie beispielsweise M^{A} für den Codex Aleppo. Schließlich finden sich noch unspezifische Sammelbegriffe wie Ms für *ein* handschriftliches Manuskript bzw. Mss für *mehrere* Handschriften. Danach bedeutet $\mathfrak{S}^{Mss}$ bzw. S^{Mss}, dass die betreffende Lesart von mehr als einer Handschrift der Peschitta bezeugt wird. Alle Angaben zu den Textzeugen lassen sich mit Hilfe der Sigel-Liste im Vorwort der BHS und BHQ leicht auflösen. Ist damit die Herkunft der fraglichen Varianten festgestellt, lassen sich diese in den einschlägigen wissenschaftlichen Textausgaben zur weiteren Analyse nachschlagen. Lediglich die Verweise auf Texte aus Qumran sind in der BHS noch nicht befriedigend gelöst; denn das Hauptgruppensigel $\mathfrak{Q}$ gibt nicht zu erkennen, welche Schriftrollen aus Qumran gemeint sind.[4] Vielmehr muss sich der Benutzer des Apparats von Fall zu Fall einen Überblick verschaffen, welche biblischen Texte und Textteile durch welche Handschriften vom Toten Meer überhaupt bezeugt werden.[5] Aus diesem Grund wird in der BHQ offenkundig das Hauptgruppensigel für Qumrantexte nicht mehr verwendet und statt dessen die jeweilige Einzelhandschrift nach dem in der Wissenschaft gebräuchlichen Kürzel angegeben.

Bewertungsausdrücke. Während die Lesarten, sofern sie im Apparat verzeichnet sind, in der Originalsprache zitiert werden, sind alle übrigen Ausdrücke im Apparat der BHS lateinisch, in der BHQ englisch angegeben. Die meisten sind abgekürzt. Es begegnen aber auch ausgeschriebene Ausdrücke, die dann im Falle der BHS mit einem lateinischen Lexikon zu übersetzen sind. Alle diese Angaben bieten weitere Informationen, die dem Benutzer das Erfassen und Beschreiben des betreffenden Textproblems erleichtern sollen, indem sie die einzelnen Varianten erläutern und bewerten. Neben grammatischen, masoretischen und sonstigen Angaben finden sich häufig auch sogenannte Bewertungsausdrücke, die einen bestimmten Sachverhalt im Überlieferungsbefund feststellen und ggf. eine

[4] Der Mangel erklärt sich dadurch, dass in den Jahren 1967–1977 der Entstehung der BHS die Qumrantexte noch nicht erschlossen und in vielen Fällen noch nicht publiziert waren. Lediglich die beiden bedeutsamen Jesajahandschriften wurden in der BHS durch Exponenten ausgewiesen, $\mathfrak{Q}^{a}$ bezeichnete $1QJes^{a}$ und $\mathfrak{Q}^{b}$ entsprechend $1QJes^{b}$.

[5] Dazu verhilft das Register der Standardpublikation der Qumrantexte, vgl. E. Tov (ed.), Indices and an Introduction to the Discoveries in the Judaean Desert Series, DJD XXXIX, Oxford 2002, 185–201.

Gewichtung vornehmen. Reine Bewertungen (characterizations) sind im Apparat der BHQ zusätzlich in runde Klammern gesetzt. Einige Beispiele sollen Bedeutung und Hinweischarakter der Bewertungsausdrücke verdeutlichen (erste Spalte: BHS, zweite Spalte: BHQ):

add = additum	foll = followed by	Zusatz (vgl. das Symbol +)
crrp = corruptum	crrp = corrupt	verderbte Textstelle
dttg = dittographice	ditt = dittography	doppeltgeschrieben
dub = dubium		zweifelhaft
	euphem = euphemism	Euphemismus, Beschönigung
	facil = faciliation	Glättung (des Stils etc.)
frt = fortasse		vielleicht
gl = glossatum	gl = gloss	Glosse, Randbemerkung
om = omittit	om = omission	Auslassung (vgl. das Symbol >)
prb = probabiliter		wahrscheinlich
	pref = preferred reading	Vorzugslesart
tr = transponit	transp = transposition	Umstellung

Das zuletzt genannte Beispiel wie auch eine Reihe vergleichbarer Ausdrücke sind in der BHS allerdings doppeldeutig. Ihre Abkürzungen lassen sich unterschiedlich auflösen: Entweder wird »tr« im beschreibenden Sinn als finite Verbform verstanden und dadurch festgestellt, dass der oder die betreffenden Textzeugen ein Wort oder eine Wortgruppe umstellen (*transponit* »es stellt um« bzw. *transponunt* »sie stellen um«). Oder »tr« wird als eine Aufforderung verstanden und danach als Imperativ oder Gerundivum interpretiert (*transpone* »stelle um!« oder *transponendum* »es ist umzustellen!«). In diesem zweiten Fall handelt es sich nicht mehr um einen Bewertungsausdruck, sondern um einen Korrekturvorschlag. Welche Ausdrucksart vorliegt, ergibt sich erst durch die Entschlüsselung der Apparatangaben in ihrem Zusammenhang.[6] Die Neuausgabe der BHQ verzichtet dagegen auf die bisherigen Gerundiva und beseitigt dadurch die erwähnte Doppeldeutigkeit bestimmter Abkürzungen. Damit ist auch eine grundsätzliche Entscheidung der BHQ-Herausgeber verbunden, nämlich die Handlungsanweisungen resp. die Verbesserungsvorschläge, die in der BHS noch relativ zahlreich gegeben werden, auf ein begründetes Minimum zu beschränken (vgl. die Abkürzungen der beiden Apparate im Anhang).

Handlungsanweisungen. Bei den Korrekturhinweisen, die der Wiederherstellung eines ursprünglichen Textes dienen, handelt es sich bereits um ein Ergebnis textkritischer Überlegungen, das der Herausgeber eines bib-

[6] Zur Sache vgl. Wonneberger, Leitfaden, 76–78.

lischen Buches in direktiver Kurzform mitteilt. Sie erscheinen zunächst als subjektive Mutmaßungen, weil die dahinter stehenden textkritischen Entscheidungen im Apparat nicht begründet und in manchen Fällen infolge der Kürze ihrer Vermerke nicht einmal nachvollzogen werden können. Für gewöhnlich handelt es sich jedoch um Korrekturen, die in der Forschung ausführlich diskutiert werden oder wurden. Das bedeutet, dass man für manche Korrekturanweisung vornehmlich ältere Kommentare, die dem verantwortlichen Herausgeber zur Verfügung standen, beiziehen muss, um seine Angaben verstehen und überprüfen zu können. Da die Handlungsanweisungen in gewisser Weise ein Spezifikum der Biblia Hebraica bis zu ihrer vierten Auflage sind, werden im Folgenden ein paar Beispiele aus der BHS vorgestellt:[7]

cj = conjunge(ndum)	es ist zu verbinden	Ps 9,7: [f] l הֵמָּה (cf 𝔊) et cj c 8
dl = dele(ndum)	es ist zu tilgen	Ps 18,13: [a] 𝔊 (Hier) αἱ νεφέλαι; dl
ins = insere(ndum)	es ist einzufügen	Ps 35,25: [a] ins האח (hpgr) cf 𝔊
l = lege(ndum)	es ist zu lesen	Ps 36,2: [c] l c pc Mss o εβρ′ 𝔖 לִבּוֹ cf 𝔊
tr = transpone(ndum)	es ist umzustellen	Ps 54,7: [b] prb m cs huc tr יהוה ex 8

Es versteht sich von selbst, dass die im textkritischen Apparat gegebenen Handlungsanweisungen nicht bindend sind. Teilweise wird man ihnen mit besonderer Vorsicht begegnen, teilweise bieten sie aber auch eine wirkliche Hilfe, indem sie die Richtung weisen, in der die Lösung eines bestimmten Textproblems zu suchen ist. Vor allem bei Lese- und Schreibfehlern haben die Handlungsanweisungen durchaus ihre Berechtigung.

Nachdem die Abkürzungen im textkritischen Apparat entschlüsselt, die zitierten Lesarten und sonstigen Ausdrücke übersetzt sind, lassen sich die apparatsprachlichen Angaben in eine allgemeinverständliche Aussage bringen. Vor der weiteren Untersuchung der Textstelle nach der äußeren und inneren Textkritik ist schließlich das fragliche Textproblem zusammenfassend zu beschreiben. Dabei sollten in etwa folgende Fragen beantwortet werden können: Welche Varianten liegen vor? Wie sind sie zu übersetzen? Durch welche Textzeugen werden sie belegt? Welche Sinndifferenz liegt zwischen den Varianten? Lässt sich ein Zusammenhang zwischen den Varianten erkennen? Welche Schwierigkeiten bleiben zu lösen? Je genauer das Textproblem beschreibend erfasst wird, desto leichter lässt sich der nächste Schritt, die Durchführung der Textkritik, planen und ausführen.

[7] Im Sinne des Lehrbuchs bleibt die Auflösung der folgenden Kurzangaben aus dem BHS-Apparat den Studierenden aufgegeben.

9.2 Die äussere Textkritik (externe Kriterien)

Die textkritische Arbeit hat stets bei der externen Textbezeugung anzusetzen und den Überlieferungsbefund zu erheben. Da es sich um Daten handelt, die nicht den Varianten selbst entnommen werden können, sondern aus der Textgeschichte bezogen werden, spricht man auch von der äußeren Textkritik. Sie beginnt mit der Sichtung der Handschriften und der Textüberlieferung. Bei wichtigen Textzeugen wie dem samaritanischen Pentateuch, den Qumrantexten und der Septuaginta sollte man die Lesarten auch in ihrem Kontext wahrnehmen, wozu man den betreffenden Vers in den verfügbaren Textausgaben nachschlägt.[8] Anschließend sind die Varianten mit ihren jeweiligen Textzeugen zusammenzustellen und die Zeugengruppen gegeneinander abzuwägen.

Gewichtung der Textzeugen. Wie bereits aus der Textgeschichte hervorgeht, besitzen nicht alle Handschriften die gleiche Qualität. Auch die Texttraditionen sind für die Bezeugung einer Variante von unterschiedlichem Wert. Deshalb gilt als Maxime der äußeren Textkritik: *Manuscripta ponderantur non numerantur* »Handschriften werden gewichtet, nicht gezählt«. Damit hat die Qualität einzelner Textzeugen (Alter, Zuverlässigkeit, etc.) den Vorrang vor der Quantität beizubringender Handschriften. Im Vorgängerband dieser Darstellung, aber auch in verschiedenen Methodenbücher wurde versucht, als Hilfestellung zur Gewichtung der Textzeugen eine Rangfolge festzulegen, etwa in der Reihung: M, Smr, Q, G, Aquila, Symmachus, Theodotion, Peschitta, Targum, Vulgata, Vetus Latina.[9] Die Festlegung einer solchen Rangordnung ist jedoch aus zwei Gründen problematisch und in gewisser Weise sogar irreführend. Erstens ändert sich nämlich der Zeugenwert einer Handschrift oder Texttradition je nachdem, in welcher Zeugengruppe sie steht. Beispielsweise besitzt die Vetus Latina höheres Gewicht, wenn ihre Lesart mit M gegen G zusammensteht; liest sie dagegen gemeinsam mit der Septuaginta, als deren Tochterübersetzung sie gilt, muss man ihr Gewicht geringer veranschlagen. Zweitens sind die einzelnen biblischen Bücher in unterschiedlicher Qualität überliefert, so dass sich das Gewicht einer Texttradition oder Handschrift auch nach ihrem jeweiligen Überlieferungszustand richtet.

→ neu: Stefan Schorch 2018ff. – Genesis 2021

[8] Für den Samaritanus ist das die Ausgabe von A. Freiherr von Gall, Der hebräische Pentateuch der Samaritaner; die Qumrantexte lassen sich in den Einzelbänden der Discoveries in the Judaean Desert nachschlagen; der Septuagintatext ist zugänglich in der Handausgabe von A. Rahlfs bzw. in der kritischen Ausgabe der Göttinger Septuaginta.

[9] Vgl. E. Würthwein, Der Text des Alten Testaments. Eine Einführung in die Biblia Hebraica, 5. Aufl. Stuttgart 1988, 125; O. H. Steck, Exegese des Alten Testaments. Leitfaden der Methodik, 13. Aufl. Neukirchen-Vluyn 1993, 41.

Beispielsweise gilt der hebräische Text des Josuabuches im Wesentlichen als gut erhalten, während der Masoretentext der Samuelbücher in einem eher schlechten Zustand überliefert ist und zudem eine Reihe von Textverderbnissen enthält. Schließlich bilden die Manuskripte aus Qumran überhaupt eine heterogene Größe, so dass man ihren Zeugenwert nicht nur nach dem hohen Alter im Allgemeinen, sondern auch nach dem Charakter der einzelnen Schriftrolle im Speziellen bemessen muss. Vor diesem Hintergrund darf man die erwähnte Rangfolge lediglich zur ersten Orientierung verwenden, aber nicht zu einem durchschlagenden Beweisgrund machen. Dieselbe Zurückhaltung gilt im Übrigen auch gegenüber der häufig empfohlenen Regel, dass man dem Masoretentext überall dort, wo er sprachlich und sachlich einwandfrei scheint, den Vorzug vor jeder anderen Überlieferung zu geben habe. Stattdessen hat die äußere Textkritik besondere Sorgfalt darauf zu verwenden, den Wert der einzelnen Texttraditionen und Handschriften innerhalb einer Zeugengruppe zu bestimmen[10] und anschließend die Varianten nach dem Gewicht ihrer Bezeugung ins Verhältnis zu setzen. Dabei mag zwar der Masoretentext in vielen Fällen eine führende Rolle spielen, dennoch darf er methodisch nicht anders als die übrigen Textzeugen behandelt werden.

Das in der äußeren Textkritik erzielte Ergebnis hat zunächst keinen Einfluss auf die weitere Untersuchung durch die innere Textkritik. Denn es ist zu bedenken, dass ein Schreibfehler oder eine Textänderung bereits zu einem sehr frühen Zeitpunkt eingetreten sein kann und demzufolge von allen wichtigen Textzeugen bestätigt wird, während der ursprüngliche Text vielleicht nur in einer einzigen Handschrift oder Übersetzung erhalten geblieben ist. Aus diesem Grund hat die innere Textkritik unbesehen ihrer Bezeugung alle Varianten zu prüfen. Im angenommenen Fall wird sie durch Aufklärung der Verschreibung oder Änderung zu einer Entscheidung gegen den am besten bezeugten Text führen.

9.3 Die innere Textkritik (interne Kriterien)

Die einzelnen Varianten, deren externe Bezeugung in einem ersten Untersuchungsgang abgeklärt worden ist, werden in einem zweiten nach internen Kriterien untersucht. Zu den internen Kriterien gehören der Kontext der Stelle, Sprachschatz, Grammatik, Stil, bei poetischen Texten die Kolometrie sowie der Inhalt und sein (theologie-)geschichtlicher Hin-

[10] Besonders bei der Septuaginta wird man von Fall zu Fall eine separate textkritische Untersuchung durchführen müssen, in der die Varianten und Zeugen innerhalb der Septuaginta-Überlieferung gesammelt, gesichtet und auf innergriechische Verderbnisse geprüft werden.

tergrund. Herkömmlich gliedert man die Untersuchung der Varianten in ihre sprachliche und ihre sachliche Prüfung und beginnt mit der masoretischen Lesart.

Sprachliche Prüfung. Beim überlieferten hebräischen Text können sich Schwierigkeiten ergeben, wenn in ihm ein seltenes Wort oder eine ungewöhnliche Wortbedeutung festzustellen ist. Lassen sich die Schwierigkeiten nicht mit einem hebräischen Wörterbuch lösen, sind auch die dem Biblischen Hebräisch verwandten semitischen Sprachen wie das Ugaritische, Akkadische, Aramäische und Arabische heranzuziehen. So lässt sich von Fall zu Fall durch eine verwandte Wortwurzel oder eine außerbiblisch belegte spezielle Bedeutung eine dunkle Textstelle des Alten Testaments erhellen. Auch das epigraphische Material, das in den letzten Jahrzehnten deutlich angewachsen ist, leistet dazu einen gewichtigen Beitrag. Für die späten Schriften des Alten Testaments wie das Buch Kohelet lohnt sich schließlich der Blick in ein mittelhebräisches Lexikon.[11] Auf der Suche nach neuen Erklärungsmöglichkeiten einer bisher als schwierig empfundenen Textstelle wird der Textkritiker auch exegetisch ausgetretene Pfade verlassen, wodurch sich seine Arbeit als interessant und innovativ herausstellt. In den Bereich der Grammatik verweisen manche Lesarten, die eine ungewöhnliche Wortform oder eine problematische Syntax bieten. Um herauszufinden, ob eine bestimmte Formulierung oder Konstruktion als grammatisch korrekt oder als noch möglich anzusehen ist, hilft oft ein Blick in die Konkordanz. Darüber hinaus bieten die elektronischen Rechercheprogramme wie die Stuttgarter Elektronische Studienbibel (SESB) die Möglichkeit, auch komplexe grammatische Erscheinungen ohne lemmatische Bindung abzufragen.[12] Bei hebräischen Varianten in poetischen Texten ist auch die Frage zu stellen, ob sie sich in das vorliegende Versmaß einfügen. Gelegentlich findet sich dazu im textkritischen Apparat der BHS die Angabe *metri causa* (m cs »wegen des Versmaßes«), die auf eine Störung der poetischen Struktur hinweist und oftmals mit einem Korrekturvorschlag verbunden wird. In allen diesen Fällen ist eine sorgfältige Kontrolle geboten. Dabei wird man zum einen mit der Methode der Kolometrie (siehe 1.1) nachprüfen, ob tatsächlich eine Zufügung, Umstellung oder sonstige Änderung der ursprünglichen poetischen Struktur zu erkennen ist. Zum anderen wird man erheben müssen, ob tatsächlich ein textkritisches Problem vorliegt, d.h. ob die aufgedeckte Störung

[11] Vgl. z. B. M. Jastrow, A Dictionary of the Targumim, the Talmud Babli and Yerushalmi, and the Midraschic Literature, Vol. I–II, New York 1971.

[12] Vgl. dazu Ch. Hardmeier / B. Salzmann / E. Talstra, SESB 2.0 Handbuch – SESB 2.0 Instruction Manual, Stuttgart 2006.

des poetischen Ebenmaßes durch einen Abschreibevorgang erklärbar oder im Verlauf der Textüberlieferung entstanden ist. In vielen Fällen verhält es sich nämlich so, dass sich Erweiterungen, die sich kaum oder nicht mehr in die poetische Struktur einfügen, als redaktionelle Bearbeitungen oder Nachinterpretationen identifizieren lassen und deshalb nicht textkritisch, sondern redaktionsgeschichtlich zu untersuchen sind. Führt die lexikalische, grammatische und stilistische Prüfung einer bestimmten Lesart zu keinem befriedigenden Ergebnis, ist insbesondere die Möglichkeit in Betracht zu ziehen, dass ein versehentlicher Textfehler vorliegt. Dazu lassen sich dann die Ursachen von Textverderbnissen zur weiteren Prüfung heranziehen (siehe 8.1).

Sachliche Prüfung. Ob eine Lesart als ursprünglich gelten darf oder nicht, hängt auch davon ab, ob sich ihre Aussage sinnvoll in den sachlichen Zusammenhang einfügt. So kommt es vor, dass eine Variante zwar grammatisch und stilistisch einwandfrei ist, aber in ihrem Kontext keinen passenden Sinn ergibt oder sich sogar als widersprüchlich erweist. An diesem Punkt berührt sich die innere Textkritik aufs engste mit der Exegese und hat die Aufgabe zu lösen, ob sich der fraglichen Lesart nicht doch in der einen oder anderen Weise ein erträglicher Sinn abgewinnen lässt. Falls dies nicht gelingt, wächst die Wahrscheinlichkeit, dass an dieser Textstelle eine andere, vielleicht weniger gut bezeugte Variante vorzuziehen ist. In manchen Fällen lässt sich wiederum beobachten, dass die Lesart durchaus einen annehmbaren Sinn ergibt, aber ihre Intention, ihre Theologie oder ihr geschichtlicher Hintergrund keineswegs mit dem Textstück übereinstimmt. Auch darüber darf man nicht hinweggehen. Vielmehr kommt die Möglichkeit ins Spiel, dass der Text an dieser Stelle bewusst verändert worden ist. Eine Hilfe bieten dabei die unterschiedlichen Motive für absichtliche Textänderungen, die im biblischen Überlieferungsbefund ermittelt werden konnten (siehe 8.2).

Sind sämtliche hebräischen Lesarten auf diese Weise geprüft, muss sich die innere Textkritik auch den alten Übersetzungen, insbesondere den griechischen Varianten zuwenden. Dabei wird zunächst die Frage im Vordergrund stehen, wie sich die Abweichung einer Übersetzungsvariante gegenüber dem hebräischen Text erklärt.[13] Die Gründe dafür können in der Übersetzung selbst liegen, etwa in der grammatischen Eigenart der Zielsprache oder in der Beschränktheit ihrer verfügbaren Ausdrucksmittel, die eine genaue Wiedergabe ausgangssprachlicher Wendungen nicht gestattet. Sie können aber auch beim Übersetzer liegen, bei seinen Sprach-

[13] Vgl. dazu M. Noth, Methode der textkritischen Arbeit, in: ders., Die Welt des Alten Testaments. Eine Einführung, Taschenbuchausgabe Freiburg 1992, 317f.

kenntnissen oder stilistischen Fähigkeiten. Nicht selten wird ein Text darüber hinaus durch die religiöse Anschauung seines Übersetzers oder durch seinen kulturellen Hintergrund beeinflusst. In allen diesen Fällen fällt die Übersetzungsvariante für eine Rekonstruktion des ursprünglichen hebräischen Textes aus. Lässt sich eine Abweichung jedoch *nicht* auf das Übersetzen zurückführen, ist als nächstes zu prüfen, ob eventuell ein durch die innergriechische Überlieferung bedingter Textfehler vorliegt; denn auch die Handschriften alter Übersetzungen sind wie die hebräischen Texte zufälligen Überlieferungsbedingungen unterworfen und nicht fehlerlos. Erst wenn diese Möglichkeit ebenfalls ausscheidet, darf hinter der Übersetzungsvariante ein hebräischer Vorlagetext angenommen werden, der den ursprünglichen Wortlaut widerspiegeln könnte oder ihm am nächsten kommt.

Rückübersetzung. Führt die innere Textkritik zu Übersetzungsvarianten, die für die Herstellung des ursprünglichen Textes in Frage kommen, stellt sich das Problem einer Rückübersetzung. Bei einzelnen Worten und Wortformen lassen sich durchaus zuverlässige Ergebnisse erzielen. Gute Dienste leistet dabei die Hatch-Redpath Konkordanz zur Septuaginta, die alle griechischen LXX-Wörter mit ihren entsprechenden hebräischen Äquivalente verzeichnet.[14] Schwieriger liegen die Dinge bei Phrasen, Satzteilen und grammatischen Konstruktionen. Bevor man sie rückübersetzen kann, ist der Übersetzungstext des jeweiligen biblischen Buches, aus dem die Variante stammt, genauer zu untersuchen, seine besondere Übersetzungstechnik zu ermitteln und sein geistiger Hintergrund zu klären. Ein solches Unternehmen ist freilich nur dem Spezialisten möglich. Dennoch verfügt auch der Nichtfachmann über verschiedene Optionen, um für eine bestimmte Variante eine hebräische Vorlage festzustellen. Beispielsweise kann er im vorliegenden Übersetzungstext nach ähnlichen Wendungen suchen und dazu den betreffenden hebräischen Ausgangstext konsultieren. Er kann verschiedene Möglichkeiten der Rückübersetzung selbst ausprobieren und sich auf diesem Weg einer plausiblen Lösung nähern. Oder er kann in wissenschaftlichen Kommentaren nach entsprechenden Vorschlägen und Hinweisen suchen. Häufig werden auch im textkritischen Apparat Rückübersetzungen verzeichnet. Schließlich lassen sich noch diejenigen hebräischen Qumranschriften beiziehen, die so oder so dem Septuagintatext nahestehen.

[14] E. Hatch / H. A. Redpath, A Concordance to the Septuagint, Vol. I–II, Oxford 1897–1906 (Nachdruck: Graz 1954); ergänzend dazu T. Muraoka, Hebrew/Aramaic Index to the Septuagint, Keyed to the Hatch-Redpath Concordance, Grand Rapids 1998.

9.4 Die textkritische Entscheidung

Nachdem die Sichtung der Textzeugen nach externen Kriterien und die Prüfung der Varianten nach internen Kriterien unabhängig voneinander vorgenommen wurden, muss jetzt aufgrund der erzielten Teilergebnisse eine Entscheidung darüber herbeigeführt werden, welche der Varianten als die zuverlässigste, ältest erreichbare, dem ursprünglichen Wortlaut am nächsten stehende Lesart den übrigen vorzuziehen ist. Im einfachsten Fall stimmt die am besten bezeugteste mit der sprachlich und sachlich wahrscheinlichsten Lesart überein. Häufiger fällt jedoch die textkritische Entscheidung in einem Abwägungsprozess zwischen der äußeren und inneren Textkritik. Dabei stehen der Entscheidungsfindung drei textkritische Regeln zur Verfügung, die sich jedoch nicht auf alle Problemfälle beziehen lassen und auch nicht mechanisch verwendet werden dürfen. Eine regelkonforme Beweisführung erfordert entsprechende Umsicht:

9.4.1 *lectio corrupta sive mutata corrigenda.* »Eine als verdorben oder verändert erkannte Lesart ist zu verbessern.« Diese Regel versteht sich eigentlich von selbst. Sie gilt für alle Varianten, die nach den internen Kriterien einen versehentlichen Textfehler oder eine absichtliche Änderung haben erkennen lassen. Bei konkurrierenden Lesarten ist also stets diejenige Variante vorzuziehen, die sich nicht durch einen Textfehler erklärt. Wird die korrekte Lesung jedoch von keinem externen Textzeugen geboten, erfordert die Regel, dass sich die fehlerhafte Variante auf einen älteren, einwandfreien bzw. unveränderten Text zurückbilden lassen muss.

9.4.2 *lectio difficilior probabilior.* »Die schwierigere Lesart ist die wahrscheinlichere.« Wie die Formulierung deutlich macht, handelt es sich um eine relationale Regel, die zwei oder mehrere Lesarten zueinander ins Verhältnis setzt. Ihren Hintergrund bildet die begründete Annahme, dass es im Verlauf der Textgeschichte eher zu Erleichterungen und Vereinfachungen schwieriger Ausdrucksweisen gekommen ist (*lectio facilior* »einfachere Lesart«) als umgekehrt. Bei konkurrierenden Lesarten hat demzufolge die seltenere und ungewöhnlichere Variante als die wahrscheinlich ältere zu gelten. Die Regel lässt sich auf alle Varianten zu einer Textstelle anwenden, die trotz ihrer Verschiedenheit nach der äußeren und/oder inneren Textkritik in etwa als »gleichwertig« anzusehen sind und in ihrem Kontext einen möglichen, mehr oder weniger erträglichen Sinn ergeben. Die Vorzugsentscheidung fällt dann zugunsten der schwierigeren Lesart. Die Regel ist dagegen nicht anzuwenden, wenn eine Lesart sinnlos, verderbt oder unverständlich ist und sich darum nicht mehr mit einer konkurrierenden Lesart ins Verhältnis setzen lässt. Steht zudem die als lectio difficilior angesehene, bedenkliche oder unmögliche Lesart unter dem Verdacht, durch einen Lese- oder Schreibfehler entstanden zu sein, greift sowieso die Verbesserungsregel (siehe 9.4.1).

9.4.3 *lectio brevior potior.* »Die kürzere Lesart ist die frühere.« Durch die Textgeschichte lässt sich belegen, dass den biblischen Texten häufiger etwas zugesetzt, selten dagegen etwas weggenommen wird. Vor allem Schreiber und Kopisten, die ihre Abschrift für den Gebrauch in einer Gemeinde anfertigten, mögen an der einen oder anderen Stelle etwas ausführlicher formuliert, ein den Sinn unterstützendes Wort eingefügt oder eine zusätzliche Erklärung angefügt haben. Benutzte der Schreiber mehr als eine Vorlage, ist auch damit zu rechnen, dass er zwei unterschiedliche Lesarten miteinander verband und zusammen in seinen Text aufnahm. Lassen sich solche Erweiterungen durch die innere Textkritik als stilistische Glättung, zusätzliche Erklärung, an den Rand gesetzte Glosse oder durch Konflation entstandene Lesart identifizieren, liegt ihr Zusatzcharakter und damit die textkritische Entscheidung auf der Hand. Die Beweisführung könnte in diesen Fällen eigentlich ohne die Regel auskommen, dass die kürzere Lesart den Vorzug verdient. Doch lässt sie sich unterstützend hinzuziehen. Es kommt aber auch vor, dass sich eine kürzere und eine längere Lesart gegenüberstehen, die in textkritischer Hinsicht als »gleichwertig« zu gelten haben und an und für sich beide als die ursprüngliche Lesart in Frage kämen. Für die Vorzugsentscheidung ist dann allein die Regel der *lectio brevior potior* ausschlaggebend. Es versteht sich von selbst, dass die betreffende Regel natürlich nicht greift, wenn der kürzere Text durch Auslassung infolge einer Haplographie, eines Homoioteleuton oder Homoioarkton entstanden ist (siehe 8.1.5 und 8.1.7). Denn in diesen Fällen erklärt sich die Entstehung der kürzeren aus der längeren Lesart, die damit als die frühere vorausgesetzt ist.

Wie die Diskussion der drei Regeln zeigt, können diese eine Begründung der textkritischen Entscheidung nicht ersetzen, sondern nur ergänzen. Dabei ist darauf zu achten, dass die Regeln auch sachgerecht zur Anwendung kommen. Das praktische Ergebnis der Textkritik besteht zusammenfassend in der Bestimmung *einer* Vorzugslesart, die gegenüber den anderen Varianten als ursprünglich beurteilt wird. In manchen Fällen, darauf wurde oben schon hingewiesen (siehe 8.3), ist eine Vorzugsentscheidung allerdings nicht möglich. Hier bildet das praktische Ergebnis die Feststellung von Varianten, die als gleich ursprünglich beurteilt werden und als alternative Lesarten parallel darzustellen sind. Ist die Entscheidungsfindung

Die Arbeitsschritte in der alttestamentlichen Textkritik

Vorbereitung (deskriptiv)
1. Dechiffrierung des textkritischen Apparats
Hilfsmittel: Abkürzungsverzeichnis der BHS, Wonneberger
2. Beschreibung des Textproblems mit Übersetzung der Varianten
Hilfsmittel: Kommentare mit textkritischem Teil

Durchführung (analytisch)
3. äußere Textkritik: Sichtung der Textzeugen, Ordnung in Zeugengruppen, Gewichtung und Abwägung der Textzeugen(gruppen)
Hilfsmittel: Textausgaben, textgeschichtliche Untersuchungen
4. innere Textkritik: sprachliche und sachliche Prüfung der Varianten, ggf. Klassifizierung als versehentliche Textfehler oder absichtliche Änderungen, ggf. Konjekturvorschlag
Hilfsmittel: Lexikon, Grammatik, Konkordanz, Liste möglicher Lese- und Schreibfehler (siehe 8.1), Liste bewusster Änderungen (siehe 8.2)

Entscheidung (kritisch)
5. Abwägung der Beobachtungen aus der äußeren und inneren Textkritik, Entscheidungsfindung mit Hilfe der textkritischen Regeln
6. Kontrolle der Entscheidung durch Erklärung der übrigen Varianten

Abb. 12: Gliederung der textkritischen Methode (Alexander A. Fischer)

abgeschlossen, folgt ihr – wie heutzutage üblich – eine Qualitätskontrolle. In ihr wird überprüft, ob sich alle als jünger beurteilten Varianten in ihrer Entstehung schlüssig erklären lassen. Wenn es gelingt, diese ausnahmslos auf die eine festgestellte, ältest erreichbare Lesart zurückzuführen, darf die textkritische Entscheidung als zuverlässig und begründet gelten.[15]

[15] Studierende im Proseminar sind darauf hinzuweisen, dass der textkritisch festgestellte Text die Grundlage für die weitere Durchführung der exegetischen Methodenschritte bildet. Textkritische Entscheidungen sollten nicht im nachhinein verändert werden, wenn sie sich in der Literarkritik oder Redaktionsgeschichte als sperrig oder unbequem erweisen. Natürlich kann eine textkritische Entscheidung auch einmal durch die Exegese revidiert werden. Doch dann müssen dafür neue oder bisher noch nicht hinreichend berücksichtigte textkritische (!) Argumente vorgetragen werden können.

9.5 Textkritische Fallbeispiele

In den wissenschaftlichen Kommentaren werden textkritische Fälle im allgemeinen nur knapp diskutiert. Aus diesem Grund sollen hier Art und Weise textkritischer Argumentation an drei Beispielen etwas ausführlicher vorgeführt werden. In den Blick rücken eine Fehlschreibung, eine Textänderung und eine Konjektur. Die ausgewählten Beispiele möchten darüber hinaus zu einer kritischen Auseinandersetzung mit den Möglichkeiten und Grenzen der Textkritik anregen.

9.5.1 Ein Fall von Dittographie (2. Sam 6,3-4)

> 3 Sie fuhren die Lade Gottes auf einem Wagen, einem neuen, und holten sie aus dem Hause Abinadabs auf dem Hügel. Ussa und Achjo, Abinadabs Söhne, führten den Wagen, [d] *den neuen,* 4 *und holten sie aus dem Hause Abinadabs auf dem Hügel* [d]. [Ussa war] bei der Lade Gottes und Achjo ging der Lade voraus.
>
> BHS: 3/4 [d–d] > 𝔊$^{-O}$ (homtel)

Zu 2. Sam 6,3-4 vermerkt der Apparat der BHS, dass in der Septuagintaüberlieferung mit Ausnahme der Rezension des Origenes die Worte »den neuen und holten sie aus dem Hause Abinadabs auf dem Hügel« fehlen. Nach einer Vermutung des Herausgebers liegt an dieser Stelle eine Auslassung in der Septuaginta vor, die irrtümlich durch Homoioteleuton entstanden sein soll.

Äußere Textkritik. Der masoretische Text ist gut bezeugt. Ihm folgen auch die Targume und die Vulgata. Lediglich die griechischen Übersetzungen bieten eine kürzere Lesart. Dabei fällt auf, dass auch die gegenüber Origenes frühen Rezensionen Aquila, Symmachus und Kaige-Theodotion die kürzere Variante bezeugen. Da die Rezensionen gewöhnlich auf den hebräischen Text hin korrigieren, hier aber mit der vorhexaplarischen Septuaginta zusammengehen, verstärken sie ihr Gewicht. Obwohl im Apparat der BHS keine weiteren Textzeugen für die kürzere Lesart verzeichnet sind, lässt sich zusätzlich die Qumranrolle 4QSam^a (= 4Q51) anführen. Ihr Text von 2. Sam 6,3-4 ist zwar nur fragmentarisch überliefert (wenige Worte in den Fragmenten 68 und 69)[16]. Rekonstruiert man aber die betreffende Kolumne, bietet sie keinen hinreichenden Platz für die

[16] Vgl. Plate XVI, in: F. M. Cross/et al., Qumran Cave 4.XII: 1–2 Samuel, DJD XVII, Oxford 2005.

längere Lesart des Masoretentextes[17] und bezeugt dadurch die altüberlieferte Septuagintatradition. Bei aller Vorsicht darf man auch den Parallelbericht in 1.Chr 13,7 anführen. Obwohl der Chronist einen freien Umgang mit seiner Vorlage pflegt, verweist seine Version ebenfalls auf die kürzere Lesart und lässt sich somit als indirekter Textzeuge werten. Das Gewicht der äußeren Textzeugen, die für die kürzere Variante sprechen, steht also kaum hinter der Bezeugung des Masoretentextes zurück.

Innere Textkritik. Die griechische Variante bietet einen kürzeren und glatteren Text. Allerdings vermag die im Apparat gegebene Erklärung ihrer Entstehung nicht einzuleuchten. Denn bei der Annahme, dass eine Auslassung durch Homoioteleuton vorliege, hätte der Abschreiber entweder vom ersten ἐν τῷ βουνῷ (»auf dem Hügel«) in V. 3a zum zweiten in V. 3b springen müssen oder vom ersten ἅμαξαν καινὴν (»einen neuen Wagen«) in V. 3a zum zweiten in V. 4a. Beide Möglichkeiten führen jedoch nicht zu der durch die Septuaginta bezeugten Variante. Betrachtet man demgegenüber die längere Lesart des Masoretentextes, lässt sich umgekehrt zeigen, dass sich ihr überfließendes Textstück weder grammatisch noch inhaltlich in den Kontext fügt: Erstens müsste das Adjektiv חֲדָשָׁה »neu« bei seinem zweiten Vorkommen am Ende von V. 3b notwendig determiniert sein, weil es sich an ein Substantiv mit Artikel anschließt.[18] Zweitens lässt sich die präpositionale Wendung »bei der Lade Gottes« in V. 4aβ nicht sinnvoll an den Vordersatz in V. 4aα anschließen; denn die Gotteslade wurde bereits am Verb durch das Suffix 3. Sg. masc. als Objekt des Vorgangs bezeichnet.[19] Mithin erweist sich die masoretische Lesart als inhaltlich unsinnig und grammatisch unmöglich, bedarf also zwingend einer Erklärung.

Das Textproblem lässt sich durch die Annahme eines Fehlers beim Abschreiben lösen. Der Schreiber dürfte nämlich vom zweiten Vorkommen des Wortes »Wagen« durch Abirren des Auges (aberratio occuli) zum ersten zurückgesprungen sein, wie das folgende indeterminierte Adjektiv חֲדָשָׁה beweist. Sodann hat er seinen Text irrtümlich bis zur Stelle »auf dem Hügel« fortgeschrieben und über den Namen »Ussa« wieder an die richtige Stelle in seiner Vorlage zurückgefunden. Dieser Vorgang ist plausibel, weil man die Wortfolge »auf dem Hügel. Ussa …« beim ersten Vorkommen auch bei ihrem zweiten Vorkommen voraussetzen darf. Aller-

[17] Vgl. E. D. Herbert, Reconstructing Biblical Dead Sea Scrolls. A New Method Applied to the Reconstruction of 4QSam[a], STDJ 22, Leiden/New York/Köln 1997, 121.

[18] Vgl. GK[28], § 126u.

[19] Das Objektsuffix lässt sich nicht auf den Wagen beziehen, weil es sonst in der 3. Sg. fem. stehen müsste.

dings ist die gegebene Erklärung dadurch belastet, dass der Schreiber das zweite Mal den Namen »Ussa« vor V. 4aβ nicht mehr aufgenommen hat. Er muss deshalb an dieser Stelle konjiziert werden. Die Konjektur dieses Wortes lässt sich jedoch rechtfertigen; denn das folgende Geschehen setzt zwingend die Anwesenheit Ussas »bei der Lade Gottes« voraus. Offenbar vermittelte der ursprüngliche Text einmal die Vorstellung, dass Ussa an der Seite des Wagens in unmittelbarer Nähe der Lade Gottes einherging, während sein Bruder Ahjo der Lade vorausging. Ein entsprechendes Verständnis bietet jedenfalls die lukianische Rezension in ihrer etwas freier übersetzten Version von V. 4bβ »Ussa und seine Brüder gingen vor und neben der Lade her«.[20] Die Anwesenheit Ussas bei der Lade erklärt mithin, warum es Ussa gewesen ist, der seine Hand nach der Lade ausstreckte und sie berührte, als sich die Rinder losgerissen hatten. Entsprechend wird auch in V. 7 sein Tod »bei der Lade Gottes« vermerkt.

Entscheidung. Berücksichtigt man, dass ein Schreibfehler auch in einem sehr frühen Stadium entstanden sein kann, wird man die gute Bezeugung des masoretischen Textes in der äußeren Textkritik sorgfältig gegenüber dem Ergebnis der inneren Textkritik abwägen müssen. Dabei darf man den grammatisch fehlerhaften und inhaltlich unklaren Text der masoretischen Fassung nicht als *lectio difficilior* bewerten. Vielmehr erklärt sich seine Entstehung durch einen Textfehler, der durch Doppelschreibung infolge eines Abirrens des Auges zustande kam und durch die Textkritik rückgängig zu machen ist. Dabei erfolgte die Auslassung des konjizierten »Ussa« im Zuge der Fehlschreibung. Die Anmerkung im Apparat der BHS ist deshalb schlichtweg verkehrt und müsste statt dessen lauten: $^{d\text{–}d}$ dl (dttg), cf 𝔊$^{-O}$ (𝔔) et ins ועזא ante 4aβ, d. h.: die fraglichen Worte sind als Dittographie zu tilgen, vgl. die Septuagintatradition ohne die Rezension des Origenes (wahrscheinlich auch 4QSam[a]), und es ist das Nomen proprium »Ussa« als Subjekt vor V. 4aβ einzufügen. Die kürzere griechische Lesart gibt mithin den entscheidenden Hinweis auf die Textkorruption, scheint aber auch nicht den ursprünglichen Text bewahrt zu haben. Denn in ihr fehlt ebenfalls (das konjizierte) »Ussa«. Der Sachverhalt ist am ehesten so zu erklären, dass entweder der Schreiber der hebräischen Septuagintavorlage oder der Übersetzer die versehentliche Doppelschreibung erkannte und den überschüssigen Text sachgemäß tilgte, aber nicht den mit der Dittographie verbundenen Ausfall von »Ussa« bemerkt und korrigiert hat. Jedenfalls glättet die Septuagintaversion den Text, indem sie das schwierige עִם mit σύν übersetzt und dadurch die Lade

[20] N. Fernández Marcos / J. R. Busto Saiz, El texto antioqueno de la Biblia griega I, TECC 50, Madrid 1989, 105.

auf den Wagen stellt, wo sie sich auch befand. Mithin ist mit einem sehr alten Schreibfehler zu rechnen, wodurch sich der Befund der äußeren Textkritik erklärt. Die rezensionelle Lesart des Origenes bereitet dagegen keine Erklärungsprobleme. Sie lässt sich als Korrektur des Origenes nach dem masoretischen Text verstehen, zumal die betreffenden Worte in der Marginalie des Codex Coislinianus mit dem Asteriskos (siehe 5.4) als Fehlendes markiert wurden.[21]

9.5.2 Ein Fall von dogmatischer Änderung (Dtn 27,4)

> 4 Wenn ihr den Jordan überschreitet, sollt ihr diese Steine, die ich euch heute befehle, [b]*auf dem Berg Ebal* [b] aufrichten, und du sollst sie mit Kalk bestreichen.
>
> BHS: [b–b] l c ⅏ בהר גריזים cf. ⅏ [Mss] בהרגר(י)זים, Σαμ αργαρ(ι)ζιμ, 𝔏 *Garizin*
> BHQ: בְּהַר עֵיבָל G V S T (em scr) | בהרגריזים Smr G^{Ms} T^{Smr} || pref בְּהַר גְּרִזִים Smr G^{Ms} T^{Smr} ✣

Der textkritische Apparat der BHS zu Dtn 27,4 empfiehlt, anstelle der masoretischen Lesart »auf dem Berg Ebal« mit dem Samaritanus »auf dem Berg Garizim« zu lesen. Er verweist dazu auf eine Reihe von Handschriften des samaritanischen Pentateuchs, die an dieser Stelle den »Berg-Garizim« in einem Wort schreiben, sowie auf das Samareitikon und die Vetus Latina. Die BHQ beurteilt die samaritanische Lesart ebenfalls als Vorzugslesart und verweist dabei als Zeugen auf den samaritanischen Pentateuch, eine Septuagintahandschrift und das samaritanische Targum. Die Vetus Latina wird im BHQ-Apparat nicht aufgeführt, aber wenigstens im Kommentartext erwähnt. Schließlich vermerkt die BHQ zur masoretischen Variante, dass sie durch eine Korrektur der Schreiber (em scr) entstanden sei. Die Differenz zwischen beiden Lesarten besteht in der unterschiedlichen Lokalisierung des von Jahwe in Dtn 27,5 angewiesenen Altarbaus, entweder auf dem nördlich von Sichem gelegenen Berg Ebal oder auf dem südlich gelegenen Berg Garizim.

Äußere Textkritik. Der Masoretentext scheint durch die Haupthandschriften der Septuaginta gut bezeugt. Das einzige Qumranfragment 4QDeut[f] (= 4Q33), das die Textpassage bietet, hilft nicht weiter, weil vom

[21] Vgl. F. Field, (Hg.), Origenis Hexaplorum quae supersunt, Tomus I, Oxford 1875 (Nachdruck: Hildesheim 1964), 554 mit Anm. 7.

fraglichen Vers nur zwei Worte überliefert sind.[22] Dagegen stützt sich die im BHS-Apparat vorgeschlagene Lesart »auf dem Berg Garizim« im Wesentlichen auf den samaritanischen Pentateuch. Das Samareitikon kommt allerdings nicht in Betracht, weil es sich bei dem dafür angeführten Papyrus Giessen 19 (Rahlfs-Sigel: 884) nicht um eine griechische Übersetzung des samaritanischen Pentateuchs, sondern um eine überarbeitete Septuagintahandschrift handelt.[23] Aus diesem Grund wird im BHQ-Apparat der betreffende Papyrus korrekterweise als Septuagintahandschrift (G^{Ms}) angeführt. Als weiterer Textzeuge der Vorzugslesart kommt die Vetus Latina hinzu, deren Bedeutung schon dadurch angezeigt wird, dass sie als Tochterübersetzung gerade nicht mit der Septuaginta zusammengeht. Ihr Gewicht wird dadurch verstärkt, dass der Codex Lugdunensis (siehe 6.4) auch sonst den altüberlieferten Septuagintatext (Old Greek) bezeugt und eine gewisse Nähe zum hebräischen (vormasoretischen) Text zu erkennen gibt. Damit bietet die Vetus Latina mindestens eine vorhexaplarische Lesart, die zusammen mit dem Papyrus Giessen 19 den Zeugenwert der übrigen LXX-Handschriften erschüttert.

Innere Textkritik. Beide Varianten bieten weder lexikalische, grammatische oder stilistische Schwierigkeiten, die Zusammenschreibung von »Berg-Garizim« ist auch sonst in samaritanischen Texten belegt. Mithin hängt alles an der sachlichen Prüfung. Sie wird dadurch kompliziert, dass der Text Dtn 27,1ff offenkundig im Stadium produktiver Textgestaltung schrittweise gewachsen ist. Dabei spielt das redaktionsgeschichtliche Ergebnis insofern eine Rolle, als die Grundschicht in Dtn 27,2f die Aufrichtung der Gedenksteine (und damit den Ort des Altarbaus) noch am Jordan lokalisiert, während die Erweiterung Dtn 27,4 den Altarbau auf den Berg Ebal (M) resp. den Berg Garizim (Smr) verlegt.[24] Um freilich die redaktionellen Motive für diese geographische Verschiebung sachgerecht bestimmen zu können, muss zuvor das Textproblem in Dtn 27,4 nach textkritischen Gesichtspunkten verhandelt werden. Dabei wurde häufig vermutet, dass der samaritanische Pentateuch, der auch sonst ideologisch ändert, den Berg-Garizim eingetragen habe, um für das Heiligtum der Samaritaner eine mosaische Legitimation zu erreichen. Diese Lösung

[22] Vgl. E. Ulrich / F. M. Cross / et al., Qumran Cave 4.IX: Deuteronomy, Joshua, Judges, Kings, DJD XIV, Oxford 1995, 53.

[23] Vgl. E. Tov, Pap. Giessen 13, 19, 22, 26: A Revision of the LXX?, RB 78 (1971), 355–383 (Revised version in: ders., The Greek and Hebrew Bible: Collected Essays on the Septuagint, VT.S 72, Leiden 1999, 459–475).

[24] Zur Sache vgl. H.-J. Fabry, Der Altarbau der Samaritaner – ein Produkt der Text- und Literargeschichte?, in: U. Dahmen / A. Lange / H. Lichtenberger, Die Textfunde vom Toten Meer und der Text der Hebräischen Bibel, Neukirchen-Vluyn 2000, 35–37.

greift jedoch zu kurz. Gegen sie sprechen mehrere Gründe: Erstens wird die Lesart »Garizim« auch von der Vetus Latina bezeugt, die sonst nirgends einer samaritanischen Sicht verdächtig ist. Zweitens stützt sich die fraglos samaritanische Interpolation nach Ex 20,17 auf die Texte Dtn 11,29a; 27,2b-3a.4-7; 11,30, die von ihr in einer vormasoretischen und teilweise mit der Septuaginta übereinstimmenden Textform dargeboten werden.[25] Der damit verbundene samaritanische Anspruch, den Altarbau auf dem Garizim durch Texte aus der Tora zu begründen, setzt eine eindeutige Textbasis und damit den »Berg Garizim« als ursprüngliche Lesart in Dtn 27,4 voraus. Drittens betrachtet die Tradition den Berg Ebal als Ort des Fluchs und den Berg Garizim als Ort des Segens (Dtn 11,29). Vor diesem Hintergrund scheint die masoretische Lesart insofern widersinnig, als sie zum Ausdruck bringen würde, dass Mose die Errichtung eines Altars für Jahwe auf dem Fluchberg statt auf dem Segensberg angeordnet habe.

Damit rückt der umgekehrte Fall in den Blick, nämlich dass die masoretische Texttradition den ursprünglich auf dem Berg Garizim verorteten und von den Samaritanern für ihre Kultstätte beanspruchten Altarbau in dogmatisch-polemischer Absicht auf den Fluchberg Ebal versetzte. Die Absicht liegt auf der Hand: Durch die dogmatische Änderung soll dem samaritanischen Gebot, einen Altar auf dem Garizim zu errichten (vgl. den samaritanischen Dekalog), die Legitimation durch die Tora entzogen und zugleich die samaritanische Kultstätte unter den Fluch gestellt werden. Gegen die Ursprünglichkeit der masoretischen Lesart lässt sich außerdem anführen, dass für den Berg Ebal sonst keine Heiligtumstradition bezeugt ist[26] – ganz im Gegensatz zum Berg Garizim. Schließlich ist die Annahme einer antisamaritanischen Korrektur innerhalb der protomasoretischen Texttradition keineswegs ungewöhnlich, wie die textgeschichtliche Untersuchung der Königebücher erkennen ließ.[27]

Entscheidung. Da beide Lesarten gut bezeugt, aber textlich einander unähnlich sind, kann man ihre Entstehung durch einen versehentlichen Schreibfehler ausschließen. Die Differenz in der Lokalisierung ist statt dessen auf eine absichtliche Änderung zurückzuführen. Mit der lectio difficilior lässt sich nicht argumentieren; denn je nachdem, ob man einen jüdischen oder einen samaritanischen Standpunkt einnimmt, ist die eine

[25] Vgl. F. Dexinger, Das Garizimgebot im Dekalog der Samaritaner, in: G. Braulik (Hg.), Studien zum Pentateuch (FS W. Kornfeld), Wien/Freiburg/Basel 1977, 126–129.

[26] Jos 8,30 ist von Dtn 27,4 (MT) abhängig, vgl. Fabry, Altarbau, 39–41.

[27] Vgl. A. Schenker, Älteste Textgeschichte der Königsbücher. Die hebräische Vorlage der ursprünglichen Septuaginta als älteste Textform der Königsbücher, OBO 199, Freiburg, Schweiz/Göttingen 2004, 185–187.

oder andere Variante als die schwierigere Lesart zu betrachten. Die Entscheidung fällt zugunsten der Lesart »auf dem Berg Garizim«, weil sich ihre Bezeugung durch die Vetus Latina nicht auf einen Einfluss des samaritanischen Pentateuchs zurückführen lässt. Sollte die antisamaritanische Korrektur noch vor der Übersetzung ins Griechische vorgenommen worden sein, wären der griechische Papyrus Giessen 19 sowie die altlateinische Übersetzung als frühe rezensionelle Lesarten der vorhexaplarischen Septuaginta anzusprechen. Möglicherweise lässt sich die getroffene Entscheidung noch zusätzlich untermauern. Denn im Jahr 2007 gelang James Charlesworth der Ankauf eines Textfragments unbekannter Herkunft, das den Text von Dtn 27,4b-6 enthält. Das Fragment stammt etwa aus der Mitte des 1. Jh.s v. Chr. und folgt exakt dem masoretischen Text (!) bis auf eine einzige Abweichung, nämlich die als ursprünglich vermutete Lesart »auf dem Berg Garizim«.[28]

9.5.3 Eine Konjektur (Koh 3,11)

[10] Ich sah die Geschäftigkeit, die Gott den Menschen auferlegt hat, dass sie sich damit abmühen: [11] Alles macht er trefflich zu seiner Zeit. Auch die *Ewigkeit*[a] hat er ihnen ins Herz gegeben. Nur dass der Mensch das Werk, das Gott tut, von Anfang bis Ende nicht herausfinden kann.

11 [a] Lies הֶעָמָל »Mühe« anstelle von הָעֹלָם »Ewigkeit« (metathesis)

Eine Konjektur ist eine mutmaßliche Lesart, die durch keinen externen Textzeugen belegt ist. Sie hat darum *per definitionem* die äußere Textkritik gegen sich. Beim vorliegenden Fall handelt es sich um eine prominente Textstelle aus dem Buch Kohelet mit der schwer verständlichen Aussage »auch hat er die Ewigkeit in ihr Herz gelegt«. Der masoretische Text ist einwandfrei bezeugt und wird von den alten Übersetzungen bestätigt. Deshalb finden sich auch im Apparat der BHS und BHQ keine textkritischen Anmerkungen dazu. Die beiden handschriftlichen Zeugen aus Qumran, 4QQoh[a] (= 4Q109) und 4QQoh[b] (= 4Q110), lassen sich nicht beiziehen, weil sie die fragliche Textstelle nicht enthalten. Zweifel an der

[28] Vgl. den Hinweis von H.-J. Fabry / S. Sprinkmeier, Neue Texte vom Toten Meer, Welt und Umwelt der Bibel Nr. 50 (2008), 4–6. Bei Textfragmenten, die aus dem Antikenhandel stammen, ohne dass sich ihre Fundkontexte aufklären lassen, ist allerdings stets Vorsicht geboten. Es bleibt die wissenschaftliche Veröffentlichung abzuwarten.

masoretischen Lesart können folglich nur durch die sprachliche und sachliche Prüfung in der inneren Textkritik begründet werden.

Innere Textkritik. In der Tat lassen sich eine Reihe von Beobachtungen nennen, die den überlieferten Text von Koh 3,11 als problematisch erweisen. Dabei fällt die Defektivschreibung עֹלָם anstelle von עוֹלָם als orthographische Abweichung kaum ins Gewicht. Denn sie ist im Singular zwar ausgesprochen selten, aber nicht unmöglich. Außergewöhnlich ist allerdings der Gebrauch von עוֹלָם als eigenständiges Substantiv. Er findet sich an keiner anderen Stelle im Alten Testament. Vielmehr zeigt der alttestamentliche Sprachgebrauch ein geradezu einheitliches und dem Befund von Koh 3,11 widersprechendes Bild: Das Nomen begegnet in den meisten der 440 hebräischen Fälle in Verbindung mit einer Präposition, in den übrigen Fällen als Genitiv einer Konstruktus-Verbindung oder als adverbieller Akkusativ. In allen diesen Fällen dient es der zeitlichen Näherbestimmung und lässt sich ausnahmslos auf die Grundbedeutung »fernste Zeit« zurückführen. Dagegen ist der Begriff »Ewigkeit« dem Alten Testament gänzlich fremd. Lediglich in der nachbiblischen apokalyptischen Literatur lässt sich eine weitere Bedeutungsentwicklung erkennen. In ihr begegnet עוֹלָם nun auch als grammatisch selbständiges Substantiv, das die Bedeutung »Welt, Weltzeit« annimmt. Dabei wird im apokalyptischen Horizont die gegenwärtig leidvolle Welt (הָעוֹלָם הַזֶּה »diese Welt«) von der künftig heilvollen Welt (הָעוֹלָם הַבָּא »die kommende Welt«) unterschieden. Allerdings ist ein solcher Sprachgebrauch für das weisheitliche Buch Kohelet auszuschließen. Durch die sprachliche Prüfung hat sich somit die Lesart in Koh 3,11 als verdächtig herausgestellt. Doch können die angeführten Beobachtungen einen Konjekturvorschlag noch nicht hinreichend begründen. Vielmehr hat die sachliche Prüfung zu zeigen, dass die masoretische Lesart in ihrem Zusammenhang keinen möglichen oder erträglichen Sinn ergibt.

Die sachliche Prüfung erfolgt im Zusammenhang mit der Redewendung »in jmds. Herz geben«, die in alttestamentlicher Verwendung stets Gott als das handelnde Subjekt voraussetzt. In einer Reihe von Belegen bezeichnet die Wendung die göttliche Vermittlung von Weisheit oder Wissen, wie im Falle der Kunsthandwerker, die für ihre Arbeiten an der Stiftshütte mit den erforderlichen handwerklichen Kenntnissen ausgestattet werden (Ex 31,6; 35,34; 36,2). Entsprechend hätte Gott nach Koh 3,11 den Menschen ein »Wissen um die Ewigkeit« und damit eine Kenntnis der Zeitläufe einpflanzt, über die der Mensch künftig verfügt. Dieses Verständnis ist jedoch im engeren und weiteren Kontext widersinnig, weil schon die zweite Vershälfte von Koh 3,11 ausdrücklich feststellt, dass der Mensch das Werk Gottes von seinem Anfang bis zu seinem Ende gerade nicht herausfinden kann. Auch sonst betont Kohelet durchgehend, dass der Mensch unwissend den Wechselfällen der Zeit ausgeliefert ist und sie trotz allen Bemühens nicht zu durchschauen vermag (Koh 8,16-17; 11,1-6). Die meisten Exegeten, die dem masoretischen Text in Koh 3,11 folgen, haben diesen Widerspruch natürlich bemerkt und ihn durch abschwächende Interpretationen zu beheben versucht. So wurde der עוֹלָם beispielsweise als ein *desiderium aeternis* »Ewigkeitsverlangen«, als ein »Fragenmüssen nach dem Gesetz des Zeitenlaufes« oder als ein »Streben nach Erkenntnis über den jeweiligen Augenblick hinaus« (um)interpretiert.[29] Nichts davon steht freilich im Text oder wird durch den Wortsinn abgedeckt. Vielmehr hat man das fragliche Textproblem gewissermaßen hinter der Interpretation versteckt. Gleichwohl sind diese Versuche, den richtigen Textsinn von Koh 3,11 zu erraten, insofern bemerkenswert, als sie bewusst oder unbewusst den Text ändern und die »Ewigkeit« durch ein Bemühen um Erkenntnis oder ein Fragenmüssen ersetzen, mit dem Gott die Menschen beschäftigt hält.

Konjekturalkritik. Da es der Auslegung bislang nicht gelungen ist, die unerklärte Textstelle (crux interpretum) einigermaßen befriedigend zu lösen, ohne dabei den philologischen Boden zu verlassen, ist ein Konjekturvorschlag gerechtfertigt. Liest man nämlich עָמָל anstelle des überlieferten עֹלָם, ergibt sich nicht nur ein widerspruchsfreier Sinn, sondern auch eine den gesamten Textabschnitt umfassende Zielaussage: Gott hat die Zeiten (Koh 3,1-9) an und für sich trefflich eingerichtet (Koh 3,11a) und zudem den Menschen aufgegeben, sich darin zu mühen (Koh 3,11bα). Die ganze Not des Menschen besteht allerdings darin, dass er zu handeln gezwungen ist, aber das Werk Gottes insgesamt nicht zu überschauen und deshalb die günstigen und ungünstigen Zeiten nicht zu unterscheiden vermag (Koh 3,11bβ). Der Konjekturvorschlag fügt sich denn auch spielend in die Redewendung ein »in jmds. Herz geben«. Denn in einer Reihe weiterer Belege wird durch sie neben der Vermittlung von Wissen auch die Übertragung einer Aufgabe zum Ausdruck gebracht. Die dadurch gewonnene Aussage, dass Gott den Menschen das Sich-Mühen aufgegeben habe, teilt Kohelet im Übrigen mit der spätbiblischen Weisheit (Sir 40,1f). Mithin passt die Konjektur nicht nur sinnfällig in das Denken Kohelets, sondern auch zum erkenntniskritischen Milieu der späten Weisheitsschriften.

Die Annahme des Verbesserungsvorschlags ist allerdings nur dann statthaft und stringent, wenn er zum einen die Entstehung der angefochtenen Lesart erklären kann und zum anderen mit möglichst geringen Ein-

[29] Zur Sache vgl. A. A. Fischer, Skepsis oder Furcht Gottes? Studien zur Komposition und Theologie des Buches Kohelet, BZAW 247, Berlin/New York 1997, 235f.

griffen in das Schriftbild der zweifelhaften Stelle auskommt. Dies ist hier der Fall: Betrachtet man nämlich den Konsonantentext von Koh 3,11, begünstigt schon die ungewöhnliche defektive Schreibweise עלם die Mutmaßung, dass der überlieferte Masoretentext durch Buchstabenumstellung (metathesis) aus עמל entstanden ist.[30] Für diesen Vorgang lassen sich drei Argumente beibringen: Erstens gehört die Buchstabenumstellung im Alten Testament zu den häufigsten Schreibfehlern und ist auch für Koh 8,10 und 9,4 wahrscheinlich. Allein die Masora verzeichnet etwa 50 Fälle, bei denen das Qere eine Konsonantenvertauschung im Ketib verlangt. Zweitens ist für die Umstellung eine Buchstabenähnlichkeit nicht zwingend, wie antike Handschriften, aber auch moderne Druckerzeugnisse zu erkennen geben. Die Metathese von ל und מ ist zwar im Alten Testament nicht belegt, vergleichbar sind jedoch die Umstellungen von ל und ד (Jes 38,11), ל und ה (2. Sam 20,14) oder ל und ע (Num 21,28).[31] Drittens belegt der Midrasch Kohelet Rabba zu 2,24 und 8,15, dass עמל tatsächlich zu עלם verändert werden konnte. Obwohl in beiden Fällen die Metathese wahrscheinlich durch die linguistische Alternative bedingt ist (»Mühe« resp. »Welt« im Sinne der gegenwärtig mühseligen Welt), wird mindestens die Möglichkeit einer Konsonantenumstellung, wie sie die Konjektur in Koh 3,11 voraussetzt, durch diese Beispiele am selben Wort bestätigt. Schließlich findet auch die überraschende Defektivschreibung עלם durch die angenommene Buchstabenumstellung eine einleuchtende Erklärung.

Die vorgeschlagene Konjektur ist umstritten, weil sie eine prominente Textstelle des Buches Kohelet betrifft, an der sich viele Ausleger nicht nur exegetisch, sondern auch philosophisch versucht haben. Für sie spricht allerdings nachhaltig, dass sie sich dem Denken Kohelets logisch einfügt und seiner fundamentalen Einsicht nicht widerspricht, dass dem Menschen die fernsten Zeiten, nämlich Vergangenheit und Zukunft definitiv verschlossen sind. Das diskutierte Beispiel zeigt, dass jede Konjekturalkritik auf einem Indizienbeweis beruht, dem natürlich in Form von Gegenargumenten widersprochen werden kann. Bevor man jedoch unbesehen solchen Auslegungen von Koh 3,11 folgt, die mit dem Begriff der Ewigkeit operieren oder einen anderen Sinn in die Textstelle hineinlesen, sollte man den Konjekturvorschlag eingehend prüfen.

[30] Die finale Buchstabenform des Mem darf man hier unberücksichtigt lassen, weil Finalbuchstaben überhaupt spät entwickelt wurden und auch in den Schriftrollen von Qumran nicht konsequent benutzt werden.

[31] Vgl. F. Delitzsch, Die Lese- und Schreibfehler im Alten Testament, Berlin/Leipzig 1920, 89–91 (§ 95a).

9.6 Zur Bedeutung der Textkritik

Die Überlieferung der hebräischen Bibel resp. des Alten Testaments führt uns eine einzigartige, spannende und komplexe Textgeschichte vor Augen. Wer durch sie hindurch geht, gewinnt einen anderen Blick auf die Bibel. Überall spürt man in ihr, dass sich Menschen aus verschiedenen Ländern und zu verschiedenen Zeiten gemeinsam um die Bewahrung der Heiligen Schrift bemühten. Ihr Interesse galt dabei nicht einer Antiquität aus dem Bücherschrank. Vielmehr waren sich die Tradenten bewusst und sind es bis heute, dass in der Bibel als dem menschlichen Wort das göttliche Wort als Quelle des Lebens fließt. Die Bibel ist *Heilige Schrift*, weil sie die Begegnung mit dem lebendigen Gott ermöglicht. Dass sie diese Aufgabe zuverlässig erfüllen kann, steht im Interesse der Kirche. Die Textkritik des Alten und Neuen Testaments leistet ihren Beitrag dazu. Sie ist darum nicht nur eine wissenschaftliche Aufgabe. Sie steht ebenso im Dienst der Kirche und der Verkündigung. Sie ist nicht nur ein historisches Unterfangen, sondern besitzt Relevanz für die Gegenwart. Sie kommt nicht dadurch ans Ziel, dass sie Mängel in der Textüberlieferung aufdeckt, sondern dass sie es versteht, einen zuverlässigen Bibeltext zum Gebrauch zur Verfügung zu stellen. Eben dafür lassen sich Menschen, die sich mit der Textkritik beschäftigen, in Anspruch nehmen.

Im Theologiestudium wird die textkritische Aufgabe hin und wieder als eine technische Pflichtübung gesehen. Wer sie jedoch mit Interesse betreibt, merkt schon bald, dass dazu mehr gehört als nur das methodische Handwerkszeug: nämlich die Fähigkeit zur Imagination, Einfühlungsvermögen in den Text und einen Spürsinn für die Varianten. Überhaupt leistet die Textkritik mehr, als zu ihrer eigentlichen Aufgabe gehört. Sie ist geradezu das Tor zur Exegese, eine Hintertür gibt es nicht. Sie erfüllt eine den Bibeltext erschließende und seinen Textsinn aufschließende Funktion. Denn in der intensiven Auseinandersetzung mit dem biblischen Text und in der sorgfältigen Prüfung vorhandener Lesarten liegen bereits bedeutsame theologische Fragen verborgen, die durch die Textkritik aufgedeckt und in der Exegese bearbeitet werden können. Vor diesem Hintergrund ist die Textkritik kein belangloses, sondern ein segensreiches Geschäft. Wort und Glaube stehen in ihr nicht in einem Gegensatz, sondern verbinden sich auch und zumal, weil Gott selbst durch die Bibel zu uns spricht. In diesem Sinne darf die vorliegende Darstellung mit dem Schlusssatz aus dem Vorgängerband schließen: »Weil es sich so verhält, hat die Bemühung um den Buchstaben, zu der dieses Buch hinführen will, echte theologische Relevanz.«

9.7 Literatur

Einführungen in die alttestamentliche Textkritik

U. Becker, Exegese des Alten Testaments. Ein Methoden- und Arbeitsbuch, 2. Aufl. Tübingen 2008, 16–40.

S. Kreuzer, Textkritik, in: S. Kreuzer / D. Vieweger / u. a., Proseminar I. Altes Testament. Ein Arbeitsbuch, 2. Aufl. Stuttgart 2005, 26–48.

A. van der Kooij, Textual Criticism, in: J. W. Rogerson / J. M. Lieu (ed.), The Oxford Handbook of Biblical Studies, Oxford 2006, 579–590.

M. Noth, Methode der textkritischen Arbeit, in: ders., Die Welt des Alten Testaments. Eine Einführung, Taschenbuchausgabe Freiburg 1992, 309–322. [Ausführungen zur Methode der textkritischen Arbeit, die noch immer lesenswert sind.]

O. H. Steck, Exegese des Alten Testaments. Leitfaden der Methodik, 14. Aufl. Neukirchen-Vluyn 1999, 37–44.

E. Tov, Der Text der Hebräischen Bibel. Handbuch der Textkritik, Stuttgart 1997 [ausführliches Lehrbuch mit zahlreichen Fallbeispielen].

J. Trebolle Barrera, The Jewish Bible and the Christian Bible. An Introduction to the History of the Bible, translated from the Spanish by W. G. E. Watson, Leiden / Grand Rapids, Michigan 1998. [Hebräische Bibel, Altes und Neues Testament umfassende Darstellung.]

Einführungen in die neutestamentliche Textkritik

K. Aland / B. Aland, Der Text des Neuen Testaments. Einführung in die wissenschaftlichen Ausgaben sowie in Theorie und Praxis der modernen Textkritik, Stuttgart 1982.

D. C. Parker, An Introduction to the New Testament Manuscripts and their Texts, Cambridge 2008.

Beispiele aus der klassischen Philologie

K. Dover, Textkritik, in: H. G. Nesselrath (Hg.), Einleitung in die griechische Philologie, Stuttgart / Leipzig 1997, 45–58.

J. Delz, Textkritik und Editionstechnik, in: F. Graf (Hg.), Einleitung in die lateinische Philologie, Stuttgart / Leipzig 1997, 51–73.

Textgeschichte im Überblick

H.-J. Fabry, Der Text und seine Geschichte, in: E. Zenger (Hg.), Einleitung in das Alte Testament, Studienbücher Theologie 1,1, 7. Aufl. Stuttgart 2008, 34–59.

O. Kaiser, Grundriß der Einleitung, Bd. 1: Die erzählenden Werke, Göttingen 1992, 36–43.

G. J. Norton, Ancient Versions and Textual Transmission of the Old Testament, in: J. W. Rogerson / J. M. Lieu (ed.), The Oxford Handbook of Biblical Studies, Oxford 2006, 211–236.

Forschungsbeiträge

B. Albrektson, Difficilior lectio probabilior. A Rule of Textual Criticism and its Use in Old Testament Studies, in: Remembering all the Way … A Collection of Old Testament Studies, OTS 21, Leiden 1981, 5–18.

A. van der Kooij, Zum Verhältnis von Textkritik und Literarkritik. Überlegungen anhand einiger Beispiele, in: J. A. Emerton (ed.), Congress Volume Cambridge 1995, VT.S 66, Leiden 1997, 185–202.

A. van der Kooij, Textual Criticism of the Hebrew Bible: Its Aims and Method, in: Sh. M. Paul / u. a. (ed.), Emanuel. Studies in Hebrew Bible, Septuagint, and Dead Sea Scrolls (FS E. Tov), VT.S 94, Boston / Leiden 2003, 729–740.

B. Lemmelijn, What Are We Looking for in Doing Old Testament Text-Critical Research?, JNSL (1997), 69–80.

N. Rabe, Zur synchron definierten alttestamentlichen Textkritik, BN 52 (1990), 64–97.

H.-J. Stipp, Das Verhältnis von Textkritik und Literarkritik in neueren Veröffentlichungen, BZ 34 (1990), 16–37.

D

BILDTAFELN

1 Tel Dan-Inschrift
um 825 v. Chr., Jerusalem: Israel-Museum

Die Tel Dan-Inschrift gehört zu den wenigen sensationellen Funden, die in den letzten Jahrzehnten gelangen. Sie bietet den ersten und frühesten Beleg für die Existenz der davidischen Dynastie, die auf Fragment A in Zeile 9 mit »Haus-David« bezeichnet wird. Bei dem Text handelt es sich um die Siegesinschrift eines aramäischen König. Sie erzählt von seinem Herrschaftsantritt und einem Kriegszug, in dessen Verlauf er die Könige von Israel und vom Haus-David getötet habe. Von beiden Königsnamen sind auf Fragment B2 nur die Wortenden erhalten, nämlich für den israelitischen König »-ram« und für den judäischen König »-jahu«. Die Bibel kennt freilich nur einen einzigen Fall, in dem Könige mit diesen Namensendungen zeitgleich im Nord- und im Südreich herrschten, so dass sich die Königsnamen entsprechend ergänzen lassen: »Jo-ram, Sohn Ahabs, König von Israel« (850–845) und »Ahas-jahu, Sohn Jorams, König vom Haus-David« (845). Tatsächlich starben beide Könige nach der biblischen Chronologie im Jahr 845, in dem der Aramäer Hasael seine Herrschaft in Damaskus antrat. Danach ist so gut wie sicher, dass Hasael nach seinem Sieg die Inschrift anfertigen und als Sieges-Stele in Dan aufstellen ließ. Als die Stadt später wieder an Israel zurückkam, zerschlug man das Denkmal und verbaute die Bruchstücke im Vorhof des äußeren Stadttores.

Eben dort fand man im Jahr 1993 das Fragment A der Tel Dan-Inschrift in sekundärer Verwendung als Mauerstein. Da das Befestigungswerk aus dem 8. Jh. v. Chr. stammte, musste das eingemauerte Stück der zerschlagenen Stele älter sein. Das Inschriften-Fragment wurde unverzüglich publiziert und löste einen heftigen wissenschaftlichen Streit aus. Denn die Konsonanten von »Haus David« ließen sich auch als »Haus des (Gottes) Dod« lesen und damit auf ein Lokalheiligtum der Stadt Dan beziehen. Während sich die Epigraphiker noch um die richtige Auslegung stritten, suchte man sorgfältig nach weiteren Bruchstücke der Inschrift und wurde fündig: Etwa 8 m weiter nördlich fand sich im Mauersockel ein weiteres Stück, das Fragment B2, und in einem Schutthaufen nordöstlich entdeckte man schließlich noch das Fragment B1. Danach ließ sich die Inschrift zusammensetzen und die Lesung »Haus-David« als zutreffend bestätigen.

Abbildung: mit freundlicher Erlaubnis der Israel Antiquities Authority (Foto © The Israel Museum, Jerusalem).
Text: Schwiderski, Inschriften, TDanSt(9); Donner/Röllig, KAI I, 5. Aufl., Nr. 310; Übersetzung: TUAT Ergänzungslieferung, 176–179. Literatur: I. Kottsieper, Die Inschrift von Tell Dan, in: M. Dietrich/I. Kottsieper (Hg.), »Und Mose schrieb dieses Lied auf« (FS O. Loretz), AOAT 250, Münster 1998, 475–500 (Lit.).

2 Denkstein des Königs Mescha von Moab
um 825 v. Chr., Paris: Louvre

1868 entdeckte Missionar Klein in Dibon, der Hauptstadt Meschas (heute: Diban), nördlich vom Arnon im Ostjordanland, die Siegesinschrift auf schwarzem Basalt. Die Inschrift feiert den Sieg Meschas über Israel, das als Besatzungsmacht vierzig Jahre lang Moab unterdrückte (vgl. 2. Kön 3,4-27). Anschließend berichtet die Inschrift von den Städtebauten des moabitischen Königs. Von den 34 Zeilen in phönizisch-althebräischer Schrift sind 27 Zeilen ganz erhalten, an ihrem Ende sind die Zeilen teilweise abgebrochen. Nach einer Rekonstruktion des Epigraphikers André Lemaire ist in Z. 31 zu lesen: »Und was Hauronen betrifft, darin wohnte das Haus-David.« Identifiziert man Hauronen mit dem biblischen Horonajim, das am südöstlichen Ende des Toten Meers gelegen ist, dann hätte das nach David benannte judäische Herrscherhaus diese moabitische Stadt zeitweise kontrolliert, bevor sie Mescha für Moab wieder zurückgewinnen konnte. Falls sich diese Rekonstruktion als richtig herausstellen sollte, besitzen wir neben der Tel Dan-Inschrift einen zweiten Beleg für die davidische Dynastie. Die Mescha-Inschrift ist freilich nicht nur für die Rekonstruktion der Geschichte Israels im 9. Jh. v. Chr. bedeutsam, sondern auch in religionsgeschichtlicher Hinsicht interessant. In ihr wird nämlich mehrfach Kemosch, der Hauptgott von Moab, erwähnt, in Z. 18 aber auch Jahwe, der Gott Israels.

Die Schrift auf dem Denkstein ist bemerkenswert entwickelt und zeigt bereits eine Tendenz zur Kursive und Vereinfachung. Einzigartig ist darüber hinaus, dass sowohl Wörter als auch Sätze getrennt werden. Als Worttrenner dienen Punkte, die Sätze werden durch kleine senkrechte Striche voneinander abgesetzt.

Kurz nach der Entdeckung der Inschrift wurde von einem jungen Franzosen ein Abklatsch des Denksteins hergestellt. Und das erwies sich als ein ausgesprochener Glücksfall. Denn die Stele wurde wenig später von Beduinen zerschlagen. Die Bruchstücke ließen sich jedoch aufgrund des vorher gemachten Papierabklatsches wieder zusammenfügen. Der auf diese Weise rekonstruierte Denkstein (Höhe 1 m, Breite 0,6 m) befindet sich heute im Louvre in Paris.

Abbildung: mit freundlicher Erlaubnis der Réunion des Musées Nationaux (Foto © bpk/RMN/Franck Raux).
Text: Donner/Röllig, KAI, Nr. 181; Übersetzung: Beyerlin, Textbuch, 253–257; TUAT I/6, 646–650.

3 Schiloach-Inschrift aus Jerusalem

HAE-Sigel: Jer(8):3, um 700 v. Chr., Istanbul: Antikenmuseum

1880 wurde in der Felswand an der Ausmündung des Felsenkanals, der von der Gihonquelle (heute: Marienquelle) zum Schiloachteich führt, eine Inschrift mit althebräischen Buchstaben entdeckt. Obwohl sie weder Namen noch Datum enthält, lässt sie sich auf die von König Hiskija (725–697 v. Chr.) gebaute unterirdische Wasserleitung beziehen (2. Kön 20,20), stammt also aus der Zeit um 700 v. Chr. Der Tunnel wurde von zwei Bautrupps, die gleichzeitig von Norden und von Süden arbeiteten, aus dem Fels gehauen. Er gilt als eine Meisterleistung antiker Bautechnik. In dem Bereich, in dem sich beide Arbeitskolonnen einander näherten, kann man heute noch sehen, dass kleinere Richtungskorrekturen vorgenommen wurden. Zuletzt konnten sich die Arbeiter am Geräusche ihrer Hacken hören und sich zurufen, bis der Durchbruch geschafft war.

Die Spannung jenes Augenblicks, an dem sich beide Baukolonnen trafen, wurde in der Inschrift festgehalten. Ihr Text ist 23 cm hoch und 66 cm breit. Er beginnt mit den Worten: »[Dies] war der Durchbruch. Und so verhielt es sich mit dem Durchbruch …« Zur Aufnahme des Textes wurde der Fels in einer Fläche von ungefähr 55 x 66 cm geglättet. Die sechs Zeilen der Inschrift befindet sich auf der unteren Hälfte. Sollte auf der geglätteten Fläche darüber noch eine bildliche Darstellung zugefügt werden? Oder ist ihr Anfang verloren gegangen?

Nach Entdeckung der Inschrift wurde von ihr zunächst ein Gipsabdruck angefertigt. Wenige Jahre später versuchte ein Raubgräber, sie aus dem Fels zu brechen und zu verkaufen. Dabei zerbrach sie in mehrere Stücke. Nachdem die Türken die Bruchstücke sicher stellen konnten, wurden sie nach Istanbul gebracht und dort zusammengesetzt. Die wiederhergestellte Wandtafel befindet sich heute im Antikenmuseum in Istanbul.

Abbildung: nach D. Diringer, The Alphabet. A Key to the History of Mankind, New York 1948.
Text und Übersetzung: Renz / Röllig, HAE I, 178–189; Donner / Röllig, KAI, Nr. 189.

4 Lachisch Ostrakon 4

HAE-Sigel: Lak(6):1.4, um 589–588 v. Chr., Jerusalem: Israel-Museum

Bei Ausgrabungen in den Jahren 1935 und 1938 wurden in einem Raum der Toranlage des biblischen Lachisch (heute: Tell ed Duweir) zunächst 18 und dann weitere 3 beschriftete Topfscherben in althebräischer Schrift gefunden. Sie befanden sich in einer Brandschicht, die offenbar bei der Zerstörung der Stadt durch die Babylonier entstand. Danach gehören die Ostraka in die letzte Zeit des Südreichs, bevor Staat und Tempel 588/87 v. Chr. untergingen. Dem Inhalt nach handelt es sich zumeist um Briefe aus einer militärischen Korrespondenz, die uns ein Bild der bedrängten Lage Judas während der babylonischen Invasion vermittelt.

Beim vorliegenden Brief handelt es sich um das Bruchstück eines Vorratskruges, das beidseitig mit Tinte beschriftet ist. Wie üblich wurde zunächst die Außenseite der Scherbe beschrieben. Als der Platz jedoch nicht ausreichte, wechselte sein Schreiber auf die weniger glatte Innenseite. Der Brief richtet sich sehr wahrscheinlich an den Kommandanten der Festung, obwohl eine Empfängerangabe fehlt. Er beginnt mit einem Segenswunsch und vermeldet anschließend die Ausführung der erhaltenen Befehle. Am Schluss berichtet der Schreiber, dass man die Rauchsignale von Lachisch gesehen habe, die man offenbar zu Übungszwecken hatte aufsteigen lassen.

Die Schrift ist schön und kursiv ausgeführt, das Ergebnis einer Jahrhunderte alten literarischen Tradition. Der Worttrenner ist allerdings sehr unregelmäßig gesetzt. Der Sprache nach bezeugen die Ostraka das Biblische Hebräisch und erinnern besonders an das Jeremiabuch und das Deuteronomium. Für die Hebraistik sind sie von großer philologischer, paläographischer und historischer Bedeutung. Sie werden heute teils im Israel-Museum in Jerusalem, teils in London aufbewahrt.

Abbildung: nach H. Torczyner, Lachish I (Tell ed-Duweir): The Lachish Letters, London 1938.
Text und Übersetzung: Renz / Röllig, HAE I, 419–422; Donner / Röllig, KAI, Nr. 194; TUAT I/6, 622.

5 Elephantine-Papyrus

Cowley-Papyrus 30, 408 v. Chr., Text: Brief an Bagohi Z. 1-17 (recto)

Bei Grabungen, die in den Jahren 1907 und 1908 auf der Nil-Insel Elephantine gegenüber Assuan im Auftrag der Berliner Papyruskommission vorgenommen wurden, kamen zahlreiche Papyri in aramäischer Sprache und Schrift zum Vorschein. Sie gehören dem 5. Jh. v. Chr. an und enthalten Briefe, Rechtsurkunden, Fragmente des Achikar-Romans, Bruchstücke einer aramäischen Übersetzung der Darius-Inschrift von Behistun u. a. Sie belegen auf der Nil-Insel die Existenz einer »jüdischen Militärkolonie« mit einem eigenen Jahu-Tempel (der Gottesnamen Jahwe wird in den Elephantine-Papyri stets Jahu geschrieben). Neben Jahu wurden dort auch Gottheiten wie Eschem-Betel, Anat-Betel, Anat-Jahu und Herem-Betel angerufen.

Bei dem abgebildeten Brief handelt es sich um die Vorderseite einer Petition, mit der sich die jüdische Gemeinde von Elephantine an den Statthalter der Provinz Jehuda wendet. Sie berichtet darin von der Zerstörung ihres Tempels, der durch die ägyptischen Priester des benachbarten Chnum-Tempels veranlasst worden ist. Anschließend bittet sie um die Erlaubnis und Unterstützung beim Wiederaufbau des Tempels. Der Gottesnamen »Jahu« mit dem Beinamen »der Herr des Himmels« findet sich am Ende der Z. 15 (יהו מרא שמיא). Ein gleichlautender Brief ging übrigens auch an die Söhne des Statthalters von Samaria, wie ein Zusatz in Z. 29 (verso) vermerkt.

Die Papyri bezeugen auf eindrückliche Weise die weite Verbreitung der aramäischen Sprache und Schrift im persischen Reich. Die aramäische Schrift, aus der die hebräische Quadratschrift, aber auch die Schriften der Nabatäer, Palmyrener und Syrer (Estrangelo) hervorgegangen sind, stellt einen zweiten Zweig des nordsemitischen Alphabets neben der phönizisch-althebräischen Schrift dar. Von den frühen Zeugnissen der aramäischen Schrift bis zu den Elephantine-Dokumenten lassen die Buchstabenformen eine Entwicklung erkennen, die sich folgendermaßen kennzeichnen lässt: a) Öffnung der Spitzen und Seiten einiger Buchstaben (Beth, Daleth und Resch, ʻAjin), b) Verminderung der Zahl einzelner Striche (z. B. in Cheth und Thet), c) Abrundung der Ecken und Entwicklung von Ligaturen. Dass die Umformung im 5. Jh. v. Chr. abgeschlossen ist, lässt besonders die kursive aramäische Schrift auf Papyrus erkennen.

Abbildung: nach E. Sachau, Aramäische Papyrus und Ostraka aus einer jüdischen Militär-Kolonie zu Elephantine, Band: Tafeln, Leipzig 1911, Tafel 1.
Text: Schwiderski, Inschriften, A:4.7(5); Übersetzung: TUAT I/3, 254–356.

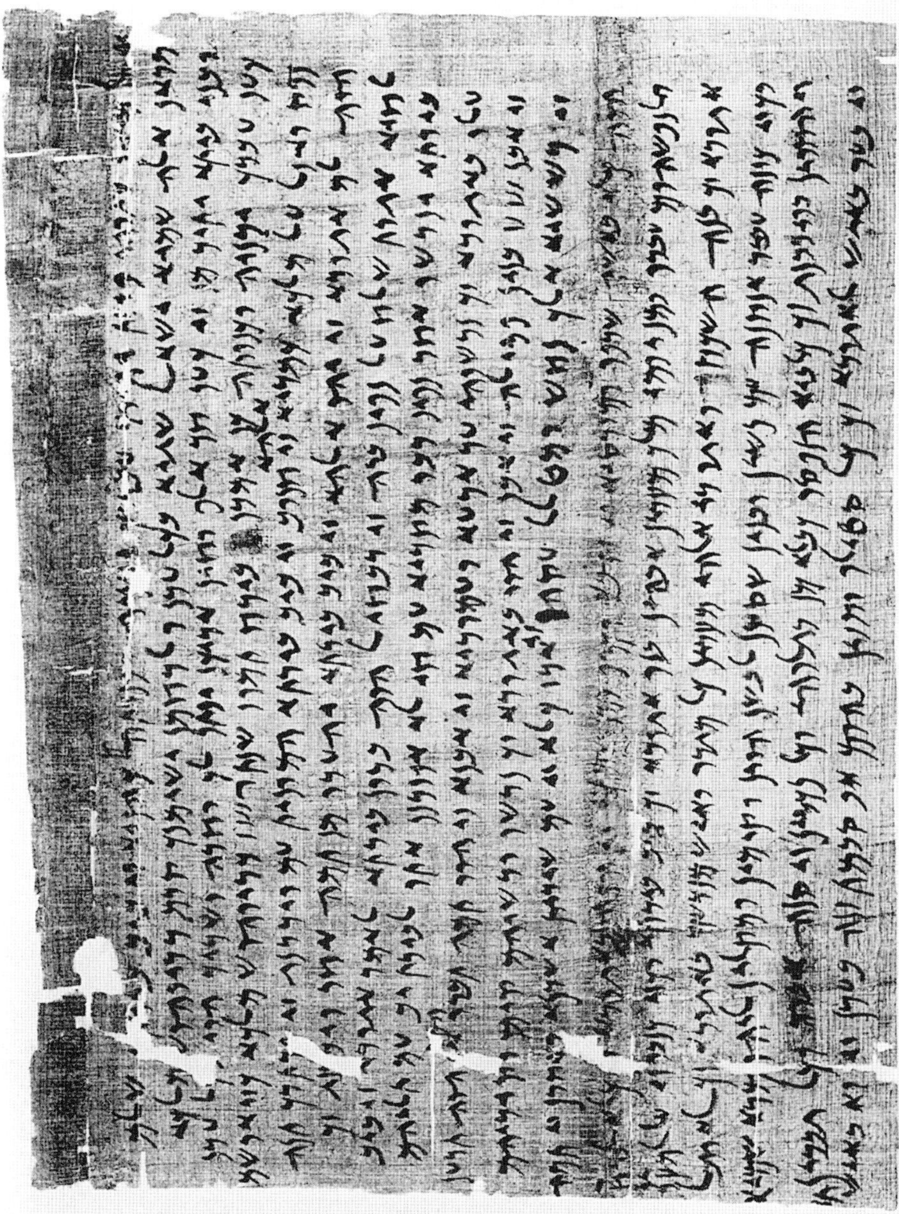

6 Papyrus Nash

2./1. Jh. v. Chr., Cambridge: Universitätsbibliothek (Ms Or 233), Textausschnitt: Dekalog, nach Ex 20 und Dtn 5 in ( ) ergänzt

(אנכי י)הוה אלהיך אשר (הוצא)תיך מארץ מ(צרים)
(לוא יהיה ל)ך אלהים אחרים (על־פנ)י לוא תעשה (לך פסל)
(וכל תמונה) אשר בשמים ממעל ואשר בארץ (מתחת)
(ואשר במים) מתחת לארץ לוא תשתחוה להם (ולוא)
(תעבדם כי) אנכי יהוה אלהיך אל קנוא פק(ד עון אבות)
(על בני)ם על שלשים ועל רבעים לשנאי (ועשה חסד)
(לאלפים) לאהבי ולשמרי מצותי לוא ת(שא את שם)
(יהוה א)להיך לשוא כי לוא ינקה יהוה (את אשר)
(ישא את ש)מה לשוא זכור את יום השבת ל(קדשו)
(ששת ימים) תעבוד ועשית כל מלאכתך וביום (השביעי)
(שבת ליהוה) אלהיך לוא תעשה בה כל מלאכ(ה אתה)
(ובנך ובתך) עבדך ואמתך שורך וחמרך וכל ב(המתך)
(וגרך אשר) בשעריך כי ששת י(מי)ם עשה י(הוה)
(את השמי)ם ואת הארץ את הים ואת כל א(שר בם)
(וינח ביום) השביעי עלכן ברך יהוה את (יום)
השביעי ויקדשיו כבד את אביך ואת אמ(ך למען)
ייטב לך ולמען יאריכון ימיך על האדמה (אשר)
יהוה אלהיך נתן לך לוא תנאף לוא תרצח לו(א)
(תג)נב לוא תענה ברעך עד שוא לוא תחמוד (את)
(אשת רעך לו)א תתאוה את ב(י)ת רעך שד(הו ועבדו)
(ואמתו וש)ורו וחמרו וכל אשר לרעך
(ואלה החק)ים והמשפטים אשר צוה משה את (בני)
(ישראל) במדבר בצאתם מארץ מצרים שמ(ע)
(ישרא)ל יהוה אלהינו יהוה אחד הוא וא(הבת)

7 Eingang der Höhle 1 von Qumran

Im Frühjahr 1947 tauchten in Jerusalem die berühmten Handschriften auf, die Beduinen in einer in der Nähe des Toten Meeres gelegenen Höhle gefunden hatten. Bei ihnen handelt es sich um die erste Jesajarolle (1QJes[a]), die Gemeinderegel (1QS, 1QS[a] und 1QS[b]) und den Kommentar zum Habakuk (1QpHab). Die Höhle selbst konnte wegen des Krieges in Palästina erst zu Beginn des Jahres 1949 ausfindig gemacht und unter Leitung von Lankester Harding und Roland de Vaux untersucht werden. Die Ausgräber konnten jedoch keine umfangreicheren Texte mehr bergen. Bei späteren Erkundungen wurden in der mittelbaren Umgebung noch etwa 30 andere Höhlen festgestellt, die Spuren antiker Benutzung aufwiesen. In zehn von ihnen wurden wiederum Handschriftenreste mit teilweise bedeutendem Umfang geborgen (Höhlen 2–11).

Alle diese Höhlen liegen in der Umgebung der Chirbet Qumran. Die antike Siedlung wurde etwa um 100 v. Chr. als Schriftrollenwerkstatt oder als landwirtschaftlicher Betrieb gegründet und bestand bis zum ersten jüdischen Krieg (66–70 n. Chr.). In dessen Verlauf wurde sie von römischen Truppen im Jahr 68 n. Chr. zerstört. Höchstwahrscheinlich befanden sich die später entdeckten Schriftrollen zuvor in der Siedlung und wurden von dort in die umliegenden Höhlen gebracht, um sie vor den Kriegsereignissen zu bewahren. Nach der Zerstörung Qumrans unterhielten die Römer in der Siedlung einen Militärposten. Später dürfte sie den Aufständischen des zweiten jüdischen Krieges als Stützpunkt gedient haben.

Höhle 1 liegt in einer besonders trockenen Gegend Palästinas, 12 km südlich von Jericho und 1 km nördlich der Siedlung von Qumran, ca. 150 m über der Ebene an einem mühsam zu erkletternden Steilhang. Der ursprüngliche Eingang zur Höhle bestand nur aus der kleinen runden Öffnung, die in der Abbildung durch einen Pfeil markiert ist.

Abbildung: Foto © Radu Mendrea.

8 Zwei Krüge aus Höhle 1

Die abgebildeten unversehrten Krüge wurden bei der Entdeckung der Höhle 1 von den Beduinen mitgenommen und konnten später von Professor Sukenik (Jerusalern) erworben werden. Sie haben eine Höhe (ohne Deckel) von 65,7 bzw. 47,5 cm und einen Durchmesser von 25 bzw. 26,5 cm. Sie waren dazu bestimmt, die Rollen vor äußeren Einwirkungen zu schützen.

Bei der wissenschaftlichen Untersuchung der Höhle wurden Scherben von etwa 50 anderen Krügen gleicher oder ähnlicher Art gefunden. Da jeder Krug drei und mehr Rollen fassen konnte, wurde immer wieder vermutet, dass sich einmal 150–200 Schriftrollen in der Höhle befunden haben könnten. Doch gibt es dafür keinen Beweis. Denkbar ist lediglich, dass eine Ausräumung der Höhle bereits vor Jahrhunderten stattgefunden hat. In diesem Fall könnte man sich auf einen Brief des nestorianischen Patriarchen Timotheos I. von Seleukia (727–823) beziehen, in dem es heißt, dass ein jagender Araber durch seinen Hund in eine Höhle geführt worden sei, in der sich zahlreiche Bücher befanden. Anschließend sei der Jäger nach Jerusalem gegangen und habe den Juden von seiner Entdeckung berichtet. Diese gingen hin und fanden in der Höhle die Bücher des Alten Testaments und andere Rollen in hebräischer Schrift.

Krüge gleicher oder ähnlicher Art wurden auch in den benachbarten Höhlen und in der Siedlung von Qumran selbst gefunden. Sie sind für die Datierung wichtig, weil alle diese Keramik der hellenistischen und römischen Epoche entstammt.

Abbildung: nach E. L. Sukenik, Megillot Genuzot II, Jerusalem 1950.
Literatur: O. Eißfeldt, Der gegenwärtige Stand der Erforschung der in Palästina neu gefundenen hebräischen Handschriften. 7. Der Anlaß zur Entdeckung der Höhle und ihr ähnliche Vorgänge aus älterer Zeit, ThLZ 74 (1949), 597–600 (= Kleine Schriften III, Tübingen 1966, 71–74).

9 Zwei Qumran-Fragmente aus Höhle 4

4QSam^{b} (= 4Q52), 3. Jh. v. Chr., 4QDtn^{q} (= 4Q44), zweite Hälfte 1. Jh. v. Chr.

a) Samuel-Fragment (1. Sam 23,9-13)

Die Fragmente der Schriftrolle 4QSam^{b} gehören zu den ältesten Bibeltexten aus Qumran und werden um die Mitte des 3. Jh.s v. Chr. datiert.

Abbildung: mit freundlicher Erlaubnis der Israel Antiquities Authority (PAM 43.076).
Text und Beschreibung: DJD XVII, 219–246.

b) Deuteronomium-Fragment des Moseliedes (Dtn 32,43)

Die in Stichen geschriebenen Fragmente einer Moselied-Rolle sind besonders bemerkenswert. Denn sie bieten (zusammen mit der LXX) einen ursprünglicheren Text als MT, der gekürzt und von mythologischen Elementen gereinigt worden ist. So fehlt in der masoretischen Fassung des hier abgebildeten V. 43 die Proskynese der Himmel(swesen) und der Götter:

4QDtn^{q}	MT
הרנינו שמים עמו	הרנינו גוים עמו
והשתחוו לו כל אלהים	
כי דם בניו יקום	כי דם־עבדיו יקום
ונקם ישיב לצריו	ונקם ישיב לצריו
ולמשנאיו ישלם	
ויכפר אדמת עמו	וכפר אדמתו עמו

Jubelt, ihr Himmel, mit ihm,	Preist, ihr Völker, sein Volk!
und werft euch vor ihm nieder, all ihr Götter!	
Denn das Blut seiner Söhne rächt er,	Denn das Blut seiner Knechte rächt er,
und Rache übt er an seinen Feinden.	und Rache übt er an seinen Feinden.
Und seinen Hassern vergilt er,	
und entsühnte das Land seines Volkes.	Aber sein Land, sein Volk entsühnt er.

Für die Qumran-Rolle als ursprünglichen Text spricht auch sein poetischer Aufbau, der Abschnitt besteht aus drei Parallelismen. Dagegen fehlt in der gekürzten masoretischen Fassung zur ersten und letzten Halbzeile jeweils eine parallele Aussage.

Abbildung: mit freundlicher Erlaubnis der Israel Antiquities Authority (PAM 41.350).
Text und Beschreibung: DJD XIV, 137–142.

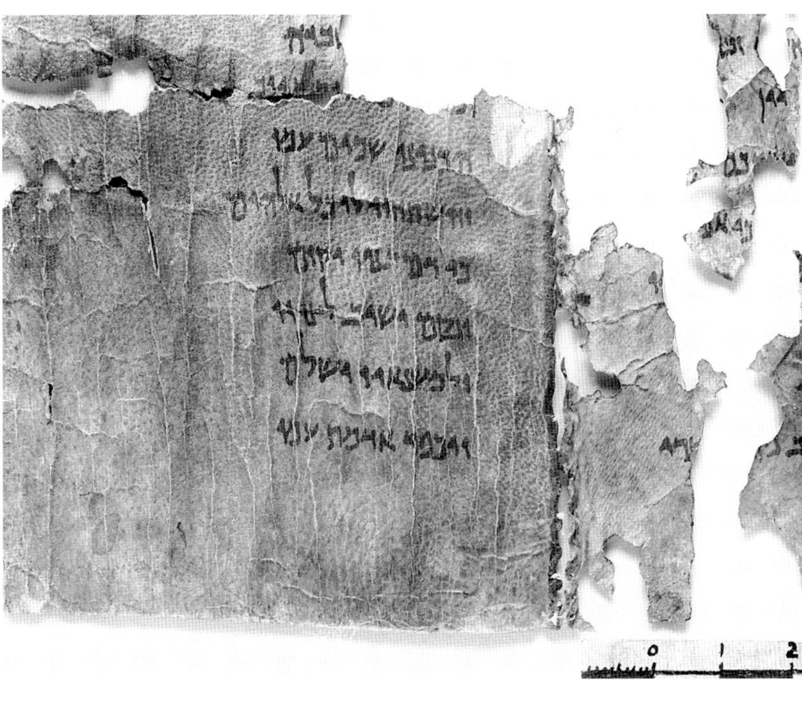
0 1 2

10 Erste Jesajarolle

1QJes[a], 125–100 v. Chr., Jerusalem: Schrein des Buches

Die erste Jesajarolle ist aufgerollt bei Kolumne 32 und 33 (Jes 38,8–40,28). Man sieht deutlich, wie die Rolle aus einzelnen Lederstücken zusammengeheftet ist. Auch die Handhabung lässt sich erkennen: Rechts befindet sich der Anfang, in der Mitte ein Satzspiegel von zwei Kolumnen, links das Ende der Rolle. Wollte man den Text der nächsten beiden Kolumnen lesen (»umblättern«), zog man die Rolle mit der linken Hand weiter auf, und rollte die bereits gelesenen Abschnitte mit der rechten Hand wieder ein. Am Ende der Handschrift wurde ein Stück unbeschrieben gelassen, damit es die ganze Rolle als Schutz umhüllte.

Nach Feststellung und Untersuchung des Fundorts (Höhle 1) darf es als sicher gelten, dass die aufgefundenen Rollen alt und echt sind. Obwohl Zweifel bei einer Herkunft aus dem Antikenhandel stets angezeigt sind, darf man sie bei der ersten Jesajarolle als ausgeräumt betrachten. Auch in der Frage der Datierung sind wesentliche Fortschritte erzielt worden. Da die Handschriften in den Höhlen versteckt wurden, bevor die römischen Truppen die Siedlung Qumran erreichten, gilt das Jahr ihrer Zerstörung (68 n. Chr.) als *terminus ante quem* für die Abfassung der Schriftrollen. Zur Zeit ihrer Deponierung konnten sie natürlich schon ein beträchtliches Alter haben. Darauf deuten auch teilweise Spuren starker Benützung in alter Zeit (vgl. die Rückseite der Rolle in der Bildtafel).

Wichtigstes Hilfsmittel zur Datierung der Schriftrollen ist die hebräische Paläographie. Sie ermöglicht es, die Schriftentwicklung vom 3. Jh. v. Chr. bis in das 2. Jh. n. Chr. zu verfolgen und die einzelnen Dokumente in diese Entwicklung einzureihen. So dürfte die erste Jesajarolle nach ihrem Schrifttyp die älteste Rolle aus Höhle 1 sein. Sie lässt sich in das letzte Viertel des 2. Jh.s v. Chr. datieren. Für die Buchstaben Kaph, Pe und Sade fehlen noch die Finalbuchstaben.

Abbildung: nach E. L. Sukenik, Megillot Genuzot II, Jerusalem 1950.

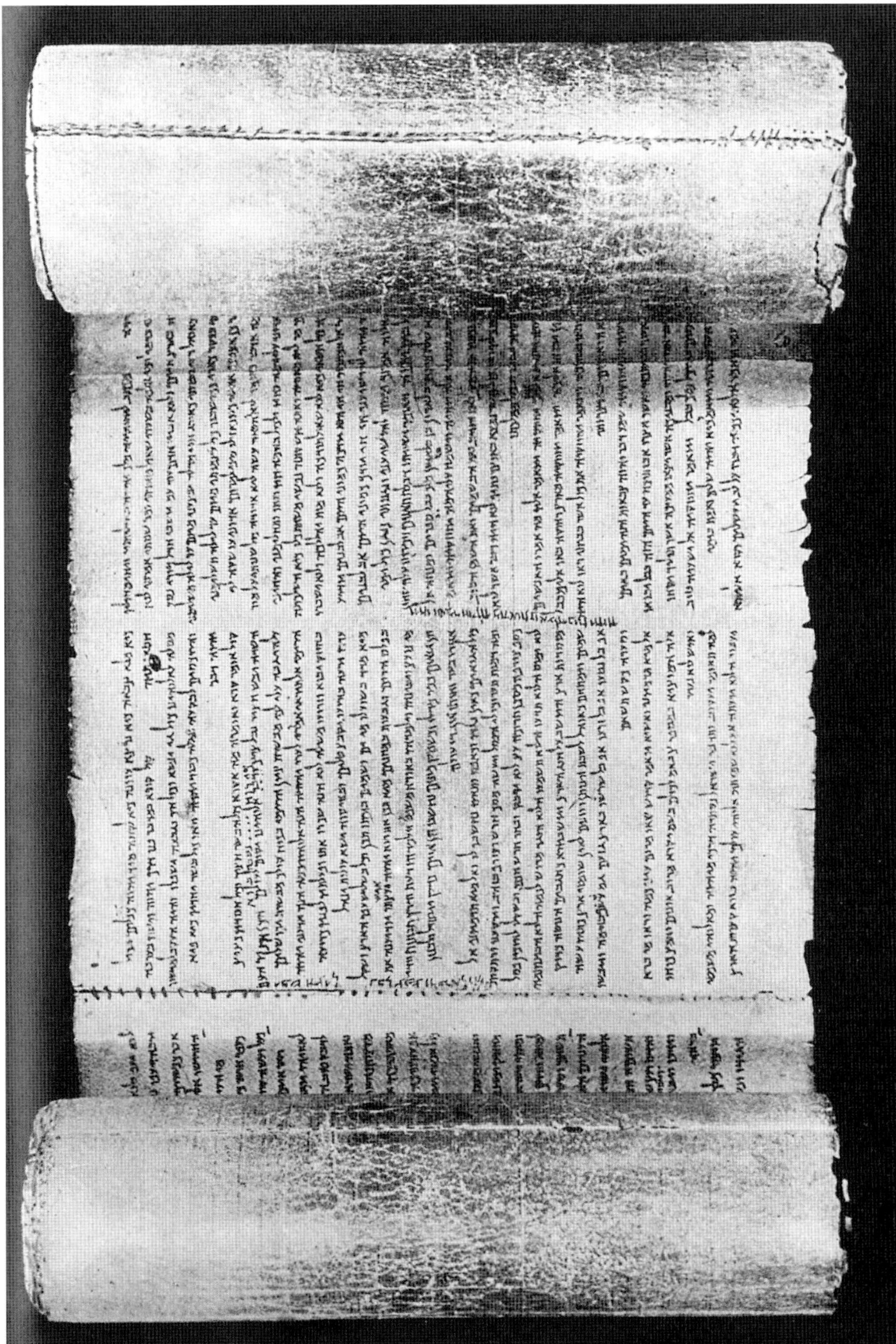

11 Erste Jesajarolle (Ausschnitt)

Die Abbildung zeigt den Textausschnitt Jes 40,6-20. Darauf kann man erkennen, dass im ursprünglichen Text der Jesajarolle in V. 7-8 folgende Worte des MT fehlen: כי רוח יהוה נשבה בו אכן חציר העם יבש חציר נבל ציץ. Eine spätere Hand hat sie in unschöner Schrift zwischen den Zeilen und am linken Rand der Kolumne nachgetragen. Die Erklärung liegt nahe, dass die Auslassung durch Homoioteleuton verursacht worden ist: Das Auge des Abschreibers sprang in V. 7 von נבל ציץ »die Blume welkt« nach vorne zu den gleichen Worten in V. 8. Auffallend ist jedoch, dass der ausgelassene Passus auch in der Septuaginta fehlt, Origenes hat ihn mit Asteriskos versehen. Der Befund lässt sich unterschiedlich beurteilen. Zum einen ist denkbar, dass die Übereinstimmung zwischen dem ursprünglichen Text der Jesajarolle und der Septuaginta rein zufällig ist. Das Homoioteleuton hätte dann da und dort zur Auslassung geführt. Zum anderen ist aber auch möglich, dass der Masoretentext das Ergebnis einer späteren Erweiterung ist, die sich in den Vorlagen der Septuaginta und der Jesajarolle noch nicht fand.

In dem supralinear geschriebenen Nachtrag stehen vier Punkte statt des Gottesnamens Jahwe. Empfand der Schreiber solche Scheu vor dem Gottesnamen, dass er ihn nicht zu schreiben wagte? Näher liegt die Annahme, dass er den Raum für den Gottesnamen aussparte, um ihn später in anderer Schrift einzutragen. Jedenfalls wurde in dieser Weise auch bei anderen Texten verfahren, in die man den Namen Jahwe nachträglich mit althebräischen Buchstaben einsetzte. Wiederum anders sind die Punkte unter dem Wort דבר in V. 7 zu deuten. Sie sollten vermutlich anzeigen, dass die markierten Buchstaben und damit das Wort zu streichen sei. Es handelt sich folglich um Tilgungszeichen.

Von den zahlreichen Varianten dieses Abschnittes sind zwei von besonderer Wichtigkeit: In Jes 40,6 bestätigt ואומרה »und *ich* sprach« (gegenüber MT ואמר) die Richtigkeit der üblichen Verbesserung וָאֹמַר (vgl. G und V). Und in Jes 40,17 spricht die Schreibung וכאפס »und wie ein Nichts« (gegenüber MT מאפס) für die Konjektur כְּאֶפֶס (vgl. den Apparat der BHS zur Stelle).

Abbildung: mit freundlicher Erlaubnis der Israel Antiquities Authority (Foto © The Israel Museum, Jerusalem).
Text: P. W. Flint / E. Ulrich, Qumran Cave 1.II: The Isaiah Scrolls, DJD XXXII, Oxford (in Vorbereitung).

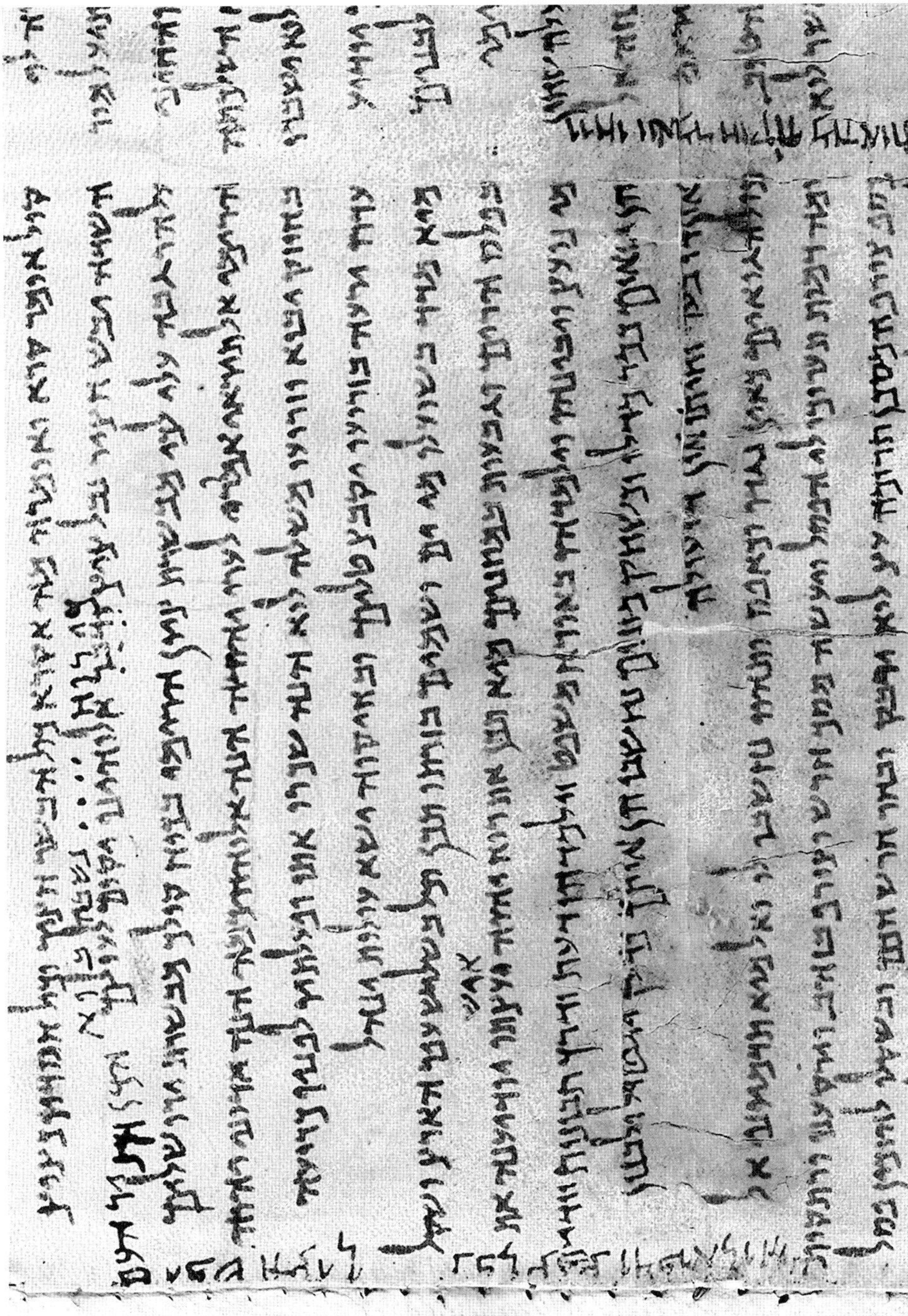

12 Zweite Jesajarolle

1QJes[b] (= 1Q8), 1. Jh. v. Chr., Textausschnitt: Jes 48,17–49,7; 50,7–51,8

Die zweite Jesajarolle befindet sich in einem schlechten Zustand, wie auch die Abbildung zeigt. Das Leder ist zum Teil verfault, so dass von jeder Kolumne ein Stück zerstört ist. Überhaupt gestaltete sich die Öffnung der Rolle besonders schwierig, weil das Leder vielfach zusammengeklebt war. Die erhaltenen Stücke gehören zu Deuterojesaja und bieten hier in der ersten Kolumne Jes 48,17–49,7 und in der zweiten Jes 50,7–51,8. Aus dem Protojesajabuch liegen dagegen nur Fragmente vor.

Die Schrift ist verhältnismäßig klein, aber schön und deutlich. Kommt man von der ersten Jesajarolle her, so ist man überrascht, wie sehr der Text der zweiten Jesajarolle mit MT übereinstimmt. Zum Teil sind die Vokalbuchstaben noch spärlicher gesetzt als im Masoretentext: שלמך (MT שלומך) 48,18; צר (MT צור) 48,21; כלתי (MT כליתי) 49,4. Umgekehrt findet sich aber auch ein Plus von Vokalbuchstaben gegenüber MT: יוצרי (MT יצרי) 49,5; גואל (MT גאל) und קדוש (MT קדש) 49,7. Abweichungen vom masoretischen Konsonantentext zeigen sich dagegen in: 48,17 מדרכיך (MT מדריכך); 49,4 אך (MT אכן); 49,6 הנקל (MT נקל) und ארץ (MT הארץ); 49,7 zusammen mit der ersten Jesajarolle אדני יהוה (MT אדני) sowie יקומו (MT וקמו); 50,11 ומאזרי (MT מאזרי). Insgesamt bietet die zweite Jesajarolle bedeutend weniger Abweichungen von MT als die erste, und diese gehen nicht über das hinaus, was sich auch in mittelalterlichen Handschriften an Differenzen beobachten lässt. Damit lässt sie sich zweifelsfrei der protomasoretischen Texttradition zuordnen.

Abbildung: nach E. L. Sukenik, Megillot Genuzot II, Jerusalem 1950.
Text: P. W. Flint / E. Ulrich, Qumran Cave 1.II: The Isaiah Scrolls, DJD XXXII, Oxford (in Vorbereitung).

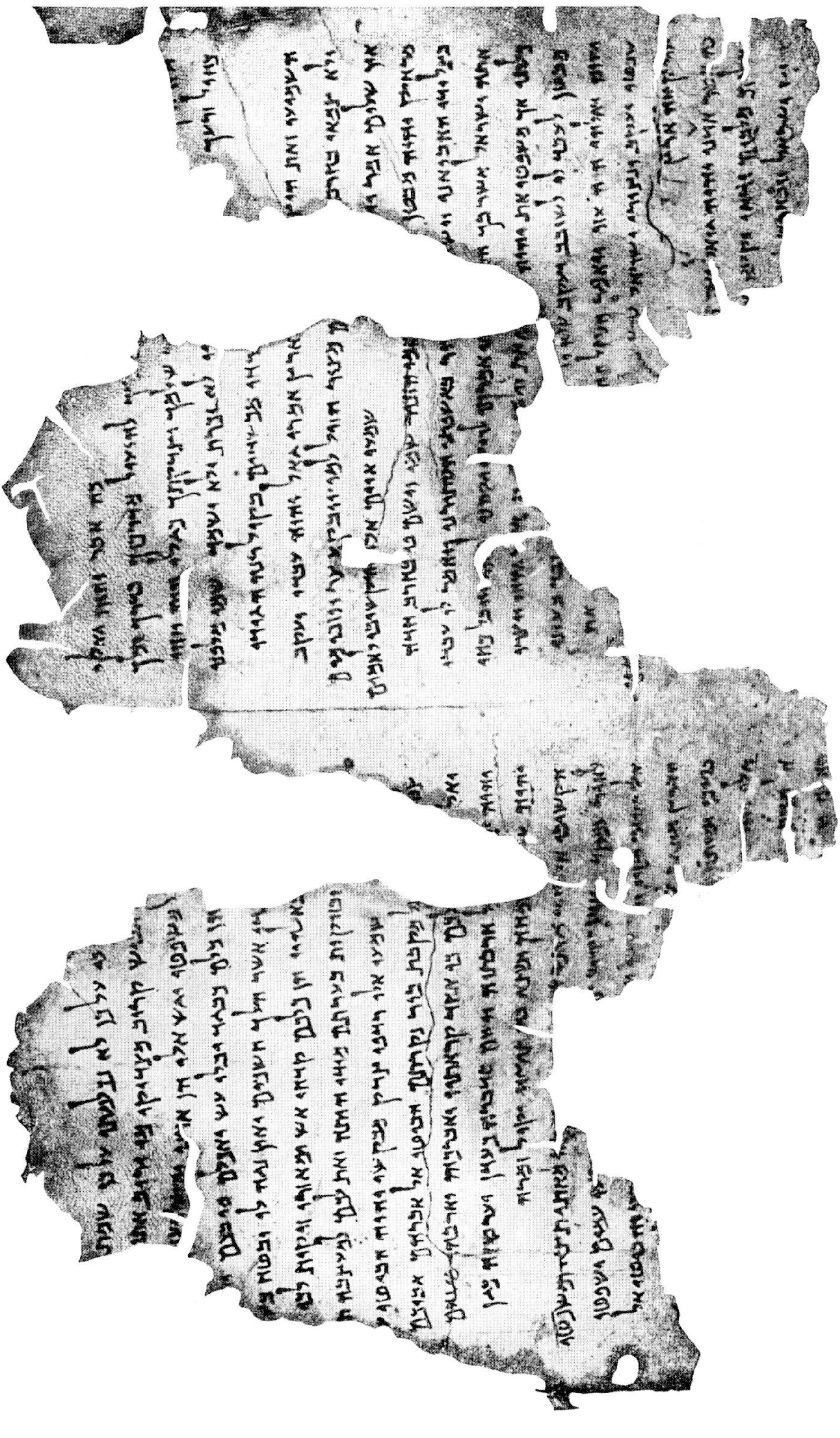

13 Habakuk-Kommentar

1QpHab, 1. Jh. n. Chr., Textausschnitt: Kol. IX und X zu Hab 2,7-14

Die Rolle ist von besonderer religionsgeschichtlicher Bedeutung, weil sie uns – wie die Gemeinderegel und andere Qumrantexte - neue Erkenntnisse über eine religiöse Bewegung des vorchristlichen Judentums schenkt. Für Textgeschichte und Textkritik des Alten Testaments ist sie wichtig, weil hier die Prophetenworte Hab 1 und 2 Satz um Satz zitiert und kommentiert werden. Ähnlich wie bei der ersten Jesajarolle weicht der im Habakuk-Kommentar zitierte Text vom Masoretentext ab. An einigen Stellen gehen aber auch Zitat und Kommentar hinsichtlich des Habakuk-Textes auseinander (vgl. Hab 1,8.11; 2,16).

Besonders bemerkenswert ist, dass der Gottesname Jahwe in althebräischer Schrift geschrieben wird (vgl. die linke Kolumne Z. 7 und 14). Von dieser besonderen Schreibung des Gottesnamens berichten auch Origenes und eine jüdische Überlieferung. Unter den Geniza-Texten aus Alt-Kairo fanden sich sogar Fragmente einer Aquila-Übersetzung, in denen mitten im griechischen Text der Gottesnamen Jahwe in althebräischer Schrift steht. Es muss sich also dabei um eine einst weit verbreitete Übung handeln.

In seinem eigenen Text vermeidet der Kommentator des Buches Habakuk das Tetragramm und gebraucht statt dessen den Gottesnamen El. In der Zeit, in der diese Handschriften entstanden, sprach man offenbar schon *adonaj* statt Jahwe. Dafür lässt sich die Beobachtung anführen, dass die erste Jesajarolle u. a. אדני überliefert, wo MT יהוה hat (Jes 3,17) und umgekehrt (Jes 6,11; 7,14; 9,7; 21,16; 28,2). Man schließt daraus, dass יהוה – ob in althebräischer oder Quadratschrift geschrieben – nur noch die Bedeutung eines Ideogramms für אדני besaß.

In der Abbildung beachte man auch die deutlich sichtbaren waagrechten Linien, an denen die Buchstaben aufgehängt sind, und die vertikalen, die die Kolumnen begrenzen. Schriftgelehrten des 3. Jh.s n. Chr. galten die Linien als notwendiger Bestandteil eines Buches. Sie führten die Linierung auf Adam zurück und gaben ihr dadurch eine altehrwürdige Bedeutung.

Abbildung: Scrolls from Qumran Cave I: The Great Isaiah Scroll; The Order of the Community; The Pesher to Habakkuk. From Photographs by J. S. Trever, Jerusalem 1972.
Text und Übersetzung: Lohse, Texte aus Qumran [I], 227–243.

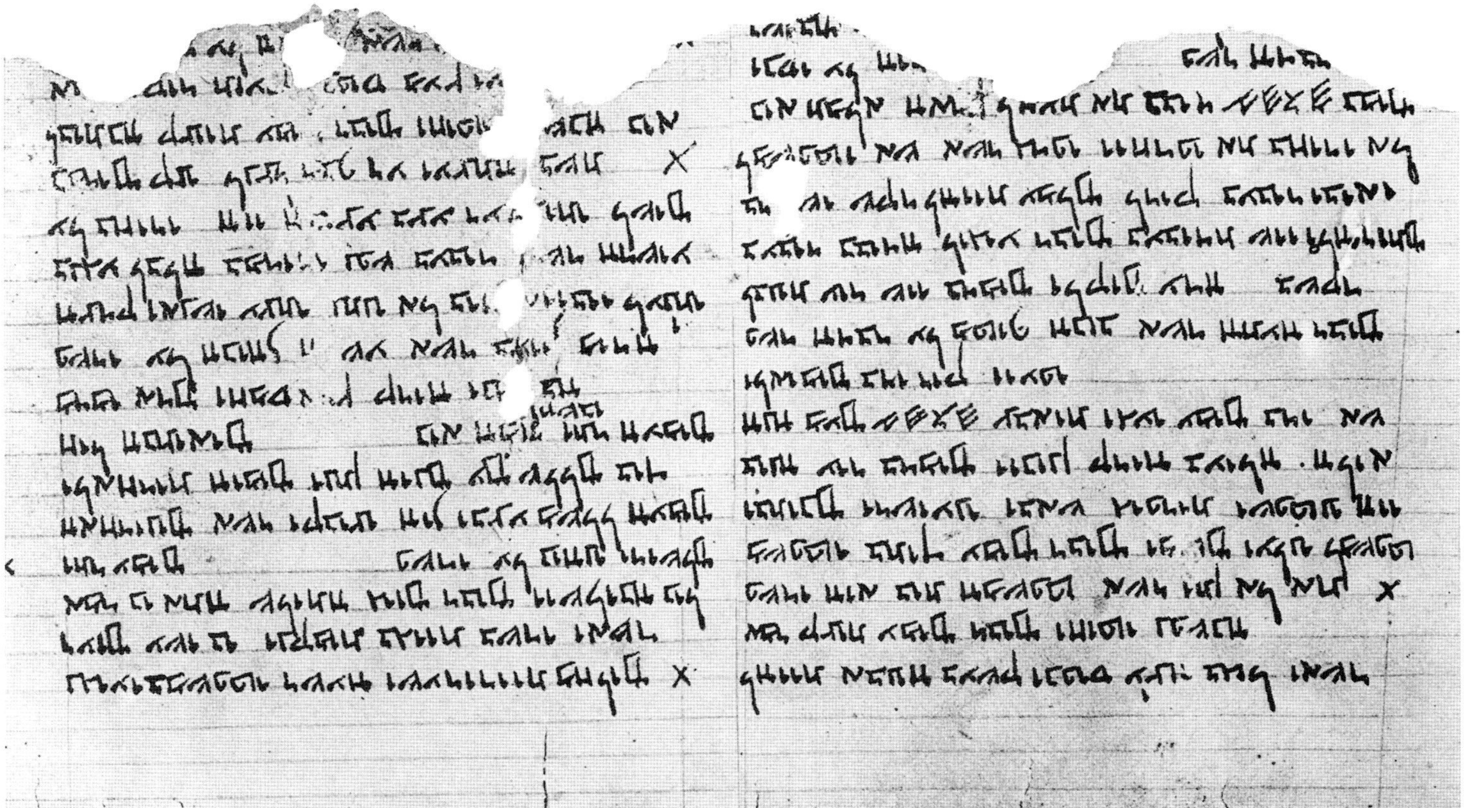

14 Levitikus-Fragmente in althebräischer Schrift
1QpalaeoLev (= 1Q3)

Die abgebildeten Texte enthalten Teile von Lev 19,31-34; 20,20-23; 21,24–22,3 und 22,4.5. Sie wurden bei der im Februar 1949 von Lankester Harding und Roland de Vaux geleiteten Untersuchung der Höhle 1 geborgen. Zum ersten Mal tritt uns in diesen Fragmenten die althebräische Schrift auf Leder geschrieben entgegen. Auch in ihr wird ein Punkt als Worttrenner verwendet. Es findet sich ferner eine Variante zu MT: In 20,21 steht היא statt des masoretischen הוא mit Qere perpetuum.

Die Vermutung, dass die Fragmente samaritanischer Herkunft seien, lag insofern nahe, als die Samaritaner bekanntlich für ihre Tora die althebräische Schrift verwendeten. Jedoch ließ sich zeigen, dass in Lev 20,22, wo die jüdische und samaritanische Überlieferung auseinander gehen, die Qumran-Fragmente dem jüdischen Text folgen. Die Datierung verursachte zunächst große Schwierigkeiten, weil man noch nicht über entsprechendes Vergleichsmaterial verfügte; die Ansätze schwankten zwischen dem 5. und 1. Jh. v. Chr. Der Gebrauch der althebräischen Schrift sagt freilich noch nichts über das Alter einer Handschrift. Rollen in dieser Schrift gab es auch noch in den ersten Jahrhunderten n. Chr. Inzwischen geht man davon aus, dass die althebräisch geschriebenen Texte aus Qumran denselben Zeiträumen entstammen wie die Texte in Quadratschrift. Wahrscheinlich erlebte die althebräische Schrift, die sich aus vorexilischer Zeit erhalten hat, in der makkabäischen Zeit mit ihrem nationalen Hochgefühl eine Erneuerung.

Wie der samaritanische Text seine Parallelen in Qumran hat, so auch die von den Samaritanern gebrauchte und allein weitertradierte Schrift. Es ist allerdings interessant, dass die althebräisch geschriebenen Bibeltexte aus Qumran bis auf eine Ausnahme zur Gruppe der protomasoretischen Texttradition gehören.

Abbildung: nach E. L. Sukenik, Megillot Genuzot II, Jerusalem 1950.
Text: DJD I, 51–53.

אלהיכם . מפנ[י]

מאלהיך . אני . יהו[ה]

את[ו] כאזרח . מכם

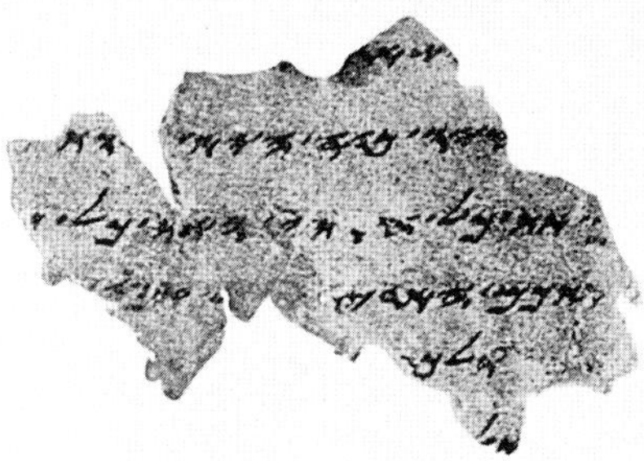

ישאו

[א]חיו . נדה . היא . [ער]ות

[ושמרת]ם . את . כל . חקתי . ואת . כל .

אתכם . הארץ . אשר . אני .

תלכו

אל[ה]

ישראל

. בניו .

. אשר .

[לדרתיכ]ם . כל . איש . אשר .

[א]שר . י[קדישו] . בני .

[מלפ]ני . [א]נ[י]

נפ[ש]

בכל . ש[רץ]

15 Kohelet-Fragmente aus Höhle 4

4QQoh[a] (= 4Q109), 2. Jh. v. Chr., Amman: Archäologisches Museum

Von der Handschrift 4QQoh[a] sind sieben Fragmente erhalten. Fragment 1 ist am umfangreichsten und bietet den oberen Teil der Schriftrolle mit Kol. II in ihrer ganzen Breite sowie Resten von Kol. I und III. Fragment 2 bietet erkennbar nur zwei bis drei Buchstaben א על. Man vermutet, dass es sich um Reste von Koh 6,1 handelt, nämlich seiner letzten drei Wörter [הי]א על [האדם] »dies (lastet schwer) auf dem Menschen«. Die übrigen fünf Fragmente lassen sich dagegen zu einem zusammenhängenden Textstück zusammenfügen, das den unteren Teil von Kol. II darstellt und Reste von Kol. III. Die Handschrift ist in der qumranischen Schreiberpraxis ausgeführt, wofür sich die Schreibweise von כיא anführen lässt, dem letzten Wort in Zeile 1 von Kol. I.

Interessant sind vor allem die Korrekturen, die sich in dieser nicht besonders sorgfältig gearbeiteten Schriftrolle beobachten lassen. In Kol. II Zeile 2 wurde das erste Wort ausgestrichen. Anschließend hat der Schreiber am Ende von Zeile 1 die drei Wörter הלך ובחושך שמו »(und in Dunkelheit) geht sie und in Dunkelheit ist ihr Name verhüllt« auf den oberen Rand geschrieben. An diesem Beispiel Koh 6,4 lässt sich sehr schön sehen, dass der Schreiber zunächst vom ersten Wort »Dunkelheit« zum zweiten gesprungen ist (aberratio oculi) und durch diesen Flüchtigkeitsfehler zwei Wörter in seinem Text ausgelassen hat. Als er jedoch seinen Irrtum bemerkte, hat er die beiden fehlenden Wörter auf dem oberen Rand nachgetragen und das anschließende Wort zugefügt. Dieses stand jedoch schon am Anfang von Zeile 2 und musste deshalb gestrichen werden.

Am Ende von Kol. II lässt sich in der letzten Zeile das Schlusswort von Koh 7,6 lesen, nämlich der Rest von [ה]בל »Windhauch«. Anschließend folgt ein leeres Zeilenende, das gewöhnlich einen Absatz markiert und erwarten lässt, dass Kol. III und damit Koh 7,7 mit einem neuen Spruch beginnt. Doch wurden die ersten Wörter von Kol. III offensichtlich ausradiert. Nur noch ein Mem ist davon schwach zu erkennen. Bei dieser Radierung handelt es sich um eine nachträgliche Korrektur, die erkennbar dem Zweck diente, die Textversion der Schriftrolle an den Masoretentext anzugleichen. Berechnet man nämlich die Wörter von Kol. III, ergibt sich an ihrem Anfang eine Lücke von ca. 15-20 Buchstaben gegenüber MT. 4QQoh[a] bot also einen längeren Text, der durch die Radierung leider verloren gegangen ist.

Abbildung: E. Ulrich, Ezra and Qoheleth Manuscripts from Qumran (4QEzra and 4QQoh[a,b]), in: Priests, Prophets and Scribes (FS J. Blenkinsopp), JSOT.S 149, Sheffield 1992, 150 (Plate 2).
Text und Beschreibung: DJD XVI, 221–226.

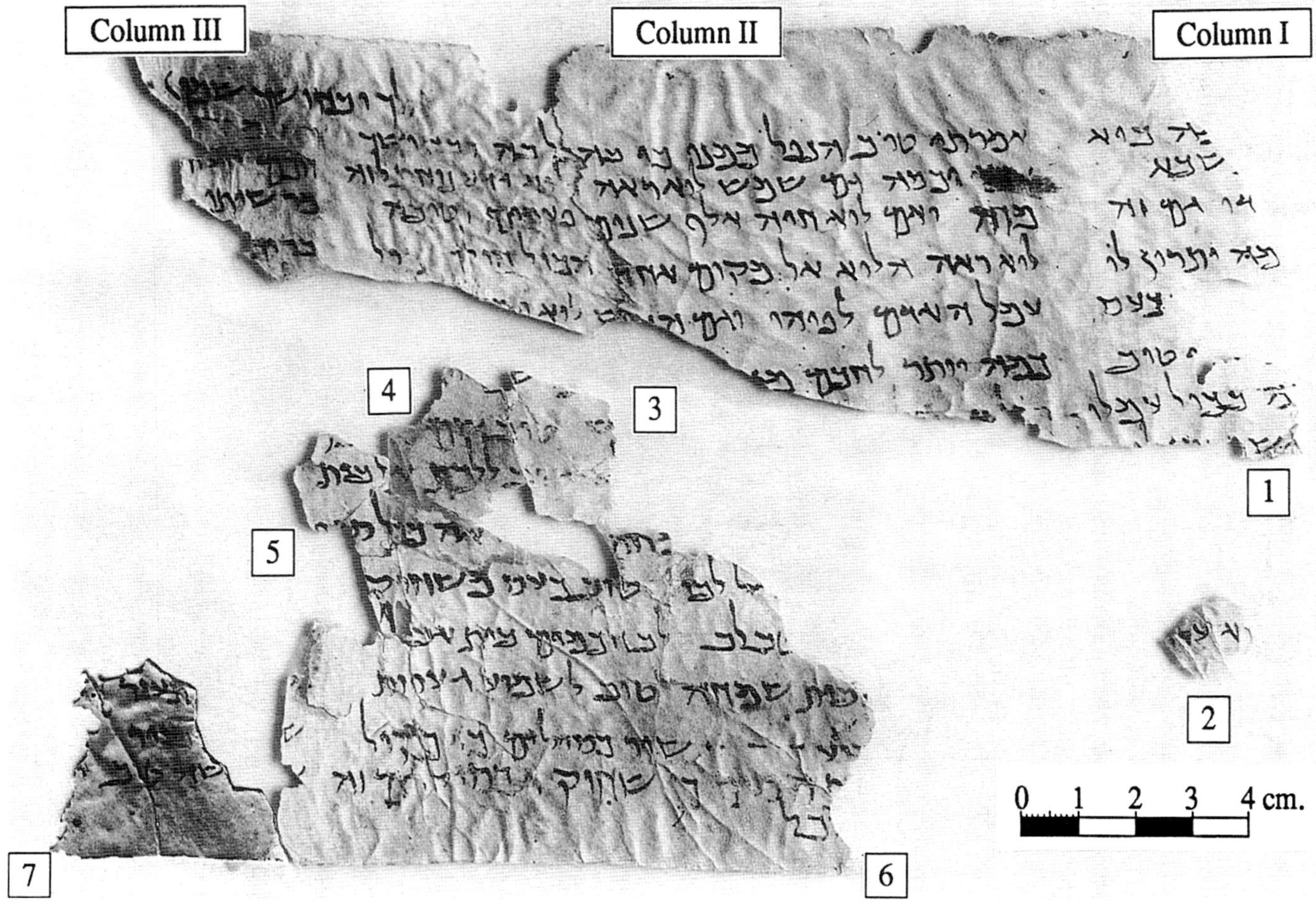
Column III
Column II
Column I
1
2
3
4
5
6
7
0 1 2 3 4 cm.

16 Zwölfprophetenrolle aus Murabbaʿat

Mur XII 88, 2. Jh. n. Chr., Textausschnitt: Am 8,11–9,15

Im Herbst 1951 wurden von Beduinen in dem tief eingeschnittenen Wadi Murabbaʿat in der Wüste Juda, 17 km südlich von Qumran und ohne Zusammenhang mit diesem, vier Höhlen entdeckt und im Frühjahr 1952 von Lankester Harding und Roland de Vaux eingehend untersucht. Aus den Fundgegenständen ergab sich, dass die Höhlen vom Chalkolithikum (4. Jahrtausend v. Chr.) bis in die arabische Zeit mehrmals bewohnt waren. Aus der Besiedlung im 8. Jh. v. Chr. stammt das erwähnte Papyrus-Palimpsest in althebräischer Schrift (siehe 1.3), das älteste hebräisch beschriebene Papyrusblatt aus Palästina. Während des zweiten jüdischen Aufstandes (132–135 n. Chr.) dienten die Höhlen einer Gruppe jüdischer Widerstandskämpfer als Zufluchtsort. Das geht aus zahlreichen dort gefundenen Dokumenten hervor, darunter zwei Briefe des Simon ben Kosiba (Bar Kochba).

Die Zwölfprophetenrolle, von der hier Kolumne VIII abgebildet ist, wurde 1955 von Beduinen in einer fünften Höhle entdeckt, die als Grab verwendet worden ist. Die Handschrift wird in das 2. Jh. n. Chr. datiert. Die Schriftform ist entwickelter und in den Murabbaʿat-Texten überhaupt einheitlicher als in den Qumran-Texten. Sie erinnert schon stark an die Schrift mittelalterlicher Handschriften. Der Text stimmt fast völlig mit dem Masoretentext überein, so dass man in der ersten Hälfte des 2. Jh. n. Chr. von einem autoritativen Standardtext sprechen kann.

Zur Markierung des Buchendes von Amos sind in der Schriftrolle drei Zeilen am Ende der Kolumne (und die zwei ersten Zeilen der folgenden Kolumne) freigelassen. Einzelne freie Zeilen (Z. 6, 18, 22) deuten auf die Kennzeichnung von Textabschnitten hin (vgl. in der BHS die Setuma-Markierung nach Am 8,14 und die Petucha-Markierung nach Am 9,12, während sich der neue Abschnitt nach Am 9,6 in MT nicht findet).

Abbildung: mit freundlicher Erlaubnis der Israel Antiquities Authority (PAM 42.345).
Text und Beschreibung: DJD II/Texte, 181–205.

17 Blatt mit babylonischer Punktation

Berlin Ms. or. qu. 680 = Ec I, Textausschnitt: Hi 37,17–38,15

Die in Berlin befindlichen 94 Pergamentblätter bilden den Überrest einer ehemals vollständigen Handschrift der Hagiographen. Sieben weitere Blätter befinden sich in der Glaser-Collection in New York. Die ursprünglich rein babylonische Punktation wurde später von jemenitischer Hand überarbeitet. Aus diesem Grund lässt sich die ursprüngliche Punktation auf der Reproduktion nur noch schlecht erkennen. Die Masora parva ist zum großen Teil in den Text geschrieben, und zwar über dem Wort, zu dem sie gehört. Am unteren Rand befindet sich die Masora magna. Auf dem abgebildeten Blatt ist sie nicht mehr zu erkennen. Sie wurde durch Fäulnis verdorben.

Abbildung: nach P. Kahle, Masoreten des Ostens, BWAT 15, Leipzig 1913.
Untersuchung: P. Kahle, Der masoretische Text des Alten Testaments nach der Überlieferung der babylonischen Juden, Leipzig 1902 (Nachdruck: Hildesheim 1966).

18 Haftarot-Fragment mit babylonischer Punktation

Cambridge B 15₁ = Kb 7,1; Textausschnitt: Jes 62,8-9; Hos 14,2-3 mit Targum

Im jüdischen Gottesdienst wurden neben der Tora auch einzelne Stücke aus den Propheten vorgelesen. Ein solches Stück wird Haftara genannt (von hebr. הפטיר »abschließen«). Der Name erklärt sich wahrscheinlich daraus, dass die Bibellesung mit der Prophetenlektion abgeschlossen wurde. Schon früh hat man deshalb die Haftarot in eigenen Rollen bzw. Büchern zusammengestellt.

Das abgebildete Blatt enthält Verse aus der Haftara zum Sabbat vor dem Neujahrsfest und zum Sabbat nach Neujahr. Es gehört wohl zu den Resten einer Prachthandschrift in der Art des Petersburger Prophetenkodex und bildet ein Beispiel für die vollkommenste Gestalt der östlichen Punktation. Wie üblich folgt auf jeden Vers in hebräischer Sprache das Targum. Am Rand notierte eine spätere Hand den Text Jes 63,7-16, ebenfalls Vers für Vers mit dem Targum.

Abbildung: nach P. Kahle, Masoreten des Ostens, BWAT 15, Leipzig 1913.

אשר בגדיך חמים   בהשקט ארץ מדרום
תרקיע עמו לשחקים   חזקים כראי מוצק
הודיענו מה נאמר לו   לא נערך מפני חשך
היספר לו כי אדבר   אם אמר איש כי יבלע׃
ועתה לא ראו אור בהיר הוא בשחקים   ורוח עברה ותטהרם׃
מצפון זהב יאתה   על אלוה נורא הוד׃
שדי לא מצאנהו   שגיא כח
ומשפט ורב צדקה   לא יענה
לכן יראוהו אנשים   לא יראה כל חכמי לב׃

לח

ויען יהוה את איוב מן הסערה ויאמר׃
מי זה מחשיך עצה במלין   בלי דעת׃
אזר נא כגבר חלציך   ואשאלך והודיעני׃
איפה היית ביסדי ארץ   הגד אם ידעת בינה׃
מי שם ממדיה כי תדע או מי נטה עליה קו׃   או מי ירה אבן פנתה׃
ברן יחד כוכבי בקר   ויריעו כל בני אלהים׃
ויסך בדלתים ים   בגיחו מרחם יצא׃
בשומי ענן לבשו   וערפל חתלתו׃
ואשבר עליו חקי   ואשים בריח ודלתים׃
ואמר עד פה תבוא ולא תסיף   ופא ישית בגאון גליך׃
המימיך צוית בקר   ידעת השחר מקמו׃
לאחז בכנפות הארץ   וינערו רשעים ממנה׃
תתהפך כחמר חותם   ויתיצבו כמו לבוש׃
וימנע מרשעים

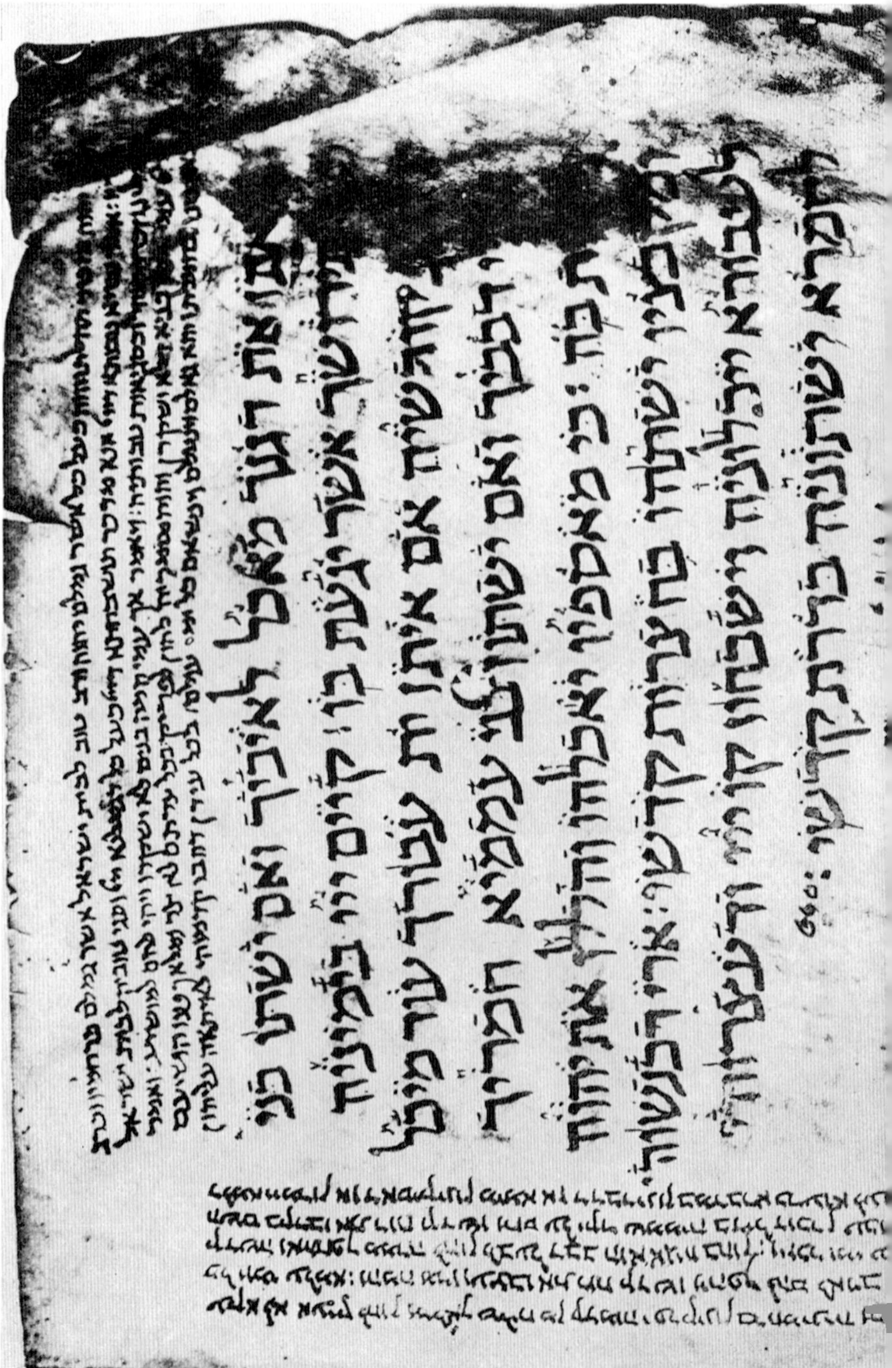

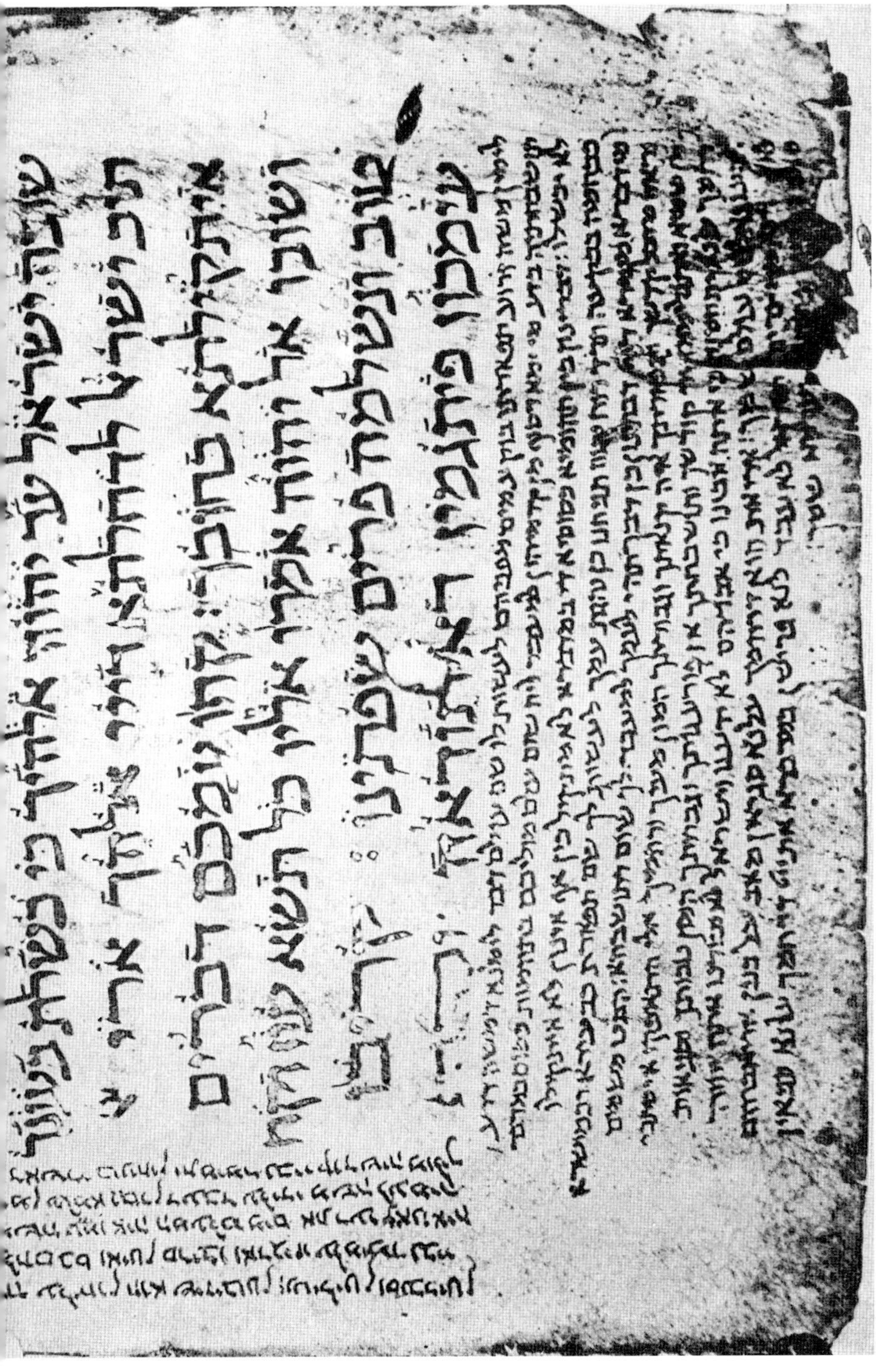

19 Fragment mit palästinischer Punktation
Oxford Ms Heb e 30, fol 48b, Textausschnitt: Jes 7,11–9,8

Das Fragment, das mit einigen anderen Blättern den Rest einer Prophetenhandschrift bildet, führte Ende des letzten Jahrhunderts zur Wiederentdeckung der palästinischen Punktation.

Bemerkenswert ist es auch dadurch, dass es den hebräischen Text in *Abkürzungen* bietet. Von jedem Vers ist nur das erste Wort ausgeschrieben, von den übrigen Worten steht jedoch nur *ein* Konsonant (nicht immer der Anfangskonsonant) mit dem zugehörigen Vokal und Akzent. Solche Abkürzungen werden schon im Talmud unter der Bezeichnung *Serugin* (aram. סירוגין) erwähnt. Sie waren wohl als Gedächtnisstützen für Vorleser in der Synagoge oder für Schüler in der Schule gedacht.

Während in diesem Text die Abkürzung konsequent durchgeführt ist, wurden seit Alters in biblischen Handschriften für häufig begegnende Worte gelegentlich Abbreviaturen verwendet. Wurden sie beim Abschreiben nicht als solche erkannt, so musste das natürlich zur Textentstellung führen.

Abbildung: nach P. Kahle, Masoreten des Westens II, BWANT 50, Stuttgart 1930.

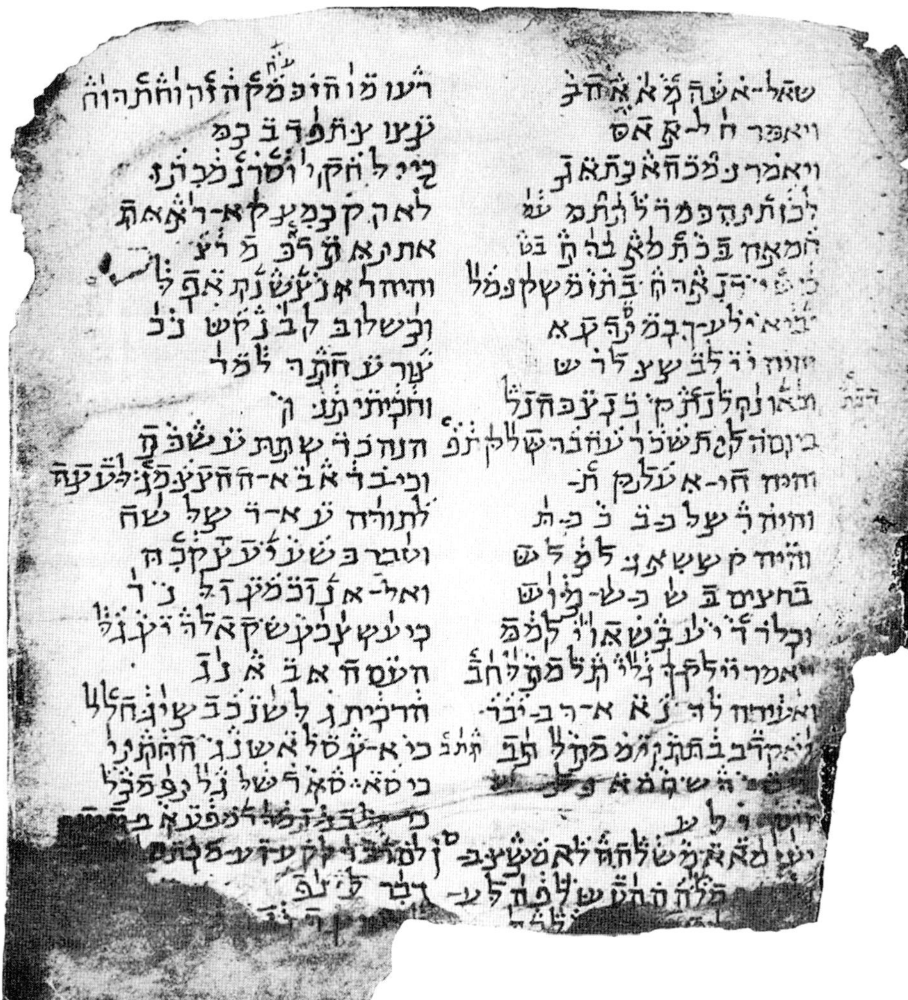

20 Codex Cairensis (C)

um 895 n. Chr., Kairo: Ben-Esra-Synagoge, Textausschnitt: Jer 2,16-33

Im Kolophon II heißt es am Ende der Handschrift: »Ich, Mosche ben Ascher, habe diesen Kodex (Machsor) der Schrift geschrieben nach Maßgabe meiner Einsicht, ›wie die Hand meines Gottes gnädig über mir waltete‹ (Neh 2,8), ›sehr deutlich‹ (Dtn 27,8), in der Stadt Ma'asja-Tiberias, ›der gepriesenen Stadt‹ (Ez 26,17) ... Geschrieben ist er gegen Ende des Jahres 827 nach der Zerstörung des Zweiten Tempels (895 n. Chr.) ... Amen.«

Im Anschluss daran folgt noch ein Zusatz von anderer Hand: »Und wer immer ein Wort aus diesem Machsor oder aus dieser Schrift ändert, einen Buchstaben ausradiert oder ein Blatt aus ihm ausreißt – es sei denn, dass er es versteht und weiß, daß darin etwas ist, worin wir uns geirrt haben in der Schreibung oder in der Punktation, in der Masora oder in der defektiv- und plene-Schreibung – der möge keine Verzeihung oder Vergebung erhalten; weder ›soll er die Huld des Herrn schauen‹ (Ps 27,4), noch soll er das Gute sehen, das aufbewahrt ist für die, die ihn fürchten (Jer 29,32) ... Amen. – Wer da liest, soll hören; wer da hört, soll verstehen; wer da sieht, soll begreifen. Frieden!«

Abbildung: nach einem von P. Kahle freundlichst zur Verfügung gestellten Foto.
Text der Kolophone mit Übersetzung: P. Kahle, Die Kairoer Genisa, Berlin 1962, 99–105.

[illegible]

קדקד׃ הלוא זאת
תעשה לך עזבך את
יהוה אלהיך בעת
מוליכך בדרך׃ ועתה
מה לך לדרך מצרים
לשתות מי שחור ומה לך
לדרך אשור לשתות
מי נהר׃ תיסרך רעתך
ומשבותיך תוכחך
ודעי וראי כי רע ומר
עזבך את יהוה אלהיך
ולא פחדתי אליך נאם
אדני יהוה צבאות׃ כי
מעולם שברתי עלך
נתקתי מוסרותיך
ותאמרי לא אעבוד
כי על כל גבעה גבהה
ותחת כל עץ רענן
את צעה זנה׃ ואנכי
נטעתיך שורק כלה
זרע אמת ואיך נהפכת
לי סורי הגפן נכריה׃
כי אם תכבסי בנתר

ותרבי לך ברית נכתם
עונך לפני נאם אדני
יהוה׃ איך תאמרי לא
נטמאתי אחרי הבעלים
לא הלכתי ראי דרכך
בגיא דעי מה עשית
בכרה קלה משרכת
דרכיה׃ פרה למד
מדבר באות נפשו
שאפה רוח תאנתה
מי ישיבנה כל מבקשיה
לא ייעפו בחדשה
ימצאונה׃ מנעי רגלך
מיחף וגורנך מצמאה
ותאמרי נואש לוא כי
אהבתי זרים ואחריהם
אלך׃ כבשת גנב כי
ימצא כן הובישו בית
ישראל המה מלכיהם
שריהם וכהניהם
ונביאיהם׃ אמרים לעץ
אבי אתה ולאבן את
ילדתנו כי פנו אלי ערף

ולא פנים ובעת רעתם
יאמרו קומה והושיענו׃
ואיה אלהיך אשר
עשית לך יקומו אם
יושיעוך בעת רעתך
כי מספר עריך היו
אלהיך יהודה׃
למה תריבו אלי
כלכם פשעתם בי נאם
יהוה׃ לשוא הכיתי
את בניכם מוסר לא
לקחו אכלה חרבכם
נביאיכם כאריה משחית׃
הדור אתם ראו דבר
יהוה המדבר הייתי
לישראל אם ארץ
מאפליה מדוע אמרו
עמי רדנו לוא נבוא
עוד אליך׃ התשכח
בתולה עדיה כלה
קשריה ועמי שכחוני
ימים אין מספר׃ מה
תיטבי דרכך לבקש

[illegible]

21 Codex Aleppo (A)

900–925 n. Chr., Jerusalem: Schrein des Buches, Textausschnitt: Dtn 31,28–32,14

Der Kodex von Aleppo, der sich wahrscheinlich seit dem Ende des 14. Jh. n. Chr. in der syrischen Stadt Aleppo befand und jetzt in Israel aufbewahrt wird, wurde nach den Angaben einer Weihenotiz von Schelomo ben Buja'a geschrieben, der auch die auf der Bildtafel 23 wiedergegebene Handschrift aus dem Jahre 930 n. Chr. verfasst hat. Punktation und Masora stammen dagegen von Aaron ben Ascher. Neuere Untersuchungen haben den Kodex als einen besonders wertvollen Zeugen der Ben-Ascher-Tradition erwiesen.

Eine Nachricht, die sich bis in das 15. Jh. n. Chr. zurückverfolgen lässt, identifiziert ihn – wahrscheinlich mit Recht – mit dem »Musterkodex« des Maimonides (1138–1204), von dem dieser schrieb: »... Und das Buch, auf das wir uns in diesen Dingen [scil. korrekte Schreibung der offenen und geschlossenen Paraschen der Tora und Gestalt der Lieder] stützen, ist das Buch, das in Altkairo (מצרים) bekannt ist und alle 24 Bücher enthält, das sich vor vielen Jahren in Jerusalem befand, damit man aus ihm die Bücher korrigiere, und auf dieses pflegen sich alle zu stützen, weil es Ben Ašer viele Jahre korrigiert (לפי שהגיהו) und darin alle Kleinigkeiten festgesetzt hat (ודקדק בו); er hat es, wie man überliefert, viele Male verbessert, und darauf habe ich mich in dem Torabuche gestützt, das ich nach seiner Anordnung geschrieben habe.«

Die abgebildete Seite weicht von der gewöhnlichen Textanordnung des Kodex ab (drei Kolumnen pro Seite). Dies geschah mit Rücksicht auf die masoretischen Vorschriften für das »Moselied«, die auch Maimonides erwähnt: Danach sollen die sechs Zeilen vor dem Lied jeweils mit einem bestimmten Wort beginnen; für die dadurch nötig werdende Zeilenfüllung wurden buchstabenähnliche Zeichen verwendet. Das Lied selber soll nach Maimonides in 67 Zeilen geschrieben werden, was bei M^A zutrifft (andere forderten 70 Zeilen). Auch für die fünf Zeilen nach dem Lied bestanden Vorschriften.

Abbildung: nach M. Goshen-Gottstein (ed.), The Aleppo Codex. Photographic Facsimile Edition, Jerusalem 1976.
Übersetzung des Maimonides-Zitats: P. Kahle, Die Kairoer Genisa, Berlin 1962, 116.

וְאָעִידָה בָּם אֶת־הַשָּׁמַיִם וְאֶת־הָאָרֶץ׃ כִּי יָדַעְתִּי
אַחֲרֵי מוֹתִי כִּי־הַשְׁחֵת תַּשְׁחִתוּן וְסַרְתֶּם מִן־
הַדֶּרֶךְ אֲשֶׁר צִוִּיתִי אֶתְכֶם וְקָרָאת אֶתְכֶם הָרָעָה
בְּאַחֲרִית הַיָּמִים כִּי־תַעֲשׂוּ אֶת־הָרַע בְּעֵינֵי יְהוָה
לְהַכְעִיסוֹ בְּמַעֲשֵׂה יְדֵיכֶם׃ וַיְדַבֵּר מֹשֶׁה בְּאָזְנֵי כָּל־
קְהַל יִשְׂרָאֵל אֶת־דִּבְרֵי הַשִּׁירָה הַזֹּאת עַד תֻּמָּם׃

הַאֲזִינוּ הַשָּׁמַיִם וַאֲדַבֵּרָה   וְתִשְׁמַע הָאָרֶץ אִמְרֵי־פִי׃
יַעֲרֹף כַּמָּטָר לִקְחִי   תִּזַּל כַּטַּל אִמְרָתִי
כִּשְׂעִירִם עֲלֵי־דֶשֶׁא   וְכִרְבִיבִים עֲלֵי־עֵשֶׂב׃
כִּי שֵׁם יְהוָה אֶקְרָא   הָבוּ גֹדֶל לֵאלֹהֵינוּ׃
הַצּוּר תָּמִים פָּעֳלוֹ   כִּי כָל־דְּרָכָיו מִשְׁפָּט
אֵל אֱמוּנָה וְאֵין עָוֶל   צַדִּיק וְיָשָׁר הוּא׃
שִׁחֵת לוֹ לֹא בָּנָיו מוּמָם   דּוֹר עִקֵּשׁ וּפְתַלְתֹּל׃
הַ לְיְהוָה תִּגְמְלוּ־זֹאת   עַם נָבָל וְלֹא חָכָם
הֲלוֹא־הוּא אָבִיךָ קָּנֶךָ   הוּא עָשְׂךָ וַיְכֹנְנֶךָ׃
זְכֹר יְמוֹת עוֹלָם בִּינוּ שְׁנוֹת דֹּר־וָדֹר   שְׁאַל אָבִיךָ וְיַגֵּדְךָ זְקֵנֶיךָ וְיֹאמְרוּ לָךְ׃
בְּהַנְחֵל עֶלְיוֹן גּוֹיִם   בְּהַפְרִידוֹ בְּנֵי אָדָם
יַצֵּב גְּבֻלֹת עַמִּים   לְמִסְפַּר בְּנֵי יִשְׂרָאֵל׃
כִּי חֵלֶק יְהוָה עַמּוֹ   יַעֲקֹב חֶבֶל נַחֲלָתוֹ׃
יִמְצָאֵהוּ בְּאֶרֶץ מִדְבָּר   וּבְתֹהוּ יְלֵל יְשִׁמֹן
יְסֹבְבֶנְהוּ יְבוֹנְנֵהוּ   יִצְּרֶנְהוּ כְּאִישׁוֹן עֵינוֹ׃
כְּנֶשֶׁר יָעִיר קִנּוֹ עַל־גּוֹזָלָיו יְרַחֵף   יִפְרֹשׂ כְּנָפָיו יִקָּחֵהוּ יִשָּׂאֵהוּ עַל־אֶבְרָתוֹ׃
יְהוָה בָּדָד יַנְחֶנּוּ   וְאֵין עִמּוֹ אֵל נֵכָר׃
יַרְכִּבֵהוּ עַל־בָּמֳתֵי אָרֶץ   וַיֹּאכַל תְּנוּבֹת שָׂדָי
וַיֵּנִקֵהוּ דְבַשׁ מִסֶּלַע   וְשֶׁמֶן מֵחַלְמִישׁ צוּר׃
חֶמְאַת בָּקָר וַחֲלֵב צֹאן   עִם־חֵלֶב כָּרִים וְאֵילִים
בְּנֵי־בָשָׁן וְעַתּוּדִים   עִם־חֵלֶב כִּלְיוֹת חִטָּה

22 Codex Oriental Ms. 4445 (B)

9. Jh. n. Chr., London: British Library, Textausschnitt: Num 26,12-27

Punktierte und akzentuierte Pentateuch-Handschrift, von der ihr Anfang (Gen 1–39,19) und Ende (ab Dtn 1,34) sowie die Abschnitte Num 7,46-73 und Num 9,12–10,18 fehlen bzw. später ergänzt wurden. Die Handschrift ist in klaren, schönen Buchstaben geschrieben. Jede Seite zeigt drei Kolumnen, an den Seitenrändern steht die Masora parva, am oberen und unteren Rand die Masora magna. Christian David Ginsburg (1831–1914) betrachtete die Handschrift als die älteste und datierte ihren Konsonantentext samt Punktation um 820-850 n. Chr., die Masora dagegen etwa ein Jahrhundert später. Da die Masora den Masoreten Ben Ascher ohne eine Segensformel zitiert, die bei der Erwähnung von Verstorbenen gebräuchlich war, dürfte sie noch zu seinen Lebzeiten geschrieben worden sein.

Die Handschrift bietet weitgehend einen Text der Ben Ascher-Tradition und wird aufgrund ihres hohen Alters bei wissenschaftlichen Bibelausgaben zur Kollation verwendet.

Abbildung: mit freundlicher Genehmigung des Britischen Museums.
Literatur: Ch. D. Ginsburg, Introduction to the Massoretico-Critical Edition of the Hebrew Bible, London 1897 (Nachdruck: New York 1966).

משפחת הנמואלי
לימין משפחת
הימיני ליכין משפחת
היכיני לזרח משפחת
הזרחי לשאול משפחת
השאולי אלה
משפחת השמעני
שנים ועשרים אלף
ומאתים בני
גד למשפחתם
לצפון משפחת
הצפוני לחגי
משפחת החגי
לשוני משפחת
השוני לאזני
משפחת האזני
לערי משפחת
הערי לארודי
משפחת הארודי
לאראלי משפחת
האראלי אלה

משפחת בני גד
לפקדיהם ארבעים
אלף וחמש מאות
בני יהודה
ער ואונן וימת ער
ואונן בארץ כנען
ויהיו בני יהודה
למשפחתם לשלה
משפחת השלני
לפרץ משפחת
הפרצי לזרח
משפחת הזרחי
ויהיו בני פרץ
לחצרן משפחת
החצרני לחמול
משפחת החמולי
אלה משפחת
יהודה לפקדיהם
ששה ושבעים
אלף וחמש מאות
פ

בני יששכר למשפחתם
תולע משפחת
התולעי לפוה
משפחת הפוני
לישוב משפחת
הישבי לשמרן
משפחת השמרני
אלה משפחת
יששכר לפקדיהם
ארבעה וששים
אלף ושלש מאות
בני זבולן למשפחתם
לסרד משפחת
הסרדי לאלון
משפחת האלני
ליחלאל משפחת
היחלאלי אלה
משפחת הזבולני
לפקדיהם ששים
אלף וחמש מאות

23 Tora-Handschrift

930 n. Chr., St. Petersburg: Zweite Sammlung Firkowitsch (Kodex 17), Textausschnitt: Dtn 9,15-23

Am Ende der Kodex-Handschrift, die 241 Blatt mit je 3 Kolumnen umfasst, geben Schreiber und Masoret, zwei Brüder, Rechenschaft über ihre Tätigkeit. Im Kolophon vermerkt zunächst der Schreiber: »Ich Schelomo ha-Levi, der Sohn des Buja'a, der Schüler des Sa'id, der Sohn des Fargai mit dem Beinamen Balquq, habe geschrieben dies Buch der Tora Moses nach dem, wie die gute Hand meines Gottes auf mir ist, für unsern Herrn Barhon und für unsern Herrn Salich, die Söhne unsers Herrn Maimun ...« Der Masoret fügt hinzu: »Ich Ephraim, Sohn des Rabbi Buja'a, habe punktiert und mit Masora versehen und vollendet diese Tora und sie überprüft nach dem, wie die gute Hand meines Gottes über mir ist, und wenn in ihr ein Versehen ist, so soll es mir Gott nicht als Sünde anrechnen. Ich habe sie beendet am Freitag, den 8. des Monats Kislev des Jahres 1241 nach der (seleukidischen) Kontrakten-Ära [Beginn der Zeitrechnung mit dem Jahr 311 v. Chr.] für unsern Herrn Abraham und unsern Herrn Salich, die Söhne unsers Herrn Maimun. Für sie sei diese Tora, und für uns und für ganz Israel ein gutes Zeichen, ein Zeichen des Segens für die Erlösung und für die Hilfe, für das Kommen des Messias und den Bau von Jerusalem und für die Sammlung der Gefangenschaft Israels, gleichwie es uns versichert hat unser Schöpfer, der Erbauer Jerusalems, Jahwe wird die Zerstreuten Israels sammeln, und ein Panier aufrichten für die Völker und sammeln die Zerstreuten Israels und die Zerschlagenen Judas wird er sammeln von den vier Ecken der Erde (Jes 11,12).«

Abbildung: nach P. Kahle, Masoreten des Westens I, BWAT 33, Stuttgart 1927 [Zitate: S. 58f].

[damaged] ההר וההר
בער באש ושני
לחת הברית על
שתי ידי וארא
והנה חטאתם
ליהוה אלהיכם
עשיתם לכם
עגל מסכה
סרתם מהר מן
הדרך אשר צוה
יהוה אתכם
ואתפש בשני
הלחת ואשלכם
מעל שתי ידי
ואשברם לעיניכם
ואתנפל לפני
יהוה כראשנה
ארבעים יום
וארבעים לילה

לחם לא אכלתי
ומים לא שתיתי
על כל חטאתכם
אשר חטאתם
לעשות הרע
בעיני יהוה
להכעיסו כי
יגרתי מפני האף
והחמה אשר
קצף יהוה עליכם
להשמיד אתכם
וישמע יהוה
אלי גם בפעם
ההוא ובאהרן
התאנף יהוה
מאד להשמידו
ואתפלל גם בעד
אהרן בעת ההוא
ואת חטאתכם
אשר עשיתם

את העגל
לקחתי ואשרף
אתו באש ואכת
אתו טחון היטב
עד אשר דק
לעפר ואשלך
את עפרו אל
הנחל הירד מן
ההר ובתבערה
ובמסה ובקברת
התאוה מקצפים
הייתם את יהוה
ובשלח יהוה
אתכם מקדש
ברנע לאמר
עלו ורשו את
הארץ אשר
נתתי לכם ותמרו
את פי יהוה
אלהיכם ולא

24 Codex Leningradensis (L)

1008 n. Chr., St. Petersburg: russische Nationalbibliothek (Signatur B 19A), Textausschnitt: Gen 14,12–15,13

Über das Alter der Handschrift berichtet das Kolophon: »Dieser Kodex, die ganze heilige Schrift, wurde geschrieben und mit Punktation und Masora vollendet und sorgfältig korrigiert in der Großstadt Ägyptens (Kairo). Und er wurde vollendet a) im Monat Siwan des Jahres 4770 der Schöpfung der Welt. b) Das ist das Jahr 1444 der Verbannung des Königs Jojachin. c) Das ist das Jahr (1)319 der Herrschaft der Griechen, das heißt der Zählung der (seleukidischen) Kontrakten-Ära [Beginn der Zeitrechnung mit dem Jahr 311 v. Chr.], und des Aufhörens der Prophetie. d) Das ist das Jahr 940 nach der Zerstörung des zweiten Tempels. e) Das ist das Jahr 399 der Herrschaft des kleinen Hornes (vgl. Dan 8,9; gemeint ist der Islam). Ihn hat erworben Meborach ben Nathanael, bekannt als Ben Osdad, der Priester …«

Die Datierungen führen in folgende Jahre: a) 1010 n. Chr. c) 1008 n. Chr. d) 1009 n. Chr. e) 1008 n. Chr. Die Datierung b) fällt dagegen aus dem Rahmen und beruht wohl auf falschen Voraussetzungen. Da der Schreiber in einem islamischen Land lebte, darf man der Datierung e) = 1008 n. Chr. am meisten trauen. Auf Ben Ascher bezieht sich die folgende Beischrift: »Samuel ben Jakob hat geschrieben und punktiert und mit Masora versehen diesen Kodex der heiligen Schrift aus den korrigierten, erläuterten Büchern, die der Lehrer Aaron ben Mosche ben Ascher – er ruhe im Garten Eden! – gemacht hat. Und er ist korrigiert, richtig erläutert.«

Der Codex Leningradensis ist weniger sorgfältig geschrieben als der Musterkodex von Aleppo, bietet aber trotzdem einen zuverlässigen Text der Ben Ascher-Tradition. Sein Vorzug besteht darin, dass er als einzige mittelalterliche Handschrift den Bibeltext vollständig überliefert.

Abbildung: nach D. N. Freedman / A. B. Beck / J. A. Sanders (ed.), The Leningrad Codex. A Facsimile Edition, Grand Rapids, Michigan 1998.
Text der Kolophone: A. Harkavy / H. L. Strack, Catalog der hebräischen Bibelhandschriften der Kaiserlichen Öffentlichen Bibliothek in St. Petersburg, St. Petersburg / Leipzig 1875, 265ff.

אברם וילכו והוא ישב
בסדם ויבא הפליט ויגד
לאברם העברי והוא שכן
באלני ממרא האמרי אחי
אשכל ואחי ענר והם בעלי
ברית אברם וישמע
אברם כי נשבה אחיו וירק
את חניכיו ילידי ביתו שמנה
עשר ושלש מאות וירדף
עד דן ויחלק עליהם לילה
הוא ועבדיו ויכם וירדפם
עד חובה אשר משמאל
לדמשק וישב את כל
הרכש וגם את לוט אחיו
ורכשו השיב וגם את
הנשים ואת העם ויצא
מלך סדם לקראתו אחרי
שובו מהכות את כדרלעמר
ואת המלכים אשר אתו
אל עמק שוה הוא עמק
המלך ומלכי צדק מלך
שלם הוציא לחם ויין והוא
כהן לאל עליון ויברכהו
ויאמר ברוך אברם לאל
עליון קנה שמים וארץ
וברוך אל עליון אשר מגן
צריך בידך ויתן לו מעשר

מכל ויאמר מלך סדם
אל אברם תן לי הנפש
והרכש קח לך ויאמר
אברם אל מלך סדם
הרימתי ידי אל יהוה אל
עליון קנה שמים וארץ
אם מחוט ועד שרוך נעל
ואם אקח מכל אשר לך
ולא תאמר אני העשרתי
את אברם בלעדי רק
אשר אכלו הנערים וחלק
האנשים אשר הלכו אתי
ענר אשכל וממרא הם
יקחו חלקם

אחר הדברים האלה
היה דבר יהוה אל אברם
במחזה לאמר אל תירא
אברם אנכי מגן לך שכרך
הרבה מאד ויאמר אברם
אדני יהוה מה תתן לי ואנכי
הולך ערירי ובן משק ביתי
הוא דמשק אליעזר
ויאמר אברם הן לי לא
נתתה זרע והנה בן ביתי
יורש אתי והנה דבר יהוה
אליו לאמר לא יירשך זה
כי אם אשר יצא ממעיך

הוא יירשך ויוצא אתו
החוצה ויאמר הבט נא
השמימה וספר הכוכבים
אם תוכל לספר אתם
ויאמר לו כה יהיה זרעך
והאמן ביהוה ויחשבה לו
צדקה ויאמר אליו אני
יהוה אשר הוצאתיך מאור
כשדים לתת לך את הארץ
הזאת לרשתה ויאמר
אדני יהוה במה אדע כי
אירשנה ויאמר אליו
קחה לי עגלה משלשת
ועז משלשת ואיל משלש
ותר וגוזל ויקח לו את כל
אלה ויבתר אתם בתוך
ויתן איש בתרו לקראת
רעהו ואת הצפר לא
בתר וירד העיט על
הפגרים וישב אתם אברם
ויהי השמש לבוא
ותרדמה נפלה על אברם
והנה אימה חשכה גדלה
נפלת עליו ויאמר לאברם
ידע תדע כי גר יהיה זרעך
בארץ לא להם ועבדום
וענו אתם ארבע מאות

25 Handschrift mit besonderer Punktation

Oxford: Bodleian Library, Textausschnitt: Ps 112,2–114,3

Das abgebildete Blatt, das mit fünf anderen den Überrest einer Psalmenhandschrift bildet, lässt einige Eigentümlichkeiten erkennen, die für eine bestimmte Handschriftengruppe charakteristisch sind. Diese Handschriftengruppe, die sich deutlich von den Ben Ascher-Handschriften unterscheidet, wurde früher mit Ben Naftali in Verbindung gebracht. Es hat sich jedoch gezeigt, dass sie nichts mit diesem zu tun hat, sondern eine eigene Gruppe mit besonderer Punktation darstellt. In dem abgebildeten Text lassen sich folgende Besonderheiten gegenüber dem Ben Ascher-Text hervorheben:

- Soll das Aleph als Konsonant gesprochen werden, so erhält es einen Punkt im Buchstaben: בארץ Ps 112,2; אור Ps 112,4; איש Ps 112,5; יראה Ps 112,8; תאות Ps 112,10; את Ps 113,1; אם Ps 113,9. Soll es nicht gesprochen werden, wird ein Strich darüber gesetzt: לא Ps 112,6.7.8.
- Der Mappik-Punkt im Schluss-He, der die Aussprache als Konsonant andeutet, steht *unter* dem ה wie in הללויה Ps 113,1.9.
- Soll auslautendes Waw als Konsonant gesprochen werden, erhält es Schwa-Punkte, die in das ו gesetzt werden wie in בצריו Ps 112,8.
- Het und Ajin haben am Wortende ein Schwa: בטוח Ps 112,7; רשע Ps 112,10.
- Patach furtivum fehlt, wo wir es erwarten würden: בטוח Ps 112,7.
- Die Schwa-Punkte des Schwa compositum stehen bei He und Het nicht neben, sondern *über* dem betreffenden Vokalzeichen: יחרק Ps 112,10.
- Das Relativpronomen wird nicht vokalisiert: אשר 112,8. Ebenso werden häufig vorkommende Eigennamen nicht oder nur teilweise vokalisiert: ישראל Ps 114,2.

Abbildung: nach P. Kahle, Masoreten des Westens II, BWANT 55, Stuttgart 1930.

גבור בארץ יהיה זרעו   דור ישרים יברך :
הון ועשר בביתו   וצדקתו עמדת לעד :
זרח בחשך אור לישרים   חנון ורחום וצדיק :
טוב איש חונן ומלוה   יכלכל דבריו במשפט :
כי לעולם לא ימוט   לזכר עולם יהיה צדיק :
משמועה רעה לא יירא   נכון לבו בטח ביהוה :
סמוך לבו לא יירא   עד אשר יראה בצריו :
פזר נתן לאביונים צדקתו עמדת לעד   קרנו תרום בכבוד :
רשע יראה וכעס שניו יחרק ונמס   תאות רשעים תאבד :
הללויה

קיג

הללו עבדי יהוה   הללו את שם יהוה :
יהי שם יהוה מברך   מעתה ועד עולם :
ממזרח שמש עד מבואו   מהלל שם יהוה :
רם על כל גוים יהוה   על השמים כבודו :
מי כיהוה אלהינו   המגביהי לשבת :
המשפילי לראות   בשמים ובארץ :
מקימי מעפר דל   מאשפת ירים אביון :
להושיבי עם נדיבים   עם נדיבי עמו :
מושיבי עקרת הבית   אם הבנים שמחה הללויה :

קיד

בצאת ישראל ממצרים   בית יעקב מעם לעז :
היתה יהודה לקדשו   ישראל ממשלותיו :
הים ראה וינס   הירדן יסב לאחור :

26 Zweite Rabbinerbibel des Jakob ben Chajim

1524–1525 n. Chr., Stuttgart: Württembergische Landesbibliothek, Textausschnitt: Gen 21,33–22,4

»Rabbinerbibeln« (מקראות גדולות) nennt man die im 16. Jahrhundert aufgekommenen Drucke des Alten Testaments, in denen der hebräische Text, das Targum, die Masora und rabbinische Kommentare zusammengestellt sind. Die Abbildung lässt die Anordnung deutlich erkennen: In der Mitte steht der hebräische Text (mit Masora) und das Targum, darum herum werden die Kommentare angeordnet (hier Raschi und Ibn Esra).

Die erste Rabbinerbibel – noch ohne Masora – wurde 1516/17 in der Druckerei Bomberg in Venedig von Felix Pratensis herausgegeben, der dem Augustiner-Eremiten-Orden angehörte. Er war als Sohn eines Rabbiners von Jugend an mit hebräischen Studien vertraut. Nach seinem Übertritt zum Christentum (etwa 1506) wurde er mit den wissenschaftlichen Methoden der klassischen Philologie bekannt. Diese wendete er auf den hebräischen Bibeltext an – wie auch die Herausgeber der Complutensischen Polyglotte etwa um die gleiche Zeit (Bildtafel 47). Aufgrund von Handschriftenstudien versuchte er einen korrekten Text herzustellen – »rem equidem perdifficilem nec ob id ab aliis hactenus tentatam«. In seiner Widmung an den Papst erklärte er darum mit Stolz, er habe dem hebräischen Text seinen wahren und ursprünglichen Glanz wiedergegeben – im Gegensatz zu den vielen fehlerhaften Handschriften, die zuvor in Umlauf waren (in Wirklichkeit handelt es sich wohl um Handschriften einer anderen Masoretenschule). Felix Pratensis hat als erster das Ketib und Qere in einer gedruckten Bibel verzeichnet, außergewöhnliche Punkte (puncta extraordinaria) aufgenommen und die nach der Masora besonders zu schreibenden Buchstaben (literae majusculae, suspensae, inversae etc.) berücksichtigt. Darüber hinaus notierte er auch andere Lesarten (variae lectiones) aus den von ihm benutzten Handschriften.

Da seine kritische Ausgabe in großem Umfang die Grundlage für die hier abgebildete Rabbinerbibel des in wissenschaftlicher Hinsicht unbedeutenderen Jakob ben Chajim bildete und diese wiederum für viele spätere Ausgaben maßgebend wurde, hatte die Arbeit des Felix Pratensis einen weitreichenden Einfluss.

ויקרא שם וגו׳. על ידי אותו אשל הוקרא שמו של הקב״ה אלוה לכל העולם לאחר שאוכלין ושותין אומר להם ברכו למי שאכלתם משלו סבורים אתם שמשלי אכלתם משל מי שאמר והיה העולם אכלתם: ימים רבים. מרובים על של חברון עשה כ״ה שנה וכאן כ״ו שהרי בן ע״ה שנה היה בצאתו מחרן אותה שנה ויבא וישב באלוני ממרא שלא מצינו קודם לכן שנתישב אלא שם שבכל מקומותיו היה כאורח חונה ונוסע והולך שנ׳ ויעבור אבר׳ ויעתק משם ויהי רעב וירד אבר׳ מצרים ובמצרי׳ לא עשה אלא ג׳ חדשים שהרי שלחו פרעה מיד וילך למסעיו עד ויבא וישב באלוני ממרא אשר בחברון שם ישב עד שנהפכה סדום מיד ויסע משם אברהם מפני בושה של לוט ובא לארץ פלשתים ובן צ״ט שנה היה שהרי בשלישי למילתו באו אצלו המלאכים הרי כ״ה שנה וכאן כתו׳ ימים רבים מרובים על הראשונים ולא בא הכתוב לסתום אלא לפרש ואם היו מרובי׳ עליהם שתי שנים או יותר היה מפרשם על כרחך אינם יתרי׳ יותר משנה הרי כ״ו שנה מיד יצא משם וחזר לחברון ואותה שנה קדמה לפני עקידתו של יצחק י״ב שנים כך בסדר עולם: אחר הדברים האלה. יש מרבותינו אומ׳ אחר דבריו של שטן שהיה מקטרג ואומר מכל סעודה שעש׳ אברהם לא הקריב לפניך פר אחד או איל אחד אמ׳ לו כלום עשה אלא בשביל בנו אילו הייתי אומ׳ לו זבח אותו לפני לא היה מעכב. וי״א אח׳ דבריו של ישמעאל שהיה מתפאר על יצחק שמל בן שלש עשרה שנה ולא מיחה אמר לו יצחק באבר אחד אתה מיראני אלו אמר לי הקב״ה זבח עצמך לפני לא הייתי מעכב: הנני. כך היא ענייתם של חסידי׳ לשון ענוה הוא ולשון זימון: קח נא. אין נא אלא לשון בקשה אמר לו בבקש׳ ממך עמוד לי בזו שלא יאמרו הראשונות לא היה בהן ממש: את בנך. אמר לו שני בנים יש לי אמר לו את יחידך אמר לו זה יחיד לאמו וזה יחיד לאמו אמ׳ לו אשר אהבת אמר לו שניהם אני אוהב אמר לו את יצחק ולמ׳ לא גלה לו מתחלה שלא לערבבו פתאום ותזוח דעתו עליו ותטרף וכדי לחבב עליו את המצוה וליתן לו שכר על כל דבור ודבור: ארץ המוריה. ירושלם וכן בדברי הימי׳ לבנו׳ בית ה׳ בהר המוריה ורבותי׳ פירשו על שם שמשם הוראה יוצאת

והאלהים ז׳ וס׳ והאלהים נסה. והאלהים יעננו. והאלהים אנה. והאלהים אמר לי לא תבנה. והאלהים נגף. והאלהים עשה שיראו. והאלהים יבקש: נסה ו׳ ב׳ כתיב סה וד׳ כתיב שא וס׳ והאלהים נסה. ויואל ללכת כי לא נסה. אם נשאת נשא. ועל כל נשא ושפל. חירם מלך צר נשא. נשא לבבנו אל. ב׳ קדמאי

וַיִּקְרָא־שָׁם בְּשֵׁם יְהוָה אֵל עוֹלָם׃

34 וַיָּגָר אַבְרָהָם בְּאֶרֶץ פְּלִשְׁתִּים יָמִים רַבִּים׃ פ

CAPUT

כב וַיְהִי אַחַר הַדְּבָרִים הָאֵלֶּה וְהָאֱלֹהִים נִסָּה אֶת־אַבְרָהָם וַיֹּאמֶר אֵלָיו אַבְרָהָם וַיֹּאמֶר הִנֵּנִי׃

2 וַיֹּאמֶר קַח־נָא אֶת־בִּנְךָ אֶת־יְחִידְךָ אֲשֶׁר־אָהַבְתָּ אֶת־יִצְחָק וְלֶךְ־לְךָ אֶל־אֶרֶץ הַמֹּרִיָּה וְהַעֲלֵהוּ שָׁם לְעֹלָה עַל אַחַד הֶהָרִים אֲשֶׁר אֹמַר אֵלֶיךָ׃

3 וַיַּשְׁכֵּם אַבְרָהָם בַּבֹּקֶר וַיַּחֲבֹשׁ אֶת־חֲמֹרוֹ וַיִּקַּח אֶת־שְׁנֵי נְעָרָיו אִתּוֹ וְאֵת יִצְחָק בְּנוֹ וַיְבַקַּע עֲצֵי עֹלָה וַיָּקָם וַיֵּלֶךְ אֶל־הַמָּקוֹם אֲשֶׁר־אָמַר־לוֹ הָאֱלֹהִים׃

4 בַּיּוֹם הַשְּׁלִישִׁי וַיִּשָּׂא אַבְרָהָם אֶת־עֵינָיו וַיַּרְא אֶת־הַמָּקוֹם מֵרָחֹק׃

5 וַיֹּאמֶר אַבְרָהָם אֶל־נְעָרָיו שְׁבוּ־לָכֶם פֹּה עִם־הַחֲמוֹר וַאֲנִי וְהַנַּעַר נֵלְכָה עַד־כֹּה וְנִשְׁתַּחֲוֶה וְנָשׁוּבָה אֲלֵיכֶם׃

6 וַיִּקַּח אַבְרָהָם אֶת־עֲצֵי הָעֹלָה וַיָּשֶׂם עַל־יִצְחָק בְּנוֹ וַיִּקַּח בְּיָדוֹ אֶת־הָאֵשׁ וְאֶת־הַמַּאֲכֶלֶת וַיֵּלְכוּ שְׁנֵיהֶם יַחְדָּו׃

7 וַיֹּאמֶר יִצְחָק אֶל־אַבְרָהָם אָבִיו וַיֹּאמֶר אָבִי וַיֹּאמֶר הִנֶּנִּי בְנִי וַיֹּאמֶר הִנֵּה הָאֵשׁ וְהָעֵצִים וְאַיֵּה הַשֶּׂה לְעֹלָה׃

8 וַיֹּאמֶר אַבְרָהָם אֱלֹהִים יִרְאֶה־לּוֹ הַשֶּׂה לְעֹלָה בְּנִי וַיֵּלְכוּ שְׁנֵיהֶם יַחְדָּו׃

9 וַיָּבֹאוּ אֶל־הַמָּקוֹם אֲשֶׁר אָמַר־לוֹ הָאֱלֹהִים וַיִּבֶן שָׁם אַבְרָהָם אֶת־הַמִּזְבֵּחַ וַיַּעֲרֹךְ אֶת־הָעֵצִים

וְצַלִּי תַּמָּן בִּשְׁמָא דַיְיָ אֱלָהָא דְעָלְמָא׃ וְאִתּוֹתַב אַבְרָהָם בְּאַרְעָא פְּלִשְׁתָּאֵי יוֹמִין סַגִּיאִין׃

וַהֲוָה בָּתַר פִּתְגָמַיָּא הָאִלֵּין וַיְיָ נַסִּי יָת־אַבְרָהָם וַאֲמַר לֵיהּ אַבְרָהָם וַאֲמַר הָא אֲנָא׃ וַאֲמַר דְּבַר כְּעַן יָת־בְּרָךְ יָת־יְחִידָךְ דִּי־רְחֵימְתָּא יָת־יִצְחָק וְאִיזִיל לָךְ לְאַרְעָא פוּלְחָנָא וְאַסְּקֵיהּ קֳדָמַי תַּמָּן לַעֲלָתָא עַל־חַד מִן־טוּרַיָּא דִּי־אֵימַר לָךְ׃ וְאַקְדִּים אַבְרָהָם בְּצַפְרָא וְזָרֵיז יָת־חֲמָרֵיהּ וּדְבַר יָת־תְּרֵין עוּלֵימוֹהִי עִמֵּיהּ וְיָת יִצְחָק בְּרֵיהּ וְצַלַּח אָעֵי לַעֲלָתָא וְקָם וַאֲזַל לְאַתְרָא דִּי־אֲמַר לֵיהּ יְיָ׃ בְּיוֹמָא תְלִיתָאָה וּזְקַף אַבְרָהָם יָת־עֵינוֹהִי וַחֲזָא יָת־אַתְרָא מֵרָחִיק׃ וַאֲמַר אַבְרָהָם לְעוּלֵימוֹהִי אוֹרִיכוּ לְכוֹן הָכָא עִם חֲמָרָא וַאֲנָא וְעוּלֵימָא נִתְמְטֵי עַד־כָּא וְנִסְגּוּד וּנְתוּב לְוָתְכוֹן׃ וּנְסֵיב אַבְרָהָם יָת־אָעֵי דַעֲלָתָא וְשַׁוִּי עַל־יִצְחָק בְּרֵיהּ וּנְסֵיב בִּידֵיהּ יָת־אֶשָּׁתָא וְיָת־סַכִּינָא וַאֲזַלוּ תַרְוֵיהוֹן כַּחֲדָא׃ וַאֲמַר יִצְחָק לְאַבְרָהָם אֲבוּהִי וַאֲמַר אַבָּא וַאֲמַר הָא אֲנָא בְרִי וַאֲמַר הָא אֶשָּׁתָא וְאָעַיָּא וְאָן אִמְּרָא לַעֲלָתָא׃ וַאֲמַר אַבְרָהָם קֳדָם יְיָ גְּלֵי לֵיהּ אִמְּרָא לַעֲלָתָא בְּרִי וַאֲזַלוּ תַרְוֵיהוֹן כַּחֲדָא׃ וַאֲתוֹ לְאַתְרָא דִּי אֲמַר לֵיהּ יְיָ וּבְנָא תַמָּן אַבְרָהָם יָת־מַדְבְּחָא וְסַדַּר יָת־אָעַיָּא

כתיב סה׳: ולך ה׳ א וס׳ כ׳ במסר׳ רבת׳: המריה ב׳ חד חסר וחד מלא וס׳ ולך לך אל ארץ המריה. בהר המוריה קדמאה חסר: עצי עלה א״ב דע״א נסיב ה׳ וא׳ לא נסיב ה׳ וס׳ עצי עלה. וישכם אברהם בבקר. עצי העלה. ויקח אברהם את עצי העלה. עיר אלהים. עיר האלהים. נגר פלגיו ישמחו. נכבדות מדבר עיר האלהים. עד חרמה. ויצא האמרי. עד האורשה. ויגוע וימתום. עם קדש. והשטע ואת חוטש. עם הקדש. וקראו להם. עם אלהים. ותאמר האשה. עם האלהים. ויתיצבו כל פנות: ביום השלשי ב׳ ר״פ באו׳ וס׳ וישא אברהם את עיניו. ביום השלשי נשיא: שבו ה׳ בתו׳ וס׳ עם החמור. שבו וסחרוה. שבו איש תחתיו. שבו נא בזה. שבו נא בזה גם אתם: ונשובה ז׳ מסר בירמיה סימן מ״ו: המאכלת ג׳ וס׳ ויקח בידו את האש. וישלח אברהם את ידו. ויבא אל ביתו ויקח את המאכלת. דפלגש בגבעה: ב׳ פסו׳ דאית בהון ד׳ ויאמר וס׳ ויאמר יצחק אל אברהם אביו. ויאמר אחאב במי:

אבן עזרא

והאלהי׳ נסה את אברהם יש אומ׳ כי הסמך תחת שי״ן והה״א תחת הא״ף וטעם כל הפרשה יכחישם רק נסה כמשמעו. וחכמי שקול הדעת אמרו כי ידעו השם שתים האחת דעת העתיד בטרם היותו והשנית דעת היש הנמצ׳ אם פי׳ נסה גם כי עתה ידעתי. והגאון אמ׳ שמלת נסה להראות צדקתו לבני אדם גם מלת ידעתי כטעם הודעתי והלא ידע זה הגאון כי בשע׳ שעקד בנו לא היו שם אפי׳ נעריו ואחרי׳ אמ׳ כי פי׳ והעלהו שם לעולה שיעלהו אל ההר וזאת תחשב לו לעולה ואברהם לא ידע סוד הנבואה וימהר לשחוט אותו והשם אמר לו לא בקשתי זאת ואחרי׳ אמ׳ הראה שתעלהו לעולה כמו והשקית אותם יין והוכרכו אלה הגאוני׳ לפי׳ האלה כי יאמרו לא יתכן אחר שיצוה השם מצוה שיאמר אחר כן לא תעשנה והנה לא שמו על לב הבכורים שהחליפם בלוים את שנה ואחר שהכתו׳ אמ׳ בתחלה והאלהים נסה את אברהם סרו כל הטענות והשם נסהו כדי שיקבל שכר: וטעם כי עתה ידעתי כמו ואם לא אדעה ועוד אפרש סודו בפסוק ידעתיך בשם אם יעזרני השם יודע ה׳ הנסתרות: אחד ההרים. שם נבנה הבית וכן מפורש ויבן שלמ׳ את הבית בהר המוריה ואיננו הר גבוה ובו היה גורן ארונה: ויבקע עצי עלה. ושמם על החמור: ביו׳ השלישי. שיצא מבאר שבע. יש אומרי׳ איך אמ׳ אברהם ונשובה ואחרי׳ ענו כי היה בדעתו להביא ע עצמותיו ואחרי׳ דחס כדי שלא יסורו עד שובו ושלא ירגיש יצחק ויברח ורבותינו ז״ל אמרו שהיה יצחק כאשר נעקד בן ל״ז ושבע שנה כאשר נעקד ואם דברי קבלה נקבל ומדרך סברא אין זה נכון שהיה ראוי שתהיה צדקת יצחק גלויה ויהיה שכרו כפול משכר אביו שמסר עצמו ברצונו לשחיטה ואין בכתוב מאומה על יצחק ואחרים אמרו שהיה בן חמש שנים גם זה לא יתכן בעבור שנשא עצי העולה והקרוב אל הדעת שהיה קרוב ליג׳ שנים והכריחו אביו ועקדו שלא ברצונו והעד שאביו ה׳ הסתיר הסוד ממנו ואמ׳ אלהים יראה לו השה כי אילו אמר לו אתה העולה יתכן שיברח. ואברהם

Abrahamus jubetur Isaacum immolare.

לישר׳: ואונקלוס תרגמו על שם עבודת הקטורת שיש בו מור נרד ושאר בשמים: והעלהו. לא אמר לו שחטהו לפי שלא היה חפץ הקב״ה לשחטו אלא להעלהו להר לעשותו עולה ומשהעלהו אמר לו הורידהו: אחד ההרים. הקב״ה מתהא הצדיקי׳ ואחר כך מגלה להם וכל זה כדי להרבות שכרן וכן אל הארץ אשר אראך וכן ביונה וקרא עליה את הקריאה: וישכם. נזדרז למצוה: ויחבש. הוא בעצמו ולא צוה לאחד מעבדיו שהאהבה מקלקלת השורה: את שני נעריו ישמעאל ואליעזר שאין אדם חשוב רשאי לצאת לדרך בלא שני אנשים שאם יצטרך האחד לנקביו ויתרחק יהיה השני עמו: ויבקע. תרגו׳ וצלח כמו וצלחו הירדן לשון ביקוע פינדר״א בלע״ז: ביום השלישי. למה איחר מלהראותו מיד כדי שלא יאמרו הממו וערבבו פתאום וטרף דעתו ואילו היה לו שהות להמלך אל לבו לא היה עושה: וירא את המקום. ראה ענן קשור על ההר: עד כה. כלומר דרך מועט למקום אשר לפנינו ומדרש אגדה אראה היכן הוא מה שאמר לי המקום כה יהיה זרעך: ונשובה. נתנבא שישובו שניהם: המאכלת. סכין על שם שאוכלת את הבשר כמה דתימא וחרבי תאכל בשר. ושמכשרת בשר לאכילה. ד״א זאת נקראת מאכלת על שם שישראל אוכלים מתן שכרה: וילכו שניהם יחדיו. אברהם שהיה יודע שהולך לשחוט את בנו היה הולך ברצון ושמחה כיצחק שלא היה מרגיש בדבר: יראה לו השה. כלומר יראה ויבחר לו השה ואם אין שה לעולה בני ואף על פי שהבין יצחק שהוא הולך ליִשחט וילכו שניהם יחדיו בלב שוה:

ויעקד

27 Samaritanische Triglotte
1204/05 n. Chr., Textausschnitt: Dtn 31,15-19

Die Abbildung zeigt ein von Paul Kahle erworbenes Blatt einer in Nablus befindlichen wertvollen Triglotte, der sogenannten Tora Finchasiye, die im Jahre 601 der islamischen Zeitrechnung, d. h. im Jahre 1204/05 n. Chr., geschrieben wurde. In den drei Kolumnen sind – von rechts nach links – der hebräische, aramäische und arabische Text nebeneinandergestellt, alle in samaritanischen Buchstaben geschrieben. Diese Schrift ist aus der althebräischen entwickelt. Paul Kahle urteilte anlässlich eines Vergleiches mit den Levitikus-Fragmenten in althebräischer Schrift (Bildtafel 14): »Natürlich haben sich die Formen der Buchstaben ein wenig weiterentwickelt, und gewisse Grundsätze in der Methode des Schreibens von Bibelhandschriften haben sich mit der Zeit herausgebildet. Aber sonst kann man immer wieder nur staunen, wie konstant sich die althebräische Schrift durch die 1000 bis 1500 Jahre gehalten hat.«

Man beachte in der Handschrift noch folgendes: Die einzelnen Worte sind durch Punkte voneinander getrennt. Der erste und die beiden letzten Buchstaben jeder Zeile in der hebräischen und aramäischen Kolumne sind genau untereinander geschrieben. Auch schreibt man gern gleiche Buchstaben in aufeinander folgenden Zeilen direkt untereinander (vgl. etwa Z. 7 und 8, Z. 11 und 12). Im Allgemeinen enthalten die samaritanischen Pentateuch-Handschriften keine Vokalisation.

Abbildung: nach P. Kahle, Die hebräischen Handschriften aus der Höhle, Stuttgart 1951 [Zitat: S. 19f].

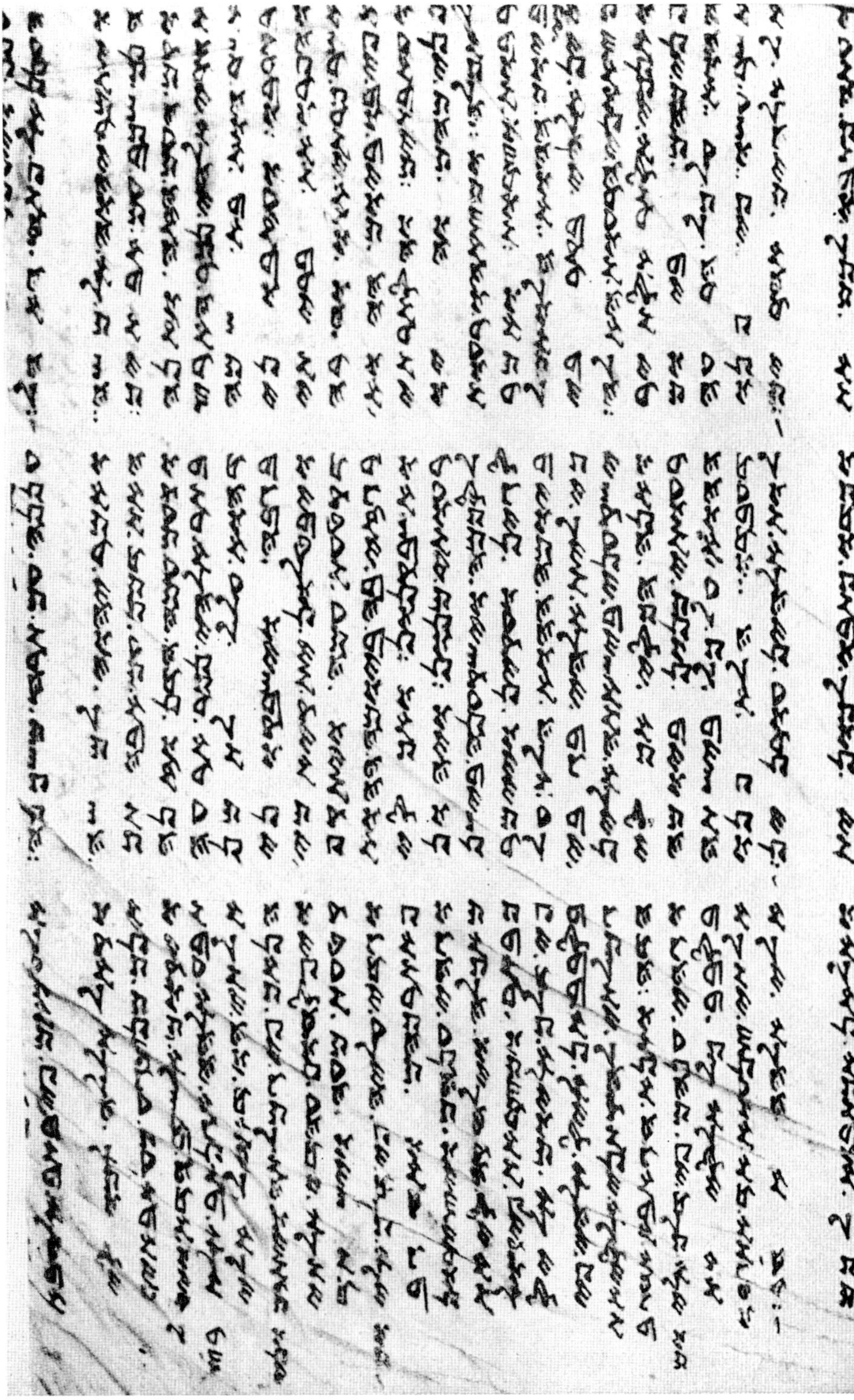

28 Papyrus Rylands Greek 458

Rahlfs-Sigel: 957, Mitte 2. Jh. v. Chr., Manchester: John Rylands Library

Inhalt der einzelnen Fragmente: (a) Dtn 23,24(26)–24,3; (b) Dtn 25,1-3; (c) Dtn 26,12; (d) Dtn 26, 17-19; (e) Dtn 28,31-33; (f) Dtn 27,15 (?); (g) Dtn 28,2 (?); (h) ?

Die Fragmente wurden aus Mumienkartonage herausgelöst, die Rendel Harris 1917 für die John Rylands Library erwarb. Sie stammen wahrscheinlich aus dem ägyptischen Fajjum und werden in die Mitte des 2. Jh.s v. Chr. datiert. Die Rückseite der Deuteronomiums-Rolle, der die Fragmente entstammen, wurde später für eine Rechnung oder Notiz verwendet.

Von besonderem Interesse ist das – ganz seltene – System der Zwischenräume: »Wie aus der Photographie von Fragment b hervorgeht, läßt der Schreiber regelmäßig einen Zwischenraum nicht nur am Ende eines Verses oder Satzes, sondern am Ende eines κῶλον oder einer Wortgruppe. Am Ende eines Verses (in der Abbildung Fragment a, Z. 14 nach αυτου) ist ein größerer Zwischenraum gelassen und ein Punkt oben zugesetzt; sonst scheint es Grundsatz des Schreibers zu sein, einen ziemlich großen Zwischenraum am Ende eines Satzes oder eines Sätzchens (vgl. Fragment b) und einen kleineren am Ende einer Wortgruppe zu lassen.« Hängt die Einteilung des Textes mit der öffentlichen Vorlesung zusammen oder beruht sie auf aramäischem Einfluss? Ansonsten kennt der Papyrus, wie alle griechischen Handschriften, keine Worttrennung.

Abbildung: nach einem von der John Rylands Library Manchester freundlichst zur Verfügung gestellten Foto.
Erstveröffentlichung: C. H. Roberts, Two Biblical Papyri in the John Rylands Library, Manchester 1936, 9–46 + Tafel I [Zitat: S. 25]. Beschreibung: Rahlfs / Fraenkel, Verzeichnis I, 241–242.

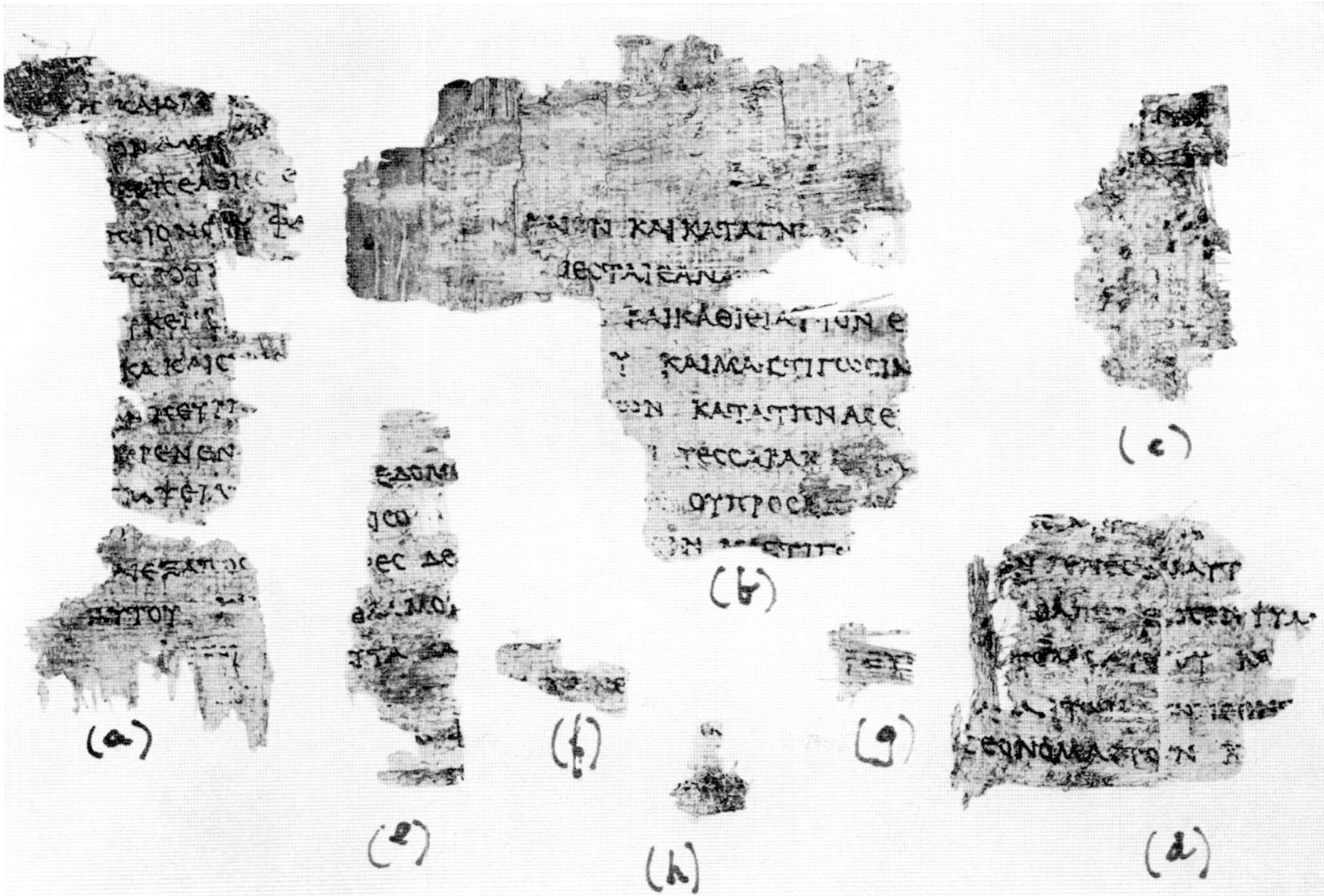

29 Papyrus Fouad 266

Rahlfs-Sigel: 847, 1. Jh. v. Chr., Kairo: Société Egyptienne de Papyrologie, Textausschnitt: Dtn 31,28–32,6

Der Papyrus stammt aus dem 1. Jh. v. Chr. und wurde offenbar von einem Juden geschrieben. Besonders interessant ist er durch die Behandlung des Gottesnamens Jahwe. Über die Schreibung dieses Namens in griechischen Handschriften berichtet Hieronymus in einem Brief (Epistula 25 ad Marcellam): »(Dei nomen est) tetragrammum, quod ἀνεκφώνητον, id est ineffabile, putaverunt et his litteris scribitur: iod, he, vau, he. Quod quidam non intellegentes propter elementorum similitudinem, cum in Graecis libris reppererint, Π Ι Π Ι legere consueverunt.«

Hieronymus kennt also den Brauch, in griechischen Handschriften Jahwe in hebräischen Buchstaben zu schreiben. Der abgebildete Papyrus ist ein Beleg dafür aus vorchristlicher Zeit: In Kolumne II, Z. 7 und 15 wird mitten im griechischen Text Jahwe in Quadratschrift geschrieben. Der Schreiber des griechischen Textes hat dafür eine Lücke gelassen, in die von anderer Hand die hebräischen Buchstaben so klein eingetragen wurden, dass sie die Lücke nicht füllten.

Aus der Verwendung des Tetragramms in dieser und anderen alten griechischen Handschriften haben manche geschlossen, dass in der griechischen Übersetzung ursprünglich überhaupt nicht der Gottesname Jahwe mit Kyrios wiedergegeben wurde, sondern dass man das Tetragramm gebrauchte. Andere dagegen sahen in der Verwendung des Tetragramms in dieser Handschrift ein Indiz dafür, dass es sich dabei um eine sekundäre Erscheinung handelt, die einen bewussten Eingriff in die vorgegebene Überlieferung darstellt. Das Tetragramm scheint danach im Zusammenhang einer archaisierenden und hebraisierenden Revision der alten Übersetzung anstelle von Kyrios eingesetzt worden zu sein.

Die Diskussion um die nomen-sacrum-Schreibung in griechischen Handschriften ist noch nicht abgeschlossen, zumal in der Handschrift 4QLXXLev[b] (= 4Q120) aus dem 1. Jh. v. Chr. auch die Schreibung Ιαω für den Gottesnamen belegt ist.

Abbildung: nach P. Kahle, Die hebräischen Handschriften aus der Höhle, Stuttgart 1951.
Beschreibung: Rahlfs / Fraenkel, Verzeichnis I, 170–178.

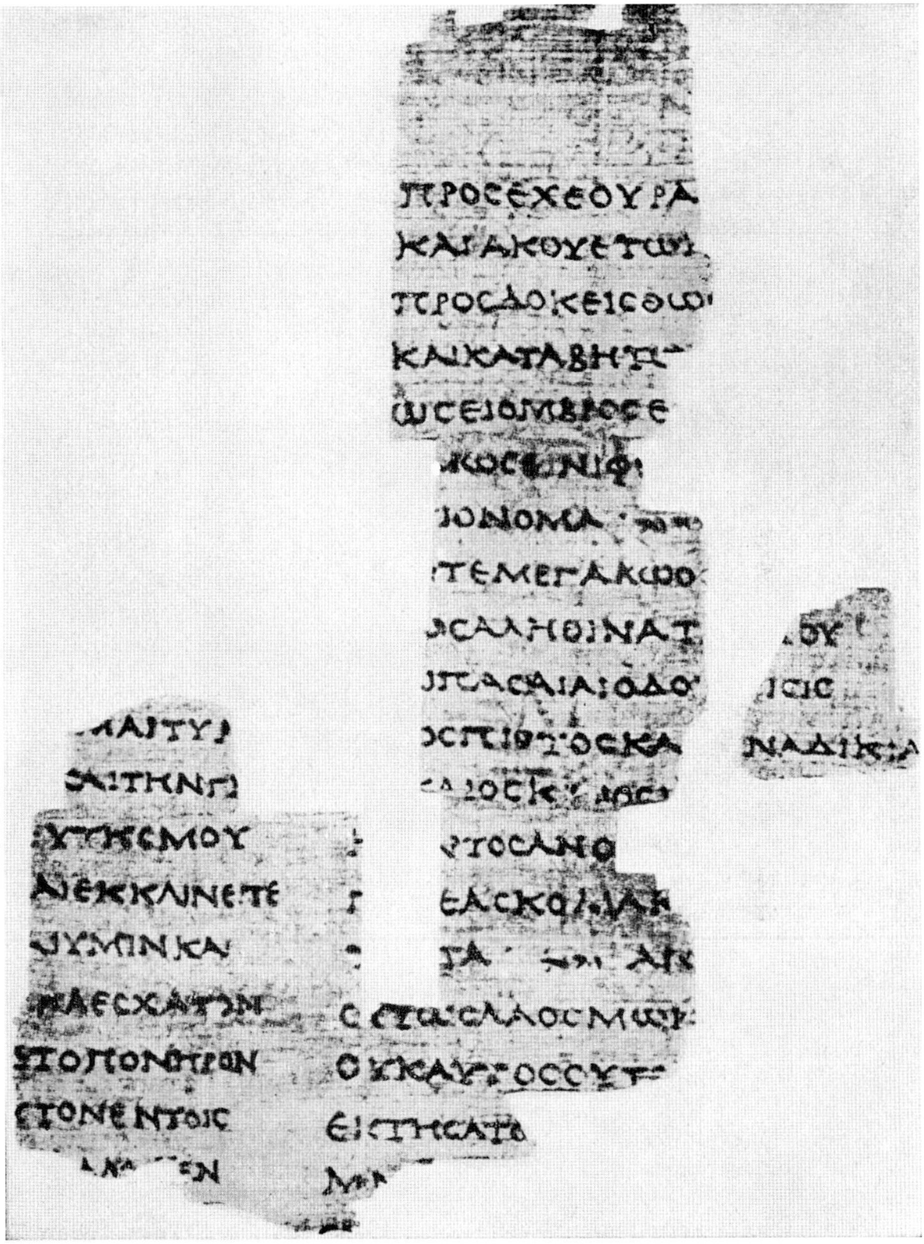
ΠΡΟCΕΧΕΟΥΡΑ
ΚΑΙΑΚΟΥΕΤΩ
ΠΡΟCΔΟΚΕΙCΘΩ
ΚΑΙΚΑΤΑΒΗΤΩ
ΩCΕΙΟΜΒΡΟCΕ
ΙΟΝΟΜΑ
ΤΕΜΕΓΑΛΩ
CΑΛΗΘΙΝΑ
ΠΑCΑΙΑΙΟΔΟ
ΟCΠΙCΤΟCΚΑ
ΤΟCΑΝΟ
ΕΑCΚΟΛΙΑ
ΓΑ
CΤΩCΛΑΟCΜΩ
ΟΥΚΑΥΤΟCCΥ
ΕCΤΗCΑΤΟ
ΜΑΡΤΥ
ΚΑΙΤΗΝΓ
ΤΗCΜΟΥ
ΑΝΕΚΚΛΙΝΕΤΕ
ΥΜΙΝΚΑ
ΕCΧΑΤΩΝ
ΤΟΠΟΝΗΡΟΝ
ΤΟΝΕΝΤΟΙC
ΟΥ
ΙCΙC
ΝΑΔΙΚΙΑ

30 Griechische Zwölfpropheten-Rolle
8HevXIIgr, Mitte 1. Jh. n. Chr., Textausschnitt: Hab 1,14–2,5

Die bereits mehrfach erwähnte Schriftrolle wurde im August 1952 von Beduinen in einer zunächst nicht näher bezeichneten Höhle in der Wüste Juda gefunden und in den folgenden Jahren vom damaligen Rockefeller Museum angekauft. Bei späteren Grabungen im Nahal Hever nahe Engedi gelang es den israelischen Ausgräbern, die Höhle zu identifizieren. In ihr fanden sich kleinere Fragmente, die sich zweifelsfrei der Zwölfpropheten-Rolle zuordnen ließen. Die Handschrift wird um die Mitte des 1. Jh.s n. Chr. datiert und gehört zu den von Juden für Juden geschriebenen griechischen Bibeltexten. Der Gottesnamen Jahwe erscheint in ihr als Tetragramm in althebräischer Schrift. Aus dem archäologischen Material (u. a. Münzen), das zusammen mit den Fragmenten im Nahal Hever gefunden wurde, ergibt sich, dass die Schriftrolle dort während des Bar Kochba-Aufstandes (132–135 n. Chr.) deponiert worden ist. Doch war sie damals schon viel gebraucht.

Die Handschrift wurde von zwei Schreibern ausgeführt. Von Hand A sind Teile der Bücher Jona, Mi, Nah, Hab, Zeph und Sach 1–3 erhalten, Hand B findet sich in Resten von Sach 8–9. Die textgeschichtliche Bedeutung von 8HevXIIgr besteht darin, dass sie bereits für das frühe 1. Jh. n. Chr. ein Rezensionsbemühen bezeugt, das die griechische Übersetzung dem hebräischen Original (resp. MT) stärker anzugleichen sucht. Nach ihrem Verfahren, das hebräische גַּם bzw. וְגַם regelmäßig durch die griechische Wendung καί γε wiederzugeben, wird sie als kaige-Rezension bezeichnet (siehe 5.3).

Abbildung: mit freundlicher Erlaubnis der Israel Antiquities Authority (PAM 40.572).
Text und Beschreibung: DJD VIII; Rahlfs / Fraenkel, Verzeichnis I, 156–160.

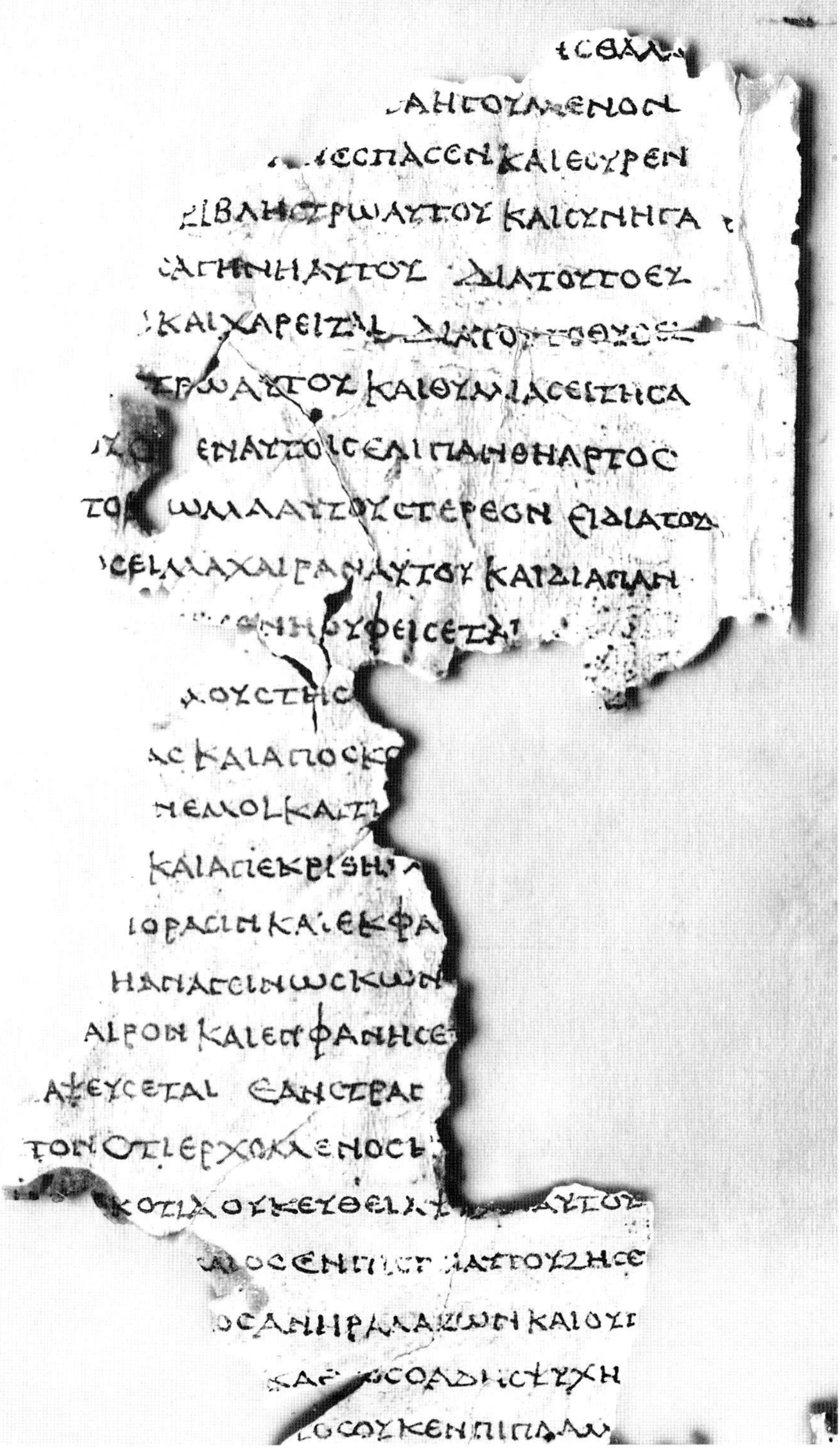
ΣΕΒΑΛ
ΑΝΓΟΥΜΕΝΟΣ
ΕΞΕΣΠΑΣΕΝ ΚΑΙ ΕΥΡΕΝ
ΕΙΒΛΗΣΤΡΩ ΑΥΤΟΥ ΚΑΙ ΣΥΝΗΓΑ
ΑΓΗΝΗ ΑΥΤΟΥ ΔΙΑ ΤΟΥΤΟ ΕΥ
ΚΑΙ ΧΑΡΕΙΤΑΙ ΔΙΑ [illegible]
ΤΡΩ ΑΥΤΟΥ ΚΑΙ ΘΥΜΙΑΣΕΙ ΤΗ ΣΑ
ΕΝ ΑΥΤΟΙΣ ΕΛΙΠΑΝΘΗ ΑΡΤΟΣ
ΤΟ ΩΜΑ ΑΥΤΟΥ ΣΤΕΡΕΟΝ ΕΙ ΔΙΑ ΤΟΥ
ΣΕΙ ΜΑΧΑΙΡΑΝ ΑΥΤΟΥ ΚΑΙ ΔΙΑ ΠΑΝ
ΝΗ ΟΥ ΦΕΙΣΕΤΑΙ
ΛΟΥΣ ΤΗΣ
ΑΣ ΚΑΙ ΑΠΟΣΚΟ
ΜΕΜΟΙ ΚΑΙ
ΚΑΙ ΑΠΕΚΡΙΘΗ
ΟΡΑΣΙΝ ΚΑΙ ΕΚΦΑ
ΗΝ ΑΝΑΓΙΝΩΣΚΩΝ
ΑΙΡΟΝ ΚΑΙ ΕΠΙΦΑΝΗΣΕ
ΑΞΕΥΣΕΤΑΙ ΕΑΝ ΣΤΡΑΓ
ΤΟΝ ΟΤΙ ΕΡΧΟΜΕΝΟΣ
ΚΟΤΙΑ ΟΥΚ ΕΥΘΕΙΑ ΑΥΤΟΥ
ΜΟΣ ΕΝ ΠΙΣΤ ΑΥΤΟΥ ΖΗΣΕ
ΟΣ ΑΝΗΡ ΑΛΑΖΩΝ ΚΑΙ ΟΥ
ΟΣ Ο ΑΔΗΣ ΤΥΧΗ
ΟΣ ΟΥΚ ΕΜΠΙΠΛΑΜ

31 Chester-Beatty-Papyrus 967

Rahlfs-Sigel: 967, um 200 n. Chr., Dublin: Chester Beatty Library, Textausschnitt: Ez 16,57–17,1

Bei dieser griechischen Handschrift handelt es sich um einen Papyruskodex, der um 200 n. Chr. entstanden ist. Zu seiner Herstellung verwendete man 59 Blätter eines normalen Rollenformats (ca. 34,5 x 25 cm), die man aufeinander legte und in der Mitte wie ein Heft faltete. Dadurch ergaben sich 118 Blätter bzw. 236 Seiten, die auf dem oberen Rand durchnummeriert worden sind. Der Papyrus bietet eine Teilausgabe der Bibel mit den beiden Prophetenbüchern Ezechiel und Daniel sowie dem Buch Ester. Wegen der relativ schmalen Heftseiten, die durch die Faltung entstanden (12,5 cm), sind heute viele Blätter in der Mitte auseinander gerissen. Man vermutet, dass der Papyruskodex einmal durch eine Schnur mit anderen Papyri zusammengebunden war, die sich langsam in den Papyrus einschnitt und dadurch viele Heftseiten in eine obere und untere Hälfte trennte. Der Hauptbestand des Kodex verteilt sich im Wesentlichen auf drei Museen, wobei häufig die obere und untere Hälfte eines Blattes an verschiedenen Orten aufbewahrt wird: Dublin: Chester-Beatty Library (29 halbe Blätter), Köln: Institut für Altertumswissenschaft (33 halbe und 28 ganze Blätter), Princeton, University Library (2 halbe und 19 ganze Blätter).

Die Bedeutung des Papyrus 967 für die Textkritik ist enorm. Zum einen zeigt er beim Ezechielbuch eine gegenüber der masoretischen Textfassung ältere Buchform. Zum andern ist er der früheste (vorhexaplarische) Textzeuge für die LXX-Fassung des Danielbuchs, die bekanntlich durch den sogenannten »Theodotion-Text« verdrängt wurde. Schließlich ist die Handschrift auch in kanongeschichtlicher Hinsicht interessant. Denn sie beendet das Danielbuch mit einem Abschlusssegen, bevor sie den Text von Ester folgen lässt. Darin könnte sich noch die umstrittene kanonische Stellung des Buches Ester widerspiegeln, das teilweise zu den deuterokanonischen Büchern gezählt wurde, bevor es im hebräischen Kanon seinen festen Platz bei den Megillot und im griechischen Kanon bei den Geschichtsbüchern erhielt.

Abbildung: nach F. G. Kenyon, The Chester Beatty Biblical Papyri, Fasc. VII,1–2, London 1937–1938.
Beschreibung: Rahlfs / Fraenkel, Verzeichnis I, 98–103; Literatur: S. Kreuzer, Papyrus 967 – Bemerkungen zu seiner buchtechnischen, textgeschichtlichen und kanongeschichtlichen Bedeutung, in: M. Karrer / W. Kraus (Hg.), Die Septuaginta – Texte, Kontexte, Lebenswelten, WUNT 219, Tübingen 2008, 64–82.

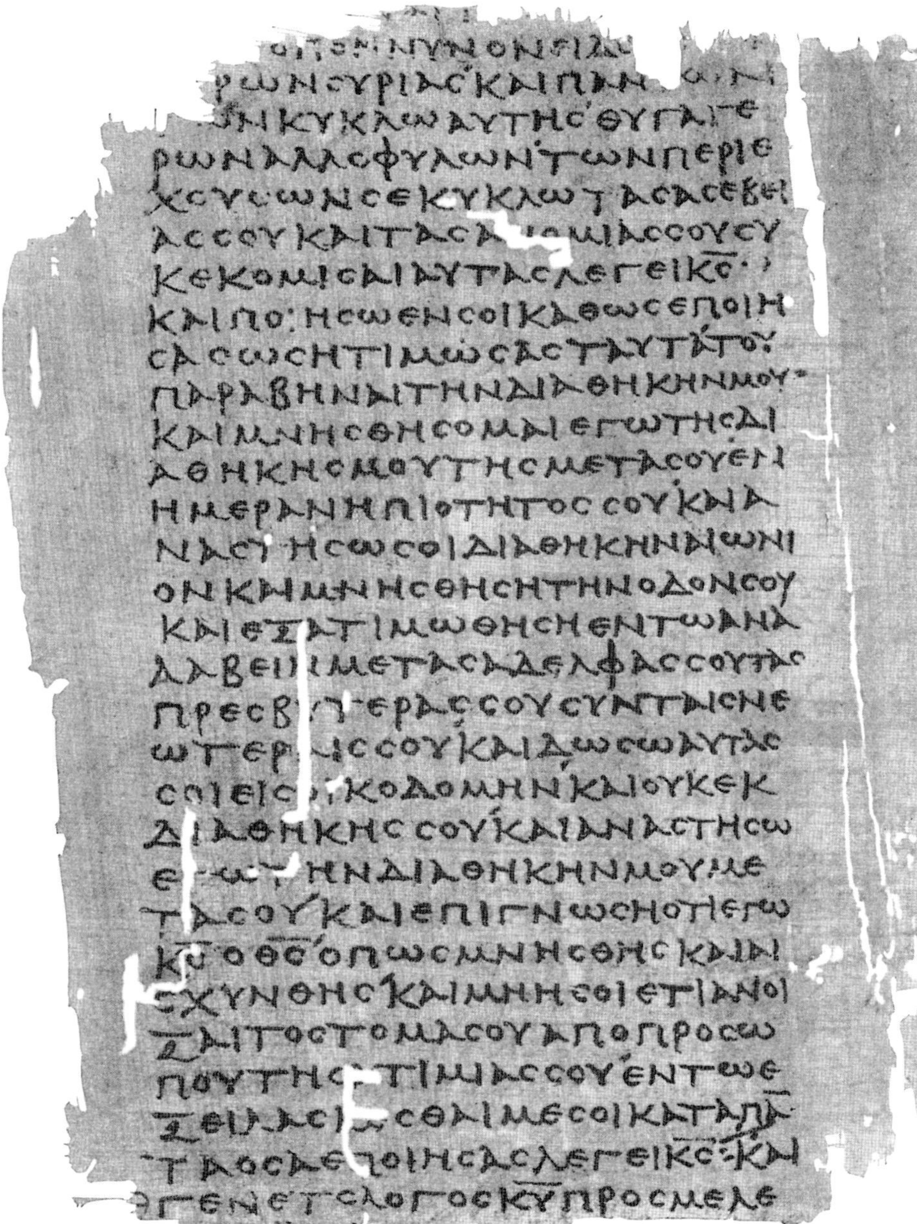
ΟΠΟΝΝΥΝΟΝΕΙΔ
ΡΩΝΣΥΡΙΑΣΚΑΙΠΑΝ
ΝΚΥΚΛΩΑΥΤΗΣΘΥΓΑΤΕ
ΡΩΝΑΛΛΟΦΥΛΩΝΤΩΝΠΕΡΙΕ
ΧΟΥΣΩΝΣΕΚΥΚΛΩΤΑΣΑΣΕΒΕΙ
ΑΣΣΟΥΚΑΙΤΑΣΑ[illegible]ΜΙΑΣΣΟΥΣΥ
ΚΕΚΟΜΙΣΑΙΑΥΤΑΣΛΕΓΕΙΚΣ
ΚΑΙΠΟΙΗΣΩΕΝΣΟΙΚΑΘΩΣΕΠΟΙΗ
ΣΑΣΩΣΗΤΙΜΩΣΑΣΤΑΥΤΑΤΟΥ
ΠΑΡΑΒΗΝΑΙΤΗΝΔΙΑΘΗΚΗΝΜΟΥ
ΚΑΙΜΝΗΣΘΗΣΟΜΑΙΕΓΩΤΗΣΔΙ
ΑΘΗΚΗΣΜΟΥΤΗΣΜΕΤΑΣΟΥΕΝ
ΗΜΕΡΑΝΗΠΙΟΤΗΤΟΣΣΟΥΚΑΙΑ
ΝΑΣΤΗΣΩΣΟΙΔΙΑΘΗΚΗΝΑΙΩΝΙ
ΟΝΚΑΙΜΝΗΣΘΗΣΗΤΗΝΟΔΟΝΣΟΥ
ΚΑΙΕΞΑΤΙΜΩΘΗΣΗΕΝΤΩΑΝΑ
ΛΑΒΕΙΝΜΕΤΑΣΑΔΕΛΦΑΣΣΟΥΤΑΣ
ΠΡΕΣΒΥΤΕΡΑΣΣΟΥΣΥΝΤΑΙΣΝΕ
ΩΤΕΡΑΙΣΣΟΥΚΑΙΔΩΣΩΑΥΤΑΣ
ΣΟΙΕΙΣΟΙΚΟΔΟΜΗΝΚΑΙΟΥΚΕΚ
ΔΙΑΘΗΚΗΣΣΟΥΚΑΙΑΝΑΣΤΗΣΩ
ΕΓΩΤΗΝΔΙΑΘΗΚΗΝΜΟΥΜΕ
ΤΑΣΟΥΚΑΙΕΠΙΓΝΩΣΗΟΤΙΕΓΩ
ΚΣΟΘΣΟΠΩΣΜΝΗΣΘΗΣΚΑΙΑΙ
ΣΧΥΝΘΗΣΚΑΙΜΗΗΣΟΙΕΤΙΑΝΟΙ
ΞΑΙΤΟΣΤΟΜΑΣΟΥΑΠΟΠΡΟΣΩ
ΠΟΥΤΗΣΑΤΙΜΙΑΣΣΟΥΕΝΤΩΕ
ΞΕΙΛΑΣΚΕΣΘΑΙΜΕΣΟΙΚΑΤΑΠΑ
ΤΑΟΣΑΕΠΟΙΗΣΑΣΛΕΓΕΙΚΣΚΑΙ
ΕΓΕΝΕΤΟΛΟΓΟΣΚΥΠΡΟΣΜΕΛΕ

32 Berliner Genesis-Handschrift

Rahlfs-Sigel: 911, 3./4. Jh. n. Chr., Warschau: Papyrusabteilung der Universität, Textausschnitt: Gen 34,11-25

Der Papyruskodex wurde 1906 von Carl Schmidt in Oberägypten erworben und der Preußischen Staatsbibliothek Berlin übergeben. Da die Papyrusblätter bis zu ihrer Entdeckung in der Erde lagerten, befanden sie sich in einem schlimmen Zustand. Der geschickten Hand des damals bekannten Papyrusexperten Hugo Ibscher gelang es schließlich, den Kodex zu entfalten und für das Studium zu präparieren. Die Veröffentlichung erfolgte jedoch erst 1927 zusammen mit dem verwandten Papyruskodex der Kleinen Propheten in der Freer Collection.

Der Form nach haben wir es mit einem Kodex zu tun: 16 Doppelblätter, von denen das erste verloren ist, wurden aufeinander gelegt und gefaltet, so dass eine einzige Lage von 32 Blatt entstand. Die Schrift ist eine frühe Kursive, die beträchtliche stilistische Unterschiede zeigt, aber von einer Hand stammt. Da der Text auf einer begrenzten Anzahl von Blättern unterzubringen war, schrieb der Schreiber besonders gegen Ende sehr eng. Aufgrund des allgemeinen Eindrucks und der Form bestimmter Buchstaben kann man die Schrift in das 3./4. Jh. n. Chr. datieren. Im Text selbst lassen sich eine Reihe von Angleichungen an den hebräischen Text erkennen.

Abbildung: nach H. A. Sanders und C. Schmidt, The Minor Prophets in the Freer Collection and the Berlin Fragment of Genesis, UMS.H 21, New York 1927, 231–429.
Beschreibung: Rahlfs / Fraenkel, Verzeichnis I, 376–382.

33 Codex Sinaiticus (S)

4. Jh. n. Chr., London: British Library (Add. 43725), Textausschnitte: 1. Makk 9,12-13 und 9,20-22; Jer 9,2-3 und 9,9-10; Tob 6,5-7 und 6,11-12

Die Abbildung zeigt Handschriftenproben der drei Schreiber, die nach der unten genannten Untersuchung den Kodex geschrieben haben. Auch Korrektoren haben mehrfach an der Handschrift gearbeitet. Besonders interessant ist in diesem Zusammenhang eine Notiz am Ende von Esra und Ester aus dem 6./7. Jh. n. Chr. Danach ist der Kodex mit einer ganz alten Handschrift verglichen worden, die ihrerseits von dem Märtyrer Pamphilus korrigiert wurde, und zwar nach einem von Origenes selbst korrigierten Exemplar der Hexapla.

Über die Entdeckung dieser wertvollen Handschrift, die als letzte von den drei großen griechischen Kodizes gefunden wurde, soll hier kurz berichtet werden: Auf seiner ersten Reise in den Orient kam Konstantin von Tischendorf 1844 auch in das Katharinenkloster auf dem Sinai. Dort sah er, als er sich in dem Bibliotheksraum aufhielt, in einem Papierkorb 129 Blätter einer sehr alten Handschrift. 43 Blätter – später Codex Friderico-Augustanus genannt – wurden ihm überlassen, den Rest wollten die auf den Wert der Handschrift aufmerksam gewordenen Mönche jedoch behalten. 1853 kehrte Tischendorf erneut in dem Kloster ein, um die zurückgelassenen Blätter zu erwerben oder abzuschreiben. Vergebens – sie waren bei den Mönchen selber in Vergessenheit geraten und blieben unauffindbar. 1859 forschte Tischendorf nochmals nach, diesmal als Abgesandter des russischen Zaren, des Schirmherrn der orthodoxen Christenheit. Doch schien auch sein dritter Besuch erfolglos zu sein, bis ihm der Hausverwalter des Klosters am Vorabend seiner Abreise einen Kodex in seiner Zelle zeigte: Es waren nicht nur die gesuchten 86 Blätter, die er bereits 1844 gesehen hatte, sondern noch 112 andere Blätter des Alten Testaments; dazu das ganze Neue Testament und zwei altkirchliche Schriften, die seit Jahrhunderten verschollen waren – der Brief des Barnabas und der Hirte des Hermas. Nach langwierigen Verhandlungen kam der Kodex in die kaiserliche Bibliothek zu St. Petersburg und wurde 1933 von der russischen Regierung an das Britische Museum nach London verkauft.

Abbildung: nach H. J. M. Milner / Th. C. Skeat, Scribes and Correctors of the Codex Sinaiticus, London 1938.
Beschreibung: Rahlfs / Fraenkel, Verzeichnis I, 201–206.

ΣΑΛΠΙΓΞΙΝΚΑΙΕΣΑΛ
ΠΙΣΑΝΟΙΠΑΡΑΙΟΥ
ΔΑΚΑΙΑΥΤΟΙΤΑΙΣΣΑΛ
ΠΙΓΞΙΝΚΑΙΕΣΑΛΕΥ
ΘΗΗΓΗΚΑΙΤΟΤΗΣΦΩ
ΝΗΣΤΩΝΠΑΡΕΜΚΟ
ΛΩΝΚΑΙΕΓΕΝΕΤΟ
ΟΠΟΛΕΜΟΣΣΥΝΗΜ
ΜΕΝΟΣΑΠΟΠΡΩΙ
ΘΕΝΜΕΧΡΙΕΣΠΕΡΑΣ

ΠΟΛΛΑΣΚΑΙΕΠΗΝ
ΠΩΣΕΠΕΣΕΝΔΥΝΑ
ΤΟΣΣΩΖΩΝΤΟΝΙΗΛ
ΚΑΙΤΑΠΕΡΙΣΣΑΤΩΝ
ΛΟΓΩΝΙΟΥΔΑΚΑΙ
ΤΩΝΠΟΛΕΜΩΝΚΑΙ
ΤΩΝΑΝΔΡΑΓΑΘΙΩΝ
ΩΝΕΠΟΙΗΣΕΝΚΑΙ
ΤΗΣΜΕΓΑΛΩΣΥΝΗΣ
ΑΥΤΟΥΟΥΚΑΤΕΓΡΑ

ΣΟΝΨΕΥΔΟΣΚΑΙΟΥ
ΠΙΣΤΙΣΕΝΙΣΧΥΣΕΝ
ΕΠΙΤΗΣΓΗΣΟΤΙΕΚ
ΚΑΚΩΝΕΙΣΚΑΚΑΕ
ΞΗΛΘΟΣΑΝΚΑΙΕ
ΜΕΟΥΚΕΓΝΩΣΑΝ
ΕΚΑΣΤΟΣΑΠΟΤΟΥ
ΠΛΗΣΙΟΝΑΥΤΟΥ
ΦΥΛΑΞΑΣΘΑΙΚΑΙ
ΕΠΑΔΕΛΦΟΙΣΑΥΤΩΝ

ΤΑΣΤΡΙΒΟΥΣΤΗΣΕ
ΡΗΜΟΥΘΡΗΝΟΝΟ
ΤΙΕΞΕΛΙΠΟΝΠΑΡΑ
ΤΟΜΗΕΙΝΑΙΑΝΟΥΣ
ΟΥΚΗΚΟΥΣΑΝΦΩ
ΝΗΝΥΠΑΡΞΕΩΣ
ΑΠΟΠΕΤΙΝΩΝΤΟΥ
ΟΥΡΑΝΟΥΚΑΙΕΩΣ
ΚΤΗΝΩΝΕΞΕΣΤΗ
ΣΑΝΩΧΟΝΤΟΚΝ

ΚΑΙΤΟΗΠΑΡΚΑΙΩ
ΠΤΗΣΕΝΤΟΥΙΧΘΥ
ΟΣΚΑΙΕΦΑΓΕΝΚΑΙ
ΑΦΗΚΕΝΕΞΑΥΤΟΥ
ΗΛΙΣΜΕΝΟΝΚΑΙΕ
ΠΟΡΕΥΘΗΣΑΝΑΜ
ΦΟΤΕΡΟΙΚΟΙΝΩΣ
ΕΩΣΗΓΓΙΣΑΝΕΙΣ
ΜΗΔΙΑΝ
ΚΑΙΤΟΤΕΗΡΩΤΗΣΕ
ΤΟΠΑΙΔΑΡΙΟΝΤΟΝ

ΜΑΣΑΥΛΙΣΘΗΝΑΙ
ΚΑΙΟΑΝΘΡΩΠΟΣ
ΣΥΓΓΕΝΗΣΣΟΥΕ
ΣΤΙΝΚΑΙΕΣΤΙΝΑΥ
ΤΩΘΥΓΑΤΗΡΗΟΝΟ
ΜΑΣΑΡΡΑΚΑΙΥΙΟΣ
ΑΡΣΗΝΟΥΔΕΘΥΓΑΤΗΡ
ΥΠΑΡΧΕΙΑΥΤΩΠΛΗΝ
ΣΑΡΡΑΣΜΟΝΗΣΚΑΙ
ΣΥΕΓΓΙΣΤΑΑΥΤΗΣ
ΕΠΙΠΑΡΑΠΑΝΤΑΣ

34 Mailänder Hexapla-Fragmente

Rahlfs-Sigel: 1098, 9.–11. Jh. n. Chr., Textbeispiel: Ps 28,6f = LXX Ps 27,6f

𝔐	Umschrift	Aquila	Symmachus	Septuaginta	Quinta
יְהוָה	יהוה	יהוה	יהוה	יהוה κ̅ς̅	יהוה
כִּי	χι	ὅτι	ὁ	ὅτι	ὅτι
שָׁמַע	σμας	ἤκουσε	ἐπακούσας	εἰσήκουσε	εἰσήκουσε
קוֹל	κωλ	φωνῆς	τῆς φωνῆς	τῆς φωνῆς	τῆς φωνῆς
תַּחֲנוּנָי	θανουναϊ	δεήσεώς μου.	τῆς ἱκεσίας μου	τῆς δεήσεώς μου.	τῆς δεήσεώς μου.
יְהוָה	יהוה	יהוה	יהוה	יהוה κ̅ς̅	יהוה
עֻזִּי	ὀζει	κράτος μου	ἰσχύς μου	βοηθός μου	βοηθός μου
וּמָגִנִּי	οὐμαγεννη	(καὶ) θυρεός μου·	καὶ ὑπερασπιστής μου·	καὶ ὑπερασπιστής μου·	καὶ ὑπερασπιστής μου·
בוֹ	βω·	ἐν αὐτῶι	αὐτῶι	ἐν αὐτῶι	ἐν αὐτῶι
בָטַח	βατε	ἐπεποίθησεν	ἐπεποίθησεν	ἤλπισεν	ἤλπισεν
לִבִּי	λεββὶ	καρδία μου,	ἡ καρδία μου,	ἡ καρδία μου,	καρδία μου,
וְנֶעֱזָרְתִּי	ου· νάζερθι	(καὶ) ἐβοηθήθην,	καὶ ἐβοηθήθην,	καὶ ἐβοηθήθην,	(καὶ) ἐβοηθήθην,
וַיַּעֲלֹז	ουαϊαλεζ	καὶ ἠγαυριάσατο	(καὶ) ἱλαρύνθ(η)	καὶ ἀνέθαλεν	καὶ ἐκραταιώθ(η)
לִבִּי	λεββὶ	καρδία μου·	ἡ καρδία μου·	ἡ σάρξ μου·	ἡ καρδία μου·
וּמִשִּׁירִי	οὐμεσσιρι	(καὶ) ἀπὸ αἴσματό(ς) μου	καὶ ἐν ᾠιδαῖς μου	καὶ ἐκ θελήματό(ς) μου	(καὶ) ἀπὸ τοῦ ἄσματός μου
אֲהוֹדֶנּוּ	αωδεννου	ἐξομολογήσωμ(αι) αὐτ(ῷ.)	ὑμνήσω αὐτόν.	ἐξομολογήσομαι αὐτ(ῷ.)	ἐξομολογήσομ(αι) αὐτ(ῷ.)

Abbildung: nach Psalterii Hexapli Reliquiae, cura et studio Johannis Card. Mercati, pars prima, Rom 1958.

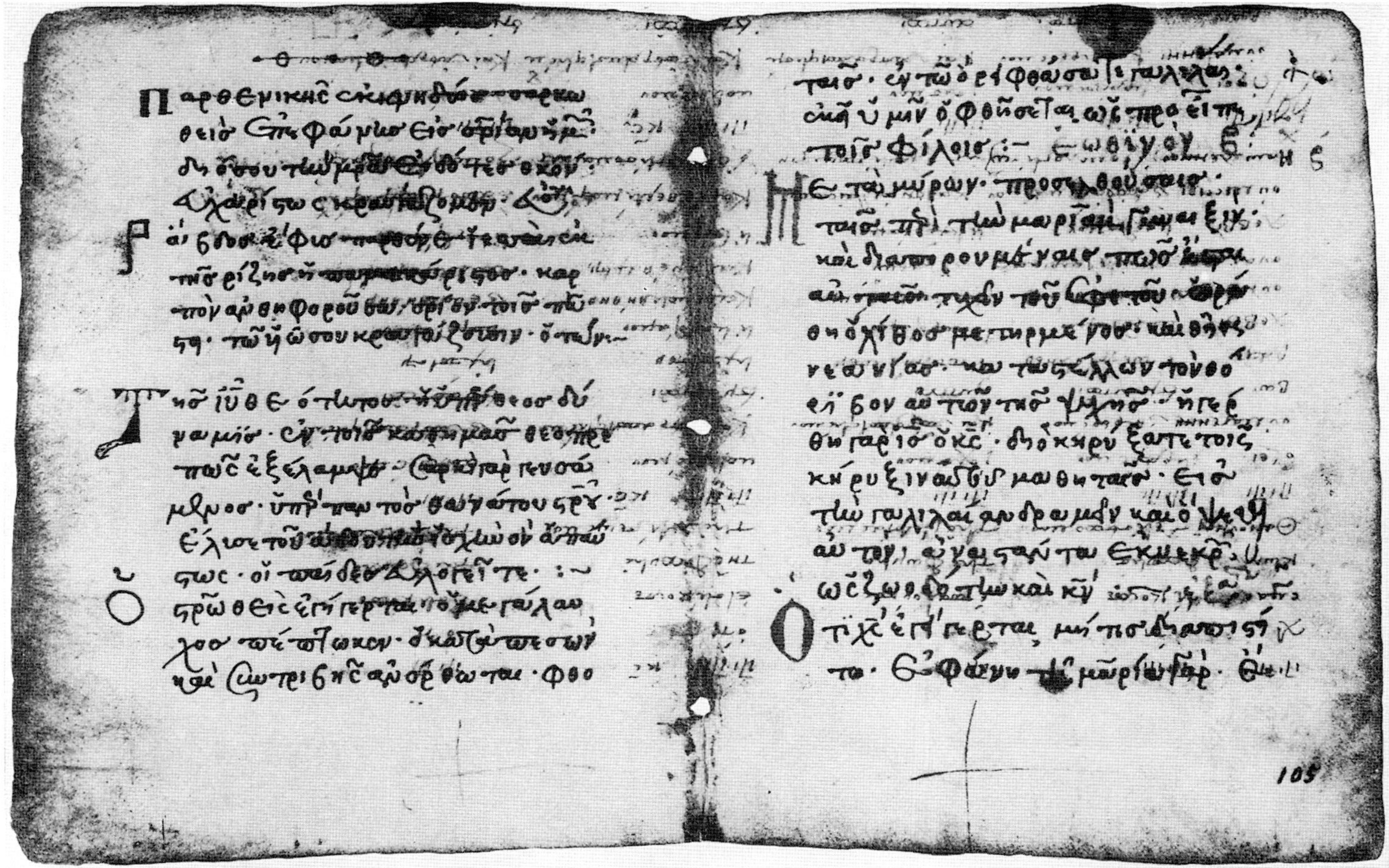

35 Codex Colberto-Sarravianus (G)

4./5. Jh. n. Chr., Leiden: Universitätsbibliothek, und Paris: Bibliothèque Nationale

Die Abbildung mit dem Text von Jos 10,12-19 zeigt die Schönheit der Handschrift, die auf jedem Blatt zwei Kolumnen enthält. Sie entstammt wahrscheinlich dem 5. Jh., nach manchen sogar schon dem 4. Jh. n. Chr. Unter den Majuskelhandschriften nimmt sie eine besondere Stellung ein; denn sie überliefert den hexaplarischen Text mit vielen der aristarchischen Zeichen.

Auf dem abgebildeten Blatt sind mit dem Obelos (Zeichen für »Überflüssiges«) folgende Worte versehen (linke Kolumne Z. 1-5): ηνικα συνετριψεν αυτους εν γαβαων και συνετρειβησαν απο προσωπον $\overline{\text{ιηλ}}$ (ισραηλ) »zu der Zeit, als er sie in Gibeon aufrieb und sie vor dem Angesicht der Israeliten aufgerieben wurden«. Diese Worte fand also Origenes in der Septuaginta, aber sie stehen nicht im hebräischen Text.

Mit dem Asteriskos (Zeichen für »Fehlendes«) sind mehrere Stellen in der Abbildung markiert, d. h. dass Origenes diese Worte nicht in der Septuaginta fand, sondern aus einer anderen griechischen Übersetzung einsetzte. Erstreckt sich der Text über mehrere Zeilen, so wird vor jeder Zeile das aristarchische Zeichen wiederholt. Beispielsweise fehlt in der Septuaginta der ganze Vers 15 und wird hier mit Asteriskos versehen zitiert (linke Kolumne unten und rechte Kolumne oben): και επεστρεψεν $\overline{\text{ις}}$ (ιησους) και πας $\overline{\text{ιηλ}}$ μετ αυτου εις την παρεμβολην εις γαλγαλαν »dann kehrte Josua und ganz Israel mit ihm in das Lager nach Gilgal zurück«.

Der Kodex umfasst die Bücher Gen bis Sam (mit Lücken) und besteht aus 153 Blatt. Von diesen befinden sich 130 in der Universitätsbibliothek Leiden, 22 in der Nationalbibliothek in Paris und eines in der Öffentlichen Bibliothek in St. Petersburg. Die früheren Besitzer, nach denen der Kodex benannt ist, waren Jean Baptiste Colbert, Finanzminister Ludwigs XIV, und Claude Sarrave von Paris, aus dessen Händen der erste Teil nach Leiden kam.

Abbildung: mit freundlicher Erlaubnis der Universitätsbibliothek Leiden.
Beschreibung: Rahlfs/Fraenkel, Verzeichnis I, 184–187 sowie 315–316.

ΙΗΛ:ΗΝΙΚΑΣΥΝΕΤΡΙ
ΨΕΝΑΥΤΟΥΣΕΝΓΑΒΑ
ΩΝ:ΚΑΙΣΥΝΕΤΡΕΙΒΗ
ΣΑΝΑΠΟΠΡΟΣΩΠΟΥ
ΙΗΛ:ΚΑΙΕΙΠΕΝΙΣΟΗΛΙ
ΟΣΚΑΤΑΓΑΒΑΩΝΣΤΗ
ΤΩΚΑΙΗΣΕΛΗΝΗΚΑ
ΤΑΦΑΡΑΓΓΑΑΙΛΩΝ
ΚΑΙΕΣΤΗΟΗΛΙΟΣΚΑΙΗ
ΣΕΛΗΝΗΕΝΣΤΑΣΕΙΕ
ΩΣΗΜΥΝΑΤΟΟΘΣΤΟΥΣ
ΕΧΘΡΟΥΣΑΥΤΩΝ※ΟΥ
ΧΙΤΟΥΤΟΓΕΓΡΑΜΜΕ
ΝΟΝΕΠΙΒΙΒΛΙΟΥΤΟΥ
ΕΥΘΟΥΣ:ΚΑΙΕΣΤΗΟ
ΗΛΙΟΣΚΑΤΑΜΕΣΟΝΤΟΥ
ΟΥΡΑΝΟΥΟΥΠΡΟΣΕ
ΠΟΡΕΥΕΤΟΕΙΣΔΥΣΜΑΣ
ΕΙΣΤΕΛΟΣΗΜΕΡΑΣΜΙ
ΑΣ:ΚΑΙΟΥΚΕΓΕΝΕΤΟ
ΗΜΕΡΑΤΟΙΑΥΤΗΟΥΔΕ
ΤΟΠΡΟΤΕΡΟΝΟΥΔΕ
ΤΟΕΣΧΑΤΟΝΩΣΤΕΕ
ΠΑΚΟΥΣΑΙΘΝ※ΦΩ
ΝΗΣ:ΑΝΟΥΟΤΙΚΣΣΥ
ΝΕΠΟΛΕΜΗΣΕΝΤΩ
ΙΗΛ※ΚΑΙΕΠΕΣΤΡΕΨΕΝ
ΙΣΚΑΙΠΑΣΙΗΛΜΕΤΑΥ
※ΤΟΥΕΙΣΤΗΝΠΑΡΕΜΒΟ
※ΛΗΝΕΙΣΓΑΛΓΑΛΑ:
ΚΑΙΕΦΥΓΟΝΟΙΕΒΑΣΙ
ΛΕΙΣΟΥΤΟΙΚΑΙΚΑΤΕ
ΚΡΥΒΗΣΑΝΕΙΣΤΟΣΠΗ
ΛΑΙΟΝΤΟΕΙΣΜΑΚΗΔΑ
ΚΑΙΑΠΗΓΓΕΛΗΤΩΙΥ
ΛΕΓΟΝΤΕΣΕΥΡΗΝΤΑΙ
ΟΙΕΒΑΣΙΛΕΙΣΚΕΚΡΥΜ
ΜΕΝΟΙΕΝΤΩΣΠΗ
ΛΑΙΩΤΩΕΝΜΑΚΗΔΑ
ΚΑΙΕΙΠΕΝΙΣΚΥΛΙΣΑΤΕ
ΛΙΘΟΥΣ※ΜΕΓΑΛΟΥΣ:
ΕΠΙΤΟΣΤΟΜΑΤΟΥΣΠΗ
ΛΑΙΟΥΚΑΙΚΑΤΑΣΤΗ
ΣΑΤΕΕΠΑΥΤΟΥΑΝΔΡΑΣ
ΤΟΥΦΥΛΑΣΣΕΙΝΕΠΑΥ
ΤΟΥΣΥΜΕΙΣΔΕΜΗΕ
ΣΤΗΚΑΤΕΚΑΤΑΔΙΩ
ΚΟΝΤΕΣΟΠΙΣΩΤΩΝ
ΕΧΘΡΩΝΥΜΩΝΚΑΙ
ΚΑΤΑΛΑΒΕΤΑΙΤΗΝΟΥ
ΡΑΓΙΑΝΑΥΤΩΝ:ΚΑΙΜΗ
ΑΦΗΤΕΑΥΤΟΥΣ:ΕΙΣΕΛ
ΘΕΙΝΕΙΣΤΑΣΠΟΛΕΙΣ
ΑΥΤΩΝΠΑΡΑΔΕΔΩ
ΚΕΝΓΑΡΑΥΤΟΥΣΚΣΟ
ΘΣΗΜΩΝΕΙΣΤΑΣΧΙ

36 Codex Marchalianus (Q)

6. Jh. n. Chr., Rom: Vatikanische Bibliothek (Vat. gr. 2125)

Die Abbildung enthält LXX Jer 42,11-19 (MT Jer 35,11-19) und lässt deutlich die Besonderheit dieser Handschrift erkennen: Ein Korrektor hat am Rande die hexaplarischen Lesarten, die LXX an MT angleichen, mit den hexaplarischen Zeichen eingetragen. Man sieht, dass Origenes beim griechischen Jeremiabuch, das gegenüber der hebräischen Fassung viel kürzer ist, besonders oft ergänzen musste. Im Codex Marchalianus ist teilweise noch die Quelle dieser Ergänzungen angegeben: So stammen die Worte in V. 14 εως της ημερας ταυτης οτι ηκουσαν της εντολης του πατρος αυτω̄ »bis zum heutigen Tag, denn sie gehorchten dem Befehl ihres Vaters« aus Aquila (α′) und Theodotion (θ′), während der in der Septuaginta fehlende Satz in V. 17 aus der Übersetzung des Theodotion aufgenommen ist.

In seiner Ezechiel-Ausgabe der Göttinger Septuaginta hat Josef Ziegler eine doppelte Schicht hexaplarischer Einflüsse im Codex Marchalianus festgestellt: »Die erste stammt bereits aus der Vorlage von Q, deren hexaplarischen Teile der Schreiber ohne nähere Kennzeichnung in seinen Text übernahm, die zweite von einem Redaktor, der die vorliegenden hexaplarischen Teile als solche durch Asteriskus bezeichnete und die fehlenden aus einer anderen Quelle … am Rand von Q nachtrug.«

In der Abbildung beachte man noch den Ausfall in den Versen 16-18, der durch Homoioteleuton verursacht worden ist (der ausgefallene Text wird am unteren Rand nachgeholt), sowie die Korrekturen im Text (Z. 14, 19, 24) und die zahlreichen Abkürzungen häufig vorkommender Wörter.

Abbildung: nach P. Franchi de' Cavalieri / J. Lietzmann, Specimina Codicum Graecorum Vaticanorum, 2. Aufl. Berlin 1929.

Literatur: J. Ziegler (Hg.), Septuaginta. Vetus Testamentum Graecum, Bd. XVI,1: Ezechiel, Göttingen 1952 [Zitat: S. 34f]; Rahlfs / Fraenkel, Verzeichnis I, 346–350.

ϹΟΜΕΘΑ ΕΙϹ ΙΕΡΟΥϹΑΛΗΜ ΑΠΟ ΠΡΟϹΩ
ΠΟΥ ΤΩΝ ΧΑΛΔΑΙΩΝ. ΚΑΙ ΑΠΟ ΠΡΟϹΩ
ΠΟΥ ΤΗϹ ΔΥΝΑΜΕΩϹ ΤΩΝ ΑϹϹΥΡΙΩ.
ΩΚΗϹΑΜΕ — ΚΑΙ ΟΙΚΗϹΩΜΕΝ ΕΚΕΙ: ΚΑΙ ΕΓΕΝΕΤΟ
ΛΟΓΟϹ ΚΥ ΠΡΟϹ ΜΕ ΛΕΓΩΝ ΟΥΤΩϹ ΛΕΓΕΙ
ΚϹ ΠΟΡΕΥΟΥ ΚΑΙ ΕΙΠΟΝ ΑΝΩ ΙΟΥΔΑ.
ΚΑΙ ΤΟΙϹ ΚΑΤΟΙΚΟΥϹΙΝ ΙΛΗΜ ΟΥ ΜΗ
ΛΑΒΗΤΕ ΠΑΙΔΕΙΑΝ. ΑΚΟΥΕΙΝ ΤΟΥϹ ΛΟ
ΓΟΥϹ ΜΟΥ. ΕϹΤΗϹΑΝ ΡΗΜΑ ΥΙΟΙ ΙΩΝΑ
ΔΑΒ ΥΙΟΥ ΡΗΧΑΒ. Ο ΕΝΕΤΕΙΛΑΤΟ ΤΟΙϹ ΤΕ — ΥΙΟΙϹ
ΚΝΟΙϹ ΑΥΤΟΥ ΠΡΟϹ ΤΟ ΜΗ ΠΙΕΙΝ ΟΙΝΟ.
ΚΑΙ ΟΥΚ ΕΠΙΟΝ. ΚΑΙ ΕΓΩ ΕΛΑΛΗϹΑ ΠΡΟϹ
ΥΜΑϹ ΟΡΘΡΟΥ. ΚΑΙ ΕΛΑΛΗϹΑ ΚΑΙ ΟΥΚ ΗΚΟΥ
ϹΑΤΕ. ΚΑΙ ΑΠΕϹΤΕΙΛΑ ΠΡΟϹ ΥΜΑϹ ΤΟΥϹ
ΔΟΥΛΟΥϹ ΜΟΥ ΤΟΥϹ ΠΡΟΦΗΤΑϹ ΛΕΓΩ.
ΑΠΟϹΤΡΑΦΗΤΕ ΕΚΑϹΤΟϹ ΑΠΟ ΤΗϹ ΟΔΟΥ
ΑΥΤΟΥ ΤΗϹ ΠΟΝΗΡΑϹ. ΚΑΙ ΒΕΛΤΙΟΝΑ
ΠΟΙΗϹΑΤΕ ΤΑ ΕΠΙΤΗΔΕΥΜΑΤΑ ΥΜΩΝ.
ΚΑΙ ΟΥ ΠΟΡΕΥϹΕϹΘΕ ΟΠΙϹΩ ΘΕΩΝ ΕΤΕΡΩ
ΤΟΥ ΔΟΥΛΕΥΕΙΝ ΑΥΤΟΙϹ. ΚΑΙ ΟΙΚΗϹΕΤΕ
ΕΠΙ ΤΗϹ ΓΗϹ ΗϹ ΕΔΩΚΑ ΥΜΙΝ. ΚΑΙ ΤΟΙϹ
ΠΑΤΡΑϹΙΝ ΥΜΩΝ. ΚΑΙ ΟΥΚ ΕΚΛΙΝΑΤΕ
ΤΑ ΩΤΑ ΥΜΩΝ. ΚΑΙ ΟΥΚ ΗΚΟΥϹΑΤΕ.
ΚΑΙ ΕϹΤΗϹΑΝ ΟΙ ΥΙΟΙ ΙΩΝΑΔΑΒ ΥΙΟΥ ΡΗΧΑΒ.
ΤΗΝ ΕΝΤΟΛΗΝ ΤΟΥ ΠΡϹ ΑΥΤΩΝ ΠΟΙΕΙ.
ΚΑΘΟΤΙ ΕΝΕΤΕΙΛΑΤΟ ΑΥΤΟΙϹ Ο ΠΗΡ ΑΥ — ΔΕΙ
ΤΩΝ ΟΥ ΜΗ ΕΚΛΙΠΗ ΑΝΗΡ ΤΩΝ ΥΙΩ
ΙΩΝΑΔΑΒ ΥΙΟΥ ΡΗΧΑΒ ΠΑΡΕϹΤΗΚΩϹ
ΚΑΤΑ ΠΡΟϹΩΠΟΝ ΜΟΥ ΠΑϹΑϹ ΤΑϹ ΗΜΕΡΑϹ.

Ο ΔΕ ΛΑΟϹ ΟΥΤΟϹ ΟΥΚ ΗΚΟΥϹΑΝ ΜΟΥ ΔΙΑ ΤΟΥΤΟ ΟΥΤΩϹ ΕΙΠΕ
ΚϹ ΙΔΟΥ ΕΓΩ ΦΕΡΩ ΕΠΙ ΙΟΥΔΑΝ ΚΑΙ ΕΠΙ ΤΟΥϹ ΚΑΤΟΙ
ΚΟΥΝΤΑϹ ΙΛΗΜ ΠΑΝΤΑ ΤΑ ΚΑΚΑ Α ΕΛΑΛΗϹΑ ΕΠ ΑΥΤΟΥϹ
ΔΙΑ ΤΟΥΤΟ ΟΥΤΩϹ ΕΙΠΕΝ ΚϹ ΕΠΕΙΔΗ ΗΚΟΥϹΑΝ ΥΙΟΙ ΙΩ
ΝΑΔΑΒ ΥΙΟΥ ΡΗΧΑΒ ΤΗΝ ΕΝΤΟΛΗΝ ΤΟΥ ΠΑΤΡΟϹ ΑΥΤΩΝ

ΚΑΙ ΦΥΛΑΞΑΝ ΤΕϹ ΠΑϹΑϹ ΤΑϹ ΕΝΤΟΛΑϹ ΑΥΤΟΥ

37 Handschrift der Syrohexaplaris

697 n. Chr., London: British Library (Add. 12.134),
Textausschnitt: Ex 27,10-15

Die Handschrift gehört wie die Peschitta-Handschrift der Bildtafel 39 zu den Hunderten von Handschriften, die 1839 und in den folgenden Jahren aus dem in der nitrischen Wüste gelegenen Kloster S. Maria Deipara in das Britische Museum kamen. Seit den Anfängen des christlichen Mönchtums bestand in der nitrischen Wüste (Wadi Natrun in Unterägypten) eine Mönchskolonie, die am Ende des 4. Jh.s n. Chr. mehrere Tausend Mönche umfasste und in der zeitweise ein sehr reges geistiges Leben herrschte. Besonders das syrische Kloster St. Maria Deipara besaß eine schöne Bibliothek, die durch die Bemühungen des Abtes Moses von Nisibis im 10. Jh. n. Chr. beträchtlich vermehrt wurde. Später befanden sich die Klöster im Niedergang. Die Bücher wurden nicht mehr benutzt und vernachlässigt. Dennoch wurden sie von den wenigen Mönchen eifersüchtig behütet, bis es 1839 dem Engländer Tattam und später anderen gelang, Hunderte von Handschriften zu erwerben und nach England zu bringen. Ein bedeutsamer Aufschwung der syrischen Studien war die unmittelbare Folge.

Die Handschrift enthält das Buch Exodus und wurde nach dem Kolophon im Jahre 1008 der seleukidischen Ära, d. i. im Jahre 697 n. Chr., von einem gewissen Lazarus geschrieben. Sie steht also der Übersetzung des Bischofs Paul von Tella (616/17 n. Chr.) zeitlich recht nahe. Wie die Abbildung zeigt, sind die hexaplarischen Zeichen im Text überliefert (Obelos Z. 7, 13, 14, 15, 20; Asteriskos Z. 12). Am Rand werden die Übersetzungen des Aquila, Symmachus und Theodotion notiert. Die größere Randbemerkung bei Z. 2ff bietet eine Sacherklärung zu ψαλιδος (syr. *psalidis*) in Ex 27,10. Das am oberen Rand stehende και ψαλιδος ist in Minium (roter Farbe) geschrieben.

Abbildung: nach E. Tisserant, Specimina Codicum Orientalium, Tabulae in usum scholarum 8, Bonn 1914.

86

καὶ ψαλλίδος

ܐ. ܕܦܬܝܬܐ܀

ܘܦ̈ܩܥܬܝܗ ܕܝܠܗܘܢ ܗܘܐܡܟܐ.
ܡܚܝܠܐ ܠܡܢܪܬܐ ܗܘ ܕܠܗܘܬ ܝܪܟܐ.
ܘܫܬ̈ܠܗ ܕܡܟܟܐ ܫܩ̈ܝܐ ܫܘܪܬܐ.
ܡܟܬ̈ܘܒܬܐ ܕܝܠܗܘܢ ܚܡܪ̈ܝܢ. ܘܟܬ̈ܘܒܗ
ܕܝܠܗܘܢ ܚܡܪ̈ܝܢ ܕܚܝܟܐ.
ܘܡܘ̈ܪܡܐ ܕܝܠܗܘܢ. ܘܦ̈ܩܥܬܝܗ
ܕܐܬܩܠܝܐ ܀ ܘܟܬ̈ܘܒܗ ܡܢܝܗܝܢ
ܚܣܐܟܐ. ܫ. ܘܦܬܝܬܐ ܕܕܪ̈ܬܐ
ܕܠܡܚܠ ܢܚܫܐ. ܘܫܬ̈ܠܗ ܕܢܚܫܝܢ
ܐܫ̈ܟܐ. ܚܕܘ̈ܒܬܐ ܕܝܠܗܘܢ ܚܡܪ̈ܬܐ.
ܘܟܬ̈ܘܒܗ ܕܝܠܗܘܢ ܚܡܪ̈ܐ. ܀
ܘܦܬܝܬܐ ܕܕܪ̈ܬܐ ܨܝܕ ܚܝܠܐ ܕܠܗܘܬ
ܡܢ ܗܢܐ. ܘܫܬ̈ܠܗ ܕܢܚܫܝܢ ܐܫ̈ܟܐ.
ܚܕܘ̈ܒܬܐ ܕܝܠܗܘܢ ܚܡܪ̈ܬܐ.
ܘܟܬ̈ܘܒܗ ܕܝܠܗܘܢ ܚܡܪ̈ܐ.
ܘܕܢܚܫܝܚܘ̈ܬܐ ܐܫ̈ܟܐ ܪ̈ܘܒܐ
ܕܘܫܬ̈ܠܗ ܠܡܢܪܬܐ ܫ. ܚܕܘ̈ܒܬܐ
ܕܝܠܗܘܢ ܬܠܬܐ. ܘܟܬ̈ܘܒܗ ܕܝܠܗܘܢ
ܬܠܬ. ܘܡܢܪ̈ܬܐ ܗܘ ܬܪ̈ܝܢ.
ܕܢܚܫܝܚܘ̈ܬܐ ܐܫ̈ܟܐ ܀ ܪ̈ܘܒܐ
ܕܘܫܬ̈ܠܗ. ܚܕܘ̈ܒܬܐ ܕܝܠܗܘܢ
ܬܠܬܐ. ܘܟܬ̈ܘܒܗ ܕܝܠܗܘܢ ܬܠܬ. ܀

ܘܦ̈ܩܥܬܝܗ ܕܠܒܪ ܡܢܗ
ܐܝܟ ܕܠܗܘܢ ܕܢܚܫܝܐ.
ܐܝܟ ܕܦ̈ܬܝܬܐ ܐܝܟ
ܕܡܫܡܠܝܢ ܕܢܝܠܐ.
ܡܢ ܬܪܝܢ ܕܠܗܘܢ
ܠܒܪ ܡܢ ܟܢܫܬܐ܀

ܐ. ܠ. ܠܡܢܪܬܐ܀
ܗ. ܠܗܘܢ ܦܬܝܬܐ.

ܐ. ܗ. ܠ. ܕܟܦܢܐ
ܫܢܐ ܀

ܐ. ܗ. ܠ. ܘܠܟܦܢܐ
ܬܪܝܢܬܐ ܀

38 Katenen-Handschrift

9. Jh. n. Chr., Rom: Vatikanische Bibliothek, Textausschnitt: Hi 6,5

Unter einer *catene* (lat. »Kette, Reihe«) versteht man ein Sammelwerk, das die Auslegungen verschiedener Autoren zu einer Bibelstelle wie die Glieder einer großen Kette aneinanderreiht. Dadurch soll dem Leser auf einen Blick eine Übersicht über die wichtigsten und bedeutendsten Texterklärungen insbesondere der Kirchenväter gegeben werden. Die Katenen haben ihre Bedeutung sowohl für die Patristiker als auch für den Textkritiker: Für die einen finden sich in den Katenen Fragmente aus sonst verlorenen Werken der patristischen Literatur, für die anderen bieten sie weiteres Material für die Erhellung der Textgeschichte.

Nach der äußeren Form unterscheidet man die »Randkatene« und die »Textkatene«. Bei der Randkatene handelt es sich um die elegantere und vielleicht auch älteste Gestalt eines Kettenkommentars: In der Textmitte steht auf einem vorher genau abgegrenzten Platz der Bibeltext wie auf dem abgebildeten Blatt. Um diesen engen Textraum herum sind die Erklärungen auf dem flächenmäßig breiten Rand in kleinerer Schrift angeordnet. Die Textkatene hingegen bietet Stück für Stück den Bibeltext und lässt den entsprechenden Abschnitten jeweils die dazugehörigen Auslegungen folgen. Die Kommentare stehen also nicht neben dem Bibeltext, sondern unter ihm.

Die Überschriften (lemmata) zu den einzelnen Erklärungen sind in der abgebildeten Handschrift dadurch herausgehoben, dass sie in Minium (roter Farbe) geschrieben wurden (vgl. beispielsweise Z. 30 Διδύμου und Z. 33 καὶ μετ' ὀλίγα).

Abbildung: nach P. Franchi de' Cavalieri / J. Lietzmann, Specimina Codicum Graecorum Vaticanorum, 2. Aufl. Berlin 1929.
Literatur: H. Lietzmann, Catenen. Mitteilungen über ihre Geschichte und handschriftliche Überlieferung, Freiburg i. B. 1897.

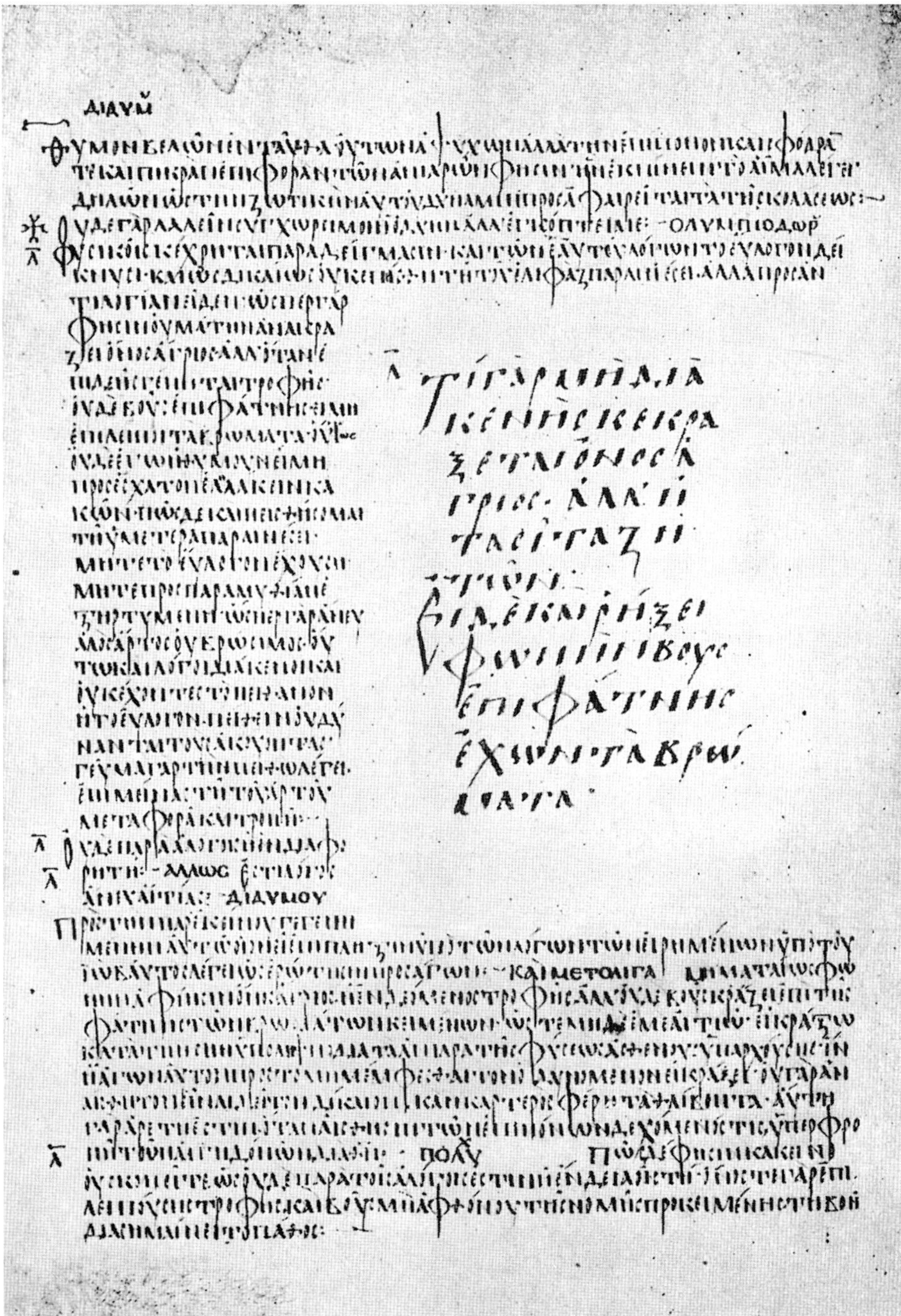

39 Peschitta-Handschrift

464 n. Chr., London: British Library (Add. 14.425),
Textausschnitt: Ex 13,8-17

Die westsyrische Pergamenthandschrift gehört zu den Handschriften aus der nitrischen Wüste (vgl. Bildtafel 37) und enthält die Bücher Gen, Ex, Num und Dtn. Sie ist in Estrangelo, der altsyrischen Kursive, geschrieben und wie das Hebräische und Arabische von rechts nach links zu lesen. Die ersten beiden Bücher wurden in Amid (heute: Diyarbekir, am Tigris in Südostanatolien) im Jahre 775 der seleukidischen Ära, d. h. im Jahr 464 n. Chr., durch einen gewissen Johannes geschrieben. Die beiden weiteren Bücher stammen von einem anderen Schreiber, aber wahrscheinlich aus der gleichen Zeit. Es dürfte sich hier um eine der ältesten biblischen Handschriften überhaupt handeln, die durch eine Beischrift genau datiert ist. Sie ist etwa gleichaltrig mit dem griechischen Codex Alexandrinus (A).

Abbildung: nach W. Wright (ed.), The Palaeographical Society, Facsimiles of Manuscripts and Inscriptions, Oriental Series, London, 1875–1883.

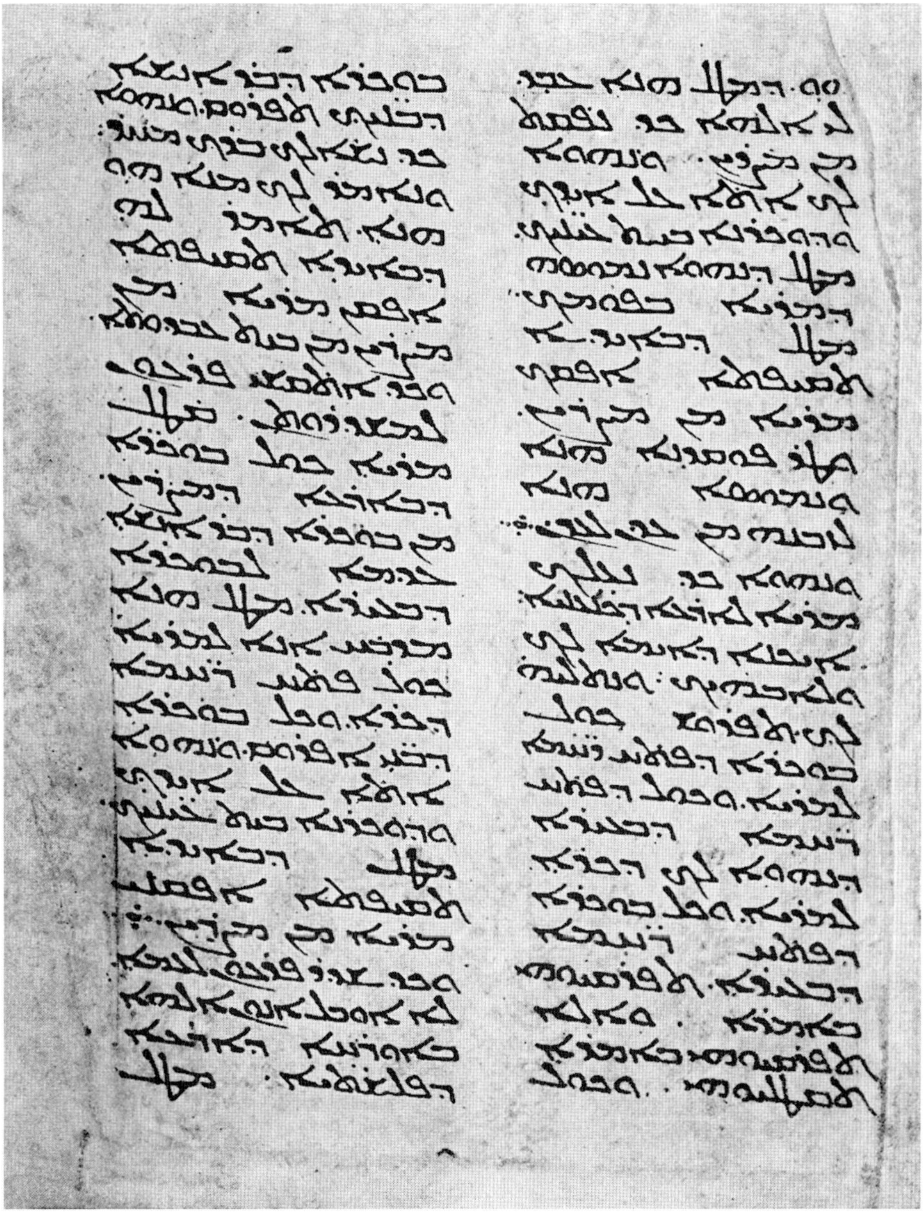

40 Konstanzer altlateinische Prophetenbruchstücke

Gryson-Sigel: Ms 175, 5. Jh. n. Chr., Textausschnitt: Ez 20,43-47

Die Abbildung zeigt Fragmente einer prächtigen altlateinischen Prophetenhandschrift, die von Alban Dold im Rücken des Kodex 191 der Fürstlich-Fürstenbergschen Hofbibliothek zu Donaueschingen entdeckt wurden. Die Prophetenhandschrift, die wohl im 5. Jahrhundert in Oberitalien geschrieben worden war, kam in die Dombibliothek zu Konstanz und wurde dort (wahrscheinlich um 1450) zerschnitten und zum Binden verschiedener Pergamenthandschriften verwendet. 26 dieser Handschriften, die in ihren Einbänden Bruchstücke der alten Handschrift enthielten, wurden in Fulda, Darmstadt, Stuttgart, Donaueschingen und im Benediktinerstift St. Paul zu Kärnten festgestellt. Die Bedeutung dieser Texte ist angesichts der spärlichen Überlieferung der Vetus Latina sehr groß. Vor ihrer Entdeckung waren altlateinische Prophetentexte überhaupt nur durch die Bruchstücke des Würzburger Palimpsest-Kodex bezeugt. Inzwischen sind weitere Texte unter anderem aus St. Gallen (Ez, Dan, Kleine Propheten) hinzugekommen.

Auf der Abbildung beachte man am Rand die Glossen von einer späteren Hand (6. Jh. n. Chr.), in denen u. a. griechische Lesarten mitgeteilt werden.

Abbildung: mit freundlicher Erlaubnis der Schøyen Collection, Oslo und London.
Literatur: P. A. Dold, Konstanzer altlateinische Propheten- und Evangelien-Bruchstücke mit Glossen, nebst zugehörigen Prophetentexten aus Zürich und St. Gallen, Texte und Arbeiten 7–9, Beuron 1923; Gryson, Altlateinische Handschriften, 267–269.

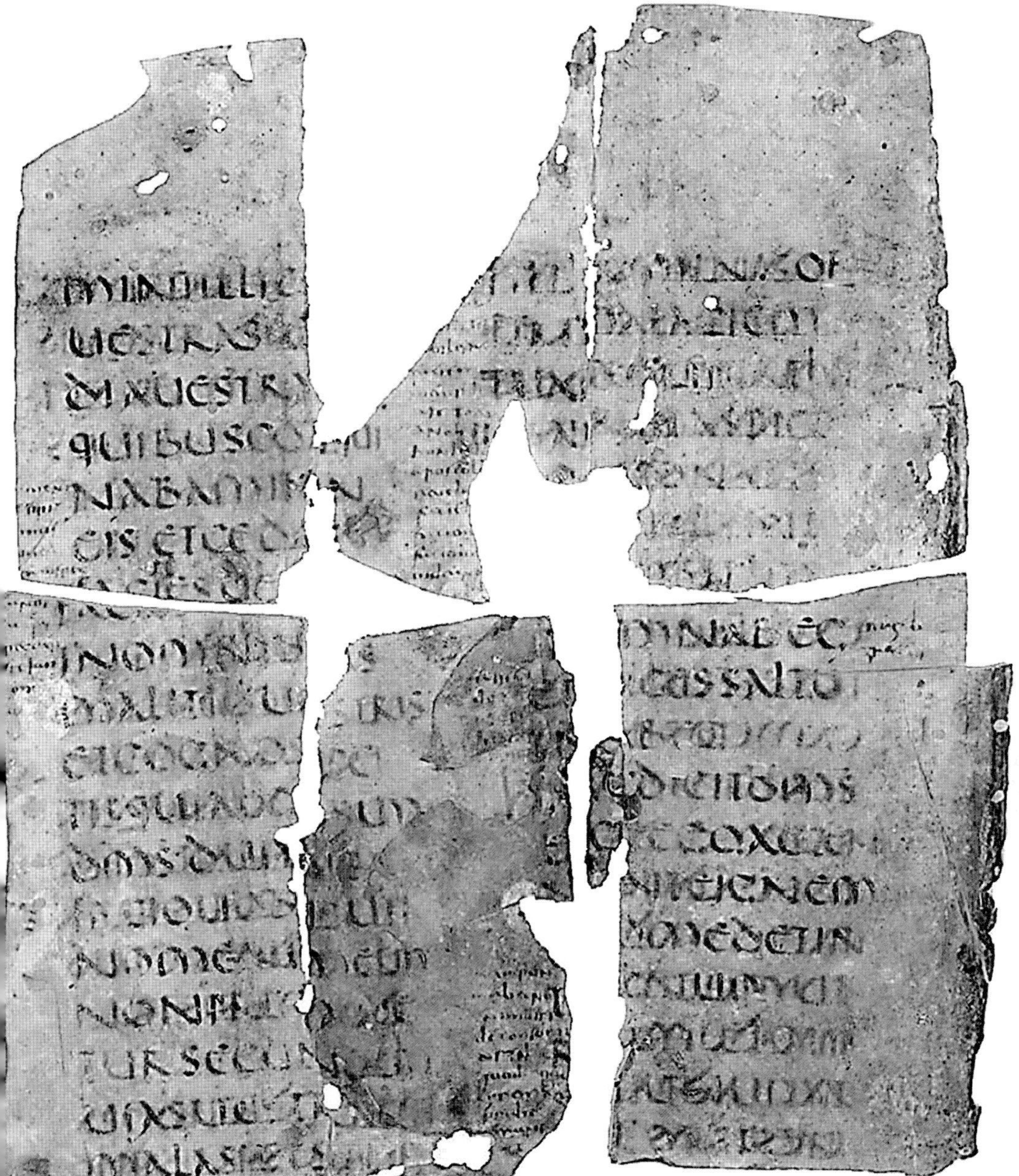

41 Codex Lugdunensis

Gryson-Sigel: Ms 100, 6. Jh. n. Chr., Lyon: Bibliothèque de la Ville (Nr. 403 und Nr. 1964), Textausschnitt: Gen 27,46–28,11

Der Codex Lugdunensis mit altlateinischem Text zählt zu den wichtigsten Zeugen der Vetus Latina und wird heute in der Stadtbibliothek von Lyon in seinen beiden Teilen (Ms 403 und Ms 1964) aufbewahrt. Die Handschrift entstand in der zweiten Hälfte des 6. Jh.s n. Chr. und gehörte dem Kapitel der Chanoines-comtes in Lyon. Im Mittelalter oder später wurde der Kodex in zwei Teile mit 143 und 88 Blätter zerlegt. Der zweite Teil verließ Lyon, konnte aber 1895 aus dem Nachlass des Baron Dauphin de Verna erworben und nach Lyon zurückgebracht werden. Aus dem ersten Teil stahl Graf Guglielmo Libri (1803–1869) die Blätter 50–128 und verkaufte sie an Lord Ashburnham. Nachdem der wahre Sachverhalt aufgedeckt worden war, gab sie sein Sohn 1880 an die Bibliothek zurück.

Bis ins 9. Jh. n. Chr. wurde die Handschrift zur liturgischen Lesung benutzt. Deshalb finden sich in ihr zahlreiche Randeinträge von verschiedenen Händen und zu verschiedenen Zeiten. Sogar zwei ganze Lesungen sind eingetragen: 1. Kön 21 für die Traditio symboli und 1. Petr 1,25–2,15; 3,8-9; 4,7-11 für das Fest der Cathedra Petri. Ihr Text folgt der Vulgata. Ebenso sind in den einzelnen Abschnitten zahlreiche Korrekturen von späteren Händen eingetragen, die den Text an die Vulgata angleichen. Diese Angleichungen sind bezeichnend für die Geschichte der Vetus Latina, die schließlich ganz von der Vulgata verdrängt wurde.

Der Codex Lugdunensis enthielt mindestens den ganzen Heptateuch (Gen–Ri). Von seinem Text sind heute noch bewahrt: Gen 16,9–17,18; 19,5-29; 26,33–33,15; 37,7–38,22; 42,36–Ex 7,19; 21,9-36; 25,25–26,13; 27,6–40,32; Lev 1,1–18,30; 25,16–Ri 20,31, Die Abbildung zeigt den Text von Gen 27,46–28,11 und beginnt mit dem Satz: Dixit autem Rebecca ad Isac »Auch sagte Rebekka zu Isaak«.

Abbildung: mit freundlicher Erlaubnis der Stadtbibliothek Lyon.
Beschreibung: Gryson, Altlateinische Handschriften, 159f.

DIXITAUTEMREBECCA
ADISACDESTINAUIANI
MOMEOPROPTERFI
LIASFILIORUMCHET
SIACCEPERITIACOB
UXOREMAFILIABUS
TERRAEHUIUSUTQUID
MIHIUIUERE
UOCAUITAUTEMISAAC
IACOBADSEETBENE
DIXITEUMETPRAECE
PITEIDICENSNON
ACCIPIESUXOREM
AFILIABUSCHANNA
NEORUMSEDSURGE
ETUADEINMESOPO
TAMIAMINDOMUM
BATHUELISPATRIS
MATRISTUAEETACCI
PEINDETIBIUXOREM
EXFILIAB· LABEFRATRIS
MATRISTUAEETAC
CIPETIBIINDEUXOREM
DSAUTEMMEUSBE
NEDICATTEETAUGEAT
TEETREPLEATTEET

ERISINECCLESIISGEN
TIUMETDETTIBIBE
NEDICTIONEMPATRIS
MEIABRAHAEETSE
MINITUOPOSTTE
HEREDITARETERRAE
HABITATIONISTUAE
QUAMDEDITDSAB
RAHAE
ETDIMISITISACIACOB
ETABIITINMESOPO
TAMIAMADLABAN
FILIUMBATHUELIS
SYRIFRATREMREBEC
CAEMATRISIACOB
ETESAU
UIDITAUTEMESAUQUIA
BENEDIXITISACIACOB
ETQUIAABIITINMESO
POTAMIAMSYRIAE
ACCIPERESIBIINDE
UXOREMNEQUOD
BENEDIXERITEUM
ETPRAECEPERITEI
DICENSNONACCIPIES
UXOREMAFILIABUS

CHANNANEORUMEO
QUODAUDIERITIACOB
PATREMSUUMETMA
TREMSUAMETABIE
RITINMESOPOTAMIAM
ETTUNCPOSTQUAM
UIDITESAUQUIAMA
LIGNASUNTFILIAE
CHANNANEORUM
ANTEISACPATREM
SUUMABIITADISMA
HELETACCEPITMAHALEL
FILIAMISMAELFILI
ABRAHAESOROREM
NABEOTHADMULIE
RESSUASSIBIUXOREM
L ETEXIITIACOBAPUTEO
IURAMENTIUTIRET
INCHARRAMETPER
UENITINQUENDAM
LOCUMETMANSITIBI
OCCEDERATENIMSOL
ACCEPITLAPIDEM
EXLAPIDIBUSLOCIILLIUS
ETPOSUITADCAPUT
SUUMETDORMIUIT

42 VULGATA-PALIMPSEST

5. Jh. n. Chr., Wolfenbüttel: Herzog August-Bibliothek (Nr. 4148), Textausschnitt: Ri 5,15-18

Unter den einst bedeutenden Bücherschätzen des Klosters Bobbio in Oberitalien befanden sich zwei Isidor-Handschriften aus dem 8. Jh. n. Chr., von denen die eine in die Herzog August-Bibliothek nach Wolfenbüttel kam, die andere in die Vatikanische Bibliothek (Vat. lat. 5763). Diese Handschriften waren auf abgeschabte Pergamentblätter älterer Kodizes geschrieben, u. a. einer Bibelhandschrift in Unziale aus dem 5. Jh. und einer Bibelhandschrift in Halbunziale aus dem 6. Jh. n. Chr. Die alten Handschriften, die der Übersetzung des Hieronymus folgen, wurden von Alban Dold mit Hilfe der in der Erzabtei Beuron entwickelten Palimpsest-Fotografie entziffert und herausgegeben.

Die Abbildung zeigt eine Seite der alten Unzialhandschrift, wohl eine der herrlichsten Bibelhandschriften aus ältester Zeit. Erhalten sind von ihr der größte Teil des Richterbuches und 13 Verse des Buches Rut. Ein Vergleich dieses ältesten bekannten Hieronymus-Textes mit der offiziellen Vulgata und dem Codex Amiatinus (Bildtafel 43) erbrachte folgendes Ergebnis: Von rund 600 verglichenen Stellen steht die Handschrift in etwa 200 Fällen mit dem Amiatinus zusammen gegen die Vulgata, während sie umgekehrt in 180 Fällen den Lesarten der Vulgata gegen den Amiatinus folgt. Schließlich bietet sie in 220 Fällen eigene Lesarten, die freilich meist nur in geringem Maße von der Vulgata oder dem Amiatinus abweichen.

Die Bedeutung dieser Unzialhandschrift und der erwähnten Halbunzialhandschrift (Hi 1,1–15,24) für die Herstellung des ältesten Hieronymus-Textes ist sehr groß. Beide bilden wertvollste Zwischenglieder zwischen dem verlorenen Urexemplar des Hieronymus und dem Codex Amiatinus, der vorher als der älteste Textzeuge galt. Das abgebildete Blatt, auf dem die untere Schrift wieder sichtbar gemacht worden ist, zeigt eine sehr sorgfältig ausgeführte Bibelhandschrift. Man schließt daraus auf ihre Güte und Zuverlässigkeit.

Abbildung: nach einem von P. A. Dold freundlichst zur Verfügung gestellten Foto mit Genehmigung der Herzog August-Bibliothek Wolfenbüttel.

Literatur: P. A. Dold (Hg.), Zwei Bobbienser Palimpseste mit frühestem Vulgatatext, Texte und Arbeiten 19/20, Beuron 1931.

BORNEI BARAACHLIESTICIASUNT
SEQUUNT QUINQUASINPRAE
CEPSABARAI ... SEDISERI
MINIDEDIT
DIUISOCONTRASCRUBENMAGNA
ANIMORUMREPERIA
CONTENTIOEST
QUAREHABITASINTERDUOSTERMI
NOSUTAUDIASSIBILOSGREGUM
DIUISOCONTRASCRUBENMAGNA
ANIMORUMREPERIA
CONTENTIOEST
GALAATHTRANSIORDANEMQUIES
CEBATETDANUACABATINNAUIBUS
ASERHABITABATINLITOREMARIS
ETINPORTIBUSMORABATUR
ZABULONUEROMANEPTALIN
OBTULERUNTANIMASSUAS

43 Codex Amiatinus

Ende 7. Jh. n. Chr., Florenz: Biblioteca Medicea Laurenziana,
Textausschnitt: Ps 22,25–25,5 (= Vulgata Ps 21,25–24,5)

Dieser bekannte und geschätzte Vulgata-Kodex, der 1029 Blätter umfasst, befand sich einst in der Abtei Monte Amiata, nach der er benannt worden ist. Ursprünglich stammt der Kodex jedoch aus England. Abt Ceolfrid, dessen Klöster zu Jarrow und Wearmouth in Northumberland dem Heiligen Stuhl direkt unterstanden, ließ ihn schreiben, um ihn bei seiner letzten Reise nach Rom dem Papst zu schenken. Ceolfrid starb unterwegs in Langres (716 n. Chr.), doch einige seiner Reisebegleiter brachten den Kodex nach Rom. Er ist der einzige erhaltene von drei Kodizes, die Ceolfrid zwischen 690 und 716 in einem seiner Klöster anfertigen ließ und die alle drei die nova translatio, d. h. die Übersetzung des Hieronymus, enthielten. (Einzelne Blätter eines der beiden verschollenen Kodizes wurden inzwischen entdeckt und befinden sich heute in der British Library in London.)

In seiner äußeren Anlage und künstlerischen Ausstattung folgt der Amiatinus dem Vorbild des Codex Grandior des Cassiodor, einer mit Bildern und Tafeln geschmückten Handschrift, die Ceolfrid auf einer Romreise 678 n. Chr. erworben und nach Jarrow gebracht hat. Der Codex Grandior bot jedoch im Alten Testament die hexaplarische Revision des Hieronymus, so dass der Bibeltext des Amiatinus nichts mit ihm gemeinsam hat.

Der Codex Amiatinus ist ein gutes Beispiel dafür, dass für die einzelnen Teile der Bibel unterschiedliche Handschriften als Textvorlagen verwendet werden konnten und wurden. Für die Psalmen benutzte man nachweislich einen schlechten irischen Text, für die Evangelien ein gutes neapolitanisches Evangeliar, für die Katholischen Briefe einen lokal gefärbten Text. Für die meisten biblischen Bücher standen jedoch gute, wahrscheinlich italienische Handschriften zur Verfügung. Im Kloster zu Jarrow wurde das Material aber auch bewusst redigiert. Wo nur schlechte Texte zur Verfügung standen, versuchte man diese irgendwie zu verbessern, so besonders beim Buch Tobit, aber auch bei den Psalmen und der Apostelgeschichte.

Abbildung: nach einem von der Biblioteca Medicea Laurenziana freundlichst zur Verfügung gestellten Foto.
Literatur: B. Fischer, Codex Amiatinus und Cassiodor, BZ NF 6 (1962), 57-79 (wieder-abgedruckt in: ders., Lateinische Bibelhandschriften im frühen Mittelalter, AGLB 11, Freiburg i. B. 1985, 8–34).

qm non dispexit neq· contempsit |
modestiam pauperis
et non abscondit faciem suam ab eo
et cum clamaret ad eum exaudiuit
apud te laus mea in ecclesia multa
uota mea reddam in conspectu
timentium eum.
Comedent mites et saturabuntur
laudabunt dnm quaerentes eum
uiuet cor uestrum in sempiternu
recordabuntur et conuertentur
ad dnm omnes fines terrae
et adorabunt coram eo uniuersae
cogitationes gentium
quia dni est regnum et domina
bitur gentibus
comederunt et adorauerunt
omnes pingues terrae
ante faciem eius curbabunt genu
uniuersi qui discendunt in puluere
et anima eius ipsi uiuet
et semen seruiet ei
narrabunt dno in generatione
uenient et adorabunt iustitiam eius
populo qui nascitur quas fecit
psalmus dauid uox ecclesiae
post baptismum
22 Dns pascit me nihil mihi deerit
in pascuis herbarum adclinauit me
super aquas refectionis
enutriuit me
animam meam refecit
duxit me super semitas iustitiae
propter nomen suum
sed et si ambulauero in ualle mortis
non timebo malum qm tu mecum es
uirga tua et baculus tuus ipsa
consolabuntur me
pones coram me mensam ex
aduerso hostium meorum
inpinguasti oleo caput meum
calix meus inebrians
sed et benignitas et misericor
dia subsequitur me

omnibus diebus uitae meae
et habitabo in domo dni
in longitudine dierum
psalmus prima sabbati
confirmatio populi credentis
portae quas dicit peccata uel
inferni uox xpi diligentib· se
23 Dni est terra et plenitudo eius
orbis et habitatores eius
quia ipse super maria fundauit eu
et super flumina stabiliuit illu
quis ascendet in montem dni
et quis stabit in loco sco eius
innocens manib· et mundo corde
qui non exaltauit frustra
animam suam
et non iurauit dolose
accipiet benedictionem a dno
et misericordiam a do salutari suo
haec est generatio quaerentium eu
quaerentium faciem iacob semper
leuate portae capita uestra
et eleuamini ianuae sempiternae
et ingredietur rex gloriae
quis est iste rex gloriae
dns fortis et potens dns
fortis in proelio
leuate portae capita uestra
et erigite ianuae sempiternae
et ingredietur rex gloriae
quis est iste rex gloriae
dns exercituum ipse est rex gloriae semp
psalmus dauid canticum
24 Ad te dne animam meam leuabo
ds meus in te confisus sum
ne confundar
ne laetentur inimici mei
sed uniuersi qui sperant in te
non confundantur
confundantur qui inique gerunt
frustra
uias tuas dne ostende mihi
semitas tuas doce me
deduc me in ueritate tua

44 Koptischer Papyruskodex

Biblia Coptica: sa 15, 4. Jh. n. Chr., London: British Library (Or. 7594), Textausschnitt: Dtn 34,11-12; Jona 1,1-4

1911 erwarb das Britische Museum diesen in Oberägypten gefundenen Papyruskodex, der große Teile des Deuteronomium und das ganze Buch Jona enthält (Primärteil). Nach seiner Fertigstellung wurde er um die Apostelgeschichte und die Apokalypse des Elia erweitert (Sekundärteil). Der Kodex ist in das 4. Jh. n. Chr. zu datieren, besitzt also ein sehr hohes Alter.

Die Abbildung zeigt das Ende des Buches Deuteronomium: In großen Buchstaben ist der Titel an das Ende des Buches gesetzt. Dann folgt ein Segenswunsch für Schreiber und Leser in griechischer Sprache und daraufhin der Anfang des Buches Jona.

Abbildung: nach E. A. Wallis Budge, Coptic Biblical Texts in the Dialect of Upper Egypt, London 1912.
Beschreibung: K. Schüssler (Hg.), Das sahidische Alte und Neue Testament, Biblia Coptica. Die koptischen Bibeltexte, Bd. 1/1, Wiesbaden 1995, 84–88.

ϩⲙ̄ϩⲁⲗ ⲧⲏⲣ ⲩ ... ϥⲕⲁϩ ⲙ̄
ⲛⲟϭ ⲛ̄ϣⲡⲏⲣⲉ ⲁ... ϭⲓϫ ⲉⲧ
ϫⲟⲟⲣ ⲉⲛⲧⲁ ⲙⲱⲩⲥⲏⲥ ⲁⲁⲩ ⲙ̄
ⲡⲉⲙⲧⲟ ⲉⲃⲟⲗ ⲙ̄ⲡⲓⲥⲣⲁⲏⲗ
ⲧⲏⲣϥ

ⲇⲉⲩⲧⲉ ⲣⲟⲛⲟⲙⲓⲟⲛ

ⲉⲓⲣⲏⲛⲏ ⲧⲱ ⲅⲣⲁⲯⲁⲛⲧⲓ
ⲕⲁⲓ ⲧⲱ
ⲁⲛⲁⲅⲓⲛⲱⲥⲕⲟⲛⲧⲓ

ⲓⲱⲛⲁⲥ

ⲡϣⲁϫⲉ ⲙ̄ⲡϫⲟⲉⲓⲥ ⲁϥϣⲱⲡⲉ ϣⲁ
ⲓⲱⲛⲁⲥ ⲡϣⲏⲣⲉ ⲛ̄ⲁⲙⲁⲑⲓ ⲉϥϫⲱ
ⲙ̄ⲙⲟⲥ ϫⲉ ⲧⲱⲟⲩⲛ ⲅ̄ⲃⲱⲕ ⲉϩⲣⲁⲓ̈
ⲉⲧⲛⲓⲛⲉⲩⲏ ⲧⲛⲟϭ ⲙ̄ⲡⲟⲗⲉⲓⲥ ⲛ̄ⲅ
ⲕⲏⲣⲩⲥⲥⲉ ⲉϩⲣⲁⲓ̈ ⲛ̄ϩⲏⲧⲥ̄ ϫⲉ ⲁⲡⲉⲥⲟ
ⲉⲓϣ ⲛ̄ⲧⲉⲥⲕⲁⲕⲓⲁ ⲉⲓ ⲉϩⲣⲁⲓ̈ ⲙ̄ⲡⲁⲙ
ⲧⲟ ⲉⲃⲟⲗ· ⲁⲩⲱ ⲁϥⲧⲱⲟⲩⲛ ⲛ̄ϭⲓ
ⲓⲱⲛⲁⲥ ⲉⲡⲱⲧ ⲉⲑⲁⲣⲥⲉⲓⲥ ⲛ̄ⲛⲁϩ
ⲣⲛ̄ ⲡϩⲟ ⲙ̄ⲡϫⲟⲉⲓⲥ· ⲁⲩⲱ ⲁϥⲃⲱⲕ
ⲉϩⲣⲁⲓ̈ ⲉⲓⲟⲡⲏ· ⲁϥϭⲛ̄ ⲟⲩϫⲟⲉⲓ ⲉϥⲛⲁ
ⲥⲟϭⲏⲣⲉ ⲉⲑⲁⲣⲥⲉⲓⲥ ⲁϥϯ ⲙ̄ⲡⲉϥϩⲏⲙⲉ ⲁϥ
ⲧⲁⲗⲉ ⲉⲣⲟϥ ⲉⲥⲟϭⲏⲣ ⲛⲙ̄ⲙⲁⲩ ⲉⲑⲁⲣⲥⲉⲓⲥ
ⲙ̄ⲛⲁϩⲣⲙ̄ ⲡϩⲟ ⲙ̄ⲡϫⲟⲉⲓⲥ· ⲁⲩⲱ ⲁⲡϫ-
ⲉⲓⲥ ⲁϥⲛⲟⲩϫⲉ ⲛ̄ⲟⲩⲛⲟϭ ⲛ̄ⲧⲏⲟⲩ
ⲉϩⲣⲁⲓ̈ ⲉⲑⲁⲗⲁⲥⲥⲁ ⲁⲩⲛⲟϭ ⲛ̄

45 Äthiopische Handschrift

14. Jh. n. Chr., Paris: Bibliothèque Nationale (Eth. 11, Fol. 70a), Textausschnitt: Susanna 1-5

Die Handschrift, der die Abbildung entnommen ist, enthält die Bücher Hiob und Daniel. Sie wurde zuerst von Oscar Löfgren veröffentlicht und folgendermaßen charakterisiert: »Sowohl allgemeine Züge als zahlreiche Einzelheiten sprechen für hohes Alter. Die große, etwa 6 mm hohe, eckige Schrift, welche nur wenig von den lapidaren Formen der Inschriften abweicht, der einfache, auf die Punktreihe und das Henkelkreuz oder ähnliche Randzeichen beschränkte Dekor und die Zweikolumnigkeit ordnen S (d. h. diese Handschrift) in die verhältnismäßig kleine Gruppe *archaischer* äthiopischer Handschriften ein, welche um die Mitte des 15. Jahrhunderts durch einen neuen Typ mit schöneren Schriftzügen und reicherer Ausschmückung allmählich verdrängt wird.«

Danach lässt sich die Handschrift in das 14. Jh. n. Chr. datieren. Sie bietet eine ursprüngliche äthiopische Übersetzung, während sich in jüngeren Handschriften Spuren verschiedener Revisionstätigkeit beobachten lassen: Teils bezeugen sie eine syrisch-arabische Revisionsarbeit, deren Beginn wohl in das 14. Jh. n. Chr. fällt (»vulgäre« Rezension), teils bieten sie einen nach dem Hebräischen revidierten Text aus dem 15./16. Jh. n. Chr. (»akademische« Rezension). Bedeutsam für die textkritische Arbeit an der Septuaginta sind natürlich nur Handschriften, die den altüberlieferten äthiopischen Text dieser Tochterübersetzung bewahrt haben.

Wie die Abbildung zu erkennen gibt, ist die Handschrift durchweg sorgfältig geschrieben und von wesentlichen Korrekturen und Interpolationen frei. Sie ist deshalb ein wertvoller Zeuge für den um 1300 geläufigen, wahrscheinlich noch nicht revidierten Bibeltext.

Abbildung: nach O. Löfgren, Die Äthiopische Übersetzung des Propheten Daniel, Paris 1927 [Zitat: S. XXII].

ተ፩ ዘዳንኤል፡ ነ
ቢይ።
ወሀሎ፡ አሐዱ፡
ብእሲ፡ ዘይነ
ብር፡ ባቢሎን፡
ወስሙ፡ ኢዮአ
ቄም፡ ወአውሰ
በ፡ ብእሲተ፡ እ
ንተ፡ ስማ፡ ሶስና፡
ወለተ፡ ኬልቅ
ዩ፡ ወሠናይት፡
ጥቀ፡ ወትፈርሆ
እግዚአ፡ ብሔ
ር። ወአዝማዲ
ሃኒ፡ ጻድቃን፡
ወመሀርዋ፡ ለ
ወለቶሙ፡ አሪ
ተ፡ ሙሴ፡ ወኢዮ
ዋቄም፡ ብዑል፡
ጥቀ፡ ወቦ፡ ዐጸ

ደ፡ አኅጣልጉሬ፡
ቤቱ።
ወይመጽኡ፡ ኀ
ቤሁ፡ አይሁድ፡
እስመ፡ ውእቱ፡
ይከብር፡ እምኵ
ሎሙ።
ወአስተርአዩ፡
ክልኤቱ፡ ረባና
ት፡ መደልዋንብ
ውእቱ፡ ዓመት፡
እለ፡ በእንቲአሆ
ሙ፡ ነገረ፡ እግ
ዚአ፡ ብሔር፡
ከመ፡ እምባቢ
ሎን፡ ወፅአት፡
ኀጢአት፡ እመ
ረባናት፡ መደል
ዋን፡ እለ፡ ይብሎ፡
ዎዐቅብሙ፡ ለ

46 Arabische Handschrift

9. Jh. n. Chr., London: British Library (Add. 26116),
Textausschnitt: Hiob 22,12–23,2

Die Mannigfaltigkeit der arabischen Hiob-Versionen, von deren ältester wir ein Blatt abbilden, kann als typisch gelten für die arabischen Bibelübersetzungen überhaupt. Die Handschrift gehört zu den ältesten Dokumenten der christlich-arabischen Literatur und wurde in der ersten Hälfte des 9. Jh.s n. Chr. geschrieben. Sie stammt wahrscheinlich aus dem griechisch-orthodoxen Sabaskloster, das südöstlich von Jerusalem gelegen ist. Die Übersetzung selbst beruht auf einer syro-hexaplarischen Grundlage.

Der deutsche Orientalist Georg Graf (1875–1955) berichtet von einer anderen Hiob-Übersetzung, dessen Urheber bekannt ist. Es handelt sich um Pethion (arab. Fatyun ibn Aiyub), der wahrscheinlich um die Mitte des 9. Jh.s n. Chr. in Bagdad als Übersetzer (auch von Sir und den Propheten) tätig war. »Pethions Job-Text, in 15 Kap. eingeteilt, soll laut Zeugnisses der Londoner Handschrift nach dem Hebräischen hergestellt sein, während in Wirklichkeit die Vorlage syrisch war. Andere Übersetzungen von Job gehen wieder auf Pesch(itta) und auch auf das Koptische zurück.«

Abbildung: nach W. Wright (ed.), The Palaeographical Society, Facsimiles of Manuscripts and Inscriptions, Oriental Series, London, 1875–1883.
Literatur: G. Graf, Geschichte der christlichen arabischen Literatur, 1. Band: Die Übersetzungen, Studi e Testi 118, Rom 1944 [Zitat: S. 126].

العلي ما تحته والذين ينقلبون بالعزة يجد لهم وانت قلت
من اين ترى في الهوى وكنت ان الصاب يحول بينك
وبين القضا وان السحاب تحل سر اعمالك لان لا ترى
وعلى لما اطراف الارض من بريد وسالكي العمقه
من حفظ الذي يمشي فيه الصالحين ولم يدري
بانك توحد بلا وقت من الذي تحمل الانهاد على
الجبال كذلك تهلك المتهورين الذين يقولوا
ما الذي يصنع بنا الرب واسر تخلب علينا الصالحين
كل الذين ملوا اسوتهم من الخير وهوا من الله
فهو بعيده من الرب والصالحين ينظرون
اليهم ويضحكوا ومن كان غير مذنب يشمت
بهم بان يسرع هلاك قوامهم وبركتهم تاكل
النار فاطرح من فمك ما لا ينبغي واحد قول
الرب على قلبك لانك رجعت وخضعت بين يدي
الرب نجا عند مرضعا مك الاوجاع وتخلصك
على ... فريه وتحوطك اودية الحب والعسد
ضا ... لكل وخلاصه من العدو وتصرك
بغيا سله فضه مسلوكه والقوم بين يدي الرب
مستمكن وتنظر الى السما فوقك ... وادا
طلبت اليه يسمعك ويعطيك وينذر له الانذار
ويرد عليك طعام الصلاح وتكون الحوالى
للعمر ... طرقك بانك اصعب بنفسك بين يديه
وتطرح عند الغوه وبطا من عبيد بين يديه
وهو يسلمك وهو يسلم الذكي ويرد عليك مواتك

اجاب ايوب وقال ○
انا اعلم بان توقي بين يديه ... حادث نعمه

47 COMPLUTENSISCHE POLYGLOTTE

1514–1517 n. Chr., Stuttgart: Württembergische Landesbibliothek, Textausschnitt: Gen 21,28–22,3

Die *Polyglotten*, in denen in parallelen Kolumnen Urtext und Übersetzungen der Bibel zur bequemen Vergleichung gedruckt wurden, bildeten ein wertvolles Hilfsmittel für die textkritische Arbeit. Die älteste, nach ihrem Erscheinungsort Complutum (heute: Alcalá de Henares bei Madrid) »Complutensische« genannt, wurde 1514–1517 von Francisco Ximenez, dem Erzbischof von Toledo und Gründer der Universität, herausgegeben, aber durch Verzögerung der päpstlichen Autorisation erst 1522 veröffentlicht. Für die Arbeit am Alten Testament wurden jüdische Konvertiten herangezogen, die damals allein die nötige Vorbildung besaßen. Unter ihnen war der berühmte Alfonso de Zamora, der seit 1512 orientalische Sprachen an der Universität Alcala lehrte.

Der hebräische Text der Complutensis zeigt einige interessante Abweichungen von dem üblichen. Von den Akzenten des tiberischen Systems begegnet nur der Atnach, der hier jedoch nicht nur für die Hauptzäsur verwendet wird und deshalb auch zweimal in einem Vers vorkommen kann (vgl. z. B. Gen 22,3); er wird übrigens nicht zur Tonsilbe, sondern hinter das Wort gesetzt. Das Wortverbindungszeichen Maqqef fehlt völlig. Chateph-Laute kommen nur selten vor, meist steht der betreffende Vokal ohne Schwa (vgl. beispielsweise Z. 17 הָֽאֶלֹהִים oder Z. 20 אַשֶׁר). In diesen Besonderheiten liegt jedoch keine Willkür der Editoren, wie man vermuten könnte. Vielmehr berufen sie sich dafür auf den Brauch in alten Handschriften. Da die erwähnten Besonderheiten für die einfache babylonische Punktation (siehe 2.3) typisch sind, darf man annehmen, dass den Herausgebern der Polyglotte neben Ben Ascher-Handschriften hebräische Bibelhandschriften mit babylonischer Punktation zur Verfügung standen. Sie sind wohl mit den »vetustissima exemplaria« gemeint, auf die sich die Herausgeber beziehen. Und sie haben offensichtlich die Form des hebräischen Textes beinflusst, wie er nachher in der Polyglotte gedruckt worden ist.

Von den späteren Textausgaben dieser Art ist die »Londoner Polyglotte«, die von Brian Walton 1654–1657 herausgegeben wurde, die reichhaltigste.

Abbildung: mit freundlicher Erlaubnis der Württembergischen Landesbibliothek Stuttgart nach dem dortigen Exemplar.

et statuit abraā septē agnas ouiū
καὶ ἔστησεν ἀβραὰμ ἑπτὰ ἀμνάδας προβάτων
solas. et dixit abimelech abraam. quid
μόνας. καὶ εἶπεν ἀβιμέλεχ τῷ ἀβραάμ. τί εἰ-
sunt septē agne ouiū harū: q̄s
σιν αἱ ἑπτὰ ἀμνάδες τῶν προβάτων τούτων, ἃς
statuisti solas. ⁊ dixit q: septē agnas
ἔστησας μόνας. καὶ εἶπεν ὅτι τὰς ἑπτὰ ἀμνά-
accipies a me: vt sint mihi in testimoniū:
δας λήψῃ παρ᾽ ἐμοῦ, ἵνα ὦσί μοι εἰς μαρτύριον,
q: ego fodi puteū hunc. ꝓpter hoc vo-
ὅτι ἐγὼ ὤρυξα τὸ φρέαρ τοῦτο. διὰ τοῦτο ἐπω-
cauit nomē loci illius: puteū iu-
νόμασε τὸ ὄνομα τοῦ τόπου ἐκείνου, φρέαρ ὁρ-
ramenti. q: illic iurauerūt ambo: et posuerūt
κισμοῦ. ὅτι ἐκεῖ ὤμοσαν ἀμφότεροι, καὶ ἔθηκαν
fedus sup puteū iuramēti. surrexit āt abi
διαθήκην ἐπὶ τὸ φρέαρ τοῦ ὁρκισμοῦ. ἀνέστη δὲ ἀβι-
melech et ochozad pronubus eius et phi
μέλεχ καὶ ὀχοζὰθ ὁ νυμφαγωγὸς αὐτοῦ καὶ ὁ φι-
chol princeps exercitus eius: ⁊ re
χὼλ ὁ ἀρχιστράτηγος τῆς δυνάμεως αὐτοῦ, καὶ ἀ-
uersi sunt in terrā philistijm. et plan-
πέστρεψαν εἰς τὴν γῆν τῶν φυλιστιείμ. καὶ ἐφύ-
tauit abraam agrū sup puteū iu-
τευσεν ἀβραὰμ ἄρουραν ἐπὶ τῷ φρέατι τοῦ ὁρ-
ramēti. ⁊ inuocauit ibi nomē dn̄i: deus
κου. καὶ ἐπεκαλέσατο ἐκεῖ τὸ ὄνομα κυρίου, θεὸς
etern⁹. habitauit āt abraā in terra phi-
αἰώνιος. παρῴκησε δὲ ἀβραὰμ ἐν τῇ γῇ τῶν φυ-
listijm dies multos.
λιστιείμ ἡμέρας πολλάς.

Ca. 22.

ET factū ē post verba hec: deus
καὶ ἐγένετο μετὰ τὰ ῥήματα ταῦτα, ὁ θεὸς
tentauit abraā. et dixit ei: abraam
Judith 8.c. Heb.11 d. ἐπείρασε τὸν ἀβραάμ. καὶ εἶπεν αὐτῷ, ἀβραὰμ
abraā. et dixit. ecce ego. ⁊ dixit: accipe fi-
ἀβραάμ. καὶ εἶπεν, ἰδοὺ ἐγώ. καὶ εἶπεν, λάβε τὸν υἱ-
liū tuū dilectū: quē dilexisti isaac: et
όν σου τὸν ἀγαπητόν, ὃν ἠγάπησας τὸν ἰσαάκ, καὶ
vade in terrā excelsā. et offer eū
πορεύθητι εἰς τὴν γῆν τὴν ὑψηλήν. καὶ ἀνένεγκε αὐ-
ibi in holocaustū sup vnū montiū: quos
τὸν ἐκεῖ εἰς ὁλοκάρπωσιν ἐφ᾽ ἓν τῶν ὀρέων, ὧν ἄν
tibi dixero. surgēs āt abraā mane strauit
σοι εἴπω. ἀναστὰς δὲ ἀβραὰμ τὸ πρωῒ ἐπέσαξεν
asinū suū. assumpsit āt secū duos pue-
τὴν ὄνον αὐτοῦ. παρέλαβε δὲ μεθ᾽ ἑαυτοῦ δύο παῖ-
ros: et isaac filiū suū. et scindēs ligna in
δας, καὶ ἰσαὰκ τὸν υἱὸν αὐτοῦ. καὶ σχίσας ξύλα εἰς
holocaustū: surgens abijt. et venerūt in
ὁλοκάρπωσιν, ἀναστὰς ἐπορεύθη. καὶ ἦλθον εἰς
locū quē dixit ei deus: die
τὸν τόπον ὃν εἶπεν αὐτῷ ὁ θεός, τῇ ἡμέρᾳ

Et statuit abraam septem agnas gregis seorsū. Cui dixit abimelech. Quid sibi volunt septem agne iste: quas stare fecisti seorsum? At ille. Septem inquit agnas accipies de manu mea: vt sint mihi in testimōiū: q̄m ego fodi puteū istū. Id circo vocatus ē locus ille bersabee: quia ibi vterq; iurauit. Et inierunt fedus ꝓ puteo iuramēti. Surrexit aūt abimelech & phicol princeps exercitus eius: reuersi q; sūt i terrā palestiorū. Abraā vero plātauit nemus in bersabee: & īuocauit ibi nomen dn̄i dei eterni: & fuit colonus terre palestiorū diebus multis.

Ca.22.

QVe postquā gesta sunt: tentauit deus abraam: & dixit ad eū. Abraam abraam. At ille rn̄dit. ad sū. ait illi. Tolle filiū tuū vnigenitum quem diligis isaac: & vade in terrā visionis: atq; ibi offeres eū in holocaustum sup vnū montiū: quem monstrauero tibi. Igitur abraā de nocte consurgens strauit asinū suum ducens secum duos iuuenes & isaac filiū suum. Cumq; concidisset ligna in holocaustum: abijt ad locum quem preceperat ei deus. Die autem

ויצב אברהם את שבע כבשת
הצאן לבדהן: ויאמר אבימלך אל
אברהם מה הנה שבע כבשת
האלה אשר הצבת לבדנה:
ויאמר כי את שבע כבשת תקח
מידי בעבור תהיה לי לעדה כי
חפרתי את הבאר הזאת: על כן
קרא למקום ההוא באר שבע כי
שם נשבעו שניהם: ויכרתו
ברית בבאר שבע ויקם אבימלך
ופיכל שר צבאו וישבו אל ארץ
פלשתים: ויטע אשל בבאר
שבע ויקרא שם בשם יהוה אל
עולם: ויגר אברהם בארץ
פלשתים ימים רבים:

Cap.xxii.

ויהי אחר הדברים האלה
והאלהים נסה את אברהם
ויאמר אליו אברהם ויאמר הנני:
ויאמר קח נא את בנך את יחידך
אשר אהבת את יצחק ולך לך אל
ארץ המריה והעלהו שם לעלה
על אחד ההרים אשר אמר
אליך: וישכם אברהם בבקר
ויחבש את חמרו ויקח את שני
נעריו אתו ואת יצחק בנו ויבקע
עצי עלה ויקם וילך אל המקום
אשר אמר לו האלהים: ביום

Priitiua heb.: בדד | יצב | עבר היה | קום | שבע | קום | שור שוב | נטע | קרא | עלם גור | יום רבה | היה | אמר | לקח יחד | ילך | עלה | הרר | שכם | חבש שנה | בקע | קום קום

Transla.Chal.

ואקים אברהם ית שבע חורפאן דעאן בלחודיהון: ואמר אבימלך לאברהם מה
אינין שבע חורפאן האלין דאקימת בלחודיהון: ואמר ארי ית שבע חורפאן תיסב
מן ידי בדיל דתהא לי לסהיד ארי חפרית ית בירא הדין: על כן קרא לאתרא
ההוא באר שבע ארי תמן קיימו תרויהון: וגזרו קיים בבאר שבע וקם אבימלך
ופיכל רב חיליה ותבו לארע פלשתאי: ונצב נצבא בבירא דשבע וצלי תמן בשמא
דיי אלה עלמא: ואתותב אברהם בארע פלשתאי יומין סגיאין:

Ca.xxij.

והוה בתר פתגמיא האילין וייי נסי ית אברהם ואמר ליה אברהם ואמר הא אנא
ואמר דבר כען ית ברך ית יחידך דרחימתא ית יצחק ואיזיל לך לארעא פולחנא
ואסקיה קדמי תמן לעלתא על חד מן טוריא דאימר לך: ואקדים אברהם בצפרא
וזריז ית חמריה ודבר ית תרין עולימוהי עמיה וית יצחק בריה וצלח אעי דעלתא
וקם ואזל לאתרא דאמר ליה ייי: ביומא

Interp.chal.

Et statuit abraham septē agnas ouium seorsum. Dixitq; abimelech ad abraham. Que sunt iste septem agne quas statuisti seorsum. Et ait. Quoniaz septem agnas accipies de manu mea: vt sit mihi in testimonium quoniā fodi puteuz istum. Propterea vocauit locum illū bersabee: quia ibi iurauerūt ambo: ⁊ inierunt pactū in bersabee. Surrexitq; abimelech ⁊ phicol princeps exercitus eius: ⁊ reuersi sunt in terram philistinoꝝ. Et plantauit plantationem in bersabee: et orauit ibi in nomine domini dei eterni. Et peregrinatus est abraham in terra philistinorum diebus multis.

Cap. 22.

ET factū est post verba hec: ⁊ deus tentauit abraham: et dixit ei. Abraham. Et ait: ecce ego. Et dixit. Tolle nunc filium tuū vnicum tuū quez diligis isaac: ⁊ vade in terram diuini cultus: ⁊ offer illum coram me ibi in holocaustum super vnū montium quē dixero tibi. Et surrexit abraham mane ⁊ strauit asinum suum: ⁊ tulit duos pueros suos secum: ⁊ isaac filium suum: ⁊ concidit ligna in holocaustum: ⁊ surrexit ⁊ abijt in locum quē dixerat ei deus. Die autem

Priitiua chal.: קום חד | אל נסב | היה | קום קום | רבב תוב צלא | יתב | אל נסה | אזל | נסק עלה קדם | אעא | קום

Die Entwicklung von der Wort- und Silbenschrift zur Alphabetschrift bedeutete einen enormen Fortschritt. Während das Sumerische und das Akkadische mehrere Hundert Keilschriftzeichen zur Schriftdarstellung benötigten, ließ sich der Zeichenbestand in der altphönizischen Alphabetschrift auf nur noch 22 Konsonantenzeichen reduzieren. Aus dem phönizischen Alphabet hat sich die althebräische Schrift entwickelt, die seit dem 10. Jh. v. Chr. in Israel und bei seinen Nachbarn verwendet wurde.

Die Kenntnis des althebräischen Alphabets ist nicht nur wichtig, um historische Inschriften zu entziffern (Bildtafel 1) oder Münzaufschriften lesen zu können. Vielmehr ist davon auszugehen, dass auch Teile des Alten Testaments zunächst in althebräischer Schrift aufgezeichnet worden sind, bevor dafür im 5./4. Jh. v. Chr. die aramäische Quadratschrift in Gebrauch kam (siehe 1.2). Das bedeutet, dass frühe Textfehler, die sich in der Quadratschrift identifizieren lassen, auf eine Verschreibung althebräischer Buchstaben zurückgehen können. Außerdem ist zu berücksichtigen, dass die samaritanische Gemeinschaft eine aus den althebräischen Zeichen weiterentwickelte Schrift benutzte. Möchte man Handschriften des samaritanischen Pentateuchs (Bildtafel 27) lesen oder ihre Lesarten prüfen, muss man ebenfalls die Form ihrer Buchstaben kennen. Für die Textkritik ist darum das Studium des althebräischen Alphabets eine notwendige und auch interessante Angelegenheit. Einen ersten Einstieg und Überblick bietet die nebenstehende althebräische Alphabettafel. Für alle weitergehenden Fragen sind die detaillierten Tabellen im Handbuch der Althebräischen Epigraphik Bd. III heranzuziehen.

Abbildung: nach D. Diringer, The Story of the Aleph Beth, New York 1958 (London 1960), mit freundlicher Erlaubnis des Verfassers.
Literatur: Renz / Röllig, HAE III, Tafel 1–37; Jaroš, Inschriften, 2001, 471–485.

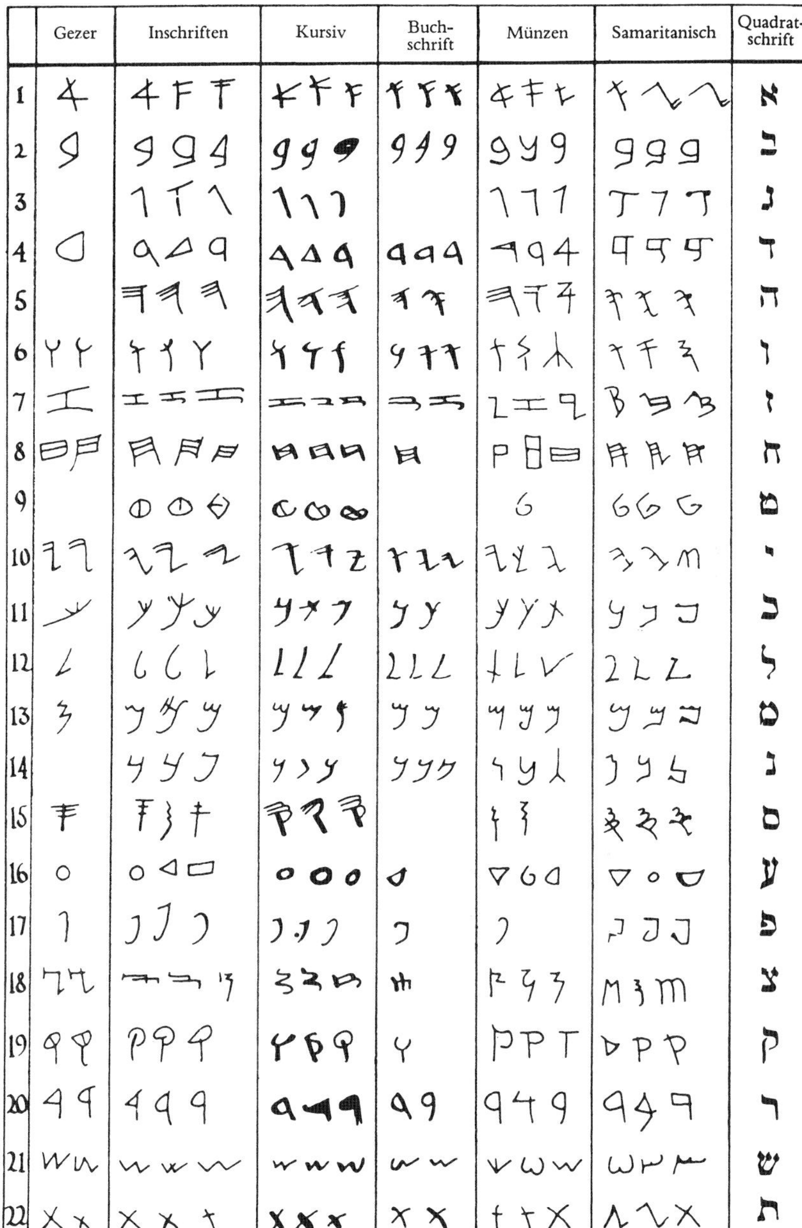
Gezer
Inschriften
Kursiv
Buchschrift
Münzen
Samaritanisch
Quadratschrift
1 א
2 ב
3 ג
4 ד
5 ה
6 ו
7 ז
8 ח
9 ט
10 י
11 כ
12 ל
13 מ
14 נ
15 ס
16 ע
17 פ
18 צ
19 ק
20 ר
21 ש
22 ת

A. Sylvester

E

ANHANG

GLOSSAR ZUR TEXTKRITIK

Akrostichon literarische Kunstform eines Textes, in dem die Anfangsbuchstaben der Zeilen oder Strophen (senkrecht gelesen) ein Wort, einen Satz oder das Alphabet ergeben (vgl. Ps 119).

Apokryphen grie. *verborgene (Bücher)*, siehe Deuterokanonen.

Aquila (α′) sehr wörtliche griechische Bibelübersetzung (Rezension), die auf Aquila um 130 n. Chr. zurückgeführt wird (vgl. 3. Spalte der Hexapla).

Alinea Einrückung am Zeilenanfang in hebräischen Bibelhandschriften, um den Beginn eines neuen Abschnittes anzuzeigen, häufig in Verbindung mit einem vorausgehenden freien Zeilenendes.

Bombergiana zweite Rabbinerbibel des Jakob ben Chajim, die 1524/25 bei Daniel Bomberg in Venedig verlegt wurde, damals der bedeutsamste und bis ins 20. Jh. maßgebende Druck der hebräischen Bibel.

Catena lat. *Kette*, Kommentarform, in der sich kommentierende Sätze um den Bibeltext herum legen, die meist aus exegetischen Arbeiten der Kirchenväter exzerpiert sind.

Deuterokanonen Bezeichnung biblischer Bücher des Alten Testaments, die nicht in die hebräische Bibel aufgenommen worden sind, aber von der katholischen Kirche zum Kanon gezählt werden. Nach der Vulgata sind dies: Judit, Sapientia, Tobit, Sirach, Baruch, 1. und 2. Makkabäer, Zusätze zu Ester, Zusätze zu Daniel, (Gebet des Manasse). In der evangelischen Kirche werden sie als Apokryphen bezeichnet und dem Alten Testament angefügt.

Dittographie grie. *Doppelschreibung*, versehentliche Doppelschreibung eines Buchstabens, einer Buchstabengruppe oder eines Wortes bzw. einer Wortgruppe.

Emendation lat. *Verbesserung*, Berichtigung einer als fehlerhaft angesehenen Textstelle, für die es keine Textzeugen gibt, siehe Konjektur.

Etymologie grie. eigentlich *wahrer Sinn*, Erklärung der Herkunft und Grundbedeutung eines Wortes. (Die semitischen Sprachen bilden häufig eine Wortwurzel aus drei Konsonanten, an denen die Grundbedeutung haftet.)

Euphemismus grie. *beschönigende Rede*, Umschreibung eines als anstößig oder unangenehm empfundenen Wortes oder Sachverhalts, besonders im sexuellen Bereich.

Figura etymologica Stilfigur in der hebräischen Sprache, die durch Kombination zweier Wortformen von derselben Wurzel einen starken Ausdruck erzielt (vgl. Gen 1,11: »Und Gott sprach: Die Erde lasse Grünes grünen.«)

Geniza aram. *verborgen*, Seitenraum einer Synagoge, in der unbrauchbar gewordene oder unkorrekte hebräische Handschriften bis zu ihrer Vernichtung aufbewahrt wurden. (In der zugemauerten Kairoer Geniza entdeckte man Ende des 19. Jh.s wichtige Handschriftenfragmente, darunter Teile des hebräischen Sirach.)

Glosse grie. *Zunge, Sprache*, ursprünglich Bezeichnung eines schwerverständlichen Wortes, später für dessen Erläuterung, die als Marginalglosse am Rand, als Interlinearglosse zwischen den Zeilen steht.

Halacha hebr. *gehen*, rabbinische Regelungen des jüdischen Lebens, in Anlehnung und Auslegung der Tora formuliert.

Hapax legomenon grie. *einmal gesprochen*, nur einmal belegtes Wort in einer heute nicht mehr gesprochenen Sprache, dessen Bedeutung oft nicht mehr genau zu bestimmen ist.

Haplographie grie. *Einfachschreibung*, versehentliche Auslassung eines Teils von zwei unmittelbar aufeinander folgenden Buchstaben, Buchstabengruppen oder Worten aufgrund ihrer Ähnlichkeit.

Hermeneutik grie. *erklären, dolmetschen*, Fachbegriff für das wissenschaftliche Verfahren bei der Auslegung bzw. Erklärung von Texten, Kunstwerken oder Musikstücken, methodische Reflexion über den Vorgang des Verstehens.

Hexapla grie. *Sechsfache*, textkritisches Werk des Origenes um 220 n. Chr. in sechs nebeneinander angeordneten Spalten: 1. hebräischer Text, 2. griechische Umschrift, 3. Aquila, 4. Symmachus, 5. Septuaginta, 6. Theodotion.

Homoioarkton grie. *gleicher Anfang*, siehe Homoioteleuton.

Homoioteleuton grie. *gleiches Ende*, gleicher oder ähnlicher Wortauslaut, der den Ausfall eines oder mehrerer Worte dadurch verursacht, dass die Augen vom einen Ende des Wortes zum anderen abirren.

Interpolation lat. *Verfälschung*, spätere, als unberechtigt angesehene Einschaltung in einen Text.

Kanon grie. *Maßstab, Richtschnur*, verbindliche Zusammenstellung von Schriften.

Ketib aram. *Geschriebenes*, bezeugter Konsonantenbestand eines Wortes, wie er im hebräischen Text steht, dessen Lesung aber durch die Masoreten besonders festgelegt und als Qere am Textrand vermerkt wird.

Kodex zu einem Buch zusammengeheftete Blätter, später auch allgemeine Bezeichnung für Bibelhandschriften (z. B. Codex Leningradensis).

Kolometrie Verfahren zur Bestimmung poetischer Einheiten in der hebräischen Poesie durch Zählung von Konsonanten.

Kollation lat. *Zusammenstellung*, Vergleichung einer Abschrift mit seiner Urschrift, um die Richtigkeit und Vollständigkeit des Textes zu prüfen.

Kolophon Schlussvermerk in Keilschrifttexten und antiken Schriften, später auch Schlussformel mittelalterlicher Handschriften, die verschiedene Angaben des Schreibers zur Herstellung der Kopie und anderes mehr enthält.

Konjektur lat. *Vermutung*, Vorschlag des Herausgebers einer Textausgabe, eine verderbte Lesart gegenüber den Textzeugen zu verbessern.

Konkordanz lat. *Übereinstimmung*, Verzeichnis aller Wörter, die in einer Schrift vorkommen, mit Angabe der Belegstelle(n).

Lectio brevior lat. *Die kürzere Lesart (ist die frühere)*, Regel zur textkritischen Entscheidung, nicht anwendbar bei Auslassungen im Abschreibeprozess.

Lectio difficilior lat. *Die schwierigere Lesart (ist die wahrscheinlichere)*, Regel zur textkritischen Entscheidung, nicht anwendbar bei Textfehlern und sinnlosen Lesarten.

Lexem lexikalische Einheit, im Hebräischen für gewöhnlich die durch Konsonanten gebildete Wortwurzel.

Lukianische Rezension Überarbeitung der Septuaginta, auch als antiochenischer Text bezeichnet und dem Lukian aus Antiochia um 300 n. Chr. zugeschrieben, verwendet teilweise eine ältere Rezension, die der altüberlieferten Septuaginta nahe steht (»protolukianischer Text«).

Majuskel lat. *etwas größer*, mittelalterliche griechische und römische Buchschrift aus gerundeten Großbuchstaben, auch Unziale genannt, in der keine Akzente und Wortzwischenräume geschrieben werden.

Masora hebr. *Überlieferung*, Bezeichnung der von jüdischen Gelehrten um 750–1000 n. Chr. entwickelten Akzent- und Vokalisationssysteme sowie Lesehilfen und Randglossen.

Matres lectionis lat. *Mütter der Lesung*, hebräische Konsonantenbuchstaben, die bei der Voll-Schreibung als Vokalbuchstaben verwendet werden (Lesehilfe).

Midrasch hebr. *Erforschung*, Auslegung der hebräischen Bibel durch jüdische Schriftgelehrte.

Minuskel lat. *etwas kleiner*, Schrift in kursiven Kleinbuchstaben, die schnelleres Schreiben ermöglicht und ab dem 9. Jh. die Majuskel als Buchschrift verdrängt.

Mischna hebr. *Wiederholung*, jüdisches Gesetzeswerk, 2. Jh. n. Chr., bestehend aus sechs Ordnungen und einer Vielzahl von Traktaten, gilt als Teil der mündlichen Tora.

Onomastikon alphabetisch geordnetes Namens- oder Wörterverzeichnis mit Sacherklärungen.

Ostrakon grie. *Tonscherbe*, in der Antike als Schriftträger für Lagervermerke, Lieferscheine, Vertragstexte, Briefe und Schreibübungen verwendet, mit Tinte beschriftet, eingeritzt oder punkt-graviert.

Palimpsest grie. *wieder abgeschabt*, meist eine Pergamenthandschrift, die aus Sparsamkeitsgründen abgeschabt und anschließend neu beschrieben wird. (Die ursprüngliche Aufschrift lässt sich heute durch Infrarotaufnahmen wieder sichtbar machen.)

Paraschen hebr. *Abschnitte*, wöchentliche Leseabschnitte der Tora, die nach dem babylonischen Lesezyklus in einem Jahr durch den Text führen.

Parallelismus lat. parallelismus membrorum *gleichartiger Bau der Satzglieder*, wichtigste Stilfigur der hebräischen Poesie, bestehend aus zwei grammatisch und inhaltlich ähnlichen Sätzen, die in ihrem Zusammenwirken die Gesamtaussage eines Verses bilden. (Man unterscheidet vier Spielarten: synonym: inhaltliche Entsprechung, antithetisch: inhaltlicher Gegensatz, klimaktisch: sachliche Steigerung, synthetisch: Fortführung eines Gedankens.)

Pentateuch grie. *fünffach gefertigte Buchrolle*, wissenschaftliche Bezeichnung für den Textzusammenhang der fünf Bücher Mose, im Judentum spricht man von der Tora (hebr. *Weisung*).

Perikope grie. *Ausgeschnittenes*, Bezeichnung eines sachlich abgegrenzten Textstücks (z. B. bei Leseabschnitten, Predigttexten).

Pescher hebr. *Deutung*, versweiser Kommentar, spezielle Form der Auslegung prophetischer Schriften in Qumran mit zeitgeschichtlichen Bezügen (z. B. 1QpHab).

Peschitta syr. *die Einfache, Verbreitete*, syrische Bibelübersetzung aus dem Hebräischen und wichtiger Textzeuge.

Polyglotte grie. *vielsprachig*, Bibelausgabe, die neben dem hebräischen Text verschiedene Übersetzungen in Parallelkolumnen darbietet (z. B. Londoner Polyglotte).

Pseudepigraphen grie. *unter falschem Namen geschrieben*, anonym verfasste Schriften vornehmlich aus der Zeit des Zweiten Tempels, die einer altehrwürdigen Person zugeschrieben wurden (z. B. Henochbuch).

Punktation aus Punkten und kleinen Strichen bestehende Zeichen, die im Mittelalter dem hebräischen Konsonantentext unterhalb und oberhalb zugesetzt wurden, um die Vokale resp. die Aussprache anzuzeigen und festzulegen.

Qina hebr. *Leichenlied*, Bezeichnung des asymmetrischen Versmaßes im Klagelied, bestehend aus 3 + 2 Hebungen bzw. 14 + 9 Konsonanten.

Qere aram. *zu Lesendes*, am Rand notierte Leseanweisung der Masoreten, die sich auf ein im hebräischen Text stehendes und durch die Überlieferung in seinem Konsonantenbestand bezeugtes Wort bezieht, siehe Ketib.

Rezension lat. *Prüfung, Musterung*, Überarbeitung der Septuaginta, die eine gemeinsame Textgrundlage mit ihr besitzt und in Richtung einer orginalgetreueren Übersetzung korrigiert.

Samaritanus eigenständige hebräische Textüberlieferung des Pentateuchs durch die samaritanische Gemeinde, die sich im letzten Drittel des 2. Jh. v. Chr. endgültig vom Jerusalemer Judentum trennt.

Sedarim hebr. *Reihen*, wöchentliche Leseabschnitte der Tora, die nach dem palästinischen Lesezyklus in drei Jahren durch den Text führen.

Septuaginta lat. *siebzig*, gebräuchliche Bezeichnung für die Übersetzung der hebräischen Bibel ins Griechische, nach der Legende von 70/72 jüdischen Übersetzern in 70/72 Tagen auf der Insel Pharos bei Alexandria hergestellt.

Sigle lat. sigillum *kleines Bild*, Kurzzeichen für bestimmte Zeugengruppen und Handschriftengruppen in kritischen Textausgaben.

Sitz im Leben Fachbegriff für die mutmaßliche Situation, in der eine bestimmte Gattung resp. Text verwendet worden ist (z. B. Lobgesang in einem Gottesdienst).

Spatium Leerraum innerhalb einer Zeile in hebräischen Bibelhandschriften, die über den gewöhnlichen Wortabstand hinausgeht und Ende bzw. Beginn eines Sinnabschnitts anzeigt.

Symmachus (σ′) am Stil hellenistisch-römischer Kunstprosa orientierte griechische Bibelübersetzung (Rezension), die auf Symmachus um 170 n. Chr. zurückgeführt wird (vgl. 4. Spalte der Hexapla).

Syrohexapla syrische Übersetzung der Hexapla, von Bischof Paul von Tella um 620 n. Chr. hergestellt.

Talmud hebr. *Lehre*, Sammelbezeichnung für Mischna und Gemmara, umfassendes Kommentarwerk zur jüdischen Gesetzeslehre.

Tanach/T^{e}nak hebräisches Kunstwort, gebildet aus den Anfangsbuchstaben der drei Abteilungen der hebräischen Bibel, zur Bezeichnung der Heiligen Schrift des Judentums insgesamt (Tora = »Gesetz«, Nebi'im = »Propheten«, Ketubim = »Schriften«).

Targum aram. *Verdolmetschung*, Bezeichnung der meist freien und paraphrasierenden Übersetzung der hebräischen Bibel in die aramäische Umgangssprache, offizielle und für das Judentum autoritative Targume sind das *Targum Onkelos* für den Pentateuch und das *Targum Jonathan* für die Propheten.

Tetragramm Schreibung der vier Konsonanten des Gottesnamens JHWH, der im Judentum nicht ausgesprochen wird.

Textus receptus lat. *allgemein angenommener Text*, eine sich im Spätmittelalter verfestigte Mischform der masoretischen Texttradition, die der Bombergiana und später auch der 1. und 2. Aufl. der Biblia Hebraica zugrunde liegt.

Theodotion (θ′) auf Grundlage der frühen kaige-Rezension vorgenommene griechische Bibelübersetzung (Rezension), die auf Theodotion um 190 n. Chr. zurückgeführt wird (vgl. 6. Spalte der Hexapla).

Tora hebr. *Weisung*, Bezeichnung der fünf Bücher des Pentateuch, im christlichen Sprachgebrauch auch als *Gesetz* bezeichnet, womit die Tora oder auch im weiteren Sinne die ganze hebräische Bibel gemeint sein kann. Neben der schriftlichen Tora kennt die rabbinische Tradition auch eine mündliche Tora (vgl. Mischna).

Unziale siehe Majuskel.

Varia lectio lat. *abweichende Lesung*, Variante.

Vetus Latina lat. *die Altlateinische*, Sammelausdruck für alle frühen lateinischen Bibeltexte, die aus der Septuaginta übersetzt wurden.

Vulgata lat. *die Verbreitete*, lateinische Bibelübersetzung des Hieronymus, die sich im frühen Mittelalter allgemein durchsetzte und die Texte der Vetus Latina verdrängte.

LATEINISCHE ABKÜRZUNGEN IM APPARAT DER BHS

Die folgende Liste bietet die in der BHS häufig verwendeten lateinischen Abkürzungen und ihre Auflösung mit deutscher Übersetzung (zu allen anderen lateinischen Begriffen vgl. den ausführlichen *englischen und deutschen Schlüssel von Hans Peter Rüger*, der in den aktuellen Ausgaben der BHS im Vorwort abgedruckt ist). Die Eigenart des BHS-Apparats besteht darin, dass er insgesamt auf die Textrekonstruktion zielt und sich mit Lösungsvorschlägen seiner Herausgeber exponiert.

acc	accentus	Akzent
add	additum, addit, -unt	hinzugefügt, es fügt hinzu, sie fügen hinzu
aeg	Aegyptiacum	Ägyptisch
aeth	Aethiopicum	Äthiopisch
akk	Accadicum	Akkadisch
al	alii	andere
alit	aliter	anders
arab	Arabicum	Arabisch
aram	Aramaicum	Aramäisch
art	articulus	Artikel
ass	Assyricum	Assyrisch
ast	asteriscus	Asteriskos
bab	Babylonicum	Babylonisch
c	cum	mit
cet	ceteri	übrige
cf	confer(endum)	vergleiche!
cj	coniungit, -unt	es verbindet, sie verbinden
	coniunge(ndum)	verbinde!
cod(d)	codex, -dices	Kodex, Kodizes
conj	coniectura	Konjektur, Textverbesserung
cop	copula	Bindewort, Kopula
cp	caput	Kapitel
crrp	corruptum	verderbt
del	delet, -ent	es tilgt, sie tilgen
	dele(ndum)	tilge!
dttg	dittographice	Doppelschreibung
dub	dubium	zweifelhaft
dupl	dupliciter, duplum	doppelt

etc	et cetera	und so weiter
exc	excidit, -erunt	es entfällt, sie entfallen
extr	extraordinarius	außergewöhnlich
fin	finis	Ende
frt	fortasse	vielleicht
gl	glossa(tum)	Glosse, Randbemerkung
hab	habet, -ent	es hat, sie haben
hebr	Hebraicum	Hebräisch
hemist	hemistichus	Halbvers
homark	homoioarcton	gleicher Wortanfang
homtel	homoioteleuton	gleiches Wortende
hpgr	haplographice	Einfachschreibung
hpleg	hapax legomenon	nur einmal belegtes Wort
id	idem	derselbe
inc	incertus	unsicher
incip	incipit, -iunt	es beginnt, sie beginnen
init	initium	Anfang
ins	inserit, -unt	es fügt ein, sie fügen ein
	insere(ndum)	füge ein!
interv	intervallum	Zwischenraum
invers	inverso ordine	in umgekehrter Reihenfolge
it	item	ebenso, auch
jdaram	Iudaeo-aramaicum	Jüdisch-aramäisch
kopt	Copticum	Koptisch
l	lege(ndum)	lies!
lect	lectio	Lesart
leg	legit, -unt	es liest, sie lesen
maj	maior	größer, zahlreicher
marg	marginalis	auf dem Rand stehend
m cs	metri causae	aufgrund des Versmaßes
min	minor	kleiner, weniger
mlt	multi	viele
mtr	metrum	Versmaß
neohb	Neohebraicum	Neuhebräisch
nom	nomen	Substantiv, Name
nonn	nonnulli	einige
ob	obelus	Obelos
om	omittit, -unt	es lässt aus, sie lassen aus
omn	omnes	alle
orig	originalis, originaliter	ursprünglich
p	partim	teilweise
par	parallelismus	Parallelismus membrorum
pc	pauci	wenige
plur	plures	mehrere
pr	praemittit, -unt	es schickt voraus, sie schicken voraus
	praemitte(ndum)	schicke voraus!
prb	probabiliter	wahrscheinlich

prp	propositum	es ist vorgeschlagen
punct	punctum, punctatio	Punkt, Punktierung
pun	Punicum	Punisch
raph	raphatum, non dagessatum	mit Raphe, bei absichtlicher Auslassung eines Dagesch
rel	reliqui	übrige
scl	scilicet	nämlich, das heißt
sec	secundum	gemäß, entsprechend
sim	similis	ähnlich
sol	solus	allein
sq(q)	sequens, -ntes	folgend, folgende
stich	stichus	Stichus, Vers
syr	Syriacum	Syrisch
tot	totus	ganz
tr	transponit, -unt	es stellt um, sie stellen um
	transpone(ndum)	stelle um!
ug	Ugariticum	Ugaritisch
v	versus	Vers
var	varius, varia lectio	verschieden, abweichende Lesart
vb	verbum	Wort
verb	verbum	Verb
vid	videtur	es scheint
+	addit, -unt	es fügt hinzu, sie fügen hinzu
>	plus quam, deest in	mehr Text als in, es fehlt in
*	textus coniectura probabilis	durch Konjektur erschlossener mutmaßlicher Text

ENGLISCHE ABKÜRZUNGEN IM APPARAT DER BHQ

Die folgende Liste bietet die in der BHQ verwendeten englischen Abkürzungen und ihre Auflösung mit deutscher Übersetzung. Im BHQ-Apparat sind eine Reihe neuer Bewertungsausdrücke hinzugekommen (zu ihrer präzisen Bedeutung vgl. die *Definitions of the Terms Used to Characterize Readings* im Vorwort der BHQ). Schon eine kurze Durchsicht zeigt deutliche Unterschiede zum BHS-Apparat, weshalb sich eine synoptische Darstellung zusammen mit den BHS-Abkürzungen als nicht sinnvoll erwies. Die Eigenart des BHQ-Apparats besteht darin, dass er den Text- und Zeugenbefund möglichst genau darstellt und ggf. mit erklärenden Hinweisen versieht. Dazu werden jetzt auch positive Zeugen für die im Text stehende masoretische Lesart aufgeführt. Auf Lösungsvorschläge zu vorliegenden Textproblemen wird hingegen weitgehend verzichtet.

abbr	abbreviation	Abkürzung
abs	absolute	absolut, z. B. Infinitivus absolutus
act	active	Aktiv
adj	adjective	Adjektiv
ampl	amplification	Erweiterung
aram	Aramaic	Aramäisch
art	article	Artikel
assim	assimilation	Angleichung
caus	causative	Kausativstamm, z. B. Hifil
cf	confer, see also	vergleiche, siehe auch
chron	chronology	Chronologie
cj	conjunction	Konjunktion, Verbindung
cohort	cohortative	Kohortativ
comm	commentary	Kommentar
confl	conflation	Verschmelzung zweier Lesarten
conjec	conjecture	Konjektur, Textverbesserung
conjec-phil	philological conjecture	Konjektur aufgrund sprachlicher Erwägung
cons	of the consonantal text	im Konsonantentext
copt	Coptic	Koptisch
cp	compare	vergleiche, zu vergleichen
crrp	corrupt	verderbt
cstr	construct state	Status constructus

ctext	context	Kontext, Textzusammenhang
cultur	cultural	kulturell
dbl	double reading/ double translation	doppelte Lesung/ doppelte Übersetzung
differ	difference, different	Unterschied, verschieden
differ-txt	different text	abweichender Text, der sonst nicht bezeugt ist
dissim	dissimilation	Verminderung der Ähnlichkeit
ditt	dittography	Doppelschreibung
div	division of the con-sonantal text	Aufteilung im Konsonantentext
elus	elusive motivation or cause	schwer zu fassender Beweggrund oder Ursache
em sc	emendatio of the scribes	Verbesserung durch die Schreiber
emph	giving emphasis	Nachdruck, Betonung verleihend
err	error	Irrtum
euphem	euphemism	Euphemismus, beschönigender Ausdruck
exeg	exegesis	Exegese, Auslegung
explic	giving explicit	explizit zum Ausdruck bringend
f	feminine	Femininum, weibliches Geschlecht
facil	facilitation	Erleichterung, Vereinfachung, Glättung
foll	followed by	gefolgt von
frag	fragmentary	fragmentarisch, bruchstückhaft
geogr	geography	Geographie
gk	Greek	Griechisch
gram	grammar	grammatisch, Grammatik
graph	graphic/graphemic	graphisch, nach der Graphemik
hapl	haplography	Einfachschreibung
harm	harmonization	Harmonisierung
hebr	Hebrew	Hebräisch
hist	history, historical	Geschichte, historisch
homarc	homoioarcton	gleicher Wortanfang
homtel	homoioteleuton	gleiches Wortende
ideol	ideological motivated	ideologisch veranlasst
idiom	idiom/idiomatic	Redewendung, idiomatisch
ign	ignorance	Unkenntnis
illeg	illegible	unleserlich
impf	imperfect	Imperfekt
implic	making implicit	implizit zum Ausdruck bringend
impv	imperative	Imperativ
indet	indeterminate	unbestimmt
indic	indicative	Indikativ
inf	infinitive	Infinitiv
insuf	insufficient data for conclusions	unzureichende Angaben für Schluss-folgerungen
interp	interpretation	Interpretation, Deutung
interpol	interpolation	Interpolation, Einschaltung

interr	interrogative	fragend, Frage
irrel	irrelevant to the case at hand	unerheblich für den vorliegenden Fall
ket	Ketib	Ketib, Geschriebenes
lacun	lacuna	Lücke
lat	Latin	Lateinisch
lem	lemma	Lemma, Stichwort im Wörterbuch
lex	lexical	lexikalisch, nach dem Wörterbuch
lib	liberty	frei, z. B. frei übersetzt
lit	literary	literarisch
loc	locative	Lokativ, den Ort ausdrückender Kasus
m	masculine	Maskulinum, männliches Geschlecht
metath	metathesis	Umstellung (z. B. von Buchstaben)
Mf	Masorah finalis	Schlussmasora
mg	margin	auf dem Rand stehend
midr	midrash	Midrasch
Mm	Masorah magna	Große Masora
modern	modernization	Modernisierung
Mp	Masorah parva	Kleine Masora
ms	manuscript	Handschrift
mss	manuscripts	(mehrere) Handschriften
narr	narrative	Narrativ, Erzählform
neg	negation	Verneinung
obj	object	Objekt
om	omission	Auslassung
order	word order	Wortfolge, Reihenfolge
origin	origin	ursprünglich
orth	orthographic	orthographisch, nach der Rechtschreibung
par	parallel text	Paralleltext, Vergleichstext
paraphr	paraphrase	Paraphrase, sinngemäße Umschreibung
part	particle	Partikel
pass	passive	Passiv
pf	perfect	Perfekt
phonol	phonological	lautlich, die Phonologie betreffend
pl	plural	Plural
prec	preceded by	angeführt von, vorausgehend
pref	preferred reading	bevorzugte Lesart
prep	preposition	Präposition
pron	pronoun	Pronomen
ptc	participle	Partizip
qere	Qere	Qere, zu Lesendes
redund	redundancy	Redundanz, Wiederholung
refl	reflexive	Reflexiv
rest	restoration	Wiederherstellung
seman	semantic	semantisch, die Bedeutung betreffend
sfx	suffix	Suffix
sg	singular	Singular

shift	shift of meaning	Bedeutungsverschiebung
spont	spontaneous	spontan, unmittelbar
styl	stylistic	stilistisch
subj	subject	Subjekt
subst	substantive	Substantiv
substit	substitution	Ersetzung
synt	syntactic	syntaktisch, den Satzbau betreffend
syr	Syriac	Syrisch
syst	systematization	Systematisierung
theol	theologically motivated	theologisch veranlasst
tiq soph	tiqqun sopherim	Verbesserungen der Schreiber
transcr	transcription	Umschrift, der Phonologie entsprechend
transf	transfer	Übertragung
transl	translation	Übersetzung
translit	transliteration	Umschrift
transp	transposition	Umstellung
txt	text	Text
unattest	unattested	nicht bezeugt
unconv	unconverted (imperfect/perfect)	kein Waw consecutivum beim Imperfekt/Perfekt
usu	usual expression	gewöhnlicher Ausdruck
v	verse	Vers
vv	verses	(mehrere) Verse
vb	verb	Wort
vocal	vocalization	Vokalisation
vocat	vocative	Vokativ
vrs	version	Version, Lesart
vrss	versions	Versionen, Lesarten

Manche Abkürzungen können auch kombiniert werden, um eine Texterscheinung zu spezifizieren, beispielsweise:

facil-gram	facilitation – grammar	grammatische Vereinfachung
facil-lex	facilitation – lexical	leichter verständliche Wortwahl
facil-seman	facilitation – semantic	semantische Erleichterung
facil-styl	facilitation – stylistic	stilistische Glättung
facil-synt	facilitation – syntactic	vereinfachter Satzbau

LITERATURVERZEICHNIS

Die einschlägigen Textausgaben, die hier nicht nochmals aufgeführt werden, lassen sich in den Literaturangaben der betreffenden Kapitel nachschlagen. Zu den Abkürzungen vgl. S. Schwertner, Theologische Realenzyklopädie. Abkürzungsverzeichnis, 2. Aufl. Berlin / New York 1994. Zusätzlich werden folgende Abkürzungen verwendet:

ABG	Arbeiten zur Bibel und ihrer Geschichte, Leipzig 2000ff
BHQ	A. Schenker / u. a. (Hg.), Biblia Hebraica Quinta, Stuttgart 2004ff
FoSub	Fontes et Subsidia ad Bibliam pertinentes, Berlin / New York 2002ff
GK[28]	W. Gesenius, Hebräische Grammatik, völlig umgearb. von Kautzsch, 28. Aufl.
HAE	J. Renz / W. Röllig (Hg.), Handbuch der althebräischen Epigraphik, Bd. I-III
HAL	W. Baumgartner / J. J. Stamm (Hg.), Hebräisches und Aramäisches Lexikon, 3. Aufl.
HUBP	Publications of the Hebrew University Bible Project, Jerusalem 1960ff
KAI	H. Donner / W. Röllig (Hg.), Kanaanäische und aramäische Inschriften, Bd. I-II
MJSt	Münsteraner Judaistische Studien, Münster 1998ff
MPIL	Monographs of the Peshitta Institute Leiden, Leiden 1972ff
SBL.SCS	Society of Biblical Literature, Septuagint and Cognate Studies, Missoula 1972ff
SBL.TCS	Society of Biblical Literature, Text-Critical Studies, Atlanta 1999ff
STDJ	Studies on the Texts of the Desert of Judah, Leiden 1957ff

Abegg, Martin G. / Bowley, James E. / Cook, Edward M. (ed.), The Dead Sea Scrolls Concordance, Vol. I: The Non-Biblical Texts from Qumran, Leiden / Boston 2003.

Aejmelaeus, Anneli, What Can We Know about the Hebrew *Vorlage* of the Septuagint?, ZAW 99 (1987), 58–89 (= On the Trail of the Septuagint Translators: Collected Essays. Revised and Expanded Edition, CBET 50, Kampen 2007, 77–115).

—, On the Trail of the Septuagint Translators: Collected Essays. Revised and Expanded Edition, CBET 50, Kampen 2007.

Aland, Kurt und Barbara, Der Text des Neuen Testaments. Einführung in die wissenschaftlichen Ausgaben sowie in Theorie und Praxis der modernen Textkritik, Stuttgart 1982.

Albrektson, Bertil, Difficilior lectio probabilior. A Rule of Textual Criticism and its Use in Old Testament Studies, in: Remembering all the Way ... A Collection of Old Testament Studies, OTS 21, Leiden 1981, 5–18.

Albright, William F., On the Date of the Scrolls from 'Ain Feshkha and the Nash Papyrus, BASOR 115 (1949), 10–19.

Assmann, Jan, Das kulturelle Gedächtnis. Schrift, Erinnerung und politische Identität in frühen Hochkulturen, München 1997.

Avigad, Nahman / Yadin, Yigael, A Genesis Apocryphon. A Scroll from the Wilderness of Judaea, Jerusalem 1956.

Barthélemy, Dominique, Critique textuelle de l'Ancien Testament. Tome 1–3, OBO 50/1–3, Freiburg, Schweiz / Göttingen 1982–1992, sowie hg. von S. D. Ryan und A. Schenker, Tome 4: Psaumes, OBO 50/4, Freiburg, Schweiz / Göttingen 2005.

Barthélemy, Dominique / u. a., The Story of David and Goliath. Textual and Literary Criticism, OBO 73, Freiburg, Schweiz / Göttingen 1986.

Baumgartner, Walter / Stamm, Johann Jakob (Hg.), Hebräisches und Aramäisches Lexikon zum Alten Testament, 3. Aufl. Leiden, 1967–1996.

Beattie, Derek Robert George / McNamara, Martin (ed.), The Aramaic Bible. Targums in their Historical Context, JSOT.S 166, Sheffield 1994.

Becker, Uwe, Exegese des Alten Testaments. Ein Methoden- und Arbeitsbuch, 2. Aufl. Tübingen 2008.

Becking, Bob, Do the Earliest Samaritan Inscriptions Already Indicate a Parting of the Ways?, in: O. Lipschits / G. N. Knoppers / R. Albertz (ed.), Judah and the Judeans in the Fourth Century B.C.E., Winona Lake, Indiana 2007, 213–222.

Beentjes, Pancratius C., The Book of Ben Sira in Hebrew. A Text Edition of All Extant Hebrew Manuscripts and a Synopsis of All Parallel Hebrew Ben Sira Texts, VT.S 68, Atlanta 2006.

Ben-Hayyim, Ze'eb, The Samaritan Vowel-System and Its Graphic Representation, ArOr 22 (1954), 515–530.

—, A Grammar of Samaritan Hebrew, Based on the Recitation of the Law in Comparison with the Tiberian and Other Jewish Traditions. A Revised Edition in English, Jerusalem / Winona Lake, Indiana 2000.

Beyer, Klaus, Die aramäischen Texte vom Toten Meer. Samt den Inschriften aus Palästina, dem Testament Levis aus der Kairoer Genisa, der Fastenrolle und den alten talmudischen Zitaten, Bd. I, Göttingen 1984; Bd. II, Göttingen 2004.

Beyerlin, Walter (Hg.), Religionsgeschichtliches Textbuch zum Alten Testament, ATD Erg. Reihe 1, 2. Aufl. Göttingen 1985.

Bleek, Friedrich, Einleitung in das Alte Testament, 5. Aufl. besorgt von J. Wellhausen, Berlin 1886.

Boer, Pieter A. H. de, Towards an Edition of the Syriac Version of the Old Testament, VT 31 (1981), 346–357.

Brock, Sebastian P., Art. Bibelübersetzungen I, 3.2. Die altlateinischen Übersetzungen des Alten Testaments, TRE 6, Berlin / New York 1980, 177f.

—, Art. Bibelübersetzungen I, 4.1. Die Übersetzungen ins Syrische. Altes Testament, TRE 6, Berlin / New York 1980, 181–189.

—, Art. Bibelübersetzungen I, 8.2. Die Übersetzungen ins Äthiopische. Altes Testament, TRE 6, Berlin / New York 1980, 206f.

—, The Bible in the Syriac Tradition (English Version), Georgias Handbooks 7, Piscataway, New Jersey 2006.
Brodersen, Karl, Aristeas. Der König und die Bibel, Griechisch/Deutsch, Stuttgart 2008.
Budde, Karl, Der Kanon des Alten Testaments, Gießen 1900.
Budge, Ernest A. Wallis, Coptic Biblical Texts in the Dialect of Upper Egypt, London 1912.
Bühlmann, Walter / Scherer, Karl, Sprachliche Stilfiguren der Bibel. Von Assonanz bis Zahlenspruch. Ein kleines Nachschlagewerk, 2. verb. Aufl. Gießen 1994.
Buxtorf d. Ä., Johannes, Tiberias sive commentarius Masorethicus, Basel 1620.
Ceriani, Antonius M., Translatio Syra Pesitto Veteris Testamenti ex codice Ambrosiano, Vol. I–II, Mailand 1876.
Clements, Ruth A. / Sharon, Nadav, The Orion Center Bibliography of the Dead Sea Scrolls and Associated Literature (2000–2006), STDJ 71, Leiden 2007.
Cloete, Walter T. W., The Colometry of Hebrew Verse, JNSL 15 (1989), 15–29.
Cox, Claude E., The Armenian Version and the Text of the Old Greek Psalter, in: A. Aejmelaeus / U. Quast (Hg.), Der Septuaginta-Psalter und seine Tochterübersetzungen, MSU 24, Göttingen 2000, 174–246.
Cook, Edward M., A Glossary of Targum Onkelos. According to Alexander Sperber's Edition, Studies in the Aramaic Interpretation of Scripture 6, Leiden 2008.
Cross, Frank Moore, The Oldest Manuscripts from Qumran, JBL 74 (1955), 147–172.
—, The Ancient Library of Qumran and Modern Biblical Studies, New York 1961 (deutsch: Die antike Bibliothek von Qumran, Neukirchen 1967).
—, The Ammonite Oppression of the Tribes of Gad and Reuben: Missing Verses from 1 Samuel 11 Found in 4QSamuel[a], in: E. Tov (ed.), The Hebrew and Greek Texts of Samuel, Proceedings IOSCS – Vienna 1980, Jerusalem 1980, 105–118.
Crown, Alan D. (ed.), The Samaritans, Tübingen 1989.
—, Samaritan Scribes and Manuscripts, TSAJ 80, Tübingen 2001.
Dahmen, Ulrich, Psalmen- und Psalterrezeption im Frühjudentum. Rekonstruktion, Textbestand, Struktur und Pragmatik der Psalmenrolle 11QPs[a] aus Qumran, STDJ 49, Leiden 2003.
— / Lange, Armin / Lichtenberger, Hermann (Hg.), Die Textfunde vom Toten Meer und der Text der Hebräischen Bibel, Neukirchen-Vluyn 2000.
Dalman, Gustaf H., Aramäisch-Neuhebräisches Handwörterbuch zu Targum, Talmud und Midrasch, 3. Aufl. Göttingen 1938 (Nachdruck: Hildesheim 2005).
Davies, Philip R. / Brooke, George J. / Callaway, Phillip R., Qumran – Die Schriftrollen vom Toten Meer, Stuttgart 2002.
Davis, Michael Thomas / Strawn, Brent A. (ed.), Qumran Studies: New Approaches, New Questions, Grand Rapids, Michigan 2007.
Delitzsch, Friedrich, Die Lese- und Schreibfehler im Alten Testament, Berlin / Leipzig 1920.
Delz, Josef, Textkritik und Editionstechnik, in: F. Graf (Hg.), Einleitung in die lateinische Philologie, Stuttgart / Leipzig 1997, 51–73.
De Troyer, Kristin, Rewriting the Sacred Text: What the Old Greek Texts Tell Us about the Literary Growth of the Bible, Atlanta 2003.
—, Der lukianische Text. Mit einer Diskussion des A-Textes des Estherbuches, in: S. Kreuzer / J. P. Lesch (Hg.), Im Brennpunkt: Die Septuaginta. Studien zur Ent-

stehung und Bedeutung der Griechischen Bibel Bd. 2, BWANT 161, Stuttgart 2004, 229–246.

Deutsche Bibelgesellschaft / Katholisches Bibelwerk e.V. (Hg.), Deutsche Bibelübersetzungen. Aktualisierte Neuausgabe, bearbeitet von R. Schäfer, Wissenswertes zur Bibel 6, Stuttgart 2008.

Dexinger, Ferdinand, Das Garizimgebot im Dekalog der Samaritaner, in: G. Braulik (Hg.), Studien zum Pentateuch (FS W. Kornfeld), Wien / Freiburg / Basel 1977, 111–133.

— / Pummer, Reinhard (Hg.), Die Samaritaner, WdF 604, Darmstadt 1992.

Días Esteban, Fernando, Sefer Oklah we-Oklah, Consejo Superior de Investigaciones Cientificas, Madrid 1975.

Dietrich, Ernst Ludwig, Die hebräische Literatur der nachbiblischen Zeit, in: Semitistik, HO I/3, Leiden / Köln 1964, 70–132 (Nachdruck der Erstausgabe: 1953–1954).

Dietrich, Walter, Die Erzählungen von David und Goliat in I Sam 17, ZAW 108 (1996), 172–191.

Diringer, David, The Alphabet. A Key to the History of Mankind, New York 1948.

—, The Story of the Aleph Beth, New York 1958 (London 1960).

Dohmen, Christoph / Stemberger, Günter, Hermeneutik der Jüdischen Bibel und des Alten Testaments, KStTh 1,2, Stuttgart 1996.

Dold, P. Alban (Hg.), Konstanzer altlateinische Propheten- und Evangelien-Bruchstücke mit Glossen, nebst zugehörigen Prophetentexten aus Zürich und St. Gallen, Texte und Arbeiten 7–9, Beuron 1923.

—, Zwei Bobbienser Palimpseste mit frühestem Vulgatatext, Texte und Arbeiten 19/20, Beuron 1931.

Donner, Herbert / Röllig, Wolfgang (Hg.), Kanaanäische und aramäische Inschriften, Bd. I-II, 2. durchges. u. erweit. Aufl. Wiesbaden 1968.

—, Kanaanäische und aramäische Inschriften, Bd. I, 5. erweit. und überarb. Aufl. Wiesbaden 2002.

Doudna, Greg, Dating the Scrolls on the Basis of Radiocarbon Analysis, in: P. W. Flint / J. C. Vanderkam (ed.), The Dead Sea Scrolls After Fifty Years. A Comprehensive Assessment, Vol. I, Leiden / Boston / Köln 1998, 430–471.

Dover, Kenneth, Textkritik, in: H. G. Nesselrath (Hg.), Einleitung in die griechische Philologie, Stuttgart / Leipzig 1997, 45–58.

Ehrlich, Arnold B., Randglossen zur hebräischen Bibel, Bd. I–VII, Leipzig 1910ff (Nachdruck: Hildesheim 1968).

Eißfeldt, Otto, Der gegenwärtige Stand der Erforschung der in Palästina neu gefundenen hebräischen Handschriften. 7. Der Anlaß zur Entdeckung der Höhle und ihr ähnliche Vorgänge aus älterer Zeit, ThLZ 74 (1949), 597–600 (= Kleine Schriften III, Tübingen 1966, 71–74).

Eshel, Esther and Hanan, Dating the Samaritan Pentateuch's Compilation in Light of the Qumran Biblical Scrolls, in: Sh. M. Paul / u. a. (ed.), Emanuel: Studies in Hebrew Bible, Septuagint, and Dead Sea Scrolls (FS E. Tov), VT.S 94, Boston / Leiden 2003, 215–240.

Fabry, Heinz-Josef, Der Altarbau der Samaritaner. Ein Produkt der Text- und Literargeschichte?, in: U. Dahmen / A. Lange / H. Lichtenberger (Hg.), Die Textfunde vom Toten Meer und der Text der hebräischen Bibel, Neukirchen-Vluyn 2000, 35–52.

—, Die griechischen Handschriften vom Toten Meer, in: ders./U. Offerhaus (Hg.), Im Brennpunkt – die Septuaginta. Studien zur Entstehung und Bedeutung der Griechischen Bibel [Bd. 1], BWANT 153, Stuttgart 2001, 131–153.

—, Archäologie und Text. Versuch einer Verhältnisbestimmung am Beispiel von Chirbet Qumran, in: M. Küchler/K. M. Schmidt (Hg.), Texte – Fakten – Artefakte, NTOA 59, Freiburg, Schweiz/Göttingen 2006, 69–101.

—, Der Text und seine Geschichte, in: E. Zenger/u. a., Einleitung in das Alte Testament, KStTh 1,1, 7. Aufl. Stuttgart 2008, 34–59.

—/Offerhaus, Ulrich (Hg.), Im Brennpunkt: Die Septuaginta. Studien zur Entstehung und Bedeutung der Griechischen Bibel [Bd. 1], BWANT 153, Stuttgart 2001.

—/Sprinkmeier, Sabine, Neue Texte vom Toten Meer, Welt und Umwelt der Bibel Nr. 50 (2008), 2–6.

Fernández Marcos, Natalio, The Textual Context of the Hexapla: Lucianic Texts and Vetus Latina, in: A. Salvesen (ed.), Origen's Hexapla and Fragments, TSAJ 58, Tübingen 1998, 408–420.

—, The Septuagint in Context. Introduction to the Greek Version of the Bible, Leiden 2000.

—, Der antiochenische Text der griechischen Bibel in den Samuel- und Königbüchern, in: S. Kreuzer/J. P. Lesch (Hg.), Im Brennpunkt: Die Septuaginta. Studien zur Entstehung und Bedeutung der Griechischen Bibel Bd. 2, BWANT 161, Stuttgart 2004, 177–214.

—/Busto Saiz, José Ramón, El texto antioqueno de la Biblia griega I, TECC 50, Madrid 1989.

—/Spottorno Días-Caro, M. Victoria/Cañas Reíllo, José Manuel, Indice Griego-Hebreo del Texto Antioqueno en los libros históricos, Vol. I–II, TECC 75, Madrid 2005.

Field, Fredericus (Hg.), Origenis Hexaplorum quae supersunt, Tomus I–II, Oxford 1875 (Nachdruck: Hildesheim 1964).

Fischer, Alexander A., Skepsis oder Furcht Gottes? Studien zur Komposition und Theologie des Buches Kohelet, BZAW 247, Berlin/New York 1997.

—, Der Edom-Spruch in Jesaja 21. Sein literaturgeschichtlicher und sein zeitgeschichtlicher Kontext, in: M. Witte (Hg.), Gott und Mensch im Dialog (FS O. Kaiser), BZAW 345/I, Berlin/New York 2004, 471–490.

Fischer, Bonifatius, Codex Amiatinus und Cassiodor, BZ NF 6 (1962), 57-79 (wiederabgedruckt in: ders., Lateinische Bibelhandschriften im frühen Mittelalter, AGLB 11, Freiburg i. B. 1985, 8–34).

—, Bibelausgaben des frühen Mittelalters, in: ders., Lateinische Bibelhandschriften im frühen Mittelalter, AGLB 11, Freiburg i. B. 1985, 35–100.

Flint, Peter W., The Dead Sea Psalms Scrolls and the Book of Psalms, STDJ 17, Leiden 1997.

—, Columns I and II of the Hexapla: The Evidence of the Milan Palimpsest (Rahlfs 1098), in: A. Salvesen (ed.), Origen's Hexapla and Fragments, TSAJ 58, Tübingen 1998, 125–132.

—/VanderKam, James C. (ed.), The Dead Sea Scrolls After Fifty Years. A Comprehensive Assessment, Vol. I–II, Leiden/Boston/Köln 1998–1999.

Fouguet-Plümacher, Doris, Art. Buch/Buchwesen III. Die Entwicklung von der Antike bis zur Neuzeit, TRE 7, Berlin/New York 1981, 275–290.

Franchi de' Cavalieri, Pio / Lietzmann, Johannes, Specimina Codicum Graecorum Vaticanorum, 2. Aufl. Berlin 1929.

Frey, Jörg / Becker, Michael (Hg.), Qumran und der biblische Kanon, BThSt 92, Neukirchen-Vluyn 2009.

Fürst, Alfons, Veritas Latina. Augustins Haltung gegenüber Hieronymus' Bibelübersetzung, Revue des Études Augustiniennes 40 (1994), 105–126.

Galor, Katharina / Humbert, Jean-Baptiste / Zangenberg, Jürgen, Qumran. The Site of the Dead Sea Scrolls: Archaeological Interpretations and Debates, STDJ 57, Leiden / Boston 2006.

García Martínez, Florentino / Tigchelaar, Eibert J. C., The Dead Sea Scroll Study Edition, Vol. 1–2, Leiden 1997–1998 (Paperback: Leiden 2000).

Gehrke, Hans-Joachim, Das sozial- und religionsgeschichtliche Umfeld der Septuaginta, in: S. Kreuzer / J. P. Lesch (Hg.), Im Brennpunkt: Die Septuaginta. Studien zur Entstehung und Bedeutung der Griechischen Bibel Bd. 2, BWANT 161, Stuttgart 2004, 44–60.

Gerhard, Johann, Exegesis sive uberior explicatio articulorum de scriptura sacra, de Deo et de persona Christi, Jena 1625.

Gertz, Jan Christian (Hg.), Grundinformation Altes Testament. Eine Einführung in Literatur, Religion und Geschichte des Alten Testaments, Göttingen 2006.

Gesenius, Wilhelm, Hebräische Grammatik, völlig umgearb. von E. Kautzsch, 28. Aufl. Leipzig 1909 (Nachdruck zusammen mit G. Bergsträsser, Hebräische Grammatik: Darmstadt 1985).

Ginsburg, Christian David, Introduction to the Massoretico-Critical Edition of the Hebrew Bible, London 1897 (Nachdruck: New York 1966).

Gleßmer, Uwe, Einleitung in die Targume zum Pentateuch, TSAJ 48, Tübingen 1995.

Graf, Georg, Geschichte der christlichen arabischen Literatur, Bd. 1: Die Übersetzungen, Studi e Testi 118, Rom 1944.

Greenspoon, Leonard. J., The Dead Sea Scrolls and the Greek Bible, in: P. W. Flint / J. C. Vanderkam (ed.), The Dead Sea Scrolls After Fifty Years. A Comprehensive Assessment, Vol. I, Leiden / Boston / Köln 1999, 101–127.

Gryson, Roger, Altlateinische Handschriften / Manuscrits vieux latins, Part. I: Mss 1–275, Vetus Latina 1/2A, Freiburg 1999; Part. II: Mss 300–485, Vetus Latina 1/2B, Freiburg 2004.

Hanhart, Robert, Paul Anton de Lagarde und seine Kritik an der Theologie, in: B. Möller (Hg.), Theologie in Göttingen. Eine Vorlesungsreihe, Göttingen 1987, 271–305.

—, Septuaginta, in: W. H. Schmidt / W. Thiel / R. Hanhart, Altes Testament, Grundkurs Theologie 1, Stuttgart 1989, 176–196.

—, Textgeschichtliche Probleme der LXX von ihrer Entstehung bis Origenes, in: M. Hengel / A. M. Schwemer (Hg.), Die Septuaginta zwischen Judentum und Christentum, WUNT 72, Tübingen 1994, 1–19 (wiederabgedruckt in: Studien zur Septuaginta und zum hellenistischen Judentum, hg. von R. G. Kratz, FAT 24, Tübingen 1999, 25–42).

—, Studien zur Septuaginta und zum hellenistischen Judentum, FAT 24, Tübingen 1999.

Harkavy, Abraham E. / Strack, Hermann L., Catalog der hebräischen Bibelhandschriften der Kaiserlichen Öffentlichen Bibliothek in St. Petersburg, St. Petersburg / Leipzig 1875.

Harl, Marguerite / u. a. (Hg.), La Bible d'Alexandrie. Traduction du texte grec de la Septante, Paris 1986ff.

Hatch, Edward / Redpath, Henry A., A Concordance to the Septuagint and the Other Greek Versions of the Old Testament, Vol. I–II, Oxford 1897–1906 (Neudruck: Graz 1954).

Hempel, Johannes, Zum griechischen Deuteronomiumtext des II. Jahrhunderts a. C., ZAW 36 (1937), 115–127.

Hendel, Ronald, The Oxford Hebrew Bible: Prologue to a New Critical Edition, VT 58 (2008), 324–351.

Hengel, Martin, Die Septuaginta als ‚christliche Schriftensammlung', ihre Vorgeschichte und das Problem ihres Kanons, in: M. Hengel / A. M. Schwemer (Hg.), Die Septuaginta zwischen Judentum und Christentum, WUNT 72, Tübingen 1994, 219–235.

Herbert, Edward D., Reconstructing Biblical Dead Sea Scrolls. A New Method Applied to the Reconstruction of 4QSam[a], STDJ 22, Leiden / New York / Köln 1997.

Heussi, Karl, Art. Hieronymus, RGG II, 2. Aufl. Tübingen 1928, 1879f.

Hiebert, Robert J. V., The »Syrohexaplaric« Psalter. Its Text and Textual History, in: A. Aejmelaeus / U. Quast (ed.), Der Septuaginta-Psalter und seine Tochterübersetzungen, MSU 24, Göttingen 2000, 123–146.

Hirschfeld, Yizhar, Qumran – die ganze Wahrheit. Die Funde der Archäologie – neu bewertet, deutsche Bearbeitung von J. Zangenberg, Gütersloh 2006 (englisch: Qumran in Context. Reassessing the Archaelogical Evidence, Peabody 2004).

Jaroš, Karl, Inschriften des Heiligen Landes aus vier Jahrtausenden, Mainz 2001 (CD-ROM).

Jastrow, Marcus, A Dictionary of the Targumim, the Talmud Babli and Yerushalmi, and the Midraschic Literature, Vol. I–II, New York 1971.

Jenkins, R. G., The First Column of the Hexapla: The Evidence of the Milan Codex (Rahlfs 1098) and the Cairo Genizah Fragment (Rahlfs 2005), in: A. Salvesen (ed.), Origen's Hexapla and Fragments, TSAJ 58, Tübingen 1998, 88–102.

Jepsen, Alfred, Von den Aufgaben der alttestamentlichen Textkritik, in: Congress Volume Bonn 1962, VT.S 9, Leiden 1963, 332–341.

Jobes, Karen H. / Silva, Moisés, Invitation to the Septuagint, Grand Rapids, Michigan 2000.

Kahle, Paul [E.], Der masoretische Text des Alten Testaments nach der Überlieferung der babylonischen Juden, Leipzig 1902 (Nachdruck: Hildesheim 1966).

—, Masoreten des Ostens, BWAT 15, Leipzig 1913.

—, Masoreten des Westens I, BWAT 33, Stuttgart 1927.

—, Masoreten des Westens II: Das Palästinische Pentateuchtargum, die palästinische Punktation, der Bibeltext des Ben Naftali, BWANT 50, Stuttgart 1930.

—, Die hebräischen Handschriften aus der Höhle, Stuttgart 1951.

—, Die Kairoer Genisa. Untersuchungen zur Geschichte des hebräischen Bibeltextes und seiner Übersetzungen, deutsche Ausgabe bearbeitet von R. Meyer, Berlin 1962 (englisch: The Cairo Geniza, Oxford 1959).

Kaiser, Otto (Hg.), Texte aus der Umwelt des Alten Testaments, Bd. I–III, Gütersloh 1982–1997.
—, Grundriß der Einleitung, Bd. 1: Die erzählenden Werke, Göttingen 1992.
Karrer, Martin / Kraus, Wolfgang (Hg.), Die Septuaginta – Texte, Kontexte, Lebenswelten, WUNT 219, Tübingen 2008.
—, Septuaginta Deutsch. Das griechische Alte Testament in deutscher Übersetzung, Stuttgart 2009.
Kelley, Page H. / Mynatt, Daniel S. / Crawford, Timothy G., Die Masora der Biblia Hebraica Stuttgartensia. Einführung und kommentiertes Glossar, Stuttgart 2003 (englisch: The Masorah of Biblia Hebraica Stuttgartensia. Introduction and Annotated Glossary, Grand Rapids, Michigan / Cambridge U.K. 1998).
Kenyon, Frederic G., The Chester Beatty Biblical Papyri, Fasc. VII,1–2, London 1937–1938.
—, The Bible and Archaeology, New York 1940 (Nachdruck: London 1949).
Klein, Michael L., Targumic Manuscripts in the Cambridge Genizah Collections, Cambridge University Library, Cambridge 1992.
Klostermann, Erich (Hg.), Eusebius. Das Onomastikon der biblischen Ortsnamen, Leipzig 1904 (Nachdruck: Hildesheim 1966).
Kooij, Arie van der, Die alten Textzeugen des Jesajabuches. Ein Beitrag zur Textgeschichte des Alten Testaments, OBO 35, Freiburg, Schweiz / Göttingen 1981.
—, Zum Verhältnis von Textkritik und Literarkritik. Überlegungen anhand einiger Beispiele, in: J. A. Emerton (ed.), Congress Volume Cambridge 1995, VT.S 66, Leiden 1997, 185–202.
—, Art. Textgeschichte/Textkritik der Bibel I. Altes Testament, TRE 33, Berlin / New York 2002, 148–155.
—, Textual Criticism of the Hebrew Bible: Its Aims and Method, in: Sh. M. Paul / u. a. (ed.), Emanuel. Studies in Hebrew Bible, Septuagint, and Dead Sea Scrolls (FS E. Tov), VT.S 94, Boston / Leiden 2003, 729–740.
—, Textual Criticism, in: J. W. Rogerson / J. M. Lieu (ed.), The Oxford Handbook of Biblical Studies, Oxford 2006, 579–590.
Kottsieper, Ingo, Die Inschrift von Tell Dan, in: M. Dietrich / I. Kottsieper (Hg.), »Und Mose schrieb dieses Lied auf« (FS O. Loretz), AOAT 250, Münster 1998, 475–500.
Kreuzer, Siegfried, Eine Schrift, zwei Fassungen: Das Beispiel des Richterbuches, BuK 56 (2001), 88–91.
—, Textkritik, in: S. Kreuzer / D. Vieweger / u. a., Proseminar I. Altes Testament. Ein Arbeitsbuch, 2. Aufl. Stuttgart 2005, 26–48.
—, Rez. Biblia Hebraica Quinta. Lfg. 18, ThLZ 131 (2006), 722–725.
—, Papyrus 967 – Bemerkungen zu seiner buchtechnischen, textgeschichtlichen und kanongeschichtlichen Bedeutung, in: M. Karrer / W. Kraus (Hg.), Die Septuaginta – Texte, Kontexte, Lebenswelten, WUNT 219, Tübingen 2008, 64–82.
— / Lesch, Jürgen P. (Hg.), Im Brennpunkt: Die Septuaginta. Studien zur Entstehung und Geschichte der Griechischen Bibel Bd. 2, BWANT 161, Stuttgart 2004.
Küchler, Max / Schmidt, Karl Matthias (Hg.), Texte – Fakten – Artefakte, NTOA 59, Freiburg, Schweiz / Göttingen 2006.
Kutscher, Edward Yechezkel, The Language and Lingustic Background of Isaiah Scroll (1QIsa[a]), STDJ 6, Leiden 1974.

Lemmelijn, Bénédicte, What Are We Looking for in Doing Old Testament Text-Critical Research?, JNSL (1997), 69–80.

—, The So-Called »Major Expansions« in SamP, 4QpaleoExod^{m} and 4QExod^{j} of Exod 7:14-11:10. On the Edge between Textual Criticism and Literary Criticism, in: B. A. Taylor (ed.), X Congress of the International Organisation for Septuagint and Cognate Studies, Oslo 1998, SBL.SCS 51, Atlanta 2001, 429–439.

Lieberman, Saul, Hellenism in Jewish Palestine. Studies in the Literary Transmission Beliefs and Manners of Palestine in the I Century B.C.E.–IV Century C.E., TSJTSA XVIII, New York 1950.

Lipschütz, Lazar, Kitāb al-Khilāf. Mishael Ben Uzziel's Treatise on the Differences Between Ben Asher and Ben Naphtali, HUBP.Monograph Series 2, Jerusalem 1965.

Löfgren, Oscar, Die Äthiopische Übersetzung des Propheten Daniel, Paris 1927.

Lohse, Eduard (Hg.), Die Texte aus Qumran [I]. Hebräisch und Deutsch, 4. Aufl. Darmstadt 1986.

Loretz, Oswald, Kolometrie ugaritischer und hebräischer Poesie: Grundlagen, informationstheoretische und literaturwissenschaftliche Aspekte, ZAW 98 (1986), 248–258.

Magen, Yitzhak, The Dating of the First Phase of the Samaritan Temple on Mount Gerizim in Light of the Archaeological Evidence, in: O. Lipschits / G. N. Knoppers / R. Albertz (ed.), Judah and the Judeans in the Fourth Century B.C.E., Winona Lake, Indiana 2007, 157–211.

Maier, Johann, Die Qumran-Essener. Die Texte vom Toten Meer, Bd. I–III, München / Basel 1995–1996.

—, Die Qumrangemeinde im frühen Judentum, in: S. Talmon (Hg.), Die Schriftrollen von Qumran. Zur aufregenden Geschichte ihrer Erforschung und Deutung, Regensburg 1998, 51–69.

—, Möglichkeiten und Formen theologischer Exegese im Judentum, in: ders., Studien zur jüdischen Bibel und ihrer Geschichte, SJ 28, Berlin / New York 2004, 3–15.

—, Zur Frage des biblischen Kanons im Frühjudentum im Licht der Qumranfunde, in: ders., Studien zur jüdischen Bibel und ihrer Geschichte, SJ 28, Berlin / New York 2004, 33–78 (= Zum Problem des biblischen Kanons, JBTh 3, Neukirchen-Vluyn 1988, 135–146).

Maori, Yeshayahu, Methodological Criteria for Distinguishing between Variant *Vorlage* and Exegesis in the Peshitta Pentateuch, in: P. B. Dirksen / A. van der Kooij (ed.), The Peshitta as a Translation. Papers Read at the II Peshitta Symposium Leiden (1993), MPIL 8, Leiden / New York / Köln 1995, 102–120.

McCarthy, Carmel, The Tiqqune Sopherim and Other Theological Corrections in the Masoretic Text of the Old Testament, OBO 36, Freiburg, Schweiz / Göttingen 1981.

McKendrick, Scot / O'Sullivan, Orlaith A. (ed.), The Bible as Book. The Transmission of the Greek Text, London 2003.

McNamara, Martin (ed.), The Aramaic Bible: The Targums, Edinburgh 1987ff.

Mercati, Johannis, Psalterii Hexapli Reliquiae, cura et studio Johannis Cardinal Mercati, pars prima, Rom 1958.

Meisner, Norbert, Aristeasbrief, JSHRZ II/1, Gütersloh 1973, 35–87.

Meyer, Rudolf, Hebräische Grammatik, Berlin/New York 1992.

Michaelis, Johann Heinrich, Biblia Hebraica ex aliquot manuscriptis et compluribus impressis codicibus, item Masora tam edita, quam manuscripta aliisque hebraeorum criticis diligenter recensita etc., Halle 1720.

Migne, Jacques-Paul (Hg.), Origenis Opera Omnia VI/1–3: Hexaplorum quae supersunt, Patrologiae Graecae XVI/1–3, Paris 1862–1863.

Millard, Alan R., Pergament und Papyrus, Tafeln und Ton: Lesen und Schreiben zur Zeit Jesu, Biblische Archäologie und Zeitgeschichte 9, Gießen/Basel 2000 (englisch: Reading and Writing in the Time of Jesus, The Biblical Seminar 69, Sheffield 2000).

Milne, Herbert J. M./Skeat, Theodore C., Scribes and Correctors of the Codex Sinaiticus, London 1938.

Muraoka, Takamitsu, Hebrew/Aramaic Index to the Septuagint Keyed to the Hatch-Redpath Concordance, Grand Rapids, Michigan 1998.

—, Classical Syriac for Hebraists, Wiesbaden 1987.

Neef, Hans-Dieter, Arbeitsbuch Hebräisch. Materialien, Beispiele und Übungen zum Biblisch-Hebräisch, Tübingen 2003,

Northcote, Jeremy, The Schematic Development of Old Testament Chronography: Towards an Integrated Model, JSOT 29 (2004), 3–36.

Norton, Gerard J., Observations on the First Two Columns of the Hexapla, in: A. Salvesen (ed.), Origen's Hexapla and Fragments, TSAJ 58, Tübingen 1998, 103–124.

—, Ancient Versions and Textual Transmission of the Old Testament, in: J. W. Rogerson/J. M. Lieu (ed.), The Oxford Handbook of Biblical Studies, Oxford 2006, 211–236.

Noth, Martin, Die Welt des Alten Testaments. Eine Einführung, Taschenbuchausgabe Freiburg 1992.

Oesch, Josef M., Petucha und Setuma, OBO 27, Freiburg, Schweiz/Göttingen 1977.

—, Textgliederung im Alten Testament und in den Qumranhandschriften, Henoch 5 (1983), 289–321.

Orlinsky, Harry Meyer, The Origin of the Kethib-Qere System. A New Approach, in: Congress Volume Oxford 1959, VT.S 7, Leiden 1960, 184–192.

Orth, Wolfgang, Ptolemaios II. und die Septuaginta-Übersetzung, in: H.-J. Fabry/U. Offerhaus (Hg.), Im Brennpunkt: Die Septuaginta. Studien zur Entstehung und Bedeutung der Griechischen Bibel [Bd. 1], BWANT 153, Stuttgart 2001, 97–114.

Parker, David C., An Introduction to the New Testament Manuscripts and their Texts, Cambridge 2008.

Perrella, Gaetano Maria, Introduzione Generale alla Sacra Bibbia, Turin 1948.

Pietersma, Albert/Wright, Benjamin G., A New English Translation of the Septuagint, Oxford 2007.

Pietsch, Michael, Von Königen und Königtümern. Eine Untersuchung zur Textgeschichte der Königsbücher, ZAW 119 (2007), 39–58.

Pohlmann, Karl-Friedrich, Ezechiel. Der Stand der theologischen Diskussion, Darmstadt 2008.

Pontificio Istituto Biblico (Hg.), Liber Psalmorum cum Canticis Breviarii Romani, Rom 1945.

Pummer, Reinhard, Einführung in den Stand der Samaritanerforschung, in: F. Dexinger / R. Pummer (Hg.), Die Samaritaner, WdF 604, Darmstadt 1992, 1–66.

Rabe, Norbert, Zur synchron definierten alttestamentlichen Textkritik, BN 52 (1990), 64–97.

Rabinowicz, H., The Sassoon Treasures, JQR 57 (1966), 136–153.

Rahlfs, Alfred, Verzeichnis der griechischen Handschriften des Alten Testaments Bd. I,1: Die Überlieferung bis zum VIII. Jahrhundert, bearb. von D. Fraenkel, Septuaginta Vetus Testamentum Graecum. Supp. I,1, Göttingen 2004 [= Rahlfs / Fraenkel].

Rehkopf, Friedrich, Septuaginta-Vokabular, Göttingen 1989.

Reider, Joseph, An Index to Aquila, completed and revised by N. Turner, VT.S 12, Leiden 1966.

Renz, Johannes / Röllig, Wolfgang, Handbuch der Althebräischen Epigraphik, Bd. I–III, Darmstadt 1995 und 2003.

Roberts, Colin H., Two Biblical Papyri in the John Rylands Library, Manchester 1936, 9–46.

Rösel, Martin, Übersetzung als Vollendung der Auslegung. Studien der Genesis-Septuaginta, BZAW 223, Berlin / New York 1994.

Rüterswörden, Udo, Der Prophet in den Lachisch-Ostraka, in: Ch. Hardmeier (Hg.), Steine – Bilder – Texte. Historische Evidenz außerbiblischer und biblischer Quellen, ABG 5, Leipzig 2001, 179–192.

Rüger, Hans-Peter, Art. Schreibmaterial, Buch und Schrift, in: K. Galling (Hg.), Biblisches Reallexikon, HAT I/1, 2. Aufl. Tübingen 1977, 289–292.

—, Englischer und deutscher Schlüssel zu den lateinischen Wörtern und Abkürzungen sowie zu den wichtigsten Siglen der Biblia Hebraica, in: K. Elliger / W. Rudolph (Hg.), Biblia Hebraica Stuttgartensia, 5. verbesserte Aufl. Stuttgart 1997, LIX–LXIX.

Sachau, Eduard, Aramäische Papyrus und Ostraka aus einer jüdischen Militär-Kolonie zu Elephantine, Leipzig 1911.

Sallmann, Klaus (Hg.), Handbuch der lateinischen Literatur der Antike Bd. 4: Die Literatur des Umbruchs. Von der römischen zur christlichen Literatur 117 bis 284 n. Chr., HdA VIII/4, München 1997.

Sanders, Henry A. / Schmidt, Carl, The Minor Prophets in the Freer Collection and the Berlin Fragment of Genesis, UMS.H 21, New York 1927.

Sanderson, Judith E., 4QpaleoExod^{m}, RQ 13 (1989), 548–560.

—, An Exodus Scroll from Qumran: 4QpaleoExod and the Samaritan Tradition, HSS 30, Atlanta 1986.

Schäfer, Peter, Art. Bibelübersetzungen II. Targumim, TRE 6, Berlin / New York 1980, 216–228.

Schenker, Adrian, Urtext, Kanon und antike Bibelausgaben, in: ders., Studien zu Propheten und Religionsgeschichte, SBA 36, Stuttgart 2003, 201–210.

—, Älteste Textgeschichte der Königsbücher. Die hebräische Vorlage der ursprünglichen Septuaginta als älteste Textform der Königsbücher, OBO 199, Freiburg, Schweiz / Göttingen 2004.

Schmitt, Armin, Die griechischen Danieltexte (»ϑ′« und o′) und das Theodotionproblem, BZ 36 (1992), 1–29.

Schneller, Ludwig, Tischendorf-Erinnerungen. Merkwürdige Geschichte einer verlorenen Handschrift, Leipzig 1927 (Nachdruck: Lahr-Dinglingen 1991).
Schorch, Stefan, Die Vokale des Gesetzes. Die samaritanische Lesetradition als Textzeugin der Tora. 1. Das Buch Genesis, BZAW 339, Berlin/New York 2004.
Schulz-Flügel, Eva, Hieronymus, Feind und Überwinder der Septuaginta? Untersuchungen anhand der Arbeiten an den Psalmen, in: A. Aejmelaeus/U. Quast (Hg.), Der Septuaginta-Psalter und seine Tochterübersetzungen, MSU 24, Göttingen 2000, 31–50.
Schüssler, Karlheinz (Hg.), Das sahidische Alte und Neue Testament, Biblia Coptica. Die koptischen Bibeltexte, Forschungsinstitut für Ägyptenkunde und Koptologie der Universität Salzburg, Wiesbaden 1995ff.
Schwiderski, Dirk (Hg.) Die alt- und reichsaramäischen Inschriften – The Old and Imperial Aramaic Inscriptions, FoSub 2, Berlin/New York 2004.
Schwienhorst, Ludger, Die Eroberung Jerichos. Exegetische Untersuchung zu Josua 6, SBS 122, Stuttgart 1986.
Scott, William R., A Simplified Guide to BHS. Critical Apparatus, Masora, Accents, Unusual Letters and Other Markings, 4. Aufl. Richland Hills, Texas 2007.
Shehadeh, Haseeb, The Arabic Translation of the Samaritan Pentateuch. Edited from the Manuscripts with an Introductory Volume, Vol. I: Genesis–Exodus, The Israel Academy of Sciences and Humanities, Jerusalem 1989.
—, The Arabic Translation of the Samaritan Pentateuch, in: A. D. Crown (ed.), The Samaritans, Tübingen 1989, 481–516.
Sieg, Ulrich, Deutschlands Prophet. Paul de Lagarde und die Ursprünge des modernen Antisemitismus, München 2007.
Siegert, Folker, Zwischen Hebräischer Bibel und Altem Testament. Eine Einführung in die Septuaginta, MJSt 9, Münster 2001.
—, Register zur »Einführung in die Septuaginta«, MJSt 13, Münster 2003.
Skehan, Patrick W., The Qumran Manuscripts and Textual Criticism, in: Congress Volume Strasbourg 1956, VT.S 4, Leiden 1957, 148–160.
—/Ulrich, Eugene/Sanderson, Judith E., Qumran Cave 4.IV: Palaeo-Hebrew and Greek Biblical Manuscripts, DJD IX, Oxford 1992.
Smelik, Klaas A. D., Historische Dokumente aus dem alten Israel, KVR 1528, Göttingen 1987.
Soisalon-Soininen, Ilmari, Studien zur Septuaginta-Syntax, AASF.B 237, Helsinki 1987.
Steck, Odil Hannes, Die erste Jesajarolle (1QIs[a]). Schreibweise als Leseanleitung für ein Prophetenbuch, SBS 173/1, Stuttgart 1998.
—, Exegese des Alten Testaments. Leitfaden der Methodik, 14. Aufl. Neukirchen-Vluyn 1999.
Stegemann, Hartmut, Die Essener, Qumran, Johannes der Täufer und Jesus, Freiburg/Basel/Wien 1993, 10. Aufl. 2007 (englisch: The Library of Qumran. On the Essenes, Qumran, John the Baptist, and Jesus, Grand Rapids, Michigan 1998).
—, Methods for Reconstruction of Scrolls from Scattered Fragments, in: L. H. Schiffman (ed.), Archaeology and History in the Dead Sea Scrolls, JSPE.S 8, Sheffield 1990, 189–220.

Stemberger, Günter, Jabne und der Kanon, in: Zum Problem des biblischen Kanons, JBTh 3, Neukirchen-Vluyn 1988, 163–174.

—, Einführung in die Judaistik, München 2002.

Stern, Ephraim / Magen, Yitzhak, Archaeological Evidence for the First Stage of the Samaritan Temple on Mount Gerizim, IEJ 52 (2002), 49–57.

Steudel, Annette (Hg.), Die Texte aus Qumran II. Hebräisch/Aramäisch und Deutsch, Darmstadt 2001.

Stipp, Hermann-Josef, Das Verhältnis von Textkritik und Literarkritik in neueren alttestamentlichen Veröffentlichungen, BZ 34 (1990), 16–37.

Sukenik, Eleazar L., Megillot Genuzot II, Jerusalem 1950.

Talmon, Shemarjahu, Die Samaritaner in Vergangenheit und Gegenwart, in: F. Dexinger / R. Pummer (Hg.), Die Samaritaner, WdF 604, Darmstadt 1992, 379–392.

—, Die Schriftrollen von Qumran. Zur aufregenden Geschichte ihrer Erforschung und Deutung, Regensburg 1998.

Taschner, Johannes, Kanonische Bibelauslegung – Spiel ohne Grenzen?, in: E. Ballhorn / G. Steins (Hg.), Der Bibelkanon in der Bibelauslegung, Methodenreflexionen und Beispielexegesen, Stuttgart 2007, 31–44.

Thyen, Hartwig, Studien zum Corpus Iohanneum, WUNT 214, Tübingen 2007.

Tilly, Michael, Einführung in die Septuaginta, Darmstadt 2005.

Tisserant, Eugene, Specimina Codicum Orientalium, Tabulae in usum scholarum 8, Bonn 1914.

Torczyner, Harry, Lachish I (Tell ed-Duweir): The Lachish Letters, London 1938.

Tov, Emanuel, Pap. Giessen 13, 19, 22, 26: A Revision of the LXX?, RB 78 (1971), 355–383 (Revised version in: ders., The Greek and Hebrew Bible: Collected Essays on the Septuagint, VT.S 72, Leiden 1999, 459–475).

—, Die griechischen Bibelübersetzungen, ANRW II/20.1, Berlin/New York 1987, 120–189.

— (ed.), The Dead Sea Scrolls on Microfiche, Leiden 1993; Companion Volume to the Dead Sea Scrolls on Microfiche Edition, second revised edition, Leiden 1995.

—, The Text-critical Use of Septuagint in Biblical Research. Revised and Enlarged Second Edition, Jerusalem Biblical Studies 8, Jerusalem 1997.

—, Der Text der Hebräischen Bibel. Handbuch der Textkritik, Stuttgart / Berlin / Köln 1997 (englisch: Textual Criticism of the Hebrew Bible, Second Revised Edition, Minneapolis / Assen und Maastricht 2001).

—, Rewritten Bible Compositions and Biblical Manuscripts, with Special Attention [Paid] to the Samaritan Pentateuch, DSD 5 (1998), 334–354 (wiederabgedruckt in: ders., Hebrew Bible, Greek Bible, and Qumran. Collected Essays, TSAJ 121, Tübingen 2008, 57–70).

—, Die biblischen Handschriften aus der Wüste Juda – Eine neue Synthese, in: U. Dahmen / A. Lange / H. Lichtenberger, Die Textfunde vom Toten Meer und der Text der Hebräischen Bibel, Neukirchen-Vluyn 2000, 1–34.

—, The Biblical Texts from the Judaean Desert – an Overview and Analysis of the Published Texts, in: ders. / E. D. Herbert (ed.), The Bible as Book. The Hebrew Bible and the Judaean Desert Discoveries, London 2002, 139–166 (wiederabgedruckt in: ders., Hebrew Bible, Greek Bible, and Qumran. Collected Essays, TSAJ 121, Tübingen 2008, 128–154).

—, Scribal Practices and Approaches Reflected in the Texts Found in the Judaean Desert, STDJ 54, Leiden / Boston 2004.

—, The *Biblia Hebraica Quinta* – An Important Step Forward, JNSL 31 (2005), 1–21 (wiederabgedruckt in: ders., Hebrew Bible, Greek Bible, and Qumran. Collected Essays, TSAJ 121, Tübingen 2008, 189–198).

—, (ed.), The Dead Sea Scrolls Electronic Library. Incorporating The Dead Sea Scrolls Reader, Leiden 2006 (CD-ROM).

—, Hebrew Bible, Greek Bible, and Qumran. Collected Essays, TSAJ 121, Tübingen 2008.

— / Herbert, Edward D. (ed.), The Bible as Book. The Hebrew Bible and the Judaean Desert Discoveries, London 2002.

Trebolle Barrera, Julio, The Jewish Bible and the Christian Bible. An Introduction to the History of the Bible, translated from the Spanish by W. G. E. Watson, Leiden / Grand Rapids, Michigan 1998.

Trever, John C., Scrolls from Qumran Cave I: The Great Isaiah Scroll; The Order of the Community; The *Pesher* to Habakkuk. From Photographs by J. C. Trever, Jerusalem 1972.

Tropper, Josef, Vom phönizischen Alphabet zur hebräischen Quadratschrift. Die Entstehung der Schrift (Folge 3/4), Welt und Umwelt der Bibel Nr. 28 (2003), 72–77.

Uhlig, Siegbert, Das äthiopische Henochbuch, JSHRZ V/6, Gütersloh 1984.

Ulrich, Eugene, Ezra and Qoheleth Manuscripts from Qumran (4QEzra and 4QQoh[a,b]), in: Priests, Prophets and Scribes (FS J. Blenkinsopp), JSOT.S 149, Sheffield 1992, 139–157.

—, The Canonical Process, Textual Criticism, and Latter Stages in the Composition of the Bible, in: M. Fishbane / E. Tov (ed.), »Shar'arei Talmon«. Studies in the Bible, Qumran, and the Ancient Near East, Winona Lake 1992, 267–291.

—, Index of Passages in the Biblical Scrolls, in: P. W. Flint / J. C. Vanderkam (ed.), The Dead Sea Scrolls After Fifty Years. A Comprehensive Assessment, Vol. II, Leiden / Boston / Köln 1999, 649–665.

Utzschneider, Helmut / Nitsche, Stefan Ark, Arbeitsbuch literaturwissenschaftliche Bibelauslegung. Eine Methodenlehre zur Exegese des Alten Testaments, Gütersloh 2001.

VanderKam, James C., Einführung in die Qumranforschung. Geschichte und Bedeutung der Schriften vom Toten Meer, Göttingen 1998 (englisch: The Dead Sea Scrolls Today, Grand Rapids, Michigan 1994).

Veijola, Timo, Das 5. Buch Mose. Deuteronomium, ATD 8,1, Göttingen 2004.

Veltri, Giuseppe, Gegenwart der Tradition. Studien zur jüdischen Literatur und Kulturgeschichte, JSJ.S 69, Leiden / Boston / Köln 2002.

Washburn, David L., A Catalog of Biblical Passages in the Dead Sea Scrolls, SBL.TCS 2, Atlanta 2002.

Wasserstein, Abraham and David J., The Legend of the Septuagint: From Classical Antiquity to Today, Cambridge 2006.

Webster, Brian, Chronological Index of the Texts from the Judaean Desert, in: E. Tov (ed.), Indices and an Introduction to the Discoveries in the Judaean Desert Series, DJD XXXIX, Oxford 2002, 351–446.

Weil, Gérald E., Massorah Gedolah iuxta codicem Leningradensem B 19a, Bd. 1: Catalogi, Rom 1971 (seconda editio 2001).

Weitzman, Michael Perry, The Syriac Version of the Old Testament. An Introduction, University of Cambridge Oriental Publications 56, Cambridge 1999 (Taschenbuch 2005).

Werner, Wolfgang, Eschatologische Texte in Jesaja 1–39. Messias, Heiliger Rest, Völker, FzB 46, 2. Aufl. Würzburg 1986.

Wevers, John William, The Earliest Witness to the LXX Deuteronomy, CBQ 39 (1977), 240–244.

Wonneberger, Reinhard, Leitfaden zur Biblia Hebraica Stuttgartensia, 2. Aufl. Göttingen 1986.

Wright, William (ed.), The Palaeographical Society, Facsimiles of Manuscripts and Inscriptions, Oriental Series, London, 1875–1883.

Würthwein, Ernst, Der Text des Alten Testaments. Eine Einführung in die Biblia Hebraica, 5. Aufl. Stuttgart 1988.

Yeivin, Israel, Introduction to the Tiberian Masorah. Translated and edited by E. J. Revell, Masoretic Studies 5, Missoula 1980.

Zangenberg, Jürgen, Region oder Religion? Überlegungen zum interpretatorischen Kontext von Chirbet Qumran, in: M. Küchler / K. M. Schmidt (Hg.), Texte – Fakten – Artefakte, NTOA 59, Freiburg, Schweiz / Göttingen 2006, 32–48.

—, Berg des Segens, Berg des Streits. Heiden, Juden, Christen und Samaritaner auf dem Garizim, ThZ 63 (2007), 289–309.

ABBILDUNGSNACHWEISE

Abb. 1 Die drei Vokalisationssysteme im Vergleich (nach Paul Kahle)
E. Würthwein, Der Text des Alten Testaments, 5. Aufl. Stuttgart 1988, 27.

Abb. 2 Akzenttabelle der BHQ für die in Prosa verfassten Bücher
A. Schenker / u. a. (Hg.), Biblia Hebraica Quinta, Fascicle 18: General Introduction and Megilloth, Stuttgart 2004, XCIX.

Abb. 3 Akzenttabelle der BHQ für die poetischen Bücher (Psalmen, Hiob und Sprüche)
A. Schenker / u. a. (Hg.), Biblia Hebraica Quinta, Fascicle 18: General Introduction and Megilloth, Stuttgart 2004, C.

Abb. 4 Musterseite der BHQ (mit Masora magna zwischen Text und Apparat)
A. Schenker / u. a. (Hg.), Biblia Hebraica Quinta, Fascicle 18: General Introduction and Megilloth, Stuttgart 2004, 11.

Abb. 5 Die Qumransiedlung (Zeichnung Alexander Maurer)
H. Stegemann, Die Essener, Qumran, Johannes der Täufer und Jesus, Freiburg / Basel / Wien 1993, 10. Aufl. 2007, 368 (Skizze 4: Die Qumransiedlung).

Abb. 6 Liste der Bibelhandschriften aus den Qumranhöhlen (nach Heinz-Josef Fabry)
H.-J. Fabry, Der Text und seine Geschichte, in: E. Zenger / u. a., Einleitung in das Alte Testament, KStTh 1,1, 3. Aufl. Stuttgart 1998, 49f [in späteren Aufl. nicht mehr enthalten!]

Abb. 7 4Q51, Kol. X,6-10
Übersetzung nach der Textausgabe: F. M. Cross / et al., Qumran Cave 4.XII: 1–2 Samuel, DJD XVII, Oxford 2005, 66.

Abb. 8 Skizze zur vormasoretischen Textgeschichte (Alexander A. Fischer)

Abb. 9 Kanonübersicht
Bezeichnung der hebräischen Bücher nach: M. Buber, Die Schrift. Verdeutscht von M. Buber gemeinsam mit F. Rosenzweig, Bd. 1–4, Neuausgabe Darmstadt 1997.

Abb. 10 Ungefähre Entstehungszeit und Profil einzelner Übersetzungen (nach Folker Siegert)
F. Siegert, Zwischen Hebräischer Bibel und Altem Testament. Eine Einführung in die Septuaginta, MJSt 9, Münster 2001, 42.

Abb. 11 Verhältnis von Endtext und Urtext (Alexander A. Fischer)

Abb. 12 Gliederung der textkritischen Methode (Alexander A. Fischer)

STICHWORTVERZEICHNIS